Wine Symposium
와인 심포지엄

프리츠 알호프 편저   김나영 옮김

와인 심포지엄

Wine Symposium

와인에서의 철학, 미학
그리고 언어학적 사색

북코리아

서문

폴 드레이퍼 Paul Draper

———

이 책을 구성하고 있는 시사적인 많은 에세이들을 고찰하면서 나는 한 가지 중요한 사실을 알게 되었다. 즉, 그 에세이들은 와인 제조자들이 생산하고자 하는 실제의 와인이 이른바 '테루아르(terroir: 포도주가 만들어지는 자연환경)'와 관련이 있음을 자주 언급하고 있다는 점이다.[1] "우리 모두가 매주 혹은 매일 음료로서 와인을 마시긴 하지만 사회적 윤활제로서의 와인과 철학적 연구의 가치가 있는 대상으로서의 와인 사이에는 중요한 차이가 있다."라고 프리츠 알호프(Fritz Allhoff)가 자신의 '소개의 글'에서도 밝힌 바와 같이, 여기에는 그야말로 뭔가 특별한 의미가 함축되어 있는 것 같다.[2] 나에게 있어서 와인은 산업화 과정으로서의 개념보다는 오히려 자연의 한 과정으로서의 개념에 가깝다. 그 과정이란 신선한 포도가 상당히 비범한 무엇인가로 변형이 된다는 개념으로서, 와인의 독특한 성질과 특성이 전적으로 와인이 재배되는 어떤 특수한 '테루아르'에서 비롯된다

---

1 매트 크레이머(Matt Kramer)는 '테루아르(terroir)'의 개념을 보다 상세하게 언급한다. 이 책의 15장, The Notion of *Terroir* 참조. 또한 14장, 랜들 그램(Randall Grahm)의 에세이, "The Soul of Wine: Digging for Meaning", 참조.

2 프리츠 알호프(Fritz Allhoff)의 "포도나무 심기(이 책의 소개의 글)", p. 8. 참조

는 것을 의미한다.

와인 문화는 우리가 유목 생활을 했던 과거의 삶으로부터 문명의 시대로 이끌어 주는 하나의 원동력이었다. 우리는 포도 덩굴을 돌보기 위해 정착을 하게 되었던 것이다. 매년 새로운 곳에 심어서 한 계절이 끝날 때 수확하는 곡물과 달리, 포도나무는 우리를 한 장소에 머물도록 붙잡았다. 포도나무에서 작은 수확이라도 거두기 위해서는 사오 년을 넘게 기다려야 했다. 또한 다른 곡물과는 달리, 포도는 그 해 내내 많은 관심을 필요로 했다. 즉, 겨울에는 가지치기를 해 주고, 봄에는 나무나 막대기에 모양을 잡아 주거나 잎을 다듬고, 가을에는 잘 익었는지 맛본 후 제때에 수확해야 했다. 포도 열매가 일단 으깨지고 나면 이른바 '죽음'을 맞이하지만 발효 과정에 의해 변형되었고 와인으로 다시 태어났다. 눈에 보이지 않는 이스트가 마법을 부렸고, 포도에 그 어떤 것도 첨가하지 않았으며 포도 과육을 으깨는 것 말고는 아무것도 하지 않았다. 와인 제조자의 역할은 부모가 아이에게 하듯 그저 지켜보고 돌보는 것이었다. 그는 현대적 의미의 '와인 제조자'가 아니었다. 그 과정은 고대인들로 하여금 와인을 신성하게 생각하도록 이끌었고 경외심을 품게 했다. 상징과 은유로서, 와인은 기독교와 유태교 예배 의식의 일부분이 되었다. 와인 문화가 확산되면서 가족과 친구들을 한데 모을 수 있도록 공동체를 위한 촉매로서 와인의 역할이 또한 더욱 확대되었다.

오늘날 실재하는 와인을 살펴볼 때, 제2차 세계대전에 이은 기술적 진보를 통해 진정한 와인과 음료로서의 와인이라는 두 개의 범주로 와인이 분리되었음을 추측해 보는 것은 그리 어려운 일이 아니다. 어쩌면 처음부터 그렇게 존재해 왔을지도 모른다. 포도는 흙에서 생산되며 포도의 품질과 농도는 자연환경에 따라 달라진다. 기후와 토양이 포도가 성공적으로

와인 심포지엄

재배될 수 있는 환경을 결정짓기도 하지만, 매해의 날씨 또한 와인의 숙성 여부에 영향을 미치며 그에 따라서 어떤 다른 조정이 필요한가가 결정지어진다. 로마인들은 신선함이 사라질 때 맛을 향상시키기 위해 꿀과 향신료를 첨가했다. 그리스인은 부패를 더디게 하기 위해 소나무 송진을 첨가했다. 우리는 그들의 '레치나(retsina: 수지향의 그리스 산(産) 포도주)'에서 여전히 어느 정도의 그리스 역사를 음미하곤 한다.

와인에 대해 더욱 많은 지식과 이해가 생기게 되면서, 보다 훌륭하고 농도가 진하며 오래가는 와인이 생산되었다. 그러나 탁월한 특성을 지닌 높은 품질의 포도를 지속적으로 생산하는 포도원 용지로서의 땅은 매우 적게 남아 있다. 신세계(New World, 역주: 북아메리카 대륙의 미국과 캐나다, 남아메리카 대륙의 칠레와 아르헨티나, 오세아니아 대륙의 오스트레일리아와 뉴질랜드 등의 국가를 말함)에서만큼이나 구세계(Old World, 역주: 주로 유럽의 국가들을 말함)에서도, 생산자는 자신의 땅이 그러한 용지가 될 수 있는지 아닌지를 결정하기 위해 오랜 세월 동안 적당한 수준으로 수확량을 유지해야 한다. 그러한 연구는 본질적으로 어떤 와인에 관한 것인지에 따라 그에 대한 명확한 시각을 지닐 것을 요구한다. 그러한 본질이 이 책에서 다양하게 다루어지고 있는 에세이들에 존재하고 있다고 생각한다.

리지 빈야드(Ridge Vineyards)

산타크루즈 마운틴(Santa Cruz Mountains)

감사의 글

———

내가 작업해 온 어떤 다른 프로젝트 이상으로, 이 책은 시간, 학문, 여행, 친구들은 물론이고, 와인에 대해 정말로 많은 것을 집대성해 놓은 것 같다. 와인에 깊은 열정을 가진 많은 사람들과 다르게 나는 와인 가정에서 자라지도 않았다. 오히려, 사실 나는 산타바바라(Santa Barbara) 캘리포니아 대학의 대학원 과정에 들어갈 때까지도 와인 마시기를 시작조차 하지 않았었다. 버지니아에서 자라는 동안, 사람들이 '노통(norton)'이나 '세이블 블랑(seyval blanc)' 와인에 열정을 갖는 것을 비난할 마음도 없었지만, 그렇다고 와인이 결코 그렇게 즐겁다거나 좋은 것 같아 보이지도 않았다. 그러나 캘리포니아에 도착했을 때 모든 것이 바뀌었다. 와인을 정말로 좋아하게 되었을 뿐만 아니라 흥미로운 와인 문화에 대한 연구는 물론이고 보다 더 훌륭하고 근사한 와인에 대한 연구까지도 하게 되었다. 산타바바라에서 와인 수업을 수강하기 시작했는데, 그때 와인에 대해 걸출한 설명을 해 주었던 패트릭 코필드(Patrick Coffield)에게 특히 감사하고 싶다. 또한, '이스트 비치 와인(East Beach Wine)' 사(社)의 데이비드(David)와 린다 케이블(Linda Cable)에게도, 그들이 주간 시음회를 내게 열어 주었던 것에 대해 감사하고 싶다.

그러나 단연코, 와인에 대한 나의 관심의 가장 중요한 촉매는 UCSB

(University of California, Santa Barbara) 대학원의 철학과에서 나의 동기들과 함께 수요일마다 열렸던 '와인의 밤'이었다. 이것은 대학원 2년 차부터 시작되어 그 후 5년 내내 이어지며 진정한 전통 모임이 되었다. 매주 우리는 탐험하고 싶은 세계의 와인 지역들을 골라 보기도 했는데 우리의 그러한 관심에 부응이라도 하듯 산타바바라에는 훌륭한 와인 상점들이 있었다. 결국, 우리는 블라인드 시음회를 시도하기에 이르렀다. 우리가 마시고 있었던 와인이 무엇인지 알려 주겠다며 내가 캐런 맥닐(Karen MacNeil)의 『와인 바이블』을 끄집어내는 바람에 블라인드 시음회가 열광적이 되기보다는 종종 웃음거리가 되는 때가 더 많기도 했지만 말이다. 어쨌든, 와인에 대한 나의 관심을 함께 나누어 주던 절친한 친구들, 토니 브루크너(Tony Brueckner), 크리스 뷰퍼드(Chris Buford), 리처드 글라츠(Richard Glatz), 제시 스타인버그(Jesse Steinberg), 그리고 아난드 바이드야(Anand Vaidya)와 같은 핵심적 인물들에게 영원히 감사의 마음을 지닐 것이다.

또한 나의 가족도 나파(Napa)와 소노마(Sonoma) 같은 장소들을 애써 탐구하기 시작했던 나의 캘리포니아에서의 상황에 대해 관심을 갖게 되었다. 나의 형, 한스(Hans)도 철학을 공부해서인지, 와인이 내포하고 있는 함축적 의미들을 어느 정도 이해한다. 일례로, 조지프 펠프스(Joseph Phelps)에서 있었던 시음회에서 그는 나의 '나파밸리 카베르네 쇼비뇽(Napa Valley Cabernet Sauvignon)' 와인을 얻기 위해 공리적 미적분과 와인에 대한 그의 한정된 감탄사를 모두 들먹이고는 급기야 그의 훈장 배지까지 건네주며 나와 거래를 했다. 그가 최근에 자신만의 포도주가 '피노 누와(pinot noir)' 와인임을 알게 되긴 했지만 말이다. 나의 부모, 프랜시스(Francis)와 진 앤(Jean Ann)은 항상 와인에 대한 나의 관심을 지지하셨고, 와인은 어머니와 내가 서로 무언가를 공유할 수 있게 해 주는 그런 어떤 것이었다. 와인에 대한 나의 많은 열정이 와인 여행을 통해 개발된 것이기에, 그러한 여행 중에 대단히 나를 환영해 주었던 와이너리들에게 특별히 감사하고 싶다. 책의 제작을 위해 나파밸리를 여러 차례 방문했는데, 그때 특히 '바넷 빈야드(Barnett Vineyards)', '스프링 마운틴 빈야드(Spring Mountain Vineyards)', 그리고 '스택스 립 와인 셀러(Stag's Leap Wine Cellars)'의 은덕을 입었다.

'스택스 립'의 특별히 친절했던 섀넌 하울렛(Shannon Howlett)과, 계곡을 벗어나 스프링 마운틴을 탐험하도록 격려해 준 매트 크레이머(Matt Kramer)에게 감사한다. 해외에서도 굉장히 멋진 여행들을 했는데, 열거하자면, 뉴질랜드의 말버러[Marlborough, 특히, 세레신(Seresin)과 클라우디 만(Cloudy Bay)], 이탈리아의 피드먼트(Piedmont), 스페인의 리오하(Rioja), 이탈리아의 투스카니[Tuscany, 특히, 포지오 안티코(Poggio Antico)와 테라비앙카(Terrabianca)], 그리고 오스트리아의 바하우[특히 도멘 바하우(Domaine Wachau)] 등이 있다. 이 모든 여행들이 나에게 와인에 대해 많은 것을 가르쳐 주었기에 와이너리의 모든 주인들에게 두루 감사하다. 나는 때때로 그러한 여행들이 이 책을 위한 하나의 '연구'가 되어 준 것이라고 설명하고자 한다. 거의 당연한 듯이 천연덕스럽게 그렇게 할 수 있을 것 같다.

이 책은 원래 호주 국립대학(Australian National University)에서 연구 활동을 하던 중에 생각하게 되었다. 나는 그 기회를 마련해 준 존 웨커트(John Weckert)와 서머스 밀러(Seumas Miller)에게 감사한다. 맞다, 어쩌면 나는 캔버라(Canberra)의 비를 즐기며 보냈던 시간보다 '클레어 밸리(Clare Valley)' 리슬링과 '바로사 쉬라즈(Barossa shiraze)'를 즐기면서 보낸 시간이 더 많을지도 모른다. 그러나 어쨌든 호주 국립대학은 특히 철학자들이 지내기에 훌륭한 곳이다. 또한 나는 웨스턴 미시간 대학(Western Michigan University)에서 연구발표를 할 수 있었다. 그래서 학과장 팀 맥그루(Tim McGrew)와 학장 탐 켄트(Tom Kent)에게 이것이 가능하도록 해 준 것에 대해 감사한다. 편집 작업의 많은 부분이 몬타나(Montana)의 필립스버그(Philipsburg)에서 연장된 체류 기간 동안 행해졌는데 그때 친절히 대해 준 키나 부손(Keanah Vushon)에게 감사한다.

필립스버그는 와인으로 대단히 유명하지는 않아도, 전국에서 가장 아름다운 지역 중의 하나이다. 그래서 그곳에서는 영감을 얻기가 쉬웠다. 그리고 블랙웰(Blackwell) 출판사에서 이 프로젝트에 관해 많은 지지와 열정을 보여 주었던 나의 훌륭한 친구들, 제프 딘(Jeff Dean)과 다니엘 데꼬또(Danielle Descoteaux), 그리고 제이미 하알란(Jamie harlan)이 있다. 그들의 모든 지지에 감사하며, 특히 제프(그와 함께 작업하는 것이 항상 즐겁다)에게는 이 프로젝트에 지속적인 관심을 가지고 책을 제작하는 내내 풍성한 의견을 나누어 준 것에 대해 감사하고 싶다. 또한 전체 원고를 교정한 마르쿠스 아담스(Marcus Adams)에게도 감사한다.

마지막으로, 모든 기고자들에게도 감사를 표하고 싶다. 전화 또는 e-메일로 소통을 했을 뿐인데도(그러나 물론 직접 만날 수 있기를 또한 희망한다!) 기고자들 모두가 이미 친구들처럼 느껴진다. 기고자들의 우수한 작품에 대해 감사하는 것은 물론이며, 나의 끊임없는 무수한 편집교정 요청에도 편견을 버리고 기꺼이 임하여 준 그들에게 감사한다. 그들은 모두 훌륭한 태도로 이 일을 해냈다. 나는 그들의 노력에 감사하고 그들이 완성한 에세이들의 우수함에도 경탄한다. 그들이 얼마나 다양한 식견을 지녔는지를 감상할 수 있게 해 주었기에 그들의 노력이 또한 더욱 값지다. 그 에세이들은 여섯 개의 다른 나라에서 온 것으로서, 학문적으로 조예가 깊은 철학자들에서부터 와인 산업의 전 범위를 아우르며 또한 다양한 직업의 범주를 넘나든다.

끝으로, 당연히 이 책의 독자들에게도 감사한다. 자, 이제 즐기라! 그리고 좋은 와인을 마시라! 그런 다음 그것에 관해 생각하라!

프리츠 알호프

힐즈버그(Healdsburg), CA

소개의 글: "포도나무 심기"

프리츠 알호프

—

소크라테스는 자리를 잡고 앉아 … 식사를 했다. … 저녁 식사를 마치고, 그들은 신에게 술을 따르며 찬가를 불렀다. 그리고, 이른바 성찬의 의식을 거행했다. 그런 다음에는 음주에 젖어 들었다. 그 시점에서 파우사니아스(Pausanias)가 모여 있던 무리에게 연설을 시작했다.

"자, 여러분, 오늘 밤 어떻게 하면 우리가 술을 덜 마시게 할 수 있을까요? 솔직히, 나는 아직도 어제의 지독한 숙취가 남아 있고, 정말이지 쉬어야 할 것 같습니다. 또한, 여러분도 역시 그 축하연의 참석자였으니 대부분 그럴 것이라고 감히 말합니다. 그러니, 오늘은 술을 과음하지 말도록 합시다."

플라톤(427-34 BCE), *Symposium* 176a2-176a1

와인과 철학은 오랫동안 양쪽 모두의 기원으로까지 거슬러 올라가 그때부터 계속해서 공생의 관계를 유지해 왔다. 와인이 존재했었다는 몇몇 가장 초기의 고고학적인 증거들은 현재 아르메니아와 북부 이란(Iran) 지역의 신석기 시대에서 비롯된다. 그곳에서 발견된 와인 잔여물로 덮여 있던 토기는 기원전 5400년의 것으로 밝혀졌다. 기원전 2500년 무렵에는 크레타 섬에서 그리고 어쩌면 그리스 본토에서도 와인이 재배되고 있었

13

을 것이다.[1] 그러나 내가 주목하고자 하는 시기는, 플라톤이나 아리스토 텔레스와 같은 그리스의 철학자들이 서양 문화의 토대를 마련했던 때인 기원전 14세기와 15세기이다. 와인은 이 시기에 의심할 바 없이 사회적 으로 의미 있는 역할을 했고, 더 나아가 우리의 문화와 역사에서도 계속 해서 중요한 영향력을 지녀 왔다.

와인과 철학 사이의 가장 명백한 연관성은 고대 그리스에서 생겨났던 심포지아(simposia: 심포지엄의 복수 표현)에 있다. 즉, 이러한 심포지엄들은 심 오한 철학적 대화를 효과적으로 이끌어냈던 와인파티였다. 글 머리에서 암시되었듯이 그리스 사람들은 그들의 저녁 식사 동안에는 와인을 마시 지 않았다. 그러나 오히려 그 후에 저녁 식사에 이어서 연회실로 향하곤 했다. 그곳은 이러한 행사들에 크게 기여했던 방이었고 그리스 가정의 중 심이 되는 장소로서 그리스의 건축적 특성이 잘 반영된 곳이기도 하다. 그 의식은 신들, 영웅들, 그리고 조상들에게 경의를 표하는 축배와 함께 시작되었고, 그런 다음에야 술자리가 본격적으로 시작될 수 있었다. 그리 스인들은 '크라테르(krater)'라고 불리는 특별한 사발에 그들의 와인을 물 과 함께 섞었다. 그 혼합물은 연회가 얼마나 중요한지에 따라 조절될 수 있었지만 적어도 와인과 동등하게라도 거의 항상 물이 첨가되었다.[2] 흥청 대며 즐기는 파티는 종종 그날 밤늦도록 연장되었고, 이러한 많은 심포지 엄에서 철학은 의심할 여지 없이 항상 대화의 중심이 되었다.

위의 사실로 보아 와인과 철학이 서로 비슷하다는 점을 유추할 수 있 다. 와인이 철학적 대화의 촉매 역할을 했던 것은 분명하지만, 사회적 윤

---

1   톰 스탠디지(Tom Standage), *A History of the World in Six Glasses*(New York: Walker and Co., 2005), pp. 47-8.

2   같은 책, pp. 56-7.

활제로서의 와인과, 철학적 연구 가치가 있는 대상 그 자체로서의 와인과의 사이에는 중요한 차이가 있다. 또한, 전자에는 강한 전통이 존재하는 반면에 후자에는 확실히 전통이 거의 없다고 여겨진다. 물론, 이 책은 철학적 시각을 통해 사회적 또는 역사적 맥락으로 와인을 바라봄으로써 그것을 개선하는 것을 목표로 하고 있다. 그 때문에 이 책은 와인에 대한 다양한 철학적 범위를 탐구하는 열아홉 개의 에세이들로 구성되어 있다. 기고자들은 이 프로젝트를 위해 다양한 배경을 제시한다. 왜냐하면 그들은 와인 제조업자나 와인 작가들과 같은 비(非)학문 분야의 전문가들뿐만 아니라 다양한 학문 분야의 학자들로 구성되었기 때문이다.

그러나, 와인에 대해 이전보다 더욱 많은 철학적 관심을 갖게 된 게 분명할지라도 와인이 우리의 삶에 가져다줄 수 있는 재미와 즐거움의 시각은 잃지 않도록 하자. 이 책을 만드는 동안 나 자신의 와인에 대한 관점과, 그리고 와인과 나의 관계에 대해서 나름대로 많은 생각을 했는데, 다음의 영화 〈Sideways〉의 인용구는 나로 하여금 계속 그러한 맥락으로 와인에 관해 생각하도록 도와준다.

나는 와인의 수명이 얼마나 오래 유지되는지에 관해 생각하기를 좋아한다. 포도가 자라고 있었던 그해에 무슨 일이 있었는지, 그해 여름에 태양이 얼마나 빛났었는지, 또는 비는 내렸었는지, 이른바 날씨가 어땠었는지 등에 관해 생각하기를 좋아한다. 나는 포도를 돌보고 수확하는 그 모든 사람들에 대해, 그리고 만약 그것이 오래된 와인일 경우 그 포도를 돌보던 사람들 중 지금까지 생을 마친 이가 얼마나 많았을지에 대해 생각한다. 어떻게 와인이 계속해서 변화하는가를, 그리고 매번 내가 와인병을 열 때마다 일전에 맛보았던 것과 얼마나 다른 맛이 날까를 생각하는 것이 정말로 좋다.

당신의 1961년산(産) '슈발 블랑(Cheval Blanc)'처럼, 한 병의 와인은 실제로 살아 있기 때문에 계속해서 진화하고 있고 미묘한 맛을 얻게 되며 그것의 지속적이고도 피할 수 없는 퇴락을 시작한다. 그렇게 해서 마침내 그 와인은 아주 좋은 맛이 나게 되는 것이다.[3]

　이 개론서의 두 번째 부분에서는, 이 책에서 발견하게 될 여행과도 같은 내용들을 제공할 뿐 아니라 「와인의 예술과 문화」, 「와인에 관한 감상과 담론」, 「와인과 와인 비평가들」, 「와인의 미(美)」, 「와인과 형이상학」, 그리고 「와인의 정치학과 경제학」의 여섯 가지 논제들에 대해 기술할 것이다. 처음의 세 개의 에세이는 다음과 같은 방향성에 따라 정리되었다. 말하자면, 와인 조합에서 와인을 생산하고 나면, 사람들이 그 와인을 마시고, 그런 다음 거의 필연적으로 그것에 관해 이야기를 나누게 되어 있다는 맥락을 염두에 둔 것이다. 첫 번째 섹션은 구체적인 철학적 문제들을 언급하기보다는 책의 나머지에 동기를 부여하는 역할을 한다. 그러나 그다음의 다섯 개의 섹션은 우세하고 전통적인 철학적 연구의 영역과 상당히 일치한다. 예를 들면 언어철학, 인식철학, 미학(美學), 형이상학, 그리고 윤리학과 정치철학 등이다. 각각의 경우에서, 그 에세이들은 또한 다소 진지한 철학적 배경을 다루는 반면에 이해하기가 쉬운 편이다. 그러나 많은 경우에 있어서, 그 에세이들은 새롭고 때로는 논란이 될 만한 입장

3　알렉산더 페인(Alexander Payne)과 짐 테일러(Jim Taylor), *Sideways: The Shooting Script*(New York: Newmarket Press, 2004), pp. 76-7.

들을 지지하기도 한다. 처음의 세 개의 에세이는 순서대로 읽기를 제안하고 싶다. 반면에, 마지막 세 개의 에세이는 순서에 상관없이 거의 독립적으로도 몰입될 수 있으리라 생각한다. 그래서 독자들에게 가장 흥미를 일으키는 에세이부터 읽기 시작할 것을 권하고 싶다. 개론서의 나머지 부분에서는 각 섹션과 그것들의 구성 요소인 에세이들에 대해 구체적으로 말할 것이다.

첫 번째 에세이, 「와인의 예술과 문화」는 사실 책의 나머지 내용을 정립하는 데에 많은 작용을 한다. 우리가 와인을 그 밖의 다른 어떤 것으로 인지하든지 간에, 우리의 현재의 와인 풍속들이 심오한 역사적·문화적 전통에 뿌리를 두고 있다는 점을 이해하는 것이 중요하다. 우리가 서 있는 곳에 대해 정통하려면 우리를 이곳에 도달하게 한 역사적·문화적 특징들에 관해 생각해야 한다. 그래서 우리는 고대 그리스의 초기부터 시작하려는 것이다. 앞에서 언급되었듯이, 와인은 고대 그리스 문화의 중요한 부분이었다. 그리고 철학이 그 관계성에 있어서 보다 우월하다고 말한다 해도 그러한 시각이 지나치게 확대된 관점은 아닐 것이다. 즉, 우리의 많은 철학적 전통이 적어도 부분적으로는 와인이 자유롭게 넘나들었던 그리스인의 심포지아(symposia)에 힘입은 바가 크다. 책의 첫 번째 에세이는 고전학자 헤럴드 타런트(Harold Tarrant)가 쓴 것으로, 호머와 플라톤 같은 당대의 사상가들의 작품들에서 와인에 대해 다루고 있음을 명시할 뿐만 아니라 고대 그리스의 와인 문화에 관해 이야기한다. 실제로 이 에세이는 철학의 지속성과 중요성에 대해 정립해 주기 때문에 책을 시작하는 데 있어서 상당히 훌륭한 글이 될 것이다.

조나단 앨솝(Jonathon Alsop)이 쓴 두 번째 에세이는 현(現) 세기 전반으로 우리를 데려간다. 따라서 우리는 그리스인 때문에 와인 전통에 관해 알게 되지만, 그다음엔 와인이 현대의 미국 문화에 어떤 종류의 영향을 미쳐 왔는가에 대해서도 호기심을 지니게 될 것이다.[4] 앨솝은 미국인이 와인을 그렇게 많이 마시지는 않는다는 것에 주목한다(국가들 가운데 1인당 와인 소비 순위가 30위이다). 오히려 이탈리아인과 프랑스인은 1인당 미국인이 마시는 것보다 다섯 배 이상을 마신다.[5] 왜 그런 걸까? 앨솝은 미국의 3대 대통령 토머스 제퍼슨에 의해 돋보이게 된 와인에 대해 열정적으로 글을 시작해서, 금주령에 대해 줄곧 써 나가고, 그리고 미국의 와인 문화에 대한 설명을 뒷받침하기 위해 〈Sideways〉(영화, 2004)의 내용으로 글을 마무리한다. 세 번째로는, 샌프란시스코의 아시아 미술 박물관(Asian Art Museum)과 파인 아트 미술관(Fine Art Museum)에서 일하는 크리스틴 디터리치-쉴라크스(Kristen Ditterich-Shilakes)가 집필한 에세이가 있다. 그녀는 와인이 예술에 동기를 부여하는 역할을 해 왔던 것에 관심을 지녔다. 그녀의 에세이에서는, 인류의 역사 전반에 걸쳐 전 세계에서 만들어진 예술품 중에서 특히 대표적인 네 개의 와인 용기(容器)를 고찰하고, 어떻게 이러한 그릇들이 중요한 문화적, 철학적, 그리고 미학적 주제들을 구체화하면서 단순한 활용을 넘어서는지를 보여 준다. 첫 번째 섹션의 마지막 글은 내과 의사인 프레더릭 파올라(Frederick Paola)에 의한 것으로서, 와인의 중요한 건강상의 장점들에 관해서 쓴 에세이이다. 그 에세이는 특히 중용(절제)의 덕목

---

4 그런데 이 에세이를 포함하는 것이, 와인과 다른 나라의 문화들 사이의 관계에 관해 이야기할 흥미로운 것들이 없다는 것을 시사한다는 뜻은 아니다. 첫째로, 이들 중 일부는 프레더릭 파올라(Frederick Paola)의 에세이(4장)에서 논하게 될 것이다. 그리고 둘째로, 미국은 확실히 어떤 종류의 설명을 해야 하는 알코올에 대해 묘한 입장을 지녔었다(그리고 곳에 따라서는 아직도 그러한 입장을 계속 지니고 있다).

5 와인 학회(The Wine Institute), "Per Ca[ota Wine Consumption in Listed Countries," http://www.wineinstitute.org/industry/keyfacts/per_capita_wine_consumption.php (accessed December 18, 2006)

과, 그것에 관련된 그리스 철학과의 관계에서 경험적 결과들이 어떻게 비쳐질 수 있는지에 관해 쓰고 있다. 와인과 건강 사이에 몇 가지 연관성이 있다고 말하는 주장들이 거의 도처에서 편재함을 고려해 볼 때, 파올라의 에세이는 그러한 많은 주장들을 분석함으로써 그리고 그러한 주장에 약간의 철학적 해석을 부여함으로써 중요한 역할을 수행한다.

「와인에 관한 감상과 담론」이라는 두 번째 섹션에서는, 와인을 맛보고 와인에 관해 이야기하는 것 바로 그 자체에 있어서의 철학적인 문제들을 탐구하기 시작한다. 이러한 철학적인 감상들은 우리가 종종 와인을 음미하고 그런 다음 방금 맛본 그것에 관해 무엇인가를 말할 마음이 내키게 될 때에 한해서는 늘 함께 따라다닌다. 그래서 처음에 우리는 와인을 감상하는 행사 자체에 그리고 특히 이것이 어떤 종류의 경험일까 하고 관심을 가질 것이다. 확실히, 지각이 있는 일부 경험들은 다른 경험들보다 더욱 인지적이다. 예를 들어, 만약 당신이 그저 단순히 창밖을 내다보기만 한다면 이것에 대해서 보다 높은 수준의 생각에 의미 있게 몰두하는 것이라고 말할 수는 없을 것이다. 대신에, 몇몇의 위대한 예술 작품을 반추하는 데에는 그러한 경험으로 이동하게 되는 모든 종류의 인지적 요소들이 존재할 수도 있다. 와인은 어떤 방식으로 발효할까? 한 가지 분명히 말할 수 있는 것은, 감정가가 어떤 종류의 것들을 성취하고자 하는가에 따라 와인은 둘 중 어느 쪽에든 해당할 수 있다는 것이다. 그러나 첫 번째 에세이에서 존 딜워스(John Dilworth)는 와인 감상에 대한 이러한 종류의 인지적인(또는 그가 일컫듯이 분석적인) 접근 방식들은 와인 감상에서의 중요한 '상상적' 요소들을 무시할 때에 있어서만큼은 결함이 있다고 주장한다. 그는 와인 감상에 관한 자신의 견해를 피력하기 위해 인식적인 의식에 대해 진화생물학적 기반의 설명을 이용한다.

위에서 언급했듯이, 우리는 와인을 맛본 후 그것에 대해 자주 이야기 하게 되는데, 그래서 와인 언어는 담론의 중요한 역할을 한다. 두 번째 에 세이에서, 켄트 바흐(Kent Bach)는 그러한 언어가 어떤 용도인지를 묻고 우 리가 이러한 종류의 담론에 어째서 몰두하는지 궁금하게 여긴다. 특히, 그것들은 무엇에 좋은가? 이 질문을 함으로써, 바흐는 소믈리에가 입맛 에 맞는 와인을 제안하게 할 수 있는 것과 같은 실용적 결과들에 관심을 두기보다는, 와인의 즐거움을 증가시키기 위해 그러한 언어가 지니는 가 능성들에 흥미를 가진다. 궁극적으로, 바흐는 와인에 대한 언어적 표현을 묘사하는 능력이 와인의 품질을 감지하고, 알아채고, 인지하는 능력에 기 여하는 것은 아니라고 주장한다. 그보다는 오히려, "훌륭한 와인은 스스 로에 대해 말해 주기 때문에 그러한 와인을 감상하는 데에 언어는 필요 가 없다"라고 그는 생각한다. 이 섹션의 마지막 에세이는 키스 레러(Keith Lehrer)와 에이드리언 레러(Adrienne Lehrer)에 의한 것이다. 철학자인 키스는 그림에서의 담화와 표현에 관해 저술했다.[6] 그리고 언어학자인 에이드리 언은 권위가 있는 *Wine and Conversation*의 저자이다.[7] 이 책은 와인이 시 대를 통틀어 진화해 온 방식뿐만 아니라 와인에 관한 담론을 분석하고 있 다. 공동 저술된 에세이에서, 와인 담론에 대한 설명을 전개하기 위해 개 개의 관점들을 결합하였으며, 특히 아널드 아이젠버그(Arnold Isenberg)의 미학과 커뮤니케이션에 관한 작품에 의해 글이 소개된다.

세 번째 섹션인 「와인과 와인 비평가들」에서는, 입소문이 나서 유명해

---

6   키스 레러(Keith Lehrer), "Representation in Painting and Consciousness," *Philosophical Studies* 117.1-2(2004), pp. 1-14.

7   에이드리언 레러(Adrienne Lehrer), *Wine and Conversation*(Bloomington, IN: Indiana University Press, 1983).

진 와인 비평가의 '전문성'과 관련해서 생기는 철학적 질문뿐만 아니라 와인 비평가들의 역할에 대해서도 다루어지게 된다. 와인 비평가들이 엄청난 양의 정보를 제공한다는 것은 우리의 와인 문화에 있어서 명백한 사실이다. 예를 들면, 이것은 특히 로버트 파커(Robert Parker Jr.)에 의해 이루어지고, 그런 다음에 다양한 언론 매체, 특히 *Wine Spectator* 매거진에 의해 보급된 '100점 등급 평가 제도'를 통해 더욱 명백해진다. 이러한 비평가와 출판인들은 와인(또는 심지어 전체 빈티지나 지역조차도)을 살리거나 죽이는 힘을 지니기도 하는데, 그에 따라 확실히 연상되는 철학적 질문들이 있다. "첫째, 와인 비평가가 그야말로 어떠한 권위를 지닌다는 말인가?"라는 질문이다. 만약 한 비평가가 하나의 와인이 또 다른 와인보다 더 낫다고 말한다면, 이것은 '사실'일까? 아니면 오히려 단지 비평가의 몇 가지 '주관적인 의견'을 표현한 것일까?(그것이 사실이라고 말한다 해도, 우리는 여전히 그것이 무엇을 의미했는가를 말해야만 할 것이라는 점을 주목해 보라.) 둘째, "만약 비평가들이 그러한 권위를 정말로 가지고 있다면, 그것은 어디로부터 오는 것인가? 그것은 특별한 훈련이나 언어적(예를 들면, 와인을 묘사하기 위한) 재능을 통해, 또는 생리학적 이유(예를 들면, 맛의 감각)들 때문에 얻어지는 것인가?"라는 질문이다.

이 섹션의 첫 번째 에세이에서, 존 벤더(John Bender)는 진실로 중요한 것을 이해하도록 도와주려 하며, 특히 와인 비평의 알려진 객관성 그리고 주관성과 관련한 주장들을 어떻게 이해할지를 알려 주고자 한다. 궁극적으로, 그는 이러한 방법들 중의 그 어느 것도 무엇이 계속 일어나고 있는지를 완전히 포착하지 못한다고, 그리고 오히려 와인 비평이 본래 주관적이기도 하고 객관적이기도 하다고 주장한다. 즉, 비평가들이 추구하는 와인에 대한 객관적인 특징들이 있지만 각각의 비평가는 특정한 주관적 특징들까지도 그 시음회 속으로 끌어들인다. 제이미 구드(Jamie Goode)에 의한 두 번째 에세이는 많은 분야를 다룬다. 와인 감정의 관행에 관해 이야기한 후에, 구드는 '향미지각' 생물학에서의 최근의 발전 현황을 평론한다.

이러한 결과들로부터, 와인 비평가라면 늘 그래야 하듯이 그는 우리가 맛을 음미하는 경험을 어떻게 언어로 바꾸는가를 탐구한다. 그리고는 시음회에서의 상호 주관적인 차이에 대해 토로하고, 그렇게 해서 주관적인 와인 평가와 객관적인 와인 평가 사이의 논점에 대해 이끌어 나간다.

네 번째 섹션인 「와인의 미(美)」에서는, 철학과 미학의 중요한 영역을 다루면서, 와인에 속하는 연관성 있는 질문들을 제기한다. 미학(美學)이란 '아름다움', '예술', '기호'와 같은 개념들을 이해하고자 하는 학문 분야이다. 대부분 기본적으로 우리는 와인이 미학적 대상으로 간주되어야 하는지와, 그와 관련해서 와인 감상을 미학적 실행(다시 말해서 '아름다움'과 같은 다양한 미학적 특성들을 조망하고 그런 다음 그것들을 우리의 관심의 대상에 적용하는 행위)으로 여겨야 하는지를 물을 수 있다. 예를 들어, 우리는 논란의 여지 없이 그림을 예술적 대상으로 여기고 그림을 바라보는 것이 미학적 경험이 될 수 있다고 생각한다. 그러나 '와인'이라는 것이 그러한 대상일 수 있는가? 다양한 이유로, 플라톤을 비롯한 철학자들은 미학의 지위를 미각과 같은 특정한 감각적 양상들을 아우르는 대상으로 여기기를 꺼렸다. 그림이나 교향곡과 같은 그 밖의 다양한 종류의 예술은, 예컨대 시각 및 청각과 다양한 감각적 양상을 통해 접근되며 아주 다양한 철학적 논의들이 있어 왔다. 따라서 와인(또는, 보다 전통적으로 볼 때 음식)과는 다른 방식으로 미학적 지위에서의 권리가 주어진다.[8] 이 섹션의 첫 번째 에세이는 더글러스 버넘(Douglas Burnham)과 오울 마틴 스킬리스(Ole Martin Skilleås)에 의한 것으로써 이러한 개요들을 논의한다. 저자들은 와인이 미학적 고려 사항일 수

있어야 하며, 와인 감상이 미학적 실행 혹은 미학적 관습으로서 이해되어
야 한다는 입장을 옹호한다.

그 다음으로는 조지 가일(George Gale)에 의한 에세이가 이어진다. 가일
은 전문적인 철학자이긴 하지만, 아마추어 와인 제조자이기도 하고 전직
와인 작가이기도 하다. 우리는 모두 와인 관계자들(주로 우리에게 와인을 팔
려고 노력하는 사람들)이 "그 와인을 좋아한다면, 그렇다면 바로 그것이 좋은
와인이다"라고 말하는 것을 들어보았을 것이다. 그리고 물론 이러한 생각
은 몇몇 종류의 와인 경험에 대한 순전히 주관적인 개념으로부터 생겨난
것이다. 이것은 벤더(Bender)가 앞선 섹션에서 주장했던 것과는 반대의 개
념이라는 것을 알 수 있다. 하지만 그것은 맞는 말일까? 이를테면, 우리가
항상 올바르게 이해하고 있다는 것일까? 또는 우리가 객관적으로 나쁜
와인을 오히려 좋아하거나, 혹은 객관적으로 좋은 와인을 오히려 싫어하
는 것이 가능한 일일까? 앞서 다루어진 섹션에서, 그 에세이들은 와인과
언어 사이의 관계성과 관련된 유사한 질문들을 탐색했다. 그러나 가일의
에세이는 와인 언어와는 반대적인 것으로서, 와인 미학에 대한 설명을 전
개하기 위한 시도로서 이러한 이슈들을 사용한다.

마지막으로, 이 섹션은 스티브 차터스(Steve Charters)가 쓴 에세이로 결
론 맺는다. 차터스는 지극히 일류의 전문 자격을 지닌 와인의 대가(大家)
이기도 하고, 아마도 모름지기 가장 훌륭한 직책의 소유자일 것이다. 이
른바, 그는 랭스 경영 스쿨의 샴페인 관리 의장 직책을 맡고 있다는 것이
다. 이 에세이에서, 그는 와인 미학과 관련이 있는 몇몇 '실증적 데이터'를

---

8 이것에 대해 보다 많이 살피기 위해서는, 데이브 먼로(Dave Monroe), "Can Food Be Art?
   The Problem of Consumption," fritz Allhoff and Dave Monroe(eds.), *Food & Philosophy*
   (Oxford: Blackwell Publishing, 2008) 참조.

얻으려고 노력한다. 말하자면, 철학자들이 종종 안락의자에 편하게 앉아서 연구를 하는 반면에, 차터스는 실제로 사람들과 직접 만나 이야기함으로써 몇몇 철학적 질문들을 유익하게 설명하고 있다고 생각한다.[9] 특히, 그는 와인이 종종 적절한 미학적 관심의 대상으로서 간주될 정도로, 그리고 와인 감상이 미학적 관습으로서 간주될 정도로 상세히 기록한다. 그의 연구는 와인과 다른 예술 형태에 관련한 견해들과 부합하는 다양한 방식들을 보여 준다.

다섯 번째 섹션인 「와인과 형이상학」은, 비(非)철학자들에 의한 연관 에세이들과 함께 다루어지다 보니 철학적 특성이 다소 경감될 수 있긴 해도, 그래도 아마 가장 철학적으로 흥미진진할 것이다. 첫 번째 에세이는 미학자인 케빈 스위니(Kevin Sweeney)에 의한 것으로, 그는 특정한 맛들이 와인의 '일부'라고 적절히 말할 수 있는 정도에 관해 이야기하고 있다. 이 논고의 타당성을 밝히기 위해, 어떤 와인에 대해서 "타르와 장미의 향이 짙다"라고 말할 수 있는 몇몇 시음회의 기록을 생각해 보라. 이것은 무엇을 의미하는가? 분명히 그 누구도 타르 또는 장미를 와인 속에 넣지 않았다. 그래서 우리는 이러한 존재들이 그 와인에 의해 초래되는 인식의 상태를 만들게 되는 관계성이 대체 무엇인지 궁금할지도 모른다. 이러한 맛들이 포함된 다소 의미 있는 감각이 와인 속에 들어 있다는 것일까? 아니면 그렇지 않다는 것일까? 보다 앞에서 다루어진 벤더(Bender)의 에세이처럼, 스위니는 이것이 그릇된 이분법이라고 생각하며 결국에는 보다 미묘한 관점을 옹호하게 된다.

---

9   역사적으로, 이러한 입장을 취한다는 것이 대중적이지는 않았을지 모르지만, 그것은 최근에 '선험적 철학'의 방식이라는 측면에서 점점 많은 관심과 지지를 받아 왔던 것이기도 하다.

다음의 두 에세이는 이 책에서 내가 가장 좋아하는 것들에 속한다. 첫 번째는 '보니 둔(Bonny Doon)' 와인의 제조자로서 대학 학부 때 철학을 연구했던 랜들 그램(Randall Grahm)에 의한 것이고, 두 번째는 매트 크레이머(Matt Kramer)가 쓴 것으로, 그는 와인에 관해 광범위하게 집필해 왔으며 *Wine Spectator*의 정규 칼럼니스트이다. 그램은 와인을 의미 있게 만들 수 있는 것과, 특히 와인이 '영혼'을 갖는다는 것이 무엇을 의미하는지에 대하여 이야기한다. 그는 '알자스 리슬링(Alsatian riesling)'을 맛보았던 경험으로 이 논고를 진술하는 이유를 말한다. 그는 '알자스 리슬링'이 와인 시음회에 함께 출품되었던 캘리포니아의 몇몇 와인과는 질적으로 다르다는 것을 발견했다. 그의 에세이에서는, 단순히 즐거움을 주려고 그 자리에 마련된 다른 와인들에 비해, 보다 더 높은 가격을 받을 만한 와인이 될 수 있도록 특별한 성향을 지닌다는 것이 무엇을 의미하는지를 우리에게 말해 준다.

크레이머(Kramer)에 의한 다음의 에세이는 그의 중요한 저서, *Making Sense of Burgundy*에서 발췌된다.[10] 크레이머는 '테루아르(terroir)'라는 정의하기 어려운 개념을 다룬다. 영어로는 '장소성'과 같은 어떤 것(크레이머가 보다 구어체로 사용하는 개념인 'somewhereness')이라고 번역되지만, 이것이 정확히 무엇을 설명하는 것인지, 그리고 와인이 그러한 것을 표현하기 위해 의미 있게 말하여질 수 있는지의 여부는 덜 명확하다. 만약 예를 들어 '테루아르'가 토양, 국지적 기후, 무성생식변형 등의 의미로 쓰여도 된다면, 적어도 그러한 '테루아르'가 다른 장소에 복제될 수도 있다는 것이 가능

---

10 매트 크레이머(Matt Kramer), *Making Sense of Burgundy*(New York: William Morrow, 1990).

해진다(와인을 숙성시키는 배럴 속에 약간의 돌을 던져 놓아야만 '테루아르'가 모방될 수 있다고, '테루아르'에 냉소적인 사람들이 조롱하듯 말하는 것을 때때로 듣게 된다). 그러나 '테루아르'에 대한 보다 확고한 개념은 와인 제조를 설명하는 다양한 사회적·문화적 특징들을 포함하고 있는데, 이러한 특징들이 보다 덜 전달되고 있는 것인지도 모른다. 또는 어쩌면, 실제적으로 물리적 특징들조차도 전달할 만한 것이 아닐지도 모른다. 크레이머는 '테루아르'의 개념을 버건디(Burgundy)를 고찰함으로써 입증하려고 노력한다. '테루아르'에 대해 가장 신성하게 표현하기 위해 버건디가 동기 부여를 하는 사례로서 종종 취해진다.

마지막 섹션인, 「와인의 정치학과 경제학」은 또 다른 한 쌍의 뛰어난 에세이들로 시작된다. 이 두 개의 에세이가 모두 미국 와인의 역사상 가장 중요한 행사들 중 하나인, 이른바, 1976년의 '파리의 심판'과 관련이 있다. 이 시음회에서, 캘리포니아의 '카베르네(Cabernets)'와 '샤르도네(chardonnays)'가 블라인드 테스트에서 몇몇 최고의 와인인 '보르도(Bordeaux)' 레드와인과 '버건디(Burgundies)' 화이트와인에 대항하며 각각 후보에 올랐다. 그 결과는 세계를 충격에 빠뜨렸고 캘리포니아 와인 산업을 촉진시켰다. 결국 레드와인 부문에서는 1973년산(産)의 '스택스 립 셀러 S. L. V. 카베르네 소비뇽(Stag's Leap Cellars S. L. V. Cabernet Sauvignon)'이, 화이트와인 부문에서는 1973년산(産)의 '샤토 몬텔레나 샤르도네(Château Montelena Chardonnay)'가 우승자가 되었다. 이 행사는 즉각적으로 와인에 대한 인식을 바꾸며 전 세계적으로 엄청난 임팩트를 주게 되었다. 그러나 그것은 단지 단 한 사람의 기자, 조지 테이버(George Taber)에 의해서만 다루어졌다. 그는 *Time* 매거진의 기고가로서 파리에서 살고 있었다. 이 주제에 관한 매우 귀중한 책을 계속해서 쓰고 있던 그가 이 책에 기고하게 되었다는 것은 상당히 영광스러운 일이다.[11] 에세이에서, 테이버는 그 시음회에 관해 더 많은 이야기를 나누고 거기에서 나온 자료들을 분석하기 위해 프린스턴 대학의 경제학자인 오를리 아셴펠터(Orley Ashenfelter), 리처드 쿠반트(Richard Quandt)와 팀을 이룬다. 특히 그들은 시음회를 분석하기 위해 사용된 통계적인 방법들에 관해 거론하며, 대안적인 방법들이 보다 적절할 것이라고 제안한다(적어도 레드와인 범주에서의 결과들이 똑같았을 거라고 주장하지만). 이 섹션의 그다음 에세이는 '스택스 립 셀러(Stag's Leap Cellars)'의 와인 제조자인 워런 위니아스키(Warren Winiarski)에 의한 것으로 위니아스키는 그 대회에서 우승한 1973년산 '스택스 립 셀러 S. L. V. 카베르네 소비뇽'을 만들었던 바로 그 똑같은 사람이다. 위니아스키는 구대륙과 신대륙의 와인 사이에서의 주로 알려져 있던 차이점들에 관해 쓰고 있다. 그의 카베르네가 정상의 보르도 샤토(Bordeaux Châteaux) 와인을 능가했다는 사실은, 미국의 와인이 적어도 어떠한 경우에는 유럽 와인의 수준과 필적할 만할 위상을 얻게 되었다는 것을 보여 주었다. 그는 그때, 그러한 비교들이 무엇을 의미하는지 그리고 특히 다른 종류의 와인 사이의 차이들이 알려져 있던 만큼 대단한지를 계속 궁금히 여긴다.

책의 마지막 두 에세이는 저스틴 와인버그(Justin Weinberg)와 드류 매씨(Drew Massey)에 의해 각각 쓰였다. 철학자인 와인버그는 고급 와인에 대한 수요와 그 와인의 가격 사이의 관계에 관심을 지닌다. 그가 제시한 예로서, 현재 약 2,500달러에 이르는 1997년 빈티지의 '스크리밍 이글(Screaming Eagle)'을 생각해 보라. 와인버그는 이와 같은 와인에 대한 우리의 관심이

---

11 조지 테이버(George Taber), *Judgment of Paris: California versus France and the Historic* 1976 *Paris Tasting that Revolutionized Wine*(New York: Scribner, 2005).

가격이 올라갈 때에 단순히 증가되는 것이 아니라, 오히려 가격 그 자체가 높기 때문에 바로 관심이 증대되는 것이라고 주장한다. 로버트 파커(Robert Parker Jr.)에 의해 100점을 받았고 '완벽한 와인'으로서 칭송을 받은 와인[12]이라면 의심할 바 없이 훌륭한 와인이다. 하지만, 수요가 가격과 더불어 증가한다면 그야말로 무언가 불합리성이 있는 것 같다. 그의 에세이에서, 와인버그는 이를테면 와인이 종종 베블런 상품(Veblen goods)의 기능을 지니는데, 와인에 대한 욕구가 또한 그러한 방식으로 작용한다고 주장하며, 그다음으로는 와인 문화에 대한 우리의 평가에 있어서 이것이 어떤 영향을 주는가를 계속 질문한다.

마지막 에세이는 변호사인 드류 매씨(Drew Massey)에 의한 것으로, 그는 이 책을 위해 필수적인 것으로 보이는 주제, 즉 '와인과 법률'에 관해서 쓰고 있다. 특히, 합법적인(그리고 철학적으로 관련이 있는) 각 주(州) 간의 와인 배송을 처리하는 문제에 대해, 그리고 어째서 하나의 주에 사는 거주자들이 또 다른 주로부터 와인을 얻기가 그토록 어려울 수 있다는 것인지에 대해 어느 정도 명쾌한 설명이 있어야만 할 것 같다고 여겼다. 과연, 여전히 완강하게 반응하는 일부의 주들과 매우 복잡한 법령을 가지고 있는 몇몇 다른 주들이 있기는 해도, 각 주 간의 와인 배송에 대한 금지는 과거 수년 동안에 상당히 빠른 비율로 하락해 왔다. 매씨는 미국 와인 법률의 현재의 위상뿐 아니라 그것의 역사를 설명하는 칭찬할 만한 일을 하고 있다. 그 논의가 핵심적으로 다루는 것은, "자유롭고 구속 받지 않는" 주(州) 간의 통상을 제공하는 것으로 보이는 '휴면통상조항(the dormant Commerce Clause)'과, 주류 양조 판매 금지령을 폐지하고 알코올과 관련된 통상에 대

---

12 로버트 파커(Robert Parker), *Wine Advocate* 126(2000), January 1.

해 지방이 감독하는 것을 허가하는 '제21 수정조항(the 21st Amendment)' 사이의 관계이다. 이러한 두 개의 헌법 사이에서의 익히 알려진 긴장 상태는 계속해서 소송의 주제가 되었는데, 매씨는 우리가 이와 관련된 문제들에 대해 이해하도록 도와준다.

───

서문에서 분명히 밝히고자 했던 바와 같이, 이 책은 제공해 줄 만한 것을 많이 가지고 있다. 철학적으로 흥미로운 주제들을 폭넓게 다루고 있는 이 책의 기고자들은 각각의 주제들을 명확하고 이해하기 쉽게 설명하는 훌륭한 작업을 해내었다. 나는 이 책이 읽을 만한 가치가 있는 매력 있는 에세이들로 구성되기를 바라기도 했지만, 가장 근본적으로는 그것이 와인에 대한 철학적 차원에서의 관심이 떠오르도록 기여하는 데 도움이 될 것이라는 이차적인 열망을 또한 지니고 있었다. 이 책이 출간될 무렵이면, 이미 철학과 와인에 대한 두 가지의 상당히 전문적인 만남이 있게 될 것인데, 또 다른 중요한 책 한 권과, 적어도 와인에 관해서만 다루는 학술지가 바로 그것이다.[13] 와인과 철학 사이의 관계에 관심을 기울임으로써 몇 가지 의문점들이 생기는 게 합당하다고 인정하며, 향후의 토론을 낙관적

───

13 배리 스미스(Barry Smith)가 주관한 최초의 와인과 철학 회의는 2004년 런던 대학에서 열렸다. 2007년 샌프란시스코에서 있었던 미국 철학 협회의 태평양 분과회의(Pacific Division Meeting)에서, 켄트 바흐(Kent Bach: 이 책의 기고자이기도 함)가 와인과 철학에 대한 하루 일정의 심포지엄을 주관했는데, 그 심포지엄에서 이 책에 실린 여러 논문들이 발표되었다. 내가 언급하는 책은 배리 스미스의 *Questions of Taste: The Philosophy of Wine*(London: Signal Books, 2007)이며, 그것은 확실히 흥미를 보장한다. 마지막으로, *the Journal of Wine Economics*를 제안하고자 하는데, 그것은 최근에 발행된 것이다. 이 저널은 제목이 가리키는 것 이상으로 광범위하게 다루어지고 있으며 연구해 볼 가치가 있다.

으로 보다 더 훌륭하게 만들 수 있다고 생각한다.

그러나 다시 말하지만, 이 책의 주요한 목적은 와인에 대한 관심을 불러 일으키는 것이며, 그래서 여기에 있는 에세이들이 그러한 절실한 요구를 만족시키기를 바란다. 여섯 개의 다른 나라로부터 각양각색의 학술적 또는 비학술적인 학문 분야에서 모인 기고자들이 그들의 모든 에세이와 더불어 존경할 만한 일을 해 주었기에, 기고를 하고 편집을 위한 피드백에 답해 준 그들의 노고에 감사한다. 여러분이 이 책을 즐기길 바라며, 그것이 와인과 철학 둘 다에 관한 여러분의 흥미를 고양시켜 주기를 바란다. 건배!

차례

I

와인의 예술과 문화

01

고대 그리스인에게
와인이란

플라톤 학파적(的) 고찰

헤럴드 타런트 Harold Tarrant

즐거운 것들과 위험한 것들

호머(Homer)의 오디세우스(Odysseus)는 그가 괴물 같은 키클롭스(Cyclops)의 우두머리인 폴리페모스(Polyphemus)를 무찔렀던 방법에 대해 우리에게 말해 준다. 폴리페모스는 그때 양들을 기르며 살고 있던 동굴에 그리스 지도자와 부하들을 붙잡아 가두고 있었다. 폴리페모스는 왕성한 식욕을 지녔고 앉은자리에서 두 명의 오디세우스의 부하들을 먹어 치웠다. 그러므로 포로들은 오디세우스의 탁월한 지략이 아니었다면 그곳으로부터 탈출하지 못한 채 단명할 수밖에 없는 끔찍한 미래를 맞이했을 거라고 여겼다. 오디세우스는 폴리페모스가 술에 취해 인사불성이 될 때까지 자신이 가지고 다니던 상당히 맛이 좋은 와인을 그 무시무시한 외눈박이 괴물에게 자꾸만 권했다. 그런 다음 키클롭스의 그리스인 포로들은 그가 잠들었을 때 불 속에서 미리 달구어 예리하게 깎은 거대한 말뚝을 그의 한쪽 눈에 찌를 수 있었다. 그렇게 해서 그는 시력을 잃었고, 오디세우스의 계속된 지략으로 인해 결국 붙잡았던 포로들도 모두 잃게 되고 말았다.

초기의 유럽 문학에서, 호머의 작품은 와인에 관한 많은 것들을 전제로 하는 것 같다. 처음에 와인은 삶에서 늘 존재하는 것이었고 흔한 식물로 만들어졌으며 종종 마시기에는 물보다 더 안전했다. 그 이후에도 와인은 그리스인을 비롯한 대부분의 사람들이 발전시켜 왔던 문명화된 삶의 일부였지만 키클롭스는 문명화되지 않았기 때문에 와인의 효과는 물론이고 그것을 물과 섞어서 마셔야 한다는 것 둘 다에 대해 무지했다. 와인의 품질과 특성은 다양했지만 그것은 대개 짙은 색이었고 와인의 가치는 그것의 강력함과 달콤함 둘 다에 의해 평가되었다. 이 시기에 달콤함은 'glykys'와 'hêdus'로 표현될 수 있었는데, 전자는 '지나치게 단맛이 나는'으로, 후자는 '기분 좋은 단맛의'로 해석된다. 후자의 경우, '정말로 달콤한', 또는 '시럽과 같은'이라는 특성으로 와인을 의미했을 거라는 의문이 들지도 모른다. 그러나 '꿀처럼 단맛이 나는'이라는 뜻의 'melieidês'와 같은 묘사들은 그리스인에게 주로 유효했던 감미료를 곁들인 와인의 단맛과 분명히 관련되어 있다.[1]

---

1 『일리아드』(Iliad)에 '꿀맛 단맛 나는(honey-sweet: melieidês)'으로 와인에 대해 언급한, 다음과 같은 기록들이 있다.
   - 4.348: 오디세우스(Odysseus)와 그의 부하들이 전쟁에는 속도를 늦추고, 연회와 꿀처럼 단맛이 나는 와인에 매우 빠르게 젖어 드는 것에 대해 비난을 받는다. ;
   - 6.258: 제주(祭酒)로서의, 그리고 헥토르(Hector)의 쇠약해져 가는 정신을 일깨워줄 꿀처럼 단맛이 나는 와인 ;
   - 8.506: 연회객의 여흥을 살리는 데 기여하는 꿀처럼 단맛의 와인 ;
   - 10.579: 병사들은 음식과 꿀처럼 단맛이 나는 좋은 와인으로 휴식을 취한다. ;
   - 12.320: 왕들의 식단으로는 살찐 양과 꿀처럼 단맛이 나는 와인이 포함된다고 한다. ;
   - 18.546: 아킬레스(Achilles)의 방패에는, 쟁기질하는 자가 꿀처럼 단맛의 와인 한잔을 받고 있는 모습이 그려져 있다.
   - 『일리아드』 8.506, 8.546, 그리고 24.284와 같은 곳에서는 와인에 대해 'honey-hearted'(meliphron)라는 형용사 표현이 사용된다. 두 형용사는 모두 『오디세이』에서만 사용된다.

와인 심포지엄

오늘날 우리들 중 소수의 사람들은 단맛이 진한(어쩌면 '포트' 와인은 빼고) 레드와인을 마시는 것을 즐기기도 하겠지만, 그런 반면에 우리는 '달콤한'과 같은 용어들이 상대적이라는 것을 기억해야 하며 만약 우리가 신맛의 특성을 지닌 값싼 와인에 익숙하다면 우리는 '달콤한'이라는 용어를 비평적으로보다는 오히려 찬사의 용어로서 좀 더 자유롭게 사용할 것이라는 것을 기억해야 한다. 어떤 경우에는, 만약 그리스인이 미학적 경험들을 우리들의 것과는 다소 다르게 해석한다고 해도 우리는 그것에 거의 놀라지 않을 것이다. 보다 달콤한 와인을 즐기는 것에 대한 호머(Homer) 식의 예를 들자면, 파에아키아(Phaeacia)인을 환대한 오디세우스의 경험을 들 수 있을 것이다. 그가 꿀처럼 달콤한 와인을 제공받을 때 그 시인은 믹싱볼에서 나오는 달콤한 향기를 언급하도록 영감을 받는다.[2] 와인의 단맛은 명백히 그것의 매력을 증가시켰다. 쾌락주의가 자연스럽게 병존하는 삶을 살아온 대다수의 그리스인들은[3] 와인의 매력적인 그 무언가를 떨쳐 버리기가 어렵다는 것을 깨달았고, 트로이의 헬렌 이야기를 들을 때만큼이나 대략 똑같은 정도의 증오와 경외심을 보였다.

단맛이 중요한 요소이긴 했지만, 탁월한 맛을 지닌 와인의 또 다른 특성인 '강력함'도 또한 도외시할 수 없는 것이었다. 키클롭스가 그러한 사실을 발견했더라면 와인을 강력한 무기로 바꿀 수도 있었을 것이다. 결과적으로 경험이 부족한 음주자의 수중에 있던 와인의 위력이 제대로 진가를 발휘한 게 또한 분명하다. 전통적으로 와인(그리고 때로는 거의 그것과 동

3.46, 9.208, 14.78, 그리고 16.52에는 'honey-sweet'가 사용되고, 7.182, 10.356, 13.53, 그리고 15.148에는 'honey-hearted'가 사용된다.

2 『오디세이』(*Odyssey*), 9.210.

3 플라톤에 의해 입증되는 것으로서, *Republic*, 502b와 *Laws*, 663b 참조.

일시되거나 또는 자연 발생적으로 강력한 주스와 동일시되는)[4]과 연관되는 디오니소스(Dionysus) 신(神)은 잔잔한 기쁨을 가져다 주는 신이었지만, 유리피데스(Euripides)의 비극 〈바커스의 시녀들〉(Bacchae)에서 잘 표현되었듯이 역설적이게도 어떤 인간에게는 불안함이 느껴질 만큼 거역하기엔 너무나 위엄있는 신이기도 했다.[5]

그와 마찬가지로 와인도 누군가에겐 명백한 이로움을 주고 또 다른 누군가에겐 확실한 손상을 입히며 각각 다양한 경험의 원천이 될 수 있을 것이다. 와인이 통용되어도 그것을 현명하게 사용할 필요성은 결코 경시될 수 없는 것이었다.

와인의 용도

그리스인들은 어떤 종류의 자연의 힘에 직면하게 되었을 때, 예측이 불가능하고 인간의 통제 능력을 초월하는 모든 것을 가능한 한 그들의 세상에서 제거하고자 했다. 따라서 그들은 와인의 힘을 이용하기를 원했다. 오디세우스처럼, 재량껏 와인을 마시는 그리스의 모든 성인 남성들은 그 와인이 자신에게 반(反)하기보다 오히려 자신을 위해 지지하도록 해야 하는 도전에 직면하곤 했다. 그리스의 희곡에서도 살펴보자면, 자신의 관심에 반하는 와인을 사용할 가능성이 있는 그의 가족 구성원들에게 그 와인을 멀리하도록 하는 내용이 다루어지곤 한다. 그 구성원들에는 일상적인 일을 능률적인 방식으로 수행할 필요가 있던 여성들과 노예도 포함된다.

---

4   유리피데스(Euripides), *Bacchar*, 278-83행(wine); 708-11(milk, liquid honey) 참조.

5   같은 책, 677-774, 848-61, etc.

그러나 그렇게 와인의 힘을 이용한다는 것은 다시 말해서, 물리적으로 저항할 수 있는 것은 무엇이든 제한하면서도 와인의 장기적 효과에 대해서 자각하고 있음을 의미하는 것이기도 하다.[6]

주변의 아주 많은 다른 이들처럼, 그리스인들도 와인이 어떻게 사용되었는지, 그리고 어떤 상황들에서 사용되었는지에 따라서 긍정적 또는 부정적 가치를 지녔음을 알고 있었다. 플라톤의 *Lysis*에서는 와인 자체의 목적 때문에 가치 있는 것과, 와인으로부터 얻어지는 그 무엇 때문에 가치있는 것 사이에서의 중요한 차이를 구분할 수 있도록, 아들이 헴록(hemlock: 독미나리) 독약을 마신 것을 발견하는 아버지의 이야기를 예로서 제시한다. 그 아버지는 와인이 헴록 독약(219e)에 대한 치료제라고 믿으며 상당한 가치를 와인에 부여한다. 궁극적으로 그가 와인에 부여하고 있었던 높은 가치는 그때 그가 내어준 바로 그 한 잔의 와인에 부여했던 높은 가치와 비슷하다. 둘 다 그 순간에 바로 아들의 목숨을 구하는 역할을 해내기 때문에 존중될 만한 것이었다. 와인의 효과는 차치하고라도, 어떤 상황들이 미학적 고려 사항을 도외시한 채 어떤 가치를 와인에게 부여한다는 것일 뿐이지 그렇다고 와인이 미학적 가치를 지닐 수 없을 것이라고 의미하는 것은 아니다. 만약 와인을 독에 대한 해독제로서 필요로 하는 거라면, 그것이 캘리포니아의 '소테른(sauternes)' 화이트와인인지, 아니면 프랑스의 '샤블리(chablis)' 화이트와인인지를 물을 필요가 없다. 그래서 다른 어떤 상품이나 그와 관련한 행위처럼, 와인 또는 와인 시음이 본래 삶의 목

---

6 플라톤의 *Symposium*에서는, 참여자들이 그 전날 밤의 연회에서 흥청대며 마신 술의 숙취가 여전히 남아 있었기 때문에 처음에는 자신들의 음주를 제한하자는 데에 동의를 한다고 나온다.

표 중 하나가 아니었음을 고려해 볼 때[7] 그러한 도전은 그 목표들을 방해하기보다 오히려 용이하게 만들기 위해 사용하는 것이었으며, 철학자들은 이러한 점을 대부분의 다른 사람들보다 더 예리하게 간파할 수 있었을 것이다.

목적이란, 즐거운 그 어떤 것

그리스인은 행복(eudaimonia: 웰빙으로도 번역된다)이 삶의 목적이었다는 사실을 자주 인정하곤 했다. 보다 논쟁적이었던 점은 이러한 목적이 어떻게 해석되는가에 관한 것이었다. 그것은 행복을 판단하는 기준이었던 명예, 재산, 즐거운 일상, 또는 문제로부터의 자유 등과 같은 단일한 어떤 것이었을까? 아니면, 행복은 여러 가지의 가장 좋은 삶을 위해 필요한, 그리고 그들 자신에게 바람직한 모든 것의 결합물로 구성된 것일까? 보통의 사람은 종종 행복한 삶을 위해 마음속에 페르시아 왕 또는 몇몇 그리스의 독재 군주와 같은 어떤 상상적 인간 전형을 지니곤 했을 것이다. 부러우면서도 결코 실제로는 갈망조차 할 수도 없는, 부와 권력을 지닌 그런 누군가를 말이다. 그러한 삶에서의 와인의 중요성은 의심할 바 없이 당연한 것으로 받아들여져 왔겠지만, 와인의 존재가 실제로 반드시 행복에 기여하고 있었다는 것을 의미하지는 않았다. 인간의 운명의 변덕스러움에 대해서나, 혹은 독재 군주가 행복이 깨지도록 행하는 몇 가지 심각한 방해에 대해서 염두에 두고 있는 그 밖의 사람들은 매우 다양한 일련의 철

---

7 플라톤, *Lysis*, 219b-220b; *Euthydemus*, 278e-282d; *Gorguas*, 467c-468c 참조.

학적 패러다임을 도입하기를 갈망했고, 그것은 그 시대의 사람들이 가장 행복할 수 있도록 하기 위해 솔론(Solon)이 선택했던 것에 관해 헤로도투스(Herodotus)가 서술한 내용에서도 확인될 수 있었다.[8] 종종 시작부터 끝까지의 전 생애가 평가될 수 있기 전까지는 그들은 행복한 누군가에 대해 언급하는 것을 피하고자 했으며, 후에 남을 상속자에게 전해 줄 지적(知的) 유산이나, 공동체의 눈으로 볼 때 높은 명예를 성취하는 것에 중요한 가치를 두곤 했다. 그러한 삶에서 와인의 가치가 중요한지는 충분히 확인이 되지 않았다. 그리고 행복한 삶을 묘사하는 데 있어서 그리스의 지식인들은 기능공이나 염소치기에 비해 훨씬 더 반(反)직관적일 것 같아 보이는 사람이 아닌 한, 살아남은 상속자로 축복을 받으며 명예를 조용히 성취하고자 하는 대안적 패러다임을 선택하는 경향이 더 많았다.

그리스 윤리학에서 한 가지 주목할 만한 특징은, 그 행복의 가치가 자신에게 중요했던 만큼, 친구들이 자신과 주로 비슷한 상황일 때에 한해서는 친구들의 행복이 그에게도 중요했기 때문에 그것이 결코 본질적으로 이타적이지 않았다는 것이다. 물론, 사람은 충실히 임할 수 있는, 그리고 이행하지 않을 경우 심각한 불행을 초래할 수도 있는 의무들을 정말로 가지고 있었다. 하지만 플라톤의 스승 소크라테스가 그의 친구 크리톤(Crito)에게 작별하면서 해 준 충고는, 남에게 도움이 되는 그러한 능력은 자신의 내면의 존재를 돌보는 능력에 결정적으로 달려 있었다는 것이었다(*Phaedo*, 115b-c). 플라톤의 내면에 혹은 어떤 딴 곳에 존재하는 또 다른 인격이 그 자신의 이익을 도외시함으로써, 그의 친구들을 돕는 데 역부족인 사람이었던 자신을 스스로 비난하는 경향이 있었다. 그러므로 와인의

---

8 *Histories* 1.30-3

경우에서 그가 주로 고려했던 질문은, "그것이 나를 더 행복하게 해 줄 수 있는가?"라는 것이었다. 반면에 두 번째 질문은, "그럼에도 불구하고 와인이 내 친구의 행복에도 기여할 수 있는가?"라는 것이었다. 우리들 대부분은 아마도 우리가 그 두 가지 질문에 대한 대답을 알 거라고 생각하겠지만, 소크라테스와 매우 흡사한 성향을 지닌 사람이라면 우리가 그 답을 모르고 있을 거라며 틀림없이 설득하려 할 것이다.

그리스 윤리학의 주요 주제는 쾌락이었으며 특히 쾌락이 가장 높은 목적으로 간주되는 것인지에 관한 것이었다. 그리고 만약 그것이 쾌락이었다면 당연히 어떤 종류의 쾌락이 적절한 목표였는지를 물어야만 했다. 왜냐하면 그러한 기본적 행위와 관련된 쾌락이 추구할 가치가 있다고 단언할 채비가 되어 있는 사람은 극히 드물기 때문이다.[9] 와인을 좋아한다는 것에는 어떤 면에서 그 결과로서 생기는 쾌락과도 같은 도취감이 포함되어 있기 때문에 향락주의자의 삶에서 차지하는 와인의 위상이 비(非)향락주의자의 삶에서보다 더욱 높을 것으로 추정되는 경향이 있다고 대부분 예상할지도 모른다. 사실, 매력적인 와인들에 지속적으로 적용되는 '단맛'의 의미로서 접했던 '*hêdys*'라는 단어가, 즐거웠던 어떤 것을 의미할 때에도 더욱 일반적으로 적용되었기 때문에 좋은 와인이 즐거움을 준다는 것을 우리보다 그리스인들이 더 쉽게 짐작했을 것이 분명하다. 그래서 좋은 와인을 마시는 것을 즐거운 일로 생각하는 것은 당연했다. 그러므로 대부분의 사람들의 견지에서 보면, 순간의 즐거움과 상충되는 고통스러운 결

---

9 *Gorgias*, 494-9에서, 확고한 쾌락주의자 칼리클레스(Callicles)는 이러한 범주에 확실히 빠져들게 되고, 그때 그는 *kinaidoi*(동성애 관계 또는 가학적 쾌락을 추구하는 데에 수동적이었던 사람들)의 쾌락에 내재적 장점이 있다는 생각에 저항하는데, 궁극에는 선하게 되고자 하는 그들의 요구에 영향을 미치는 쾌락에서의 질적인 변화를 수용해야만 하게 된다.

과들에 의해 와인의 즐거움이 상쇄되지 않는 한, 아마도 와인의 즐거움은 쾌락적 삶에 마땅히 꼭 들어맞는 것이라 여겨질 것이다.[10]

게다가, 맛있는 음식, 즐거움을 주는 음료, 그리고 성적 유희의 특성이 모두 존재하는 '심포지아(symposia)'에 다수의 그리스 남성들이 관여했으니 아마도 그들이 쾌락적 삶을 살았을 것이라 짐작될 것이다. 친구들이 함께 모여 있기에 폴리페모스와는 달리 다른 이의 존재가 두려울 것이 없었던 이러한 사교적 술자리들은 위험을 최소화하는 한편 와인의 즐거움을 만 끽하기에 알맞은 곳이었다. '심포지엄(symposium)'이라는 그 어휘는 사교적 음주의 의미를 함축하고 있었고 그것과 관련된 음료는 바로 와인이었다. 그것은 크라테르(krater)라고 알려진 크고 넓은 그릇에 적당한 양의 물이 담 기도록 해서 만들어졌고 주로 어떤 것과 혼합된 와인이었다. 앞서 살펴보 았듯이, 자신의 연장선 상으로 친구들을 바라보는 경향은 가장 행복감을 주는 것들을 기꺼이 공유하도록 하면서 그들의 행복에 대해 자연스럽게 관심을 지니도록 이끌었다. 그래서 이러한 맥락 때문에 심포지엄에서 와 인을 나누는 것이 자연스럽게 되었고, 와인을 나누어 줄 수 있을 만큼 충 분히 부유한 사람들로부터 와인을 선물받는 것도 또한 호응을 받았다.[11]

물론, 철학자들은 사회에 널리 퍼져 있던 많은 생각들에 반하는 주장 을 하는 경향이 있었는데 쾌락이나 즐거운 경험들에 대한 사회적 신념에 있어서도 예외가 아니었다. 예를 들어, 플라톤은 적절한 유형의 즐거움이

---

10 이것은 플라톤의 *Protaotras*, 352a-358e에 나오는 것으로서, '쾌락에 의해 극복되게 하기'라 는 인기 있는 개념에 대한 고찰의 귀결이다.

11 플라톤이나 또는 그를 모방하는 어떤 사람이 한 서간문(Epistle)(341a8)에서 "당신에게 열 두 개의 달콤한 활력을 주는 와인과 두 개의 꿀을 또한 보내 주려 하오."라고 썼던 것을 나는 주목 한다. 크세노폰(Xenophon)의 *Anabasis*, 1.9.25-6.에서도 볼 수 있듯이, 음식의 경우처 럼 와인 선물은 심지어 이미 함께 먹어 왔던 어떤 것과 함께 구성될 수도 있었다.

정말로 가치를 지녔다고 인정했지만 주로 직설적인 쾌락주의에 대해서는 반대론을 폈다.[12] 예컨대 주로 쾌락과 바른 삶 사이의 관계에 관해 다루고 있는 그의 후기 작품『필레부스』(philebus)에서는, 순수한 또는 악의가 없는 쾌락들을 선한 삶에 기여하는 것들의 목록에서 훨씬 하위에 기꺼이 포함시킨다(66c-d).『필레부스』와『티마이오스』(Timaeus)가 무해한 즐거움 중에서도 이전의 쾌락 또는 그 결과로서 생겨나는 고통과 관련이 없다고 여겨졌던 후각적 쾌락(즐거움)을 포함시켰다는 점을 와인 애호가라면 확실히 주목할 수 있을 것이다.[13] 반면에 순수 색상들과 관련된 즐거움에 상당한 정도의 용인이 있었다.[14] 그래서 가장 신중한 플라톤 학파들조차 품격 있는 와인의 향미와 색감 둘 다를 앉아서 예찬할 수 있었는데, 심지어 와인을 마시는 것을 주저할 상황에서조차도 그러했다! 어쩌면 플라톤은, 미각적 즐거움이 마시는 즐거움을 보장한다는 어떤 공약이 없어도 활발하게 추구되고 있는 와인 시음의 현대적 동향에 대해 긍정적으로 반응할지도 모른다. 그러나 그는 본드나 페인트 흡입자에 대해서 무지했던 만큼이나, 매우 열렬한 와인 애호가에 대해서도 또한 무지했던 것 같다.

아리스토텔레스는 자신이 선호했던 활동들에 그 자체의 특별한 즐거움을 부여함으로써, 그리고 최상의 즐거움을 최상의 활동들과 연관 지음으로써 쾌락을 그것의 자연스러운 상태(예를 들면, 그것의 적절한 활동과 알맞

---

12 많은 논쟁이 즐거움과 불쾌함이라는 관점에서 선과 악에 대한 대중적 분석에 대해 주장한다. 그러나 비록 그러한 주장이, 그것이 종종 주장되는 것만큼이나 인신공격적이지는 않을지라도, 우리가 고통보다는 오히려 즐거움이 생기게 하는 그것의 능력에 대한 관점으로만 어떤 기능을 선택해야 한다고 말하는 것은 결코 아니다.

13 *Philebus*, 51e; *Timaeus*, 65a.

14 *Philebus*, 51d2; cf. *Hippias Major*, 297e ff.

은 상태)에서 유기적 조직체의 방해받지 않는 활동과 연관시켰다.[15] 스토아 철학자들은 그것을 '페이소스(pathos)' 또는 '존재에 대한 비(非)이성적 반응, 특히 이 경우에는 비이성적으로 환영하는 반응'으로 정의함으로써 '쾌락'이라고 일컬었던 것을 비난할 수도 있었지만, 그들이 말하는 이상적인 인간은 그럼에도 불구하고 적절한 것들에서의 이성적 '득의만만'의 감정을 경험하곤 했다. 그들은 이러한 감정을 '환희(chara)'라고 부른다.[16] 일반적으로 눈살을 찌푸리게 하는 활동에 탐닉할 때 그것의 적당한 정도를 파악하는 데 있어서 그들의 현자가 경험하고 판단한 것들이 충분히 타당하다고 여겼기 때문에[17] 와인에 탐닉하는 경우에서도 마찬가지였을 거라고 단지 추정할 수 있을 뿐이다. 심지어 쾌락주의적인 에피쿠로스 학파(Epicureans)도 많은 쾌락이 그 결과로 인해 생기는 고통으로 이끌게 될 가능성을 예리하게 인식했고 그러므로 그러한 쾌락은 그들에게서 거부되어야 했다. 따라서 쾌락주의자들은 음식과 음료의 소비에 관해서는 쾌락주의자가 아닌 자들의 신중함을 공유했다. 그러나 내가 여기서 강조하고 싶은 것은 쾌락주의에 반대하는 입장의 사람들조차도 그들이 옹호했던 삶이 가장 즐겁고 유용했다고 생각하는 경향이 있었다는 것이다. 쾌락을 목적으로 삼는 것을 거부한다는 것이 그것을 제거하거나 그것이 가치가 있다는 것을 부인하는 것을 의미하지는 않았다. 가장 쾌락주의를 반대하는 자들 역시도 전반적으로 혹은 부분적으로라도 심포지엄을 즐기기를 기대할 것이기 때문이다. 오히려, 플라톤(그의 다수의 작품에서)과 아리스

---

15 *Nicomachean Ethics*, VII. 11-14와 X. 1-5에서 쾌락에 관한 자신의 특별한 이론을 설명하고 쾌락을 행복한 삶과 관련짓기 위해 애쓰면서 X. 4-5를 또한 다루고 있다.

16 *Stoicorum Veterum Fragmenta*, 3.431-9.

17 *Stoicorum Veterum Fragmenta*, 3.555.

토텔레스(*Nicomachean Ethics*, X. 4-5에서) 같은 사상가들은 도덕과 지성의 탁월함에 대해 그들이 선호한 삶이 즐겁다는 것을 증명할 만해서 권장된 것은 아니었을지라도, 매우 알찬 즐거움, 다시 말해 대부분의 사람들이 즐겁다고 생각했던 삶을 직접적으로 추구함으로써 종종 동반되는 고통이 없는 즐거움을 정말로 제공했다고 주장했다. 그러한 사상가들에게 와인이 단지 즐거움을 주는 것이라는 이유로 와인의 음용을 옹호해 달라고 기대할 수는 없겠지만, 그럼에도 불구하고 그들은 와인이 제공할 수 있었던 그 밖의 어떤 것 때문에라도 그것을 지지할지 모른다.

소크라테스 철학의 패러다임: 부작용 극복

기원전 4세기에 철학적 작품을 썼던 많은 사람들은 행복한 삶을 제시할 새로운 모형을 지니고 있었다. 종종 비범한 정도의 평가와 우수함을 이끌어 냈다고 여겨지는, 그러나 마찬가지로 사교상의 음주의 기쁨과 즐거움과 관련하여 다소의 양심의 가책이 없이 참여해 왔다고 알려져 왔던 소크라테스의 예시에서도 그것을 알 수 있다. 플라톤과 다른 많은 철학자들이 그랬듯이 소크라테스의 예시를 패러다임으로서 채택하는 것은 이미 와인이 좋은 삶을 위해 중요한 위치를 차지한다고 인정하는 것이었다. 어려운 점은 그것이 용인하는 바가 무엇인지를 설명하는 것이었다.

아테네 사회의 심포지엄에서 소크라테스가 했던 행위와 그것의 공헌은 철학적 대화에 있어서 특별한 하위 장르로 간주될 수도 있는 어떤 것이 생기도록 했으며 그러한 심포지엄은 아테네에서 즉각적으로 아주 유명한 것이 되었다. 소크라테스가 바로 '디너파티' 분위기에서나 알맞을 것으로 여겨지는 주제들로부터 부분적으로 진지한 대화를 이끌어 내도록 기여한 많은 인물 중의 하나일 것이다. 플라톤은 지금까지도 보존되고 있는 *Symposium*을 썼으며, 그리고 동시대쯤에 크세노폰(Xenophon)도 그것을 썼다. 4세기에 심포지엄 장르의 작품을 썼던 아리스토텔레스(직접 들은 만큼 오래된 것은 아님)나 다른 철학자들이 그랬던 것과 마찬가지로, 더 많은 소크라테스의 추종자들이 있었을지도 모르지만 그들의 작품은 우리에게 전해지지 않는다. 그러나 플루타르크(Plutarch, 역주: 그리스의 철학자, 『영웅전』 저자)를 포함한 초기 로마 제국 시대의 심포지엄 관련 작품들이 현존한다.

플라톤과 크세노폰의 심포지엄에도 또한 나오는 것으로서, 그가 성적 욕구와 연관 지었던 것처럼 소크라테스와 와인과의 관계는 탐색의 즐거움(달리 말하면 탐닉으로 간주되는)이 그리스의 도덕 철학에서 바로 그 첫 번째 장(場)에 위치한다는 것을 어느 정도 의미한다. 철학을 하늘로부터 인간의 삶 속에 가져오는 데 기여했던 사람이 바로 소크라테스였다고 많은 이들이 믿었다. 그를 최초의 그리스 도덕 사상가로서 간주하는 것은 맞지 않을 수도 있다. 그러나 그리스인들은 오랫동안 옳고 그름의 문제들에 대해서 논쟁하는 데 익숙해져 있었고 도덕적 관점들은 모든 종류의 초기의 문학에서도 표현된다. 그는 아마도 철학에 대해 체계적인 방식으로 독특한 윤리 사상을 추구한 최초의 사람이었을 것이다. 소크라테스는 와인 그 자체의 역할에 관한 감질나는 질문들만을 항상 묻는 게 아니라, 정의, 경건함, 양식, 용기, 그리고 지혜에 대한 용인된 덕목들에 관해서도 자주 질문한다. 사람들의 마음에서 와인의 특성에 관한 혼란이 도덕과 관련된 핵심 용어들에 관해서만큼 크지는 않았다. 오히려 그는 음주와 관련해서 그가 가장 영감을 받은 몇 가지 관점들을 설명하려 했던 것으로 보인다.

플라톤의 *Symposium*(176 a-e)에 참여한 사람들은 젊은 비극 시인 아가톤(Agathon)이 디오니소스 축제와 관련한 극을 구성한 것에서 대성공을 이룬 것을 기리고 있었다. 그러나 그들 대부분이 여전히 전날의 음주로 괴로워했다. 따라서 파우사니아스(Pausanias)라는 인물이, 금주하기보다는 가벼운 음주와 더불어 스스로 휴식을 취함으로써 상황을 느긋하게 만들려고 한다. 다른 참석자들, 즉 심한 숙취로 고통받고 있던 술꾼들과, 결코 더 이상은 마실 수 없는 사람들 양쪽 모두가 일시적인 금주를 하자는 제안에 쉽게 동의한다. 하지만 소크라테스는, 자신은 양쪽의 사람들 모두가 어떻게 행동하든 상관없으며 그들이 무엇을 하든 기쁠 것이라고 말한다. 의사 에릭시마커스(Eryximachus)는, 사실상 그가 항상 권하곤 했던 것으로서, '가벼운 음주'를 하는 것이 전날의 숙취로 힘들 때에 또다시 술에 취하는 것을 피하게 해 주는 것이라고 설명한다. 그래서 그들은 가볍게 즐길 수 있을 정도로만 음주하자는 것에 동의한다. 정작 소크라테스 자신은 그들이 와인을 마시든 말든 관심을 보이지도 않고 이 대화에 관여조차 하지 않는다.

좋은 의도로 시작했지만 종종 그렇듯이 그들의 소박한 탐닉은 지속되지 않는다. 술 취한 알키비아데스(Alcibiades, 역주: 아테네의 정치가)가 다른 주객들과 함께 도착해서는 자신과 함께 술 마실 준비가 되었는지를 묻게 되는데 그것이 기폭제가 되었다(212c-213a). 그는 곧, 그 모임의 나머지 사람들이 술을 마시지 않은 것을 감지하고는, 취하지 않고도 얼마든지 용케 대화를 해 나갈 수 있는 소크라테스에 관해서 거론하자는 건 아니라고 언급하면서 다소 진지한 술자리를 만들기 시작한다(213e). 알키비아데스가 소크라테스에 대해 칭찬하는 연설을 하면서, 더 많은 주객들이 대화에 끼어들었고 그러면서 외관상 정숙한 술자리의 모양새가 모두 사라지게 된다. 그럴 때의 소크라테스의 단호한 성품이 이후에 설명된다(223b). 소크라테스는 아가톤이나 아리스토파네스(Aristophanes, 역주: 고대 아테네의 희극 작가)와 여느 때처럼 윤활제 구실을 하는 대화를 새벽까지 고집스럽게 계속

했는데, 그 후에 두 사람은 잠에 빠져 버린 반면에 소크라테스는 곧바로 자신의 일상의 일을 시작한다. 소크라테스는 음주에 굴복하기보다는 오히려 그것을 통제한다. 동일 작품에서 알키비아데스에 의해 기록되었듯이 그가 성적 충동을 통제하는 데에 있어서도 상당한 유사성이 있다. 소크라테스는 그곳에 있던 젊은 남성과의 가까운 접촉을 피하려고 굳이 애쓰지도 않았지만, 그 어떤 단계에서도 통제력을 잃었던 경우가 발견되지 않는다(218b-219d). 『카르미데스』(Charmides, 역주: 플라톤의 저서)는 굉장히 멋진 젊은 남성에 의해 유혹을 받을 수 있는 소크라테스의 모습을 보여 주기도 하지만, 흥미가 느껴지는 그 젊은 미남과의 철학적 대화를 충분히 이끌어 갈 만큼 자신의 위트를 재빨리 회복할 수 있는 소크라테스의 모습도 보여 준다. 전반적으로 소크라테스는 강한 충동을 지니는 것과 그것들을 컨트롤하는 것 둘 다에 대해서 놀라울 정도의 명성을 지니고 있었다.

소크라테스 패러다임의 함축적 의미

철학자의 이러한 패러다임이 철학에서 와인이 차지하는 위치에 대하여 무엇을 함축하고 있는 것일까? 분명한 것은, 그것이 많은 양의 와인을 회피해야 한다는 것을 의미하지는 않았다는 점이다. 사실, 와인의 맛이 아니라 음주에 대한 통제력이 상실되었기 때문에 와인이 해롭다고 판명되었던 것이므로, 그저 원하는 만큼의 약간의 와인만으로도 그 맛을 얼마든지 많이 즐길 수는 있을 것이다. 그러나 그것은 당신이 와인을 컨트롤하고 있는 게 아니라 와인이 당신을 컨트롤하고 있다는 것을 암시하는 '술 취함'의 감정을 결코 정말로 즐기고 있는 게 아니라는 것을 의미했다. 이것은 다양한 결과의 의미를 지닌다. 알코올 음료를 완전히 몰수당해야 하는 알코올 중독자로 인식되는 사람들이라 해도, 알코올 소비가 절제의 규칙들을 잊어버리게 하지 않는 한, 굳이 와인을 피해야 할 이유가 없다고 여기던 철학자들에게 알코올 소비는 아무런 문제가 되지 않았다. 플라톤 학파의 네 번째 수장이었던 폴레모(Polemo)의 이야기에서는 30세의 나이 때부터 그가 정말로 그저 물만을 마셨다고 전해지곤 했는데,[18] 그러나 그의 이야기는 극히 이례적이다. 그 일화는 그가 젊었을 때 존경받는 그의 선배 크세노크라테스(Xenocrates: 369-314 B. C., 그리스 철학자)의 강연에 여느 때처럼 술에 취한 상태로 휘청거리며 가게 될 정도로 방탕한 삶에 이르게 된 그의 모습을 묘사한다.[19] 그래서 그는 금주만이 유일한 효과적 치료일 뿐인 그러한 종류의 알코올 중독으로 매우 처절하게 고통받았을지도 모른다. 그러다가 그는 자기가 들었던 금주에 대한 그 강연에 의해 깊이 감동받았고 당연히 그때부터 자신의 관심 영역을 철학으로 전환했다. 그러나 폴레모는 심지어 금주의 삶에서조차 여전히 금지된 물질인 와인에 애착을 지니고 있었던 것 같다. 왜냐하면 그가 가장 좋아하는 비극 시인 소포클레스(Sophocles)의 시 구절을 희극 시인 파이린쿠스(Phrynichus)에게서 따온 시 구절로 묘사하는 것을 좋아했던 것으로 보이기 때문이다.[20] 그것은 내가 다소 자유롭게 번역하기 좋아하는 다음과 같은 것이다.

> "달콤한 와인도 아니고, 최고의 와인도 아니지만, 실로 굉장한 와인인 것만은 분명하다."

---

18 아테나이오스(Athenaeus), 2.44e.

19 디오게네스 라에르티오스(Diogenes Laertius), 4.16.

20 디오게네스 라에르티오스(Diogenes Laertius), 4.20(Phrynichus fr. 68PCG = 65K).

이것은 재미 삼아 말장난이나 하고자 하는 이의 대사는 아니었던 것이다! *Symposium*에서 플라톤이 소크라테스의 철학적 패러다임을 채택한 정서는, 사랑에 대해서도 또한 그런 것처럼 그 밖의 많은 와인을 기념하는 일에서조차 그가 통제력 부족에 관한 서투른 점들을 경고할 필요성을 즉각적으로 자각한다는 것을 말해 준다. 일어날 수 있음직한 어떤 한 가지 예시는 심포지엄에서의 담화를 이끌어 내는 의례적인 일에 대해 소크라테스 자신이 공헌한 것에서도 발견된다. 그는 에로스(Eros: 사랑) 탄생 신화 이야기에서, 플렌티(Plenty: 풍부함)가 제우스의 정원에서 과즙(아직 와인이 존재하는 것은 아님)에 취해서 인사불성이 되었을 때, 포버티(Poverty: 빈곤함)가 그때를 기회로 삼아 그의 아이를 갖고자 한다(203b)고 말한다. 그와 같이, 과즙(그리고 암묵적으로 와인도 포함)은 알랑거리는 요부나 또는 적어도 유혹을 해 보려는 여자의 역할을 할 수 있다.[21] 알키비아데스가 하는 말에 의하자면, 원치 않는 아이들(글쎄, 에로스는 항상 성가신 놈이었으니까!)뿐만 아니라 원치 않는 사실도 탐닉이라는 황당한 결론 가운데에 놓이게 될 수 있을 것이다(*Symposium*, 217e). 정치적 사상에 대한 소크라테스 철학적 패러다임의 암시는 플라톤의 정치적 저작물, *the Republic and the Laws*에서 즉시 확인할 수 있었다. *the Republic*의 "City of Pigs"에서 와인이 제시되는 것을 보게 될 거라 기대하겠지만 와인은 빵, 망토, 샌들과 같은 평범한 물품처럼 마치 그것이 사치스러운 물품 그 자체와는 전혀 관련이 없다는 듯이 곧바로 처음부터 언급된다(372a). 그러나 우리는 또한 알코올 남용을 비난하는 것으로 여겨질 만한 구절들을 보게 될 것이며(e.g., 389e), 『필로이노스』(*Philoinos: 'wine lover,'* 475a)를 논할 때 혐오감에 대한 함축적 의미들이 있

---

21 플라톤, *Gorgias*, 518c1.

어도 놀라지 않을 것이다. 〈필로이노스〉는 특정 와인을 마시기 위해 그 어떤 핑곗거리도 마다하지 않는다. 그러나 와인의 사용을 규제도 하고 제도화하기도 하는 것이 바로 *the Laws*(법)이다. 그러한 규제는 비교적 젊은 사람들로부터 강력하게 술을 지키는 데에, 그리고 시간이 지남에 따라 더욱 많은 양의 술을 내놓게 될 때에 특히 민감하게 작용한다.[22] 그래서 그것의 영향력을 가장 잘 컨트롤할 수 있는 연장자들도 자신들의 미덕을 증명하기 위해 많은 노력을 기울여야 한다. 그러한 상태에서는 젊은이들에게 술을 마시는 상황이 제공될 수 있도록 연장자들은 또한 마음을 편하게 만들어 줄 무언가를 꽤 많이 요구받았던 것으로 보인다.

와인의 특성은 와인 음용자가 누구냐에 따라서도 바뀔 수가 있다는 것이, 후에 *the Laws*, (672b-d)의 신화에 대해 토론되는 부분에서 다시 암시된다. 여기서 대담성이 덜 결여된 아테네 신화는 와인의 모호한 특성을 멋지게 묘사하는데, 와인이 복수를 위해서라기보다는 오히려 '파르마콘(*pharmakon*: 약)'으로서 우리에게 주어졌다고 주장하는 점에 있어서 크레타 사람(Cretan)들과 대조적이다. 왜냐하면 비록 여기서는 주로 치료약을 나타내도록 의도되었지만, '파르마콘'이라는 용어는 또한 독약을 의미할 수도 있기 때문이다. 와인의 용도를 보더라도, *the Laws*에서 묘사되는 와인은 단지 적격의 신(神) '디오니소스'의 축제에서 만취하게 하는 결과를 낳을 뿐이라고 나오지만(775b), 반면에 책임 있는 지위에 있는 특정한 사람들은 와인을 전혀 마시지 않는다고 나온다(647b-c). 전반적으로 와인은 인간에게 주어진 선물이지만 그 시민의 미덕을 최대화한다는 관점

---

22 637d, 645c, 646d, 649a, 666a-b 참조. 와인의 분량이 연령에 따라 적절히 달라짐에 관해 논의된다.

에 의해, 체계화되는 도시 국가에서 와인은 발생 가능한 해로운 영향들을 피할 수 있도록 정치가에 의해 규제되기도 한다. 그 규제는 와인 소비자들, 와인의 양, 또는 와인의 소비 환경에 대한 통제를 통해서 이루어졌다. 노년기에 플라톤이 와인 음용을 금지할 수 있는 지위를 지니지 않았던 사람으로서 이 작품을 썼다는 것은 우연한 일이 아닐지도 모른다!

와인의 철학이라고 말하기에는 약간의 거리가 있을지라도, 플라톤은 우리에게 그것에 관한 풍부하고 다양한 자료를 제공했다. 한때 플라톤이 도덕적 논쟁의 한도를 정하고 몇 가지 핵심 주제들을 도입하기 시작했을 때, 다른 철학자들도 또한 때때로 와인의 문제에 그들의 관심을 돌려야 하곤 했다. 이들 중 한 사람은 그의 걸출한 제자 아리스토텔레스였는데, 흥미로운 읽기 자료를 제공하긴 했지만 그의 저서 *Symposium*은 불행히도 분실되었다. 한 주장에 의하면, 그리스인의 전통적 술인 와인과 그에 상응하는 술로서 이집트 인에게 인기 있던 맥주류(類)의 음료 사이의 비교가 다음과 같이 명백하게 도출되었다. 이른바 와인에 취한 사람들은 어느 방향으로나 넘어질 수 있는 반면에 맥주에 취한 사람은 항상 뒤로 발랑 자빠질 것이라는 주장이 제기되었던 것이다. 이것은 아주 흥미로운 주장이긴 하지만 그것이 맞는 말인지 증명하기란 나로서는 여전히 어려운 일이다.[23]

---

23 독자들은 아리스토텔레스 철학의 세 번째 책인 *Problems*(나는 그 작품을 아리스토텔레스 자신에 근거한다고 말하기를 주저한다)를 전문적으로 다루어 주는 것을 좋아할지도 모르는데, 그 작품은 와인의 효과들과 관련된 유사한 문제들의 컬렉션이다.

결론: 권력과 전문 지식

플라톤 말년의 시기에, 지식인들은 후원을 하는 것을 기쁘게 여겼고 종종 그들의 생각을 실행하기 위해 다른 것들을 경험하는 기회에 대해 기뻐했던 반면에, 통치자들은 지식인들에게 자문을 구함으로써 지위를 추구했기 때문에 아카데미는 그리스 정부의 정치학과 더욱 많이 관련되어 왔다. 플라톤은 시라쿠사 군주국과 오랜 기간에 걸쳐 변동적인 관계를 가졌다. 즉, 그의 조카이며 후계자인 스페우시포스(Speusippus)는 디온(Dion)의 시라쿠사 당(party)과도 연관되었고 마케도니아의 왕, '필립 Ⅱ세'와도 대화를 나누었다. 그리고 아리스토텔레스는 궁극에 가서는 필립 왕의 아들, 알렉산더(그의 기이하고 도를 넘는 방종에도 불구하고 여전히 '위대한 자'라고 불리는)에게 개인 교습을 하게 되었다. 아리스토텔레스는 또한 키프로스(Cyprus)에서 그리스의 대의명분을 지닌 투사들과 다소 흥미로운 관계들을 계속 가졌던 것 같다. 만약 이러한 철학자들이 권력이 있는 사람들에 의해 심각하게 장악된다면 그들은 와인에 대해 매우 진지하게 어떤 공격을 개시할 기회가 거의 없을 것이다. 플라톤 학파의 *Seventh Epistle*라는 작품에서는, 시칠리아의 지배적 엘리트들 가운데서 이루어졌던 삶의 모습이 상당히 쾌락적인 것으로 비춰진다.[24] 반면에 과음을 함으로써 건강을 심각하게 상하게 하려는 알렉산더의 성향도 잘 알려져 있다. 세력가의 친구가 되는 것을 목표로 한 사람들은 와인을 즐기는 것 외에는 거의 선택의 여지가 없었다. 그들의 친구들은 지나친 탐닉에 대해 경고하거나 또는 무분별한 음주를 비난하기는 했지만, 그것에 대해 그들은 욕구 충족의 주요 근원에 대

---

24 326b-c; 그 작품의 원저자에 관한 논쟁이 있지만, 여기서는 상관없다.

한 어떤 근본적인 맹공격을 받은 것은 아니라고 스스로 여기곤 했다.

더욱이, 어쩌면 좋은 와인은 실제로 매우 중요한 측면에서 강한 지배자들과 닮았다는 것을 주목해야 할 것이다. 둘 다 '영향력' 또는 다르게 표현해서 일종의 '권력'을 가졌다. 당대의 사회적으로 의식이 높은 그룹들은 영향력(예를 들어, 원자력, 유전자 조작, 그리고 급진파 정치인 등의 영향력)을 가진 어떤 것에 매우 자주 겁을 먹는다. 왜냐하면 그러한 것들은 잠재적인 위험들을 함께 가져오기 때문이다. 알코올의 역사를 살펴볼 때 그것이 외관상 가치가 있는 삶을 무너지게 하는 파괴적인 힘을 잠재적으로 지녀 왔음을 누구도 부정할 수 없다. 그러나 와인을 좋아하든 아니든, 심각하게 남용하게 될 수 있는 지경으로부터 모두가 보호되는, 이른바 복지 국가에 대한 철학을 그리스인은 많이 알고 있지 못했다. 어떤 경우엔 그들의 세상에서 일어나는 위험들이 너무도 커서, 그리고 인간의 기대 수명도 매우 짧아서 오히려 그러한 위험이 덜 중요한 것으로 보였던 것이다. 플라톤은 권력을 적어도 양날의 검으로 간주하는 경향이 강하게 있었다. 악(惡)에 대한 그 양날의 잠재력은 정확히 선(善)에 대한 잠재력과 대등했다. 왜냐하면, 권력이 이끌었던 행위들조차 본래는 선이나 악이 아니었기 때문이다(*Gorgias*, 467c-8e). 따라서 전제군주 국가가 선(善)을 성취하기 위한 최대 권력의 방책으로서 『정치인』(*Statesman*)의 내용을 따랐지만, 반면에 그것은 또한 최대의 악(惡)을 위한 방책이기도 했다. 결국 민주적 정부는 악을 위한 최소의 권력인 반면에, 그것은 또한 선을 성취하기 위한 최소의 권력이기도 했던 것이다. 그러한 메시지는 『크리톤』(*Crito*, 44d)에서 강화되는데, 거기서는 소크라테스를 난감하게 하는 아테네 민주주의의 권력에 관한 크리톤의 경고들에 대해 소크라테스가 유감을 표하며 답을 하는 내용이 그려진다. 즉 말하자면, 불행하게도 해를 입히는 그들의 권력은 오히려 미약한데, 그것은 그들의 선을 위한 권력이 오히려 또한 미약하다는 것을 의미한다. 그래서 그 똑같은 원리에 따르면 해로움을 주는 와인의 힘은 해로움을 극복하는 와인의 힘에 의해 정확히 균형이 잡혀야 한다는 것이다.

이런 식으로 볼 때, 와인의 양날의 검과 같은 효능은 유리피데스(Euripides)의 〈바커스의 시녀들〉에서 이미 훌륭하게 견주어진 바로서, 와인은 그것의 위험 요소 때문에 경솔히 버려지게 되는 것이어야 하는 게 아니라 오히려 다른 능력과 같이 더 나은 어떤 것을 위해 사용되는 것이어야 한다. 더 나은 것을 위해 무엇인가를 사용하려면, 사회 윤리학에 대한 일반적 이해뿐만 아니라 사용되고 있는 것과 관련된 보다 기술적인 전문지식 둘 다에 통달해야 한다. 플라톤은 『프로타고라스』(*Protagoras*, 319c)에서, 비전문가들이 전문적 지식을 필요로 하는 어떤 주제에 대해 조언하려고 할 때, 그들이 아테네 사람들에게 얼마나 용인받지 못하는지에 주목한다. 플라톤을 비롯한 다수의 그리스 철학자들의 눈에는 와인도 그러한 것과 다르지 않았다. 말하자면 와인은 사회적 요구의 이해와 물질 그 자체에 대한 특별한 능력들에 관한 전문 지식 둘 다에 함께 사용되는 어떤 것이었다. 요컨대, 와인 전문가들은 와인과 관련한 모든 정책에 대해 국가에 조언하도록 요구받을 수 있다. 그들의 조언은 전문성이 요구될 수도 있는 그 사회의 다양한 목적들을 매우 완전하게 고려해서 이루어져야 한다. 그러나 고대 아테네의 의회에 나와서 술을 입에도 대지 않는 사람은 와인과 관련해서 사람들에게 조언하려고 노력한다 해도, 그 자리에서 물러날 때까지 야유를 받으며 결국엔 사람들이 회피하는 존재가 될 가능성이 컸다. 그렇게 본다면 오늘날 우리도 그러한 술에 대한 비전문가들로부터 조언받는 것을 허용하지 말아야 할 것이다!

추가 참고도서 목록

번역물

이 에세이에 참조된 많은 고대의 텍스트들은 광범위하게 다양한 번역들로 이용이 가능하다. 다음에 열거하는 참고문헌들을 다루고자 함에 있어서 중요하게 생각해야 할 것은 번역들이 주로 책과 운문 텍스트를 위한 대사의 수에 의해, 그리고 플라톤에 대한 스테파누스(Stephanus)의 페이지 수에 의해 표준적인 참조 방법들을 고수해야 한다는 것이다(e.g., 345). 다음의 자료들은 단지 참고만 하기 바란다.

Aristotle, *Nichomachean Ethics*, translated with introduction, notes, and glossary by Terence Irwin, Indianapolis: Hackett, 1985.

Athenaeus, *The Deipnosophists*, with an English translation by C. B. Gulick, 2vols., Cambridge, MA: Heinemann, 1972-41.

Diogenes Laertius, *Lives of the Philosophers*, with an English translation by R. D. Hicks, 2 vols., Cambridge, MA: Heinemann, 1925.

Euripides, *The Bacchae and Other Plays*, translated by Philip Vellacott, London: Penguin, 1954.

Homer, *Iliad*, tranlated with an introduction by Richmond Lattimore, Chicago: University of Chicago Press, 1962.

Homer, *Odyssey*, translated with an introduction by Richmond Lattimore, New York: Harper and Row, 1967(1999).

Plato, *Complete Works*, edited, with introduction and notes, by John M. Cooper, Indianapolas: Hackett, 1887.

Plato, *Republic*, translated by Robin Waterfield, Oxford: Oxford University Press, 1993.

Plato, *Symposium*, translated by Robin Waterfield, Oxford: Oxford University Press, 1994.

Ps.-Aristotle, *Problems*, with an English translation by W. S. Hett, 2 vols., Cambridge, MA: Heinemann, 1936.

Stoics, *see* von Arnim and Long and Sedley below.

Xenophon, *The Persian Expedition*(=*Anabasis*), translated by Rex Warner, London: Penguin, 1949.

그 밖의 유용한 작품들

H. von Arnim(ed.), *Stoicorum Veterum Fragmenta*, Leipzig: Teubner, 1905-24.

Gosling, J. C. B. And Taylor, C. W., *Greeks on Pleasure*, Oxford: Oxford University Press, 1982.

Long, A. A. and Sedley, D. N., *The Hellenistic Philosophers*, vol. 1, Cambridge: Cambridge University Press, 1987.

Murray, Oswyn(ed.), *Sympotica* : *A symposium on the Symposium*, Oxford: Oxford University Press, 1990.

02

수레의 겉과 속

와인과 미국인의 특성

조나단 앨숍 Jonathon Alsop

3억의 인구를 지닌 우리 미국인들은 실제로 그렇게 많은 와인을 마시지는 않는다. 와인 소비량은 단지 1인당 연간 2갤런이 약간 넘는 정도일 뿐이다. 그것은 1년에 약 10병, 5주에 한 병, 한 주에 한 잔 정도에 해당한다. 3억이라는 큰 수의 인구 때문에 우리 미국은 오늘날 거의 우리 자신도 모르게 연간 와인의 총소비량이 약 2억 7천4백만 상자에 달하며 세계 2위를 차지하고 있다.[1] 1인당 순위표를 살펴보면, 와인을 좋아하는 것으로 유력해 보이는 아제르바이잔, 그리고 슬로바키아와 함께 미국이 순위 30위쯤 된다. 프랑스에서의 와인 소비는 수년 동안 계속해서 꾸준히 떨어지고 있다. 그러나 프랑스는 연간 1인당 약 15갤런을 소비한다. 거의 미국소비의 8배이다. 이탈리아에서는 연간 1인당 소비량이 13갤런이다. 오직

---

1 잭 로베르티엘로(Jack Robertiello), "Wine Consumption on the Rise, Imports Fuel Growth," Adams Beverage Group. http://onthehouse.typepad.com/on_the_house/2006/09/per_ capita_cons.html(accessed October 1, 2006)

아르헨티나만이 8.5갤런으로 순위가 10위인 것으로 나타나는데, 여전히 미국보다는 4배나 앞서고 있다.[2] 우리는 1인당 국가 평균치를 두 배로 만들 수 있을 것이다. 일주일에 두 잔의 와인을 마신다고 생각해보라. 그래도 여전히 프랑스 소비량의 1/3일 뿐이지만 말이다. 미국인이 룩셈부르크 국민처럼 마셔야 한다고 그 누가 제안하고 있는 건 아니지만, 만약 그렇게 한다면, 미국의 와인 산업은 여덟 배는 더 커질 것이다. 즉 오늘날의 연간 2억 7천4백만 상자가 아니라 22억 상자가 되는 것이다. 미국인의 와인 문화는 '엄청난 상승세(tremendous upside)'라는 관용적 표현으로 나타낼 수 있다. 그 표현은 농구를 하는 사람들이 아직은 미숙하지만 전도가 유망한 선수들을 묘사하거나, 또는 가능성을 아직은 깨닫지 못했지만 매우 키가 커서 잠재력을 지니고 있는 선수들을 묘사하기 위해 사용하는 표현이다.

대신에, 우리의 와인의 역사는 미국 최초로 실패한 유명인사 와인 제조업자이며 애국자이자 대통령인, 토마스 제퍼슨과 더불어 시작해서 거의 그와 함께 끝이 난다. 그리고 믿기지 않을지 모르지만, 독립 선언문의 저자인 스마더 브라더스(Smothers Brothers: 역시 유명인사 와인 제조업자이고, 또한 정치인임), 팻 폴슨(Pat Paulsen: 코미디언이며 와이너리를 소유했고, 여러 차례 대통령 선거에 출마함), 그리고 TV 드라마에서 위대한 변호사 페리 메이슨 역할을 맡았던 레이몬드 버(Raymond Burr: 포도밭 소유주이자 양조업자이며, 나의 기억이 맞는다면, 한때 법정에서 독립선언문 제정에 앞장 섬)로 이어지는 일련의 계보가 있다.

제퍼슨은 대단한 와인 애호가이다. 특히 '보르도(Bordeaux)' 레드와인을

2 와인 학회(The Wine Institute), "Per Capita Wine Consumption in Listed Countries," http://www.wineinstitute.org/industry/keyfacts/per_capita_wine_consumption.php (accessed September 1, 2006)

좋아했다. 그런데 그것은 자신의 시대보다 약 반세기 앞서 있던 와인이었다. 즉, 보르도는 1857년까지는 유명한 등급을 얻지 못했었고 제퍼슨이 죽은 지 30년 이상 지나서 유명해졌던 것이다. 와인에 대해 그가 시대적으로 앞선 것을 발견하는 것이 놀라운 일은 아니다. 모든 와인 애호가들이 보통은 훌륭한 와인을 그저 맛보게 되기를 원할 뿐이지만 제퍼슨은 그보다 더 나아가서 향후 훌륭한 와인을 만들기로 결심했다는 것을 보면 말이다. 1807년에 그는 선별해서 수입한 24종류의 다양한 유럽의 포도 덩굴 꺾꽂이용 나뭇가지에서 거의 300그루에 이르는 포도나무 묘목을 구해 몬티첼리(Monticello)에 야심 차게 심기 시작했다. 그는 많은 다른 작물들처럼 포도 역시 비옥한 신록의 버지니아 주에서 잘 번성할 것이라고 상상했다. 그는 자신의 포도밭이 적어도 다른 것만큼은 성공적일 것으로 기대했을 뿐 아니라 정말로 굉장히 좋은 포도를 수확하게 되고, 일등에 버금가는 탁월한 와인을 만들고, 그 다음엔 그것이 유럽의 와인을 능가할 것이라 여겼다.

제퍼슨의 포도밭 실험은 보란 듯이 실패를 했고, 처음 심고 나서 여섯 번이나 연이어 다시 심어졌다. 생각과는 달리, 비옥한 토양임에도 불구하고 포도가 무성하게 잘 자라는 것이 저절로 되는 게 아님을 그는 알게 되었다. 버지니아 산록의 토양은 포도에 매우 민감한 벌레들과 박테리아, 그리고 곰팡이나 흰 곰팡이와 같은 다른 것들에게 있어서도 비옥했다. 제퍼슨은 자신의 포도나무들을 죽이고 있었던 것에 대해 결코 알지 못했던 것이다. 전문적으로 말하자면, 그것은 '흑균병'을 야기하는 어떤 것으로서, 바로 '필록쎄라'라는 이름의 뿌리진딧물이었다. 그러나 그 아이러니가 그에게는 보이질 않았다. 잘 자랐다는 토종 북아메리카 포도임에도 불구하고 기이하게도 불량 포도주를 만들었다. 어떤 포도는 심지어 뿌리를 내리지도 못한 채 그대로 말라 버리곤 했다. 다행히도 그는 부유했기에, 두 개의 광대한 포도주 저장고를 소유하는 것과 그가 원하는 모든 프랑스의 '보르도' 레드와인을 수입하는 것이 충분히 가능했다. 그의 저장고에서 나온 1787년산(産) '샤또 라피트(Château Lafite)'는 1985년 경매에서 160,000달러에 입찰되었다. 그래서 그것이 단기적으로나마 그의 절망을 경감시켜 주었을지도 모른다. 전반적으로 그것은 신대륙에서 유럽의 와인 포도를 재배하는 것에 관한 실망스럽고도 안 좋았던 첫 번째 시도였고, 포도나무에서 두드러지게 나타난 현상을 전체 아이디어에서 나타난 현상으로서 받아들이지 않을 수 없었다. 미국에서 좋은 와인을 만들겠다는 제퍼슨의 변화무쌍한 환상적 시도가 계속되었지만, 그러나 그 당시의 상황에서는 그것이 제대로 실현되려면 수 세기가 걸릴지도 모를 일이었다.

　성서에, 분노한 하느님이 악인들에게 쓸개즙을 마시는 벌을 내리는데,[3] 알코올 반대 운동가들은 국가가 설립된 이래로 실제로 그렇게 행하려고 노력해 왔다. 오늘날 미국인의 삶에서 특별하게 관리되고 지역적으로 규제되며 높은 세금이 책정된 제품으로서의 와인의 상업적 지위는 1920년의 고지식한 헌법 개정안이 와인을 불법으로 만들었던 때의 '금주령(Prohibition)'으로까지 거슬러 올라간다. 물론, 전국의 금주령에 대한 움직임은 그보다 훨씬 일찍 시작되었다. 앤드류 잭슨(Andrew Jackson) 대통령의 재임 기간(1829-37) 중에, 술에 취해 말하는 허튼소리들이 만만하게 여겨지는 하나의 커다란 타깃이 되면서 처음으로 대중에게 술에 대한 반감을 불러일으켰다. 하워드 하이드 러셀(Howard Hyde Russell) 경이 1893년 오하이오 주의 '주류 판매 반대 연맹(Anti-Saloon League)'을 창설했고, 1985년에

3　「예레미야(Jeremiah)」, 9:15.

는 미국 전역이 뒤를 이었다. 그 후 25년 뒤에 마침내 철퇴를 맞으며 미국에서 와인과 식품에 대한 관계성은 영원히 바뀌게 되었다.

금주령의 가장 강력한 불후의 상징적 인물은 쥐어짜는 듯이 맹렬하고 까다롭기로 악명 높은 캐리 A. 네이션(Carry A. Nation)이라는 이름의 여성이었다. 그녀는 단지 손도끼 한 자루와 예수님이 좋아하지 않는 것(그녀의 말이지, 나의 말이 아니다)에 대해 맞서고 있다는 자신의 확고한 신념 하나로 무장한 채 술집들을 공격한 것으로 유명하다. (온전한 정신이었을까?) 네이션의 어머니는 실제로 누가 봐도 인정할 만큼의 망상이라는 정신이상 증세를 지니고 있었고, 오랫동안 그리고 적극적으로 자신이 빅토리아 여왕이었다고 믿었다. 네이션은 자신이 결코 왕가의 일원이었다고 믿는 것은 아니었을지도 모르지만 정말로 자신의 이름이 하느님으로부터 부여되었다고는 믿었었기에, 도끼를 들고 '금주'라는 이름하에 사람들과 재산을 습격한다는 것도 또한 합당한 일이었다고 믿었다. 여전히 나의 책에서는 끔찍하게 잘못된 생각이라 여기지만 말이다.

네이션과 그녀의 추종자들은 수많은 술집과 술통을 부수었고 이른바 그들의 정의의 도끼로 수많은 술병들을 깨 버렸다. 이러한 공격은 당시에는 '도끼 만행(hatchetations)'으로 불리었다. 하지만 그 모든 것들보다, 그녀가 행한 다음과 같은 일이 훨씬 더 널리 알려지게 되었다. 캔자스 주의 위치타에서 대담하게 그녀를 체포할 당시에 감옥에서 무릎을 꿇고 기도하던 네이션의 사진은 잘 촬영된 스튜디오 사진 같아 보였다. 사진에서의 그녀의 얼굴은 진지함과 도덕성을 지닌 듯 보이며, 빛에 의해 위쪽으로부터 부드럽게 조명되면서 생긴 감옥의 역광은 가히 오스카 상을 받을 만하다. 당신이 공인된 캐리 A. 네이션의 상품 브랜드인 '술집을 부순 손도끼(saloon-busting hatchets)'라는 술을 판매할 수는 있겠지만, 그와 같은 정도로 언론의 주목을 얻을 수는 없을 것이다. 그러한 일을 그녀는 명실공히 행했던 것이다. 게다가 그녀는 매니저를 고용하고 "유명한 원조 술집의 끝내주는 멋쟁이"라고 말하면서 전국을 순회하기까지 했다. 그녀의 이름은 캔자스 주에서는 하나의 등록된 상표와도 같았다.

1905년에 우리에게 알려진 그녀의 자서전, *The Use and Need of the Life of Carry A. Nation*[4]에서 네이션은 자신의 가족에 대한 독특한 견해와, 도덕성, 인종 간의 관계, 음식, 알코올, 의사과학(pseudoscience), 그리고 이상하게도 메이슨(Masons)이라는 비밀 공제 조합원에 대해 자세히 설명했다. 구체화되지는 않았지만 불온한 목적을 이루기 위해 미국에서 와인과 알코올 소비를 부추기는 유럽 중심의 지하 비밀 결사단이 있었다고 그녀는 믿었다. 지독한 알코올 중독으로 죽은 자신의 첫 남편을 언급하면서 "나는 비밀 결사단이 내 남편 '글로이드 박사(Dr. Gloyd)'에게는 커다란 저주였다고 믿는다."[5]라고 그녀는 썼다. 네이션은 그녀의 다양한 적들에 대해 차이를 두지 않았다. 맥주, 와인, 위스키, 그리고 비밀 결사단은 그녀의 눈에는 완전히 동등하지는 않을지라도, 마찬가지로 모두 해악이었던 것이다. 그녀는 부도덕한 악을 강력하게 개선해 가는 데 있어서 스스로에게 거의 한계를 두지 않았다. 네이션은 담배에도 반대했고 모든 종류의 외국의 음식에 맞서서도 조롱했다. 그러니 외국의 것인 데다가 알코올이기에 특별한 타깃이 되고 있는 와인은 오죽했겠는가.

그녀는 자신의 유일한 책에서, 와인이 음식으로서 유럽인의 중요한 요

---

4   캐리 A. 네이션(Carry A. Nation), *The Use and Need of the Life of Carry A . Nation*(Topeka: F. M. Steves & Sons, 1905).

5   네이션(Nation), 4장. http://www.gutenberg.org/dirs/etext98/crntn10.txt(accessed September 1, 2006)

리 핵심 원리 중의 하나라고 하는 근거 없는 믿음을 폭로하는 데에 상당 부분을 할애했다. 그녀의 주장 이면에 들어 있는 지식 체계는 음식의 두 '종류'에 대한 거의 중세적 시각으로서, 즉 '살을 형성하는 것(flesh former)' 그리고 '피를 데우는 것(blood warmer)'[6]이라는 특징을 이룬다. 오늘날 생각해 보면 오싹하고도 모호하게 느껴지는 그야말로 라임까지 갖추어진 어구이다. 그녀 나름의 과학 지식에 의하면, 알코올은 살을 형성하는 존재도 아니고 피를 데우는 존재도 아니다. (누구의 말에 의한 것일까? 살을 형성하고 피를 데우는 음식 협회라도 있는 것일까?) 그러니 그녀에게 있어서 그것은 음식이 아닐 것이며, 그것이 음식이 아니라면, 그것은 바로 독(toxin)이 되는 셈이다. 그렇다면 그녀가 말하는 음식이란 어떤 것일지도 자명하다.

네이션은 전국에 금주령이 내려질 때까지 살지는 못했다. 그녀는 1911년에 죽게 되는데, 메인(Maine) 주는 훨씬 오래전인 1851년에 금주법을 제정했고, 1880년에는 캔자스 주가, 그리고 20세기에 다섯 개의 주가 더 금주법을 제정했다. 그녀의 비문에 적힌 "그녀는 할 수 있는 한, 모든 것을 다 했다."라는 글을 보면, 그녀가 분명 지녔을 것으로 보이는 불같은 성격을 파악할 수 있다. 궁극적으로, 어쩌면 우리 자신이 캐리 네이션에 대해 정나미가 떨어지도록 만들었다는 생각이 든다. 다시 말해, 그녀는 매우 낮은 장벽을 세워 두었을 뿐인데, 우리가 스스로 여전히 그것을 웬만큼이라도 극복할 수 없었던 것이다.

13년이 지나고 이제 금주령 이후의 또 다른 헌법 개정안이 제정되면서 와인은 다시 합법화되었다. 금주령 폐지를 가능하게 만들었던 그 타협안

---

6   네이션, 28장. http://www.gutenberg.org/dirs/etext98/crntn10.txt(accessed September 1, 2006)

은 주류 음료 통제권이 가장 낮은 지방 자치제에 이양될 것이라는 내용이었다. 그것이 수십 년이 지난 오늘날에도 여전히 금주법을 시행하는 카운티와 타운들이 국가 전체에 걸쳐 뿔뿔이 흩어지게 되었던 이유이다.

주 정부는 보다 큰 규모로 자신들의 주 경계 내에서의 알코올 판매를 규제하고 세금을 부과하는 권리를 줌으로써 그들의 마음을 붙들었다. 개개의 주들이 여전히 와인에 관해서는 거의 독립적인 국가처럼 운영된다. 예를 들어, 오늘날 워싱턴 주 와인을 로드아일랜드 주에서 판매하려면 근본적으로 주들 간의 수입자라 할 수 있는 도매업자와 법률적으로 계약을 맺어야 한다. 그리고 판매하고자 하는 와인은 그러한 관계를 통해 재정적으로 그리고 물리적으로 목적지로 삼은 그 주에 들어가야 한다. 산업 전반의 상황에 맞추어 가격이 책정되고 발표되며 수량과 할인율의 범위가 정해지는데, 그 결과로 모두가 대략 같은 가격으로 다른 사람들과 거의 똑같이 인가된 와인을 갖게 되다 보니 여전히 부진한 와인 시장이 형성되어 있었던 것이다.

10년 이상의 법률상의 유배와도 같은 시기를 보낸 후, 미국의 포도원과 와인 양조장은 황폐화되었다. 금주령 이전에는 오하이오 와인 산업이 오늘날의 캘리포니아에서의 와인 산업보다 더 컸다. 금주령 이후, 예상할 만한 것으로서 메주콩, 옥수수, 그리고 밀의 수익성이 결코 한 치도 양보하지 않았고, 따라서 와인 포도는 이전에 와인이 풍성했던 주에서 조차 재배할 만한 작물로서 결코 재부상하지 못했다. 1920년에 소노마(Sonoma)에는 256개의 와이너리가 있었다. 1969년쯤에는 겨우 58개였고 그러다가 2005년에는 254개에 달했지만 그러나 여전히 85년 전만큼은 미치지 못한다.[7]

고대 로마인은 그들이 가는 곳이라면 어디에서나 와인을 만들고자 했던 명백한 문화적 요구에 따라 프랑스와 스페인 둘 다에서 와인 포도를 가득 심곤 했었는데, 그와 마찬가지로 캘리포니아에서도 그 후손인 이탈리안 가문이 금주령이 내려졌던 동안에도 계속해서 와인을 만들었다. 오늘날의 캘리포니아 최고의 와인 제조자들은 이러한 고집스러움에 대한 증거이다. 즉, 몬다비(Mondavi), 세바르티아니(Sebastiani), 마티니(Martini), 트렌타듀(Trentadue), 시미(Simi), 갈로(Gallo), 인델리카토(Indelicato), 파두치(Parducci), 세게지오(Seghesio), 포피아노(Foppiano) 등과 같은 금주령 생존자들의 리스트는 계속해서 끝도 없이 이어질 정도이다. 페드론첼리(Pedroncelli) 가(家)는 소노마(Sonoma)에서도 살아남았고, 심지어 말린 포도를 압축하여 만든 '와인 브릭(wine brick)'을 판매함으로써 이윤을 얻기까지 했다. 상표에 홈 메이드 와인에 대한 설명을 제대로 표기하는 것은 너무 염치없는 일이었기 때문에, 대신에 포장지에는 잘 알려진 경고를 표시했다. 예를 들면, "절대로 찬물에 용해시키지도 말고, 이스트를 넣지도 말며, 2주 동안 발효되게 하는 일이 없도록 하라" 등의 경고들이다. 그 과정에서 입 밖에 내지 않는 무언의 마지막 단계는 "입 속에 넣지 말라"이다.

"그녀는 할 수 있는 한, 모든 것을 다 했다."라는 말은 아마도 와인 자체를 완전히 파괴하려는 것은 아니었을 거라는 것을 의미할 것이다. 차선책으로, 와인을 상업적으로 사서 마시는 것을 어렵게 하고, 고대로부터 내려온 와인과 음식 사이의 유대를 갈라놓고, 미국인이 와인과 더불어 사는 삶이 불가능하도록 정부에 의해 규제받는, 그래서 와인 애호가들이 그것

---

7 소노마 카운티 포도 재배자 협회(Sonoma County Grape Growers association), "Sonoma County's wine History." http://www.sonomagrapevine.org/pages/vineyardviews/vvhistory.html(accessed September 1, 2006)

을 모두 다시 가능하게 하는 데 수백 년이 걸리게 할 정도로 산산조각나게 하는 바로 그런 정도만을 원했던 것이다.

와인으로부터의 자유

감정의 창조자라 할 수 있는 예술가들은 감정적 창조를 도출할 때, 때로는 오히려 자신의 감정이 도출되는 입장에 놓여 있는 것을 또한 발견하기도 한다. 20세기 중엽의 미국인 감상주의자이며 화가인 노먼 로크웰(Norman Rockwell)의 경우, 이러한 것에 대한 여러 반응들이 나타나는데, 로크웰의 저서 *The Underside of Innocence*[8]에 대해서 조소에서부터 진정한 존경과 이따금씩 진심 어린 눈물방울을 보이는 상황에 이르기까지 그 범위가 다양하다. 작가 리처드 핼펀(Richard Halpern)이 그의 그림에서 불결한 정신병적인 성(性)적 동기를 식별하는데, 그것은 정확히 말하자면, 어떤 사람이 로크웰의 책 제목에서 '순결(innocence)'과 '아래쪽(underside)'이라는 단어가 주는 뉘앙스를 식별할 수 있는 것과 같은 그런 종류의 것이다.

로크웰은 풍자 작가이며 미국의 삶의 장면들을 묘사하는 화가였다. 그 장면들은 처음에는 어느 정도의 영국 예찬자인 일군의 중서부 대중들에게 신랄하면서도 친근하게 다가갔었는데 결국에는 그들을 지켜보고 있던 다른 모든 이에게, 특히 〈*Saturday Eveny Post*〉잡지 커버에 그가 그린 321개의 그림은 전형적인 고국, 즉 미국인 모두의 삶을 대변하게 되었다. 로크웰은 〈*Crackers In Bed*〉에서 다소 너무 친밀한 사적인 순간들을 탐색했

---

8 리처드 핼펀(Richard Halpern), *Norman Rockwell: The Underside of Innocence*(Chicago: University of Chicago Press, 2006).

다. 그는 획기적인 사건들을 주제로 다루는 것을 가장 좋아했다. 예를 들어 작품 〈*Prom Dress and Breaking Home Ties*〉는 전환기에서의 진정한 삶의 모습들을 포착한다. 〈*Happy Birthday Miss Jones*〉 작품에서 온화하면서도 수줍은 듯 정중함을 지닌 반항아가 1956년, 칠판에 "Happy Birthday Jones"라고 낙서하듯 썼던 품행이 바른 3학년생들 중 적어도 몇 명이 〈Summer of Love〉에 나오는 히피 추종자들이었다는 것을 깨닫고 상당히 변화되는 것을 묘사한다.

프랭클린 루즈벨트(Franklin D. Roosevelt) 대통령은 1941년 1월에 있었던 연방의 연설에서 강력한 수사학적 미사여구라 할 수 있는, 즉 언론의 자유(freedom from speech), 신앙의 자유(freedom from worship), 궁핍으로부터의 자유(freedom from want), 그리고 공포로부터의 자유(freedom from fear)를 바탕으로 구성된 그의 세계관에 대해 열정적으로 피력했다. 제2차 세계대전에서, 비록 그때 우리가 아직 기술적으로 싸우고 있지는 않았지만 이러한 4행의 연구(聯句)는 우리가 한때 왜 그곳에 있었고 왜 싸웠는지를 설명하기 위해 그해 동안 내내 사용되었다. 그것을 묘사하기 위해 1943년에 로크웰은 〈4개의 자유〉라고 불리는, 그의 가장 집중적이고 영향력 있으며 정성 어린 작품인 일련의 그림들을 발표했다.

나는 미술 비평가는 아니다. 그러나 세 번째 그림 〈*Freedom From Want*〉가 나에게는 문제가 있어 보인다. 로크웰이 추수감사절의 전형을 아주 강렬하게 묘사해 놓아서, 오늘날까지도 닭다리 하나도 요리할 수 없는 사람들조차 그 그림에서처럼 칠면조 한 마리를 통으로 굽겠다고 제멋대로 결정하곤 한다. 그러나 그의 추수감사절 테이블의 그 어디에도 단 한 잔의 와인도 보이지 않는다. 그 대신, 모든 이의 잔이 신선하고 맑고 깨끗한 미국의 물로 채워져 있다. 아마도 그것은 정확히 말해서 매일 마실 수밖에

[노먼 로크웰, 〈Freedom From Want〉]

없었던 수돗물이었을 것이다. 그렇게 여덟 개의 잔이 놓여 있고, 아래쪽의 오른편 구석에서 카메라를 똑바로 응시하고 있는 것처럼 보이는 괴짜 삼촌 너트(Crazy Uncle Nut)는 저녁 식사 종이 울리기 전 약간 더 강하게 이끌리는 무언가에 관심을 지니고 있는 것 같아 보인다. 왼쪽에 있는 어린 누이는 테이블 아래로 장난스럽게 싱긋 웃음을 짓는다. 마치, "올해에는 칠면조 속에 할머니가 뭘 넣어 두었는지 궁금하지?"라고 말하고 있는 것 같다. 한 마리의 거대한 칠면조 옆에는 피클과 셀러리를 담은 접시가 놓여 있고 심지어 가장 앞쪽에는 와인이 없다는 것을 조롱하듯 포도송이가 놓

와인 심포지엄

여 있는 것을 볼 수 있다. 포도송이로 보아 가족은 분명 와인을 매우 좋아하고 있을 텐데도 그와는 달리 와인을 식탁에 놓지 않았던 것이다.

만약 〈*Freedom From Want*〉 작품이 물 두 잔, 화이트와인 두 잔, 그리고 레드와인(너트 삼촌은 테킬라-tequila- 샷 글라스를 선택할 수도 있다) 세 잔, 이렇게 다섯 잔의 와인을 묘사했다면, 추수감사절을 위해 — 그리고 와인을 위해 — 로크웰이 무엇을 했을까를 어렴풋이 상상해 보라. 추수감사절은 미국의 의례적인 식사를 하는 날이므로, 칠면조를 특별히 주문해서 바싹 굽고자 하는 에너지와 열정의 어느 만큼이라도 특별한 추수감사절 와인을 위해서도 또한 기울인다면 필시 그 와인은 굉장히 유익한 것으로 간주될 것이다. 로크웰의 예술 작품은 오늘날도 여전히 상당한 상업성을 지닌다(〈*Homecoming Soldier*〉는 2006년에 920만 달러에 팔렸다). 그래서 그림 속에 그 와인에 대한 이미지를 숫자로 기입해 넣는 것도 어쩌면 가치 있는 일일지도 모른다.

와인의 이미지와 관련된 나의 계속되는 불만 중의 하나는, 문자 그대로나 혹은 비유적으로나, 와인과 와인 애호가들이 매체에서 어떻게 묘사되는가이다. 대부분 그들은 완전히 무시되며 그래서 특별한 와인을 요하는 애써 만든 영화의 식사 장면들이 결국 아무 와인도 제시하지 못한 채 끝이 난다. 관련 내용의 정반대의 예로서, 1995년 산드라 블록(Sandra Bullock)의 영화, 〈당신이 잠든 사이에(*While You Were Sleeping*)〉에서는, '스터링 카베르네 소비뇽(Sterling Cabernet Sauvignon)' 와인병이 장면마다 부지런히 등장한다. 예를 들면 그의 아파트에서, 그다음엔 그녀의 아파트에서, 그리고는 부모님의 집 저녁 식사에서도 그 와인을 발견할 수가 있다. 매번, 와인병이 카메라 앵글에서 아주 살짝 벗어나 있어서 관객이 그 상표를 정면으로 볼 수는 없다. 그러나 당신이 와인 애호가라면 다른 사람들이 어떤 와인을 마시고 있는지 알고 싶기 마련이다. 그런데 이러한 영화의 세계에서는 사람들이 모두 똑같은 와인을 비현실적으로 마시고 있다.

와인 마니아(mania) 역할의 폴 지아마티(Paul Giamatti)와 바람둥이 역할의 토머스 헤이든 처치(Thomas Haden Church) 주연의, 우정을 다룬 2004년 오스카 수상작 영화 〈사이드웨이즈(*Sideways*)〉에서는 현실적인 정확성, 애정, 그리고 경박함과 더불어 와인에 대한 우리의 정형화된 양면성의 두 측면이 전개된다. 한편으로는 지적인 마일즈(Miles)가 잠시 등장하지만 그의 지적인 모습은 곧바로 사라진다. 그리고는 다른 그 누구도 살지 않는 4차원에서 온 것 같은, 그야말로 시음회에서나 많이 볼 수 있는 와인을 음미하는 장면이 나온다. 그의 친구는 단지 그가 언제 와인을 마실 수 있는지를 알고 싶을 뿐이다. 그들은 영화의 나머지 시간 내내 와인처럼 매력 있는 배우 산드라 오우(Sandra Oh)와 함께 굉장한 와인을 마시거나 특별한 음식을 많이 먹기도 하면서, 혹은 버지니아 매드슨(Virginia Madsen)과 더불어 농구 선수 월트 체임벌린(Wilt Chamberlain)의 점수를 매기면서 시간의 공백을 메우려고 애쓴다.

그 청년들은 음주와 운전을 동시에 하게 되는데 이내 취한 상태로 운전을 하는 상황이 되어 버리고 만다. 즉, 그들이 비열한 친척들한테서 떠나기 위해 속도를 내면서 처음 한 모금을 마시게 되는데 그것이 음주 운전으로 이어지게 된 것이다. 불과 5초 후에, 그들은 생각보다 더 많이 법을 어기게 된다. 아주 훌륭한 와인을 경험할 때 흔히 그렇듯이, 이 영화는 가장 좋은 의도로 시작하지만 종국에는 하수구로 빠져 버리고 만다. 세련되고, 품위 있고, 안목 있는 음주는 탐욕스러운 음주에게 자리를 내어주고 결국에는 벌거숭이 뚱보가 우리의 주인공들을 뒤쫓는 모양새로 끝이 난다. 이쯤 되면, 그 영화는 더이상 와인에 관한 것이 아니라 타락한 사람들의 욕망이 그들을 얼마나 멀리까지 이끌 수 있는가에 관한 것이 된다.

영화에서는 와인을 무척 좋아하는 여성들이 최고로 멋져 보이는 것처럼 나온다. 매드슨과 오우는 자신들의 캐릭터를 영리하고 익살맞고 관능적이면서도 사랑스러운 모습의 결합체로 묘사한다. 그러나 두 청년들 중에서는 한 사람이 다른 한 사람보다 더 나쁘게 나온다. 지아마티는 매드슨이 자신의 손을 끌어당기자 어느 순간 그녀와 입맞춤하려다가 실패하는데, 실은 아마도 양쪽 모두가 취했기 때문일지도 모른다. 내가 이 영화에서 가장 좋아하는 부분이면서 사실상 영화 시나리오 부문에서 오스카 상을 받게 했던 짧은 글이 하나 있는데, 매드슨이 왜 와인을 사랑하는지를 설명할 때 전달하는 아름다운 독백이 바로 그것이다.[9] 반면에 가장 싫은 점은 여러 번 젠체하는 그 와인 가이(Guy)가 바로 얼마나 내 자신의 모습을 상기시켰는가 하는 것이다.

〈사이드웨이즈〉가 상영된 그해 미국에서 '피노 누와(pinot noir)'의 판매율은 이미 상승해서 기록적인 수준인 거의 16퍼센트까지 올라갔다. 마치 포도주 자체가 선댄스(Sundance) 영화제에서 수상하기라도 한 듯, 그 영화가 '피노 누와'에 대해 열광하게 만들었던 것이다. 훨씬 더 주목할 만한 것은 반복적으로 '피노 누와'를 구매하는 사람들이 40퍼센트까지 증가한 것인데, 그것은 그 영화의 여파로 '피노 누와' 세대가 새롭게 생겨났다는 것의 표징이다. 상대적으로, 마일즈가 가장 덜 좋아했던 '메를로(merlot)'의 반복 구매자는 전국적으로 3퍼센트 감소했다. 품질이 별로인 그런 와인도 그저 존재할 수는 있겠구나 하는 것을 시사해 주면서 말이다. 전반적으로 이러한 정도의 명성으로 인해 시장에서 '피노 누와'는 불과 1.1퍼센

---

9 이 책의 소개의 글에 실린, 프리츠 알호프의 "Planting the vines: an Introduction to *Wine & Philosophy*", 참조.

트에서 1.4퍼센트 정도만 밀려났을 뿐이다.[10]

　조나단 놋시터(Jonathan Nossiter)의 2004년 다큐멘터리 영화 〈몬도비노(Mondovino)〉는 와인 잔을 투과해서 세상을 어두운 시각으로 바라보며, 현재의 나쁜 행실과 그로 인한 미래의 완전한 파멸만을 그리고자 하고 있다. 조나단은 세 가지 주범을 인용하면서 와인의 국제화와 규격화가 증가되고 있는 것에 대해 경고한다. 즉 그 세 가지 주범은, '마이크로-산소처리'로 불리는 와인 제조 기술과, '마이크로-산소처리'를 대규모로 권장하고 시행하려 애쓰는 프랑스 와인 컨설턴트 미셀 롤랑(Michel Rolland)과, 캘리포니아의 몬다비 가문이다. 견과류 껍질에서, 산소 처리된 매우 잘 익은 포도들이 호주산 '쉬라즈(Shiras)'를 아주 환상적인 와인으로 만들며 그렇게 와인을 제조하는 것을 하나의 세계적인 와인 트렌드가 되도록 했다. 오늘날 국제시장에서, '오지 쉬라즈(Aussie shiraz)' 맛의 특성을 지닌 와인들이 모든 사람들뿐 아니라, 특히 자신들만의 방식을 고수하는 옛 프랑스 와인 제조자들조차 황홀케 하고 있다. 이 영화에서도 그러한 점이 많이 언급이 되듯이 말이다. 롤랑의 명백한 죄를 굳이 꼽자면, 굴뚝처럼 담배를 피우는 것하고 사람들이 정말로 좋다고 생각하는 와인을 만들고 있다는 것이다. 25년 전, 그러한 것들이 언젠가 나쁜 것으로 여겨지게 될 거라고는 그 누구도 생각하지 못했던 것이다.

　〈몬도비노〉 영화 이후, 몬다비 가문은 아마도 수 세대 동안, 그리고 매우 합당한 이유로 또 다른 어떤 인터뷰도 결코 다시는 하지 않을 것이다. 그들은 시각적으로 자신들이 묘사되었던 방식에 그저 불쾌할 따름이었을

10　A. C. 닐슨(Nielsen), "Has 'Sideways' Put Wine Sales On An Upward Trajectory?", http://us. acnielsen.com/news/20050221. shtml(accessed September 1, 2006)

것이다. 그래서 명백하게 뭔가를 제대로 표현하고 싶어 했을 것 같다. 하지만 어떻게 했을까? 처음에 몬다비 가문은 너무도 좋아했던 프랑스 남부에서 와인을 만들고자 했는데 그곳의 지역적 풍미를 가미하기 위해 다소 까다롭게 여겨질 만큼 제대로 포도를 압착하는 모습을 보여 준다. 마치 슈타인벡(Steinbeck)의 〈생쥐와 인간(*Of Mice and Men*)〉에 나오는 약간은 선의적인 레니(Lennie)처럼 나온다. 비유적으로 말하자면, 그들은 프랑스인에 의해 침대에서 던져져 이탈리아인의 팔 안으로 떨어진다. 그리고 미셀 몬다비(Michael Mondavi)는 화성에서 와인을 만드는 흥미로운 생각에 사로잡힌다. 결국에는 무시무시한 조명 빛이 부활절 토끼조차도 도깨비처럼 보이게 할 수 있을 뿐이라는 것을 입증하는 결과가 되고 마는데, 그런 점 때문에 그것이 바로 안 좋은 인터뷰였던 것이다. 대단한 평론가, 로버트 파커(Robert Parker)와의 잇달아 행해진 인터뷰 동안에 있었던 일이다. 외관상으로는 움직이지 않는 것처럼 하며 그를 바짝 클로즈업 하려고 카메라가 이리저리 따라다닌다. 후에, 비평가 제임스 서클링(James Suckling)은(농담 삼아 말하자면, 그의 변호라도 하고 싶을 정도다) 본질적으로 그들의 관계 때문에 그 주인의 와인을 평가하는 것을 미온적으로 다루었다고 고백한다. 어떻든 간에, 그것은 모두가 이미 생각하고 있는 모든 것을 확증할 뿐이다. 마치 게임을 할 준비가 갖춰져 한쪽 끝에서는 '투 벅 척(Tow-Buck Chuck)' 와인병을, 다른 쪽 끝에서는 한 병에 1,000달러인 '샤토 페트루스(Château Petrus)' 와인병을 채우기 위해 어딘가에서 똑같이 엄청난 양의 와인이 사용되고 있다는 것을 말이다.

결과적으로, 이 두 영화는 모두가 거의 자연식(macrobiotic, 역주: 건강식, 또는 장수식이라고도 함)을 추구하는 것과도 같은 모양새를 지닌다. 말하자면, '피노 누와'가 〈사이드웨이즈〉에 의해 그것의 인기가 즉각적으로 상승되기는 하지만, 그 영화가 전반적으로 추구하는 선의(good will)라고는, 한때 몬도비노(*Mondovino*)가 취한 것으로서, 좋아하는 것만을 선호하는 안 좋은 취향을 지니는 것에 대해 죄책감을 느끼도록 하면서 행해지는 어떤 기억 하나를 다루고 있는 것뿐이라는 것이다. 이 영화들은 두 가지의 문제를 가지고 있다. 비록 미미하긴 해도, 그 영화의 문제점은 우리에게 매력적인 동시에 어색하고 그릇된 방식으로 미국에서의 실제의 삶보다 와인의 세상을 더 크게 보여 주고 있다는 것이다. 그러나 〈사이드웨이즈〉의 끝부분에서 보면, 심지어 열렬한 와인 애호가조차도 와인을 자신의 삶의 전적인 부분으로 여기는 것 같지는 않다. 맹렬하게 '메를로'를 싫어한 마일즈는 전설적인 1961년산 '샤토 슈발 블랑(Château Cheval Blanc)' 와인을 들고 햄버거 체인점으로 들어간다. 그러나 이 대목에서 그의 거들먹거림은 과도한 행동이 될 수 있다. 왜냐하면 아이러니하게도 그가 사랑하는 '슈발 블랑'은 실은 주로 '메를로'이기 때문이다.

나의 옛 켄터키 와인

우리 미국인들은, 결코 군사적으로 정복이나 점령을 당한 적이 없다고 강조하면서 세계의 여러 산업 국가들 중에서도 차별화된 영화로움을 누리고 있다고 말하기를 좋아한다. 그러나 이것이 꼭 맞다고 할 수는 없다. 예를 들어, 옛 남부에 깊은 뿌리를 두고 있는 누군가에게 그것에 관해 물어보라, 그러면 그는 정복과 굴욕과 복구의 기억들을 먼저 떠올릴 것이다. 워싱턴 DC는 거의 모든 기준들에 의거해 남부 도시라는 사실에도 불구하고 정작 남부의 수도가 아니다. 남부는 그 자체가 북동쪽과도 당연히 떨어져 있지만 미국의 나머지 시골 지역과도 역시 떨어져 있으며, 옛 모습의 자취가 그대로 남아서 더욱 오래된 것들로 가득하면서도, 건축물과 기반시설과 개간을 위해 밀어 버린 땅이라는 면에서는 보다 새롭기도 하다. 어쨌든 보스턴과 뉴욕은 적어도 18세기 이후에는 점령된 적도 없고 약탈된 적도 없다. 그래서 여전히 식민지 시대 그대로의 건물들이 많이 남아 있다. 남쪽에서는, 아마도 찰스턴(Charleston)이 그러할지도 모른다. 위치타(Wichita)와 같은 서부의 도시들은 1870년대까지는 심지어 도시로서의 면모도 구체적으로 갖추어지지 않았었다.

1980년대 초에 버지니아 주가 와이너리를 오픈해서 운영하는 것을 행정적으로 다른 무엇보다도 훨씬 더 쉽게 할 수 있도록 일련의 법을 제정하고부터 와인이 남부로 다시 유입되기 시작했다. 와인 제조에 열망을 품은 사람들이 주류 판매의 허가와 라이센스 갱신을 위해 해당 관청의 건물한 켠에서 그토록 많이 기다리고 있을 줄 누가 알았겠는가. 그로부터 20년 후에, 버지니아에는 80개의 와이너리가 더 생겨났다. 그중의 많은 곳이 질적으로도 유럽과 동등해져서 제퍼슨이 원래의 비전을 간단히 시도해 보곤 했던 때로부터 불과 2세기 만에 미비한 점을 보완할 수 있었다. 따라서 그것에 대한 기대치가 얼마쯤은 높아지기도 했다. 21세기에 남부로 와인이 확산된 것은 부분적으로 법정에서 담배가 크게 패배했고 다양한 소송 사건들의 결과로 담배에서의 금액 손실이 초래된 데에 힘을 입었다. 예를 들면, 1990년대 중엽 노스캐롤라이나(North Carolina)에서는 국가 지도자의 합의하에, 담배 산업을 그 밖의 다른 것으로 전환하는 사람들을 돕고 농부들이 특히 새로운 작물을 찾도록 돕기 위해 흔쾌히 거의 제로에 가까운 이자율의 돈을 할애했다. 와인은 농부들에게 요즘엔 아주 매력적인 작물로 여겨져서 노스캐롤라이나 '담배신탁자금위원회(Tobacco Trust Fund Commission)'의 홈페이지에는 「피어스 질병(Pierce's Disease: 포도송이를 살해하는 박테리아 세균에 의한 질병)을 지닌 채 살아가다!」라는 제목의 기사가 있을 정도이다.[11] 그것을 보았을 때 그야말로 나는 첫 페이지에서부터 바로 웃을 수밖에 없었다. 왜냐하면 보통은 피어스 질병이라는 기사는 와인 제조 기술 관련 잡지에서 혹은 약간은 괴짜 같은 포도원 사업 경영 잡지에서나 보게 되는 것이기 때문이다. 처음엔 전통적인 담배와 신세계 와인 사이에서의 미묘한 연관성을 찾아야겠다고 생각을 했었는데, 그러한 연관성이 바로 이 피어스 질병에 있었다는 것을 곧 알게 되었다. 결국 피어스 질병에 대해 관심을 지니는 것이 와인에 대한 진정한 사랑이며, 내 친구의 문제가 또한 나의 문제이기도 하다고 그저 외치고 있는 셈이다.

와인 포도와 담배는 배수가 잘되는 토양, 충분한 일조량, 그리고 바람이 부는 산 중턱이라는 특성을 공통으로 지니고 있다 . 그러나 많은 작물도 또한 그렇다. 속으로 비꼬는 사람들(혹은 절대 금주를 실행하고 있는 남부의 나의 할머니의 말이 그럴지도 모른다)의 경우, 한 사람은 올라가고 다른 한 사람은 내려가면서 성공의 계단에서 조우하는 것과 같은 이러한 모든 상황에 대하여 하나의 '죄악의 산업'을 그저 또 다른 '죄악의 산업'으로 교환하고 있는 것은 아닌지 묻지 않을 수 없을 것이다. 이제 켄터키 주는 120개의 카운티(county)로 구성되는데 그중의 30개의 카운티는 건조한 지역이고 다른 30개의 카운티는 반건조 지역이다. 그런 켄터키가 오늘날의 44개 이상의 와이너리와 75명 이상의 포도 재배자가 있는 규모로 확대될 수 있었던 데에는 역사상 최초로 주 양조학자, 즉 포도주학자를 고용했던 것이 주요하게 작용했다. 그런 다음에는 공식적인 AVA(American Viticultural Area),

---

11 데이브 콜드웰(Dave Caldwell), "Living with Pierce's Disease," North Carolina Tobacco Trust Fund Commission. http://www.tobaccotrustfund.org/news/PierceDiseaseAugust2006.pdf(accessed September 1, 2006)

즉, 블루그래스(Bluegrass: 켄터키의 속칭) 명칭에 대한 승인을 얻어 내기 위해 법률적인 의제를 마련하고자 했다.

나스카(NASCAR: 미국 개조 자동차 경기 연맹) 팀의 경영주, 리처드 차일드 레스(Richard Childress)가 2004년 노스캐롤라이나 렉싱턴(Lexigton)에 있는 그의 레이싱 본부에서 5마일 떨어진 곳에 포도원과 와이너리를 오픈했을 때, 그것은 제퍼슨(Jefferson) 이후 남부에서 최초의 진정한 유명인사 와인 제조자의 귀환(歸還)을 알리는 것이 되었다. 전 세계의 와인에 대해 통달 한 체하는 사람들이 이젠 나스카조차도 와인에 속해 있다는 것을 깨닫고 그것이 믿기지 않는 듯 고개를 저었다. 그다음엔 브리트니 스피어스(Cuvée Britney Spears)마저도 와이너리를 오픈하는 게 아닌가 하고 말이다. 그러나 나스카는 단지 자동차 레이스가 이루어지는 곳 그 이상의 장소이다. 즉, 그곳은 물건이 팔릴 수 있는 하나의 시장이기도 한 것이다. 캘리포니아에 있는 베넷 레인(Bennett Lane) 와이너리는 2003년 이후부터 줄곧 나스카의 후원자였다. '인디애나폴리스 500'(역주: 인디애나폴리스에서 매년 5월 말에 열리 는 500마일의 자동차 경주)의 전설인 마리오 앙드레티(Mario Andretti)는 그 자신 의 나파(Napa) 와이너리를 가지고 있다. 그의 나파 이웃이며 동료 레이서, 랜디 루이스(Randy Lewis)는 '샤르도네'를 제외한 오늘날의 모든 와인을 상 당히 많이 판매하고 있다. 그리고 2006년 보도 자료에 따르면, 자동차 경 주의 선수인 제프 고든(Jeff Gordon)은 현재 가치로 50달러에 이르는 '카네 로스(Carneros) 샤르도네'를 그의 팬들에게 판매하고 있다.

차일드레스(Childress) 포도원은 많은 사람들이 발견하고 놀라는 곳으로 서, 노스캐롤라이나 주에서 다른 37개의 와이너리 전부까지는 아니더라 도 몇몇 와이너리에게는 이로움을 주는 커다란 정신적 지주이자 궁극적 으로 도달하고 싶은 목적지와도 같다. 지금으로부터 30년이 지나면, 차일드레스는 스스로 이루었던 성과 자체로도 유명하지만 주변의 와이너리에도 중요한 역할을 행했던 몬다비처럼 될 것이다. 사실이 아닌 듯 보이지만, 나스카는 금주령이 있던 날로부터 매우 빠른 속도로 밀수입하는 모험에 깊은 뿌리를 내리고 있었다. 그래서 차일드레스 포도원 또한 그러한 모험의 대미를 장식할 수 있었을 런지도 모른다. 차일드레스 포도원이 그렇게 되기를 바라기만 한다면 말이다. 그것은 말하자면, 미친 듯이 몰아가던 남부 주류 밀조업자로서의 나의 가족이 결국에는 노스캐롤라이나의 '클라레'(claret: 프랑스 보르도 산 적포도주) 부문에서 우승했던 것과 맥락이 같다고 할 수 있다.

포크너(Faulknerian) 문체와 그런 어휘를 사용하던 차가운 불굴의 남부 여성인 나의 할머니는 주류 밀매업자가 결코 아니었다. 그녀가 끈질기게 도덕적으로 강직할 수 있었던 한 가지 주요한 원인은 바로 알코올이었다. 따라서 그녀는 어떤 방식으로든 알코올에 반대를 했다. 건설적인 비폭력 데모 방식을 표방하며 그녀의 남편은 물론이고 다른 이들의 남편들을 한 번 이상(적어도 한동안은) 술병을 내려놓도록 함으로써 신도들로 가득 차게 된 교회에, 그저 정기적으로 나가는 것이 주로 그녀가 취한 방식이었다. 물론 그들은 결코 완전히 개선되지는 않았다. 켄터키와 버지니아 그리고 테네시 버번 지역의 바로 그 중심으로부터 일어났던 주류(酒類)에 대한 반대는 나의 할머니가 근본적으로 반대 의견을 지니게 하는 데에 호소력이 있었던 게 틀림없다. 하지만 그녀는 자신의 관점대로, 술 취함의 지옥으로 다른 모든 사람을 데려가 버리는 데 무척 빠르게 작용했던 전통적인 샤워 매시 위스키를 만들고 마시던 2~3세기에 맞서 허우적거린 셈이었다.

내가 세 살이었을 무렵에, 나보다 겨우 스무 살 더 많은 어머니가 나의 곁을 떠나셨다. 나의 짧은 생애에 처음으로, 자니 레이(Johnny Ray) 삼촌 집에 나를 남겨 두고 병원 진료하러 가신 동안에 돌아가셨다. 그날의 기억이 많이 떠오르지는 않지만 생생하게 기억나는 것은, 나와 나의 삼촌, 그리고 제복을 입은 삼촌의 경찰관 친구가 집에서 빚은 다량의 맥주를 병에 담으며 차고에 함께 있는 것을 발견하고서 몹시 언짢아하시던 어머니의 모습이다. 어머니가 걸어 들어왔던 바로 그때, 나는 작은 호스에서 나오는 가내(家內) 양조 맥주를 또 다른 맥주병에 채우고 있던 중이었다. 이윽고 그녀는 아연실색한 얼굴로 못 마땅할 때마다 늘 그러했듯 조용한 비명을 질렀다. 어머니는 경찰관이 체포를 하기는커녕, 집에서 술을 만드는 일에 가담하고 있는 것이 이해가 안 되었다. 그 와중에 나는 말했다. "엄마, 이것 좀 봐요, 나도 도와주는 중이에요."라고.

어머니는 나에게서 자세한 내막을 알아보았다. 만약 나의 할머니가, 내가 어디에 있었고 무엇을 했는지 알았다면 그녀의 화산 같은 분노가 주위에 있던 모든 것을 화산재로 바꾸어 버렸을 것이다. 그것이 어머니가 아주 오랫동안 나를 삼촌 그리고 다른 누군가와 있도록 남겨 두었던 처음이자 마지막 시간이었다. 내게 있어서, 그 메시지는 명백했다. 즉, 나의 가족의 여성으로 존재한다는 것은 금주, 안전, 조직 속에 살고 있다는 것이었다. 반대로 남성들에게는 담배와 술과 자동차와 식욕과 예측 불허의 자유의 세계가 있었다. 그것은, 겉으로는 주류 판매 금지론자의 태도를 보이며 거짓으로 절대 금주 시행에 대한 토론을 하면서도, 술도 많이 마시고 집에서 양조까지 행하던 나의 가족의 여러 해 동안의 매우 양면적인 모습들 중 하나였다. 나는 가족 중의 다른 남자들처럼 재빨리 그러한 이중성에 낚여 있는 나 자신을 발견했다. 와인에 대한 글을 써 온 지난 20년 동안, 나는 특히 미국인에게 널리 퍼져 있던 이러한 긴장감에 대해 그리고 그것의 역사적 뿌리에 대해 좀 더 자세히 이해하게 되었다. 비밀스럽게 유혹을 받으며, 서면상으로는 조심하면서도 실제 거래는 열광적으로 하는 이러한 고질적인 양면성이 우리의 전체 문화에 퍼져 있었던 것이다. 그것은 21세기의 미국이 가장 유명한 와인들에 대해서보다 여전히 금주령에 대해서 더 유명해지게 만드는 결과를 낳았으며, 그야말로 모순된 국가의 특성을 단면적으로 비추는 것이었다.

03

와인글라스 속의 뮤즈

예술, 와인, 그리고 철학

커스틴 디터리치-쉴라크스 Kisten Ditterich-Shilakes

샌프란시스코의 '드 영(de Young)' 미술관에서 열리고 있던 이브닝 아트 전시회에서의 일이다. 친구들이 윌시(Wilsey)의 뜰에 모여 있다. 재잘거리는 소리가 울려 퍼지고, 여자들의 구두 굽이 바닥에 딸각거리는 소리가 들린다. 집사는 손님들의 주위를 맴돌며 은 쟁반 위에서 아슬아슬하게 균형 잡혀 놓여있는 유리잔에 캘리포니아 '샤르도네'를 담아 제공하고 있다. 박물관 관람을 좋아하는 사람들이, 벽면을 차지하고 있는 게르하르트 리히터(Gerhard Richter)의 30′×30′짜리 기념비적인 흑백의 미술 작품을 보고는 그 앞으로 옮겨간다. 리히터의 비디오 스크린 제품에 사용되는 것과 똑같은 것으로서 빛을 반사하는 크리스털 물질, 이름하여 스트론튬 티탄산의 원자구조 130 C-print 사진들로 만들어진 〈스트론튬(*Strontium*)〉이라는 중후한 작품이 그들의 눈앞에 펼쳐진다. 그것은 균형을 잃게 하는 아찔한 그 어떤 에너지를 발산함으로써 보는 사람으로 하여금 탄성을 자아내게 한다. 관람객들은 손잡이가 가느다란 유리잔 속의 와인을 조금씩 음미하면서, 각각의 미술 작품에 담겨진 의미들을 곰곰이 생각하고는 '철학적 뮤즈'를 마음에 떠올린다.

오늘날 실리콘밸리(Silicon Valley) 기술과 나파밸리(Napa Valley) 와인 문화의 중추를 이루는 지역에 있는 '드 영' 미술관에서든, 또는 고대 그리스 절정기의 키오스 섬의 포도원에서든, 예술과 와인과 철학은 오랫동안 분리되지 않은 채 서로 연관성이 있었고 표현의 방식에 있어서도 계속 서로 얽혀 있었다. 어느 시대, 어느 곳에서나, 용기(그릇)와 와인 그리고 '철학적 뮤즈'는 신에게 도달하거나 다른 인간들에게 도달하기 위한 커뮤니케이션의 수단으로 사용되어 왔다고 예술과 와인과 철학의 3인방은 주장한다. '뮤지엄(museum)'이라는 말은 시, 노래, 춤에 영감을 주는 매력적인 여신에게 봉헌된 고대 그리스 사원이라는 뜻의 '무세이온(*Mouseion*)'에서 나온 말이다. 현대적 배경에서는 샌프란시스코의 파인 아트(Fine Art) 미술관과 아시아 미술 박물관에 있는 네 개의 선별된 예술 작품들을 제일로 꼽을 수 있는데, 그 작품들이 예술, 와인, 철학의 3인방을 구현하고 있다. 그 예술 작품들은 바로 기원전 6세기 그리스의 암포라(amphora: 양 손잡이가 달린 항아리)와, 19세기 초 영국의 존 싱어 사전트(John Singer Sargent)가 크리스털 와인글라스를 통해 분위기를 묘사한 그림 〈*Le Verre de Porto*(*A Dinner Table at Night*)〉, 중국 상(商)왕조(ca. 1300 BCE)의 청동 막걸리 보온기(warmer)와 주전자(pourer), 그리고 일본 후지와라 유(Fujiwara Yu)의 작품으로서 현대 일본인의 비젠도기(Bizenware)인 사케(*sake*) 술병, 이렇게 네 가지이다. 한때 그 그릇을 채웠던 수지를 함유한 포도 와인, 프랑스의 보르도 적포도주 '클라레'(또는 어쩌면 포르투갈 적포도주 '포트' 와인일 수도 있다), 고대의 발효 쌀 또는 기장 와인(막걸리), 그리고 일본 정종 '사케'라는 네 가지 음료에 의해 그 그릇들의 상징적인 심오함은 더욱더 확대된다.

네 가지의 그릇들 모두 우리를 상징적인 식탁으로 데려가 준다. 다시 말하면, 리히터의 〈스트론튬〉 그림 앞에 선 사람들이 마시는 드 영 미술관의 칵테일 장소나, 노먼 로크웰이 묘사하는 미국의 추수감사절 연회, 또는 가이(Guy) 뷔페의 코르크가 튀어나오는 카페의 장면들 중의 하나인 이른바 현실적인 그 어떤 곳으로 우리를 데려다주는 것만은 아니라는 것이다. 오히려, 이 그릇들은 와인이 각각 저마다의 식탁에 대한 독특한 철학을 가지고 시작된 그리스, 프랑스, 중국 그리고 일본이라는 네 개의 고대 문명으로 우리를 데려다준다. 그리고 다시 말하지만, 이 그릇의 상징적 심오함은 그 안에 담아내던 네 가지의 독특한 음료에 의해 증대된다. 고대 그리스인은 와인의 신(神) 디오니소스를 기리며 환희와 술에 취함으로써 땅의 수확을 축하했다. 디오니소스의 술과 똑같은 신성한 엘릭시르(elixir, 역주: 만병통치약, 여기서는 술을 말함)가 아테네 사람들의 그릇을 채웠고 민주주의의 요람인 심포지아(*simposia*)에서 웅변의 기량을 높이는 역할을 했다. 사회적 계급 의식이 강한 빅토리아 시대에, 영국인은 프랑스의 독특한 와인 맛을 냈는데 그들은 자신들의 사회적 지위를 확립하기 위해 와인을 멋진 크리스털과 은(silver) 속에 담아 내놓았다. 고대 중국에서는, 발효된 쌀 또는 기장 와인(막걸리)이 결국에는 사회의 조화로움을 수호해 준다고 여기는 조상신과의 소통을 용이하게 했다. 그리고 일본에서는 오늘날까지도, 자연의 평온한 영혼(spirit)이 소박한 사케 술병을 통해 쌀 와인의 섬세함과 미묘함을 감상하는 사람들의 예민한 마음속으로 스스로 스며들고 있다.

네 개의 상징성 있는 그릇들 모두가 지리와 시간과 와인의 유형을 확실히 파악하게 해 주는, 단순히 그릇의 활용성을 넘어 아름답고 철학적인 목적을 지닌 예술 작품들이다.

서양: 표현을 위한 그릇 Vessels of Expression

동서양을 막론하고, 그 시기에는 와인과 예술 작품을 만드는 데 자원을 이용하는 것이 가능하게 되었기에 사람들 모두가 그렇게 하고자 했다. 엘릭시르를 생산하기 위해 사용되는 재료들과 이러한 인간의 노력의 산물에서 보이는 방식은 그 문화의 기원에 따라 다양했다. 스스로가 대중들과는 다르다고 여기며 자신의 생각을 말하는 것을 가치 있게 여기는 서양에서는, "*in vino veritas*(역주: 술에 진실이 있다)"[1]와 같이, 와인과 예술에 관해서 개인적인 자기 방식대로의 표현을 한다고 해도 문제가 없었다. 즉, 열렬한 애호가의 맛과 아름다움을 추구하는 데 있어서의 개인주의 또는 물질주의의 철학이 미학과 융합한다. 미술관의 서양 미술품 전시관에 있는 두 개의 '상징적인' 와인 관련 작품은 기원전 6세기의 그리스 암포라와, 19세기 초에 완성된 것으로서 존 싱어 사전트(John Singer Sargent)의 크리스털 와인 용기의 손잡이를 잡고 있는 여인을 묘사한 영국 그림 〈*Le Verre de Porto*(A Dinner Table at Night)〉이다.

1   신비로운 비율의 그리스 와인 암포라

그리스의 역사가(歷史家) 투키디데스(Thucydides)에 의하면, 기원전 5세기에 "지중해 사람들이 '미개 상태(barbarism, 역주: 문명이 일어나지 않은 혹은 사회가 발전되지 않은 상태)'로 출현하기 시작했는데 그때 그들은 올리브와 포도나무를 재배하는 것을 배웠다."[2]라고 한다. 만약 이것이 사실이라면, 그리

---

1   아래의 각주 55를 참조.

2   Cited in Hugh Johnson, *The Story of Wine*(London: Octopus, 2002), p. 23.

[(고대 그리스의) 흑화(黑畫) 문양의 암포라(Black-figure amphora), 510-500 BCE, 레아그로스(Lea-gros) 예술가 그룹, 아테네, 그리스. 테라코타(Terracotta). 25 3/4×14 3/8in(65.4×36.5cm). 샌프란시스코 파인 아트 미술관의 허가를 얻어 사용됨. M. H. 드 영(de Young)의 기증품, 24874.1 사진.]

스의 정교한 예술과 철학과 와인 문화에 대해 가장 풍부하게 확인토록 해 주는 물질적 증거는 아테네의 와인 용기에서 구현된다. 고대 그리스의 거의 모든 벽화와 그림들이 시간이 경과하면서 점점 손괴되었기 때문에, 그리스 그림의 독특한 발전에 대한 통찰과 현대의 와인 음주 문화의 희귀한 모습을 알 수 있는 단서를 그리스의 와인 용기가 제공해 주고 있는 것이다. 초기의 그리스 와인 문화를 일별해 보고자 한다면 샌프란시스코 파인 아트 미술관의 6세기의 걸작 '흑화 문양'(black figure, 역주: 고대 그리스의 흑화

(黑畵)식의 항아리 장식 기법) 암포라를 통해 접근해 볼 수 있다.

카오스(chaos: 혼돈) 또는 무질서와, 코스모스(cosmos: 우주) 또는 질서에 대한 그리스의 이원성이 이 암포라에 나타난다. 암포라의 우아하고 절제 된 선은 우주적 질서를 나타내 준다. 하지만 그것에 그려진 그림의 주제 와 기능은 카오스를 암시하고 있다. 암포라의 한쪽은 트로이 전쟁의 이미 지를 나타낸다. 그것은 아킬레스의 기갑 부대를 뛰어넘는 위대한 영웅 오 디세우스(Odysseus)와 에이작스(Ajax: 트로이 공격 용사) 사이의 싸움의 이미지 이다. 그 반대쪽은 와인과 연극과 풍요의 신, 디오니소스(Dionysus)를 표현 하고 있다. 그것은 제멋대로 불규칙하게 그려져 있으며 술 항아리에 대한 주제로서도 적절한 것 같다. 선명한 오렌지빛 테라코타의 배경에 비해서 중심인물인 디오니소스는 독특한 광택이 나는 먹빛의 실루엣으로 표현된 반면에 암포라의 우아한 모양과 그것이 묘사하고 있는 와일드한 활기는 그리스의 우주론적 철학에서 서로 상반되는 두 힘에 대해 아주 흥미로운 병치를 상징하고 있다. 말하자면, 이성적인 우주(코스모스)와 감정적인 혼 돈(카오스)의 병렬적 배치인 것이다.

디오니소스의 신성한 와인은 혼돈과 쾌락과 광기의 원천이다. 그것과 조화를 이루며 여전히 손상되지 않은 채 그대로인,[3] 뚜껑이 있는 이 희귀 한 암포라는 만능의 약과 같은 신비스러운 와인을 저장하기 위해 고안되 었다. 그 용기는 레아그로스(Leagros) 그룹의 워크숍 공예가의 손에 의해 세심하게 그려졌으며 그 그림은 디오니소스 주신제(酒神祭)에서의 신의 이미지를 나타낸다. 그러한 묘사는 유리피데스(Euripides)의 〈바커스의 시

---

3   흑화 문양 암포라(Black-figure amphora) lid, 510-500 BCE, Leagros Group of Painters, Athens, Greece. Terracotta. 24874.2.

녀들(*Bacchae*)〉에 나오는 장면을 반영한다. 디오니소스가 와인과 음악과 춤을 통해 그의 신성(神聖)을 공경하게 하려고 가사 업무를 수행하던 여인들을 유혹하는 장면이다. 주신(酒神)은 주위에 있는 광란의 여인들 또는 '미친 여자 광신도들'과, 그리고 반은 인간 반은 염소로 묘사된 털짐승과도 같은 색마(호색가)들과 함께 암포라의 불룩한 앞쪽의 부분에서 빈둥거린다. 디오니소스는 포도나무의 신성한 산물을 기리면서 자신의 상징물인 '칸타로스(*Kantharos*)'라는 와인글라스를 들고 있다. '반 비반트'(*bons vivants*, 역주: 인생을 즐기며 사는 사람 또는 미식가)라는 여인들과 바람기 가득한 호색가들은 신의 신성(神聖)을 불러내는 와인으로 거나해진 황홀한 상태에서 디오니소스의 영향력 아래에 놓여 있다.

이 암포라는 그 시대의 질서와 이성과 감정의 훌륭한 균형 상태인 코스모스(우주적 질서)의 가치를 존중하여 복잡하면서도 미학적이고 철학적인 틀 안에서 창조되었다. 이 술병은 도공에 의해 만들어진 것이지 조각가나 건축가에 의해 만들어진 것이 아니다. 그럼에도 불구하고 그것은 그리스인이 지니고 있는 것과 유사한 미적 가치들을 반영한다. 건축과 조각은 수학과 미(美)에 대한 그것의 관계성에 의해 영향을 받았다. 상징적인 파르테논(Parthenon) 신전(438-432 BCE)이 피타고라스 학설에 기초한 대칭을 이용해서 건축되었음을 고려해 보라. 파르테논 신전의 유명한 조각가, 폴리클레이토스(Polycleitus)는 1:2, 2:3, 그리고 3:4라는 수학적 비율을 따르며 균형이 잡힌 인간 형상에 대한 조각가의 청사진을 확립했다. 동시에, 그리스 예술은 영구적이며 탄탄한 것 같아 보이면서도 현저하게 감각적이고 관능적으로 보인다. 유연하면서도 팽팽한, 그리고 아무것도 걸치지 않은 디오니소스가 파르테논 신전의 동쪽 박공벽 위에 대리석으로 조각되어 있다. 한편으로는 감정과 관능성의 두드러진 균형감이 있고 다른 한편으로는 이성을 지닌 파르테논의 모습이 그 암포라에도 또한 나타나는데, 암포라의 각각의 부분들은 주로 인간 해부학적 구조의 부분들로서도 묘사된다. 입술, 입, 목, 귀(또는 손잡이), 어깨, 배, 그리고 발 등으로 묘사되는 그 암포라는 입술에서부터 발가락에 이르기까지 우아한 인간의 바디라인을 형성한다.

이 암포라와 같이 훌륭한 그리스의 와인 용기들은 와인과 더불어 열기가 더해지는 쾌락주의적이고 귀족주의적인 저녁 만찬 이후의 파티, 즉 심포지엄을 위한 용도로 마련되어 있었다. 심포지엄에서는 꽃으로 치장한 남성들이 긴 의자에 모로 누워서 와인을 마셨고, 식사를 하며 잡담을 나누는 데에 몰두했다. 그리스인 포도주 애호가의 음주 파티에 대해 세부적으로 다룬 최초의 설명들 중의 하나가 플라톤의 심포지엄에서 발견된다. 거기에서 플라톤은 시인 아리스토파네스(Aristophanes), 술에 취한 알키비아데스(Alcibiades), 그리고 지혜로운 소크라테스가 주빈(主賓)으로 구성된 모임에 대해 자세히 이야기한다. 플라톤의 심포지엄에서 모든 음주가들은 사랑에 관한 그들의 신조를 고찰하고 그들의 철학을 전한다. 모든 심포지엄은 주빈들의 절묘한 지적(知的) 기량과 위트를 요하며 대화가 풍성해지도록 다양한 주제를 제공한다.[4]

5세기에, 그리스에서의 와인은 진실을 찾고자 하는 길목에서 올바른 방향으로 이끌도록 살짝 주의를 환기해주는 존재였다. 생각을 불러일으켜 주는 심포지엄의 구성 방식이 철학적 질문의 전통을 토대로 하는 대화를 뒷받침해 주었다. 로마의 원로, 플리니우스(pliny)가 후에 말했듯이 "와

---

4 에릭 시걸(Erich Segal), *The Dialogues of Plato*(New York: Bantam Books, 1986); Plato, *Symposuym*, trans. Seth Benardete(New York: Bantam Books), pp. 233-86.

인에는 진실함이 있다".[5] 가장 훌륭한 진실을 유도하는 그날의 와인들은 모두 뛰어난 빈티지 와인들로 간주되는 것으로서, 타소스(Thasos) 섬, 레스보스(Lesbos) 섬, 그리고 키오스(Chios) 섬에서 온 것이다. 그러나 '프리미어 크루(premier cru)'는 그리스 동쪽에 있는 '고대 그리스의 보르도(Bordeaux)'[6]라는 명칭을 받은 키오스 섬에서 온 것이다.

암포라에 디오니소스의 형상이 있다는 것은 그 와인 용기가 그저 단순한 그릇으로서의 기능만을 나타내고 있지는 않다는 것을 말해 준다. 정교하게 추상적으로 그려진 포도 덩굴이 암포라의 몸 전체를 에워싸며 용기의 손잡이 부분까지 얽혀서 올라가 있다. 그 포도처럼 디오니소스도 주기적으로 등장하며 자연스레 탄생과 풍요와 부흥에 대한 상징이 되었다. 심포지엄은 신들에게 바치는 희석되지 않은 와인의 축배와 함께 시작되었고 찬미가도 곁들여졌다. 보통은 신들만이 희석되지 않은 '온전한' 와인을 마실 수 있다고 여겨졌다. 심포지엄이 진행되는 동안 크라테르(Kraters, 역주: 술과 물을 섞기 위해 사용되던 단지) 세 항아리 분량의 와인이 주로 소비되었는데 첫 번째 것은 신들에게, 두 번째 것은 영웅들에게, 그리고 세 번째 것은 제우스에게 바쳐졌다.

신화적 느낌의 와인을 마시는 이미지로 덮여 있는 그 용기는 미학적인 형태를 전달해 주기도 했다. 디오니소스는 그의 필수품이었던 아이비 왕관을 쓰고 떨서스(thyrsus)라는 솔방울 장식이 달린 나무 지팡이를 들고 있다. 디오니소스가 솔방울과 관련되었음을 반영하고 있는 것이다. 초기의

---

5 "…veritas iam attributa vino est." 대(大) 플리니우스(Pliny the Elder), *Natural History*, 14. 141. Latin text available online at http://penelope.uchicago.edu/Thayer/E/Roman/Tests/PlinytheElder.

6 존슨(Johnson), *Story of Wine*, p. 25.

그리스 와인 항아리들은 송진으로 줄이 그어져 있었는데, 송진은 오늘날 특정한 그리스 와인에서도 여전히 맛볼 수 있는 것으로서 와인에 독특하게 짜릿한 맛을 더해 주는 것이었다. 와인 믹싱볼이라 할 수 있는 크라테르는 디오니소스와 헤라클레스 사이의 음주 시합을 묘사하는 특징을 지닌 것 같다. 인간 형상의 이미지들은 와인을 마시며 완벽한 미와 건장함을 지니게 된 그 시대의 젊은이들을 매우 밀접하게 반영했다. 크라테르는 가장 중요한 장식의 중심 포인트였고 항상 그 공간의 한가운데에 놓여 있었다. 퀼릭스(*kylix*) 또는 칸타로스(*kantharos*: 성배)는 디오니소스의 연회의 잔이 비었을 때의 이미지를 나타내는 것 같다. 오이노코에(*oinochoe*: 주전자)는 디오니소스에게 따라지는 제주(祭酒)로서의 술을 특징적으로 나타내고 있는 것 같다. 그릇들은 말 그대로 신화적 와인의 이미지와 '신의 선물'로서의 와인을 즉시 떠올려 주는 것들이며 그릇에 담겨 있던 신성한 와인에 스스로 흠뻑 젖어 있었다.

최초의 투박한 점토 항아리 암포라는 200년 이상 이전에 지중해 동부에서 처음 출현하였고, 일상에서 음식을 나르며 주요 일꾼 역할을 하던 그릇이었다. 그러나 와인 암포라가 순수한 기능 이상을 뛰어넘어 매우 예술적이고 아름다운 용기가 되는 때는 기원전 약 600년경이다. 그 시기는 고대 그리스 철학의 강력한 영향력이 맞물릴 때였다. 앞의 사진에서 볼 수 있는 용기와 그것의 외형이 매우 비슷한 '놀란-스타일'(Nolan style, 역주: 오스트레일리아 화가의 화풍)의 그리스 암포라는 1900년대 초기에 파르테논에서 발견된 것과 근본적으로 똑같은 수학적 비율을 지니는 것으로 확인되었다.[7] 6세기 그리스 도공들은 이 정교한 그릇을 만들기 위해 그릇을 빚

---

7 제이 햄비지(Jay Hambidge), *Dynamic Symmetry: The Greek Vase*(New Haven, CT: Yale

고 돌리고 광을 내고 잘 어루만져 '시메트리아 프리스카(*symmetria Prisca*)'라는 거의 완전한 균형에 가까운 수학적 비율을 이룸으로써, 외관상의 고대 그리스의 미학을 완성하기 위해 반복적으로 끊임없는 노력을 기울인다. 그러한 결과로 신들의 와인을 저장하기에 완벽하고 가장 문명화된 모양의 도기가 만들어진 것이다.

2 존 싱어 사전트의 〈A Dinner Table at Night〉

식도락 문학의 창시자, 장 앙텔름 브리야사바랭(Jean Anthelane Brillat-Savarin)은 그의 책 『맛의 생리학』(*The Physiology of Taste*)의 첫 페이지를 "Tell me what you eat and I shall tell you what you are(당신이 먹는 것을 내게 말해 보라, 그러면 당신이 어떤 사람인지 말해 주겠다)."이라는 말로 시작한다.[8] 샌프란시스코 파인 아트 미술관에 소장된 존 싱어 사전트(John Singer Sargent)의 그림, 〈한밤의 저녁식사(*Le Verre de Porto, A Dinner Table at Night*, 1884)〉에 대해 간략히 살펴보면 사전트가 주제로 다루고 있던 가늘고 긴 크리스털 손잡이가 있는 와인글라스를 통해, "Tell me what you drink and I shall tell you who you are."이라는 말에 대해 적절히 답하고 있음을 알 수 있다.

존 싱어 사전트(John Singer Sargent: 1856~1925)는 이탈리아에서 머물던 해외 거주 미국인 가정에서 태어났고, 자라면서 스위스와 독일과 프랑스 사이를 빈번하게 이동했다. 그는 다양한 예술 학교와 미술 전람회를 두루 다녔다. 1874년부터는, 에콜 데 보자르(Ecole des Beaux-Arts: 미술 학교)에서

University Press, 1920), p. 60.

8 브리야사바랭(Jean Anthelme Brillat-Savarin), *The Physiology of Taste: Or, Meditations on Transcendental Gastronomy*(New York: Counterpoint, 1999; translation copyright 1949), p. 3.

프랑스의 고전적 전통 양식에 대해 교육받았다. 사전트는 주로 단체 초상화가로서의 경력을 키워 나갔다. 처음엔 파리에서 시작해서 그다음엔 그가 영구히 정착한 런던으로 영역을 넓혀갔다. 사전트가 그의 가장 초기의 후원자들 가운데 알버트 비커즈(Mr. Albert Vickers)와 그의 아내 에디트 비커즈(Mrs. Edith Vickers)가 살고 있는 영국 남동부의 서섹스(Sussex)를 방문한 적이 있었는데, 이 초상화는 바로 그때 그려진 것이다.

초상화는 사람들을 표현하고 기록하는 미술의 한 형태이다. 그것은 얼굴과 모습을 묘사하는 것 이상을 담고 있다. 사전트의 상류 사회 세상에서 초상화는 바야흐로 현대적 이미지를 만드는 하나의 도구였다. 초상화 그림에 대한 영국의 전통적 기법은 '장중한 화풍 스타일(Grand Manner style)'로 잘 알려져 있다. 벨기에 플랑드르 출생의 앤서니 반 다이크(Anthony Van

[존 싱어 사전트(John Singer Sargent), 〈Le Verre de Porto(A Dinner Table at Night)〉, 1884. 유화, 20 1/4 × 26 1/4 in.(51.4 × 66.7 cm). 애솔 맥빈(Atholl McBean) 재단의 기증품, 73.12. 샌프란시스코 파인 아트 미술관의 승인으로 사용된 사진임.]

와인 심포지엄

Dyck: 1599-1641)에 의해 처음 구상되었고 조슈아 레이놀즈(Joshua Reynoles: 1723-92), 토머스 게인즈버러(Thomas Gainsborough: 1729-88)와 같은 위대한 화가들에게로 전해졌다. '장중한 화풍 스타일'의 그림들은 주로 부유함 또는 귀족적 지위를 강조하기 위해 디자인된 큰 규모의 초상화였다. 물질주의가 만연했던 그 시대에는 자신의 사회적 지위에 대한 이목을 끌 만한 것을 그릴 필요가 있었다. 화가들은 시각적 은유를 그림 속에 잘 끼워 넣었다. 예를 들면, 개는 충성의 상징이었고, 책은 지식을 암시했고, 장미는 순수함을 의미했다. 그러한 전통이 계속되었고, 따라서 사전트 역시 비커스 부부의 초상화에서 그림의 주제를 만들어 내기 위한 비유로서 한 잔의 레드와인을 선택했다.

수년 동안, 미술 역사가들은 비커스 부부가 들고 있던 크리스털 손잡이가 달린 술잔에 채워져 있는 와인이 클라레(Claret)인지 아니면 포트(Port)인지에 대해 의문을 가졌다. 빅토리아 시대(1837-1901)의 초상화에서는 그 어떤 식탁용 와인도 놓일 수 없었다. 사전트는 그 작품을 〈*Le Verre de Porto*〉라고 이름 붙였는데, 그것은 문자 그대로 '포트 잔(the glass of port)'으로 번역된다. 그러나 포트는 영국인의 눈에는 분명히 2급의 와인이었다. 클라레는 보르도 와인에 대한 영국의 용어였고, 특히 1860년 앵글로 프랑스 조약(Anglo-French Treaty) 이후, 보르도의 가장 독보적인 고객이었던 영국인들 가운데에서 가장 호평을 받는 와인이었다. 프랑스와 영국 사이의 통상 금지령 때문에 통찰력 있는 안주인은 초상화를 위해 포도주 저장소에서 클라레 와인병을 꺼내 오는 것이 상당히 꺼려졌을 것이다. 분명히 비커스 부인이 클라레 잔을 들고 있기는 하지만 사전트가 그림의 제목을 지을 때 영국인으로서의 우월 의식에 빠져 있었을 가능성이 있다.[9]

19세기 중엽 식도락 문학은 빅토리아 시대 사람들에게 그들이 먹고 마신 것을 감별하고 평가하고 분류하기 위한 새로운 방편들을 소개했다. 와인과 음식은 이제 미술의 지위로까지 상승되었다. 1846년, 찰스 콕스 (Charles Cocks)는 '보르도의 바이블'이라고 널리 일컬어지는 책, *Bordeaux, Its Wines and Claret country*을 출간했다.[10] 그 후 1855년 출간된 획기적인 『보르도 분류법』에서는 보르도의 가장 고상한 특성들을 뚜렷이 구별하면서 조심스럽게 와인의 등급이 매겨졌다.[11] 영국인들은 클라레를 매우 좋아했다. 로드 바이런(Lord Byron: 1788-1824)은 토머스 무어(Thomas Moore)에게 보내는 편지에서 "We clareted and champaned till two."라는 문장처럼, 클라레를 동사(verb)로 바꾸어 썼을 정도이다.[12] 가장 높은 품질의 새로운 프랑스 클라레가 가장 명성 있는 와인들 가운데 속해 있었다. 이 가운데에는 최고의 성장세를 보이는, '오브리옹(Haut-Brion)', '라피트(Lafite)', '라투르(Latour)', 그리고 '마고(Margaux)' 등이 있다. 이제 와인 전문가들은 와인과 관련된 각각의 포지션을 평가하고 그것에 따라 주문할 수 있게 될 것이었다. 당연히, 클라레를 담고 있는 디캔터(decanter, 역주: 포도주 담는 뚜껑 없는 유리병)가 사전트의 그림 전경에서 특히 앞쪽 중앙에 눈에 띄게 놓여 있는 것으로 묘사되고 있다. 좋은 와인에 대한 비커스의 취향이 명확함을 알 수 있다.

그 그림은 영국 서섹스 지방, 어떤 가정의 다이닝 룸에서 있었던 저녁

---

9   미국 아트 큐레이터이며 샌프란시스코 미술관에서 열린 현대 예술 프로젝트(Contemporary Art Projects)의 감독, 데니얼 코넬(Daniel Cornell)과의 커뮤니케이션.

10   존슨(Johnson), *Story of Wine*, p. 198.

11   나파밸리(Napa Valley), 대학의 와인 역사가, 폴 와그너(Paul Wagner)와의 개인적인 커뮤니케이션.

12   휴 존슨(Hugh Johnson), *The Oxford Companion to Wine*, 2nd ed.(New York: Oxford University Press, 1999), p. 259 인용.

식사 이후 장면이다. 비커스 부인은 클라레 잔을 들고서 테이블 위쪽에 앉아있다. 그녀는 간결하고 인상적이면서도 몸의 균형미가 물씬 풍기는 아름다운 여인이다. 또한 그녀는 짙은 머리카락, 하얀 피부, 우아한 목선을 지니고 있으며, 붉은 립스틱을 입술에 바르고는 목이 깊게 파인 광택 없는 조끼와 속이 비치는 긴 소매의 검은 드레스를 입고 있다. 양초 램프의 카네이션 핑크빛 음영과 함께 전체 장면에는 장밋빛 홍조가 드리우고 있다. 저녁 만찬 접대가 끝난 후라서 그곳에 차려졌던 음식들이 깨끗이 치워져 있다. 비커스는 테이블의 상석에서 물러나 손님 자리로 옮겨 갔다. 화가에 의해 그림의 여백으로 밀려나서 그의 몸은 옆모습의 반쪽 윤곽만 보인다. 그는 담배를 피우며 앉아 있다.

사전트는 그림을 통해 비커스가 향락적 취향을 지닌 수집가임을 품목별로 입증한다. 프랑스의 '앙시엥 레짐'(*ancien régime*, 역주: 프랑스 혁명 때 타도의 대상이 되었던 절대왕정 체제)이나 '노블레스 드 뻬'(*noblesse d'épée*: 귀족 기사)가 그랬던 것처럼 그러한 수집가들은 사실상, 메넬(Mennel)의 말에 의하면, 그들의 모든 정체성이 그것에 의존되어 있었기 때문에 그들이 벗어날 수 없었던 세밀한 차별성, 지위 다툼, 그리고 경쟁적 지출이라는 시스템의 덫에 걸린 채로 돈을 소비하는 기술에 있어서도 거의 전문가들이 되었을 정도이다.[13] 빳빳한 흰색 리넨으로 덮인 테이블 위에는 훌륭하게 세공된 금속과 크리스털로 만들어진 값비싼 와인 용기가 있다. 네덜란드풍 정물화 그림의 수학적 정밀함과 달리, 그 초상화에서 사전트는 인상주의 화가로서 정확한 모형이 없는 물체들에 복잡함을 더하면서 그의 성긴 솜씨를 보여

---

13 유카 흐로노브(Jukka Gronov), *The Sociology of Taste*(London and New York: Routledge, 1997), p. 19에서 인용.

준다. 표면이 반사되는 은 소재의 와인 쿨러(cooler)와 물통, 그리고 좀처럼 식별할 수 없는 물컵에 이르기까지, 그는 이러한 대부분의 값비싼 물건들에 알맞은 정도의 빛의 양을 적절히 잡아낸다. 결과적으로 착시 효과가 생기도록 했다. 메넬에 의해 묘사되는 물질세계는 비커스의 먹고 마시는 것과 같은 감각적 즐거움과는 구분된다. 대신에, 이러한 즐거움은 빅토리아 시대의 엄격한 예의범절 뒤에 가려져 있었다.

그림 속의 와인글라스는 온통 와인과 관련된 메타포(은유)로 가득한 그 복잡한 초상화에 대한 첫 번째 단서를 제공한다. 심홍색, 버건디색, 그리고 크림슨색과 같은 와인의 붉은 음영들은 감정이 묻어나는 색조를 자아내면서 캔버스 전체에 걸쳐 흘러넘친다. 그림의 따뜻한 레드 컬러는 마치 클라레가 행복감을 주는 효과를 지니기라도 한 것처럼 사랑과 열정과 유쾌한 재잘거림을 많이 불러일으킨다. 그에 반해 몸으로 말하는 언어는 상당히 반대로 묘사된다. 이를테면 비커스는 완전히 인간미 없어 보이는 무심한 표정으로 얼굴을 돌리고 있다. 외로운, 또는 사랑에 번민하는 것처럼 보이는 여인은 확실히 훨씬 더 거창하면서도 덜 제약된 것 같은 어떤 것을 곰곰이 생각하면서 테이블 건너편을 응시하고 있다. 그녀의 앞에는 물질적이고도 감각적인 즐거움의 원천이 존재하는데, 그것들은 바로 아름다운 와인 용기들, 훌륭한 클라레 와인, 그림에서는 보이지 않는 '제3의 인물'을 꼽을 수 있다. 사전트가 훌륭한 초상화가임을 알 수 있게 하는 것은, 대상의 보이는 외관 이면에 있는 것을 잡아내고 즉각적으로 드러나는 것 너머에 있는 의미를 전달하는 능력이다. 사전트는 진부한 장면이 될 수도 있는 것을 대담하게 그린다. 그 그림을 보는 사람은 그 방과 비커스 부인의 눈을 정면으로 자세히 바라보고는, 디너 테이블에 앉아 있는 제3의 인물이 친밀하다기보다는 다소 거북한 입장임을 추측하게 된다.

동양: 친밀감을 위한 그릇 Vessels of Connection

중국과 일본의 와인(역주: 여기서는 '술'이라는 일반적인 의미로 쓰임) 문화에서 나온 두 개의 상징적인 그릇들은 중국 상(商)나라의 청동 술병과 일본 비젠웨어(Bizenware)의 사케 술병이다. 이 두 작품은 3,000년 이상 떨어져 있는데 그들은 재료에 있어서와 미적인 면 둘 다에 있어서 크게 다르지 않다. 중국과 일본인이 저녁 만찬 식사에서 꺼내는 화제에 있어서 공통의 철학적 맥락은 조화를 추구한다는 점이다. 조화는 정신세계와 지상세계에, 그리고 인간들 가운데에 존재하는 아름다운 것들을 널리 퍼지게 해 준다.

1   혼령들이 술에 취하다: 중국 청동 용기

와인(술)병을 보면, 그 술병에서 흘러나오는 술을 마시는 상상을 하게 되는데 그것은 자연스럽게 일어나는 충동이다. 그러나 상나라의 청동 술병은 그 위협적인 크기로 인해 치아와 발가락이 부러지는 것 같은 상상을 마음속으로 하게 된다. 중국의 위대한 걸작 중의 하나는 중국, 안양(Anyang)에서 출토(BCE 1300-1050년)된 것으로서, '이야이 지아(Yayi jia)'라는 중후한 모습의 술 가열기 겸용 주전자이다. 그것은 샌프란시스코의 아시아 미술 박물관 소장품이다.

30인치 높이에 무게가 약 30파운드나 되는 이 청동 용기의 엄청난 크기는 그 나라의 권력을 상징적으로 나타내 주고 있다. 차갑고 단단한 청동의 특성은 상 왕조(BCE 1600-1050)의 유구한 힘과 정치적 권위에 꼭 맞는 상징이었다. 상 왕조는 중국 청동기 시대의 정점이며, 항아리를 만들던 것으로부터 비범한 기술로 쇠를 만들게 된 위대한 변화의 시기였다. 이러한 '구성적인' 용기를 만들어 내려면 기술자, 도예가, 조각가, 그리고 금속학자로서의 능력을 모두 가진 중국의 청동 제련 일꾼들이 필요했다. 원통형의 용기 표면은 얕은 양각의 장식으로 조밀하게 채워져 있다. 떡 벌어진 입과 송곳니와 발톱, 그리고 도드라지고 이글이글 불타는 눈을 가진, 추상적인 형상의 용처럼 생긴 생명체 '타오티(*taotie*)' 괴물 가면이 용기 전체를 둘러싸고 있다. 손잡이는 새 한 마리를 게걸스럽게 먹고 있는 괴물 같은 모습을 하고 있다.

두 개의 우산 모양의 말뚝이 가장자리로부터 돌출되어 있는데, 그것은 술을 따르고 술병을 들어 올릴 때 그릇의 지렛대 역할을 하기 위해 마련되었다. 그것은 세 개의 비스듬히 벌려진 칼날처럼 생긴 다리 위에 얹혀 있어서 불 위에서 술을 데우는 데 이상적이게 만들어졌다. 그 와인 용기는 지금은 바다를 연상시키는 청록색이지만 그것이 3,000년 이상 전의 무덤 속에서는 새롭게 주조된 페니(penny)처럼 눈부시게 빛났을 것이다.

일찍이 지아(*jia*)라는 이러한 '술 가열기 겸용 주전자' 이상으로 많은 중국인의 마음을 사로잡을 수 있는 미술 작품은 거의 없었다. 정성 들여 만든 술과 음식을 제공하는 것은 왕국의 조화를 유지하고, 왕이 자신의 권력을 얻게 해 준 조상에게 절대적인 의무를 지키는 데 필수적인 일이었다. 상 왕조는 지상계와 천상계 사이의 강력한 상승 작용을 믿었고, 자연 현상들을 좋건 나쁘건 조상신의 소행으로 돌렸다. 무당, 메신저, 중개인들이 이러한 근거도 없는 영혼 세계와의 관계를 유지하는 데에 절대적으로 필요했다. 청동의 종교의식용 와인 용기들은 단지 마시기 위한 그릇인 것만은 아니었다. 왕족의 종교의식 제수(祭需)들에 대한 소유권은 조상신들을 맞이해 왕조의 지속적인 군림을 보장하는 가치와 맞먹었다. 왕족과 문중 지도자들만이 청동 그릇을 소유했다. 상 왕조에서는 청동으로 만든 성스러우면서도 세속적인 세 가지의 물건들, 즉 종교의식용 그릇, 장비

[제사용 술 용기(Yayi jia), 연대. 1300-1050 BCE, 중국 허난 성. 상 왕조(기원전 약 1600-1050년). 청동. 에이버리 브런디지 소장품(The Avery Brundage Collection), 샌프란시스코 아시아 미술 박물관, B61B11+. 샌프란시스코 아시아 미술 박물관의 승인으로 사용된 사진]

그리고 무기류에 대한 예찬이 있었다. 기원전 21세기에서 기원전 3세기까지 2,200년이라는 세월에 걸친 중국 청동기 시대에, 와인을 마시기 위해서 가장 많은 수량으로 최고로 인상적인 청동 그릇을 생산한 왕조가 바로 상 왕조였던 것이다.

고대 중국에서 와인과 청동은 함께 조상에게로 향할 수 있는 도약의 발판이었고 그것들은 서로 상당한 조합을 이루었다. 당시의 술은 쌀이나 기장에서 발효된 것이었다. 중국 고대 초기 시대의 와인의 유형으로는 창(*chang*), 리(*li*), 그리고 지우-(*jiu*) 등이 있었는데, 다양한 쌀과 기장 음료는 모두 그것이 만들어지는 기술로 보면 초기의 맥주와 더 가까웠다. 지우(jiu: 酒)는 모든 알코올 음료에 대한 일반적인 중국말이다. 그것은 암포라의 모양을 딴 상형 문자로 표현된다. 그러나 심오한 종교 의식의 중요성과, 곡식을 기반으로 만들어진 엘릭시르와 연관된 시(詩)적인 충동은 중국 문학과 시와 노래에서 그 단어가 '와인(술)'으로 번역되는 결과를 낳았다. 상나라의 와인은 메주와 같은 발효 빵과 더불어 만들어졌다. 그것은 치(qu)라고 불리는데 당화 작용과 발효가 일어나게 하는 촉매로 작용했다. 발효 빵은 때로는 수백 가지의 허브를 포함하기도 했다. 그 결과 국화와 오디, 그리고 송진이 들어간 꽃과 약초 에센스 등이 함께 넣어지면서 상당히 톡 쏘는(그리고 어쩌면 치명적일지도 모르는) 칵테일이 되었다.[14] 상 나라 와인에 대한 최근의 조사에서 그것의 재료가 상당히 치명적인 조합임이 발견되었다. 그 재료에는 미량의 아르테미시아(Artemisia)라는 다북쑥과 유사한 성분이 포함되어 있는데 그것은 19세기 후반과 20세기 초반에 유럽과 미국의 지식인들 사이에서 인기 있던 압생트(absinthe, 역주: 쓴맛의 쑥으로 맛을 낸 녹색의 독한 술)에서도 발견된다. 다북쑥이 들어간 음료를 많이 마신 것이 반 고흐(Van Gogh)의 광기에도 영향을 미쳤을 것으로 추측된다. 와인(술)을 담고 있는 청동 그릇들은 주석, 납, 그리고 구리의 합금으로 만들어져 있어서 마치 그것이 영원히 닳지도 않을 것만 같았다. 따라서 그 용기에 술을 데우게 되면 의심할 바 없이 납의 독 성분이 액체에 가미될 것이 분명하다.

중국 문화의 지배적인 신념으로서, 그들에게 있어서의 가족이란 살아 있는 사람과 죽은 자들을 모두 포함하는 것이었다. 비유적으로 말하여지

---

14 패트릭 맥거번(Patrick McGovern), "Fermented Beverages of Pre- and Proto-Historic China," *Proceedings of the National Academy of Scences of the United States of America*(December 8, 2004). http://www.pnas.org

는 것으로서, 술과 음식으로 차려지는 의식(rituals)들이 전체 조상의 가족을 저녁 식탁에 불러 모은다는 것이다. 술과 음식이 조상의 사당에 차려졌다. 다시 말해, 의식이 치러지는 동안 술과 고기와 곡식의 제물을 담은 온갖 청동 그릇들이 놓인다는 것이다. 술은 앞의 사진에서 묘사된 것과 같은 지아라는 그릇에서 데워졌고 유오우(you)라는 술 양동이에서 떠내서 트럼펫 모양의 구(gu)라는 컵에 담아서 마셨다. 제물이 영혼들에게 제수되었을 때 강렬하고 취하게 하는 술의 증기가 천국까지도 닿을 수 있도록 공중에 부드럽게 퍼졌다. 술과 음식이 조상의 영혼을 불러들일 것이고 그들은 술과 음식의 정수(精髓)를 취할 것이다. 남은 음식과 술은 잔치를 열어 소비했다. 특정 정도의 음복(음식 감정: connokseurship)이 상 나라 시대 동안에도 이루어지고 있었다. 양, 돼지, 그리고 음식과 술로 이루어진 좋은 선물들이 가족 말고도 중요한 사람들을 비롯해 그들의 통치자에 이르기까지 두루 보내졌다.[15] 후에, 주(周)나라의 의식에서는 가족 구성원들이 영적인 전령으로서 봉사하곤 했다. 조상의 영혼이 달가워하게 되었을 때, 영적 전령은 혼령의 권위를 가지고, "혼령들이 술과 음식을 즐기니 … 모두 술에 취하도다."라고 말했다. 이것은 중국 『시경(詩經)』[16] 에 언급이 되어 있다. 조상 영혼들과 함께 공생적 관계를 형성해 주는 이러한 술과 음식의 의식은 그 나라의 사회적 질서와 행복을 강화하면서 죽은 자와 산 사람을 모두 함께 한곳으로 이끌었다. 조상들을 만족시키고 기쁘게 했던

---

15 데이비드(David) E. 암스트롱(Armstrong), "Drinking with the Dead: Alcohol and Altered States in Ancestor Veneration Rituals in Zhou Dynasty China and Iron Age Palestine," dissertation(York University, Ontario, 1993), p. 51.

16 조셉(Joseph) R. 앨런(Allen), *The Book of Songs(Shijing): The Ancient Chinese Classic of Poetry*, trans. Arthur Waley, *The Minor Odes, Poems* 161-234(new York: Grove Press, 1996), p. 195.

빛을 발하는 청동 그릇과 좋은 술은 조화를 위한 비법이었다.

2 미완의 예술: 비젠Bizenware 사케Sake 술병

일본 문화에는 나무, 바위, 그리고 심지어 벼와 같은 자연의 모든 곳에 가미(*kami*: 神)가 살고 있다는 '신도'(神道, 역주: 조상과 자연을 섬기는 일본 종교) 신앙이 깊게 뿌리박혀 있다. 따라서 인간에 대해 자연을 이용할 수 있는 존재로 여기기보다는 오히려 자연의 일부로 여길 만큼, 자연 세계에 대한 근본적인 경외심이 있다. 이와 같은 정신은 쌀로 빚은 와인, '사케'(또는 *nihonshu* 일본 정종)를 양조하는 기술과 그것을 담기 위해 디자인된 그릇으로까지 확대된다. 사진에서 예시한, 샌프란시스코 아시아 미술 박물관 소장품 후지와라 유(1932-2001)의 비젠 웨어 사케 술병은 일본 철학에 구체화된 미학적 원리들의 현시이다.

도쿠리(*tokkuri*)라는 고전적인 사케 술병은 플라스크 모양이다. 즉, 깔때기처럼 벌어진 병목(주둥이)과 둥글납작한 몸통을 지녔으며 짧고 뚱뚱한 모습을 하고 있다. 질그릇 점토로서 7일에서 열흘 동안 높은 온도에서 구워 만들어진, 소박한 모습을 지닌 술병이다. 병의 컬러는 일정하게 바뀌는 색감으로, 밝은 베이지와 홍자색에서부터 초콜릿 브라운까지 다양하다. 스타일은 비젠 가마에서 만들어진 전통적인 도자기류와는 매우 구별된다. 비젠웨어는 12세기에 처음 만들어졌고, 세토(Seto), 도코나메(Tokoname), 시가르카이(Shigarkai), 단바(Tamba), 그리고 에치젠(Echizen)을 포함하는, 유명한 '여섯 개의 옛 가마'에서 만들어진다. 1970년대부터 1980년대에 걸쳐 이 병을 구웠던 도공, '후지와라 유'는 그 병을 전통적인 비젠 스타일로 디자인했다. 유는 전통적인 비젠 도자기 공예 보존 기술로 존경받았으며 살아 있는 국가의 유물로 칭해졌다.

[후지와라 유(Fujiwara Yu: 1932-2001)의 사케 술병, 오카야마(Okayama) 현, 일본. 비젠 웨어(Bizen ware); 유약을 칠하지 않은 도자기. R2002.51.1. 샌프란시스코 아시아 미술 박물관. 샌프란시스코 아시아 미술 박물관의 승인으로 사용된 사진.]

포도주가 서양의 와인이라면, 청주(rice wine)는 동양의 와인이다. 중국은 청주의 원조이다. 고고학적인 증거에 따르면 중국인이 세계에서 처음으로, 그것도 9,000년 전에 와인을 마신 몇몇의 사람들임을 확인할 수 있다.[17]

중국이 청주를 빚는 기술을 특별히 발전시킬 수 있었던 것은 앞에서 언급했던 치(*qu*)라는 특별한 발효 빵의 사용에서 비롯된다. 서기 2세기에서 4세기 동안 이 기술은 일본인과 공유되었다. 일본인들은 거기에서 더

---

17 맥거번(McGovern), "Fermented Beverages of Pre- and Proto-Historic China."

욱 확장했고 코지(koji)라고 불리는 그들 자신의 방식으로 발전시켰다. 코지는 오늘날에도 여전히 사용된다.[18] 일본의 사케에 대해서는 3세기에 쓰인 중국의 문서 〈웨이(Weizhi)〉에서 최초로 언급이 된다.[19]

비젠 웨어 사케 술병은 단지 점토로만 만들어진다. 그리고 사케는 발효된 쌀과 물로만 만들어진다. 사케를 만들기 위해 쌀을 도정하고 물에 불려서 김을 쏘이면 코지균에 의해 단당류로 분해된다. 발효가 촉진되도록 이스트(효모)가 첨가되고 그런 다음 압력이 가해진다. 이러한 모든 과정은 도지(toji)라는 사케 주조 대가에 의해 수행된다. 스물한 개의 일본 노래 모음인 '킨카푸(Kinkafu: 918CE)'는 〈목통(Drums)에서 막사발(Mortars)로〉라는 제목의 노래에서 청주를 만드는 경이로운 과정을 언급한다.[20]

누가 이 술을 빚었단 말인가?
쌀을 곱게 갈아서
목통에서 막사발로 옮겨 담고는
그들의 노고에 노래 부르네.
그들의 노고에 춤을 추네.
진귀하고도 귀한, 잘 빚어진 술이여!

18 H. T. 후앙(Huang), *Science and Civilization in China*. Vol. VI: 5(Cambridge: Cambridge University Press, 2000), p. 166.

19 페트리시아 베르거(Patricia Berger), *The Art of Wine in East Asia*. Exhibition catalogue(SanFrancisco: Asian Art Museum of San Francisco, 1985), p. 13.

20 *Festive Wine: Ancient Japanese Poems from the Kinkafu*, trans. Noah Brannen and william Elliott(New York and Tokyo: Weatherhill, 1971), song no. 20.
Did they who made this wine / Grind their rice / In drums turned to mortars, / Singing at their labor, / Dancing at their labor? / What a rare, / A precious- / A vintage wine!

사케와 도자기를 만드는 데 있어 서로 간에 본질적으로 유기적인 특성이 있다. 그 두 가지는 자연과의 그리고 장소와의 연관성을 공유한다. 비젠 웨어는 논 아래쪽에서 발견되는 토양으로부터 골라진 점토로 만들어진다. 그러나 사케와 도자기들은 어떤 예술 형태에 대한 지질학적 표현들이 있다. 왜냐하면, 독특하고 소박한 질감은 그 흙으로 작업함으로써 생성되기 때문이다. 모모야마(Momoyama) 시대(1573-1615)로 거슬러 올라가 보면, "비젠 사케 플라스크가 사케를 더욱 훌륭하게 만든다(*Bizen no tokkkuri sake ga umai*)!"[21]라는 말이 있었을 정도이며 그것은 전혀 틀린 말이 아니다. 한 잔의 와인이 지니고 있는 무궁무진한 맛과 향의 결과를 만드는 무수한 변수들은 그것을 담고 있는 예술 작품만큼이나 다층적이다. 예술품을 만드는 손과, 술을 만드는 손은 둘 다 그들이 자라고 만들어지는 곳, 즉 '테루아르'(*terroir*: 포도주가 만들어지는 자연환경)와 불가분의 관계이다.

비젠 웨어는 청주를 담는 그릇 이상의 그 무엇이다. 그것은 와비사비(wabi-sabi)라는, 미학적이면서도 선불교(Zen Buddhist) 철학적인 어떤 의미를 담고 있다. 문자 그대로의 번역이 명확하게 되지는 않는다. 아마도 가장 가까운 뜻은 '소박한 청렴함' 정도일 것이다. 레오나르도 코렌(Leonard Koren)은 와비사비를 "불완전하고 불(不)영속적이며 그리고 미완성적인 것들의 아름다움"이라고 묘사한다.[22] 그 병을 단 한 번만 바라봐도 철학에 관한 시각적 단서들을 얻는다. 그것의 모양은 불규칙적이다. 그것의 표면은 입자가 거칠고 금이 가 있으며 건조하다. 비젠 웨어는 꾸밈이 없다. 독특한 장식이 장작으로 불을 때는 가마 안에서 자연스럽게 생긴다. 예를

---

21 로버트 옐린(Robert Yellin), 일본 도자기 인포메이션 센터. http://www.e-yakimono.net.

22 레너드 코렌(Leonard Koren), *Wabi-Sabi: For Artists, Designers, Poets and Philosophers* (Berkeley, CA: Stone Bridge Press, 1944), p. 7.

들면, 불꽃이 그릇의 표면을 때릴 때 생기는 붉게 그을린 마크들, 그릇이 불꽃에 닿지 않아 생기는 베이지색의 작은 부분이나 나뭇결들, 또는 가마의 파편들이 튀어 그릇 위에 올라앉아서 생기는 자갈이 덮인 것 같은 표면 등이다. 일본 도공들은 우연인 것 같아 보이는 것을 의도적으로 추구했다. 그리스인의 균형과 완성의 미학은 적용되지 않는다. 영국인의 블루와 화이트 취향의 밑그림이 그려진 매우 화려한 포셀린(법랑 자기)은 선(Zen)의 미학 사상에서 작업하는 도공에게는 어렵게 여겨졌을 것이고 그에 의해 계산되거나 조절되었을 것이다. 와비사비는 속삭임이다. 따라서 서양 사람의 눈에는 그 술병이 완전히 무시되거나 버려지게 되어서 정작 그 속에 담겨 있는 영혼을 그들이 놓치게 될지도 모른다.

12세기에서 16세기의 비젠 웨어 청주 그릇은 특별히 일본인의 다도(茶道)를 위해 만들어졌다. 차(茶)의 대가인 센 리큐(Sen no Rikyu: 1522-91)는 조화, 존경, 정결, 고요함 등과 같은 다도(茶道)에 대한 원리를 확립하는 데 중요한 역할을 했던 사람이었다. 이러한 것들은 거의 700년 동안 귀족 계급이었던 전문적 무사 엘리트 '사무라이'에게 매력적으로 느껴진 바로 그 특성들이었다. 선불교 사상은 비폭력을 표방하기 때문에 전쟁과 전투를 직업으로 삼는 것은 외관상 그것과 반목하는 것이다. 그러나 선 사상의 자기 수양, 검소, 그리고 명상에 대해 강조되는 점이 사무라이들의 가치관과 부합했다. 전쟁터에서의 죽음에 대해 끊임없이 떠올려야 했던 사무라이들은 삶의 덧없음에 대해 강하게 인식하고 있었던 것이다.

가이세키 요리(Kaiseki ryori)는 다도 의식이 끝이 날 무렵, 차를 마시기 전에 제공받는 음식이다. 가이세키의 모든 요소는 시각, 청각, 미각, 그리고 촉각을 통한 미학의 전달이다. 음식과 음료와 도자기는 미각뿐만 아니라 시각에도 호소할 수 있도록 만들어졌다. 처음에 그 의식은 불가의 스님을 위해 고안된 매우 소박한 공적인 의식으로서, 국 한 그릇에 반찬 두 개로 시작이 된다. 무로마치(Muromachi: 1333-1573)와 모모야마(Momoyama) 시대에, 다도 의식의 권위자인 사무라이는 가이세키 만찬에 많은 음식과 더불어 사케를 제공하는 것을 포함시켰다. 사무라이들은 다기(茶器) 모으기에 거의 유행처럼 몰두하게 되는 경향이 커졌다. 이것은 사무라이들에게서 특별한 미학적 조언자들인 '도보슈(doboshu)'가 생겨나게 했고 그들은 다른 예술에 대해서도 조언할 정도가 되었다. 유명한 식도락가 도공인 로산진(Rosanjin)은 "옷이 사람을 만든다면, 그릇이 음식을 만든다."라고 한때 말하기도 했다.[23]

12세기 이후에 사무라이는 예술의 후원자가 되었으며 맛의 결정권자가 되었다. 최고의 사케 음료는 도심의 별장 정원 속에 있는 '작은 오두막'이나 또는 '암자'에서 가이세키 만찬을 주최한 사무라이와 부유한 상인들을 위한 것이었다.[24] 사케는 철 주전자에서 데워졌고 사케병에 옮겨져서 사카즈키(sakazuki)라는 매우 작은 컵에 따라졌다. 오샤쿠(oshaku: 술을 따름)라고 불리는, 다른 이들에게 사케를 따라 주는 호혜적 전통을 통해 적당한 음주와 더불어 사회적 교류를 나눌 때 그 작은 컵들을 사용하도록 권장되었다. 고베(Kobe) 지역에서 빚어진 사케는 일본의 동부 연안을 따라 도카이도(Tokaido) 도로(road)까지 보내졌다. 일본의 거대한 도시 가운데, 에도(Edo: 오늘날의 도쿄)가 사케 감정가들의 으뜸가는 도시였다. 쿠다리-자케(kudari-zake)라는 최상위의 사케에 사용되는 그 용어가 바로 "사케가 에도

---

23 같은 책

24 루이스 앨리슨 코트(Louise Allison Cort), "Japanese Ceramics and Cuisine," *Asian Art Magazine*(Winter, 1990), 12.

로 보내졌다"라는 뜻을 의미했을 정도이다.[25]

일본의 역사 속에서 사케는 신도(Shinto, 神道)의 '신들의 음료'로서 그리고 가미 신(神)에게 바치는 제물로서 활용되기도 하거니와, 최고의 미국 식당의 와인(술) 목록에서 값비싼 음료로 기재되기도 하면서 완전히 둥근 호를 그리는 진자(振子)처럼 오락가락했다. 거기에는 한 가지 공통의 인자가 지속적으로 존재하는데, 즉 타고나면서부터 마시는 사케가 시각, 청각, 미각, 그리고 촉각에 대한 민감성을 가지고 예리하게 알아챌 수 있는 선 사상의 가치를 요한다는 점이다. 일본말로 키쿠(kiku)는 사케의 맛을 묘사할 때 사용된다. 그런데 그 말은 또한 동음이의어로서 '맛보기'라는 뜻과 '듣기'라는 뜻을 지닌다. 구워진 점토의 성질은 또한 '맛(tsuchiaji)'으로도 설명되는데, 그것은 단지 더없이 정교한 그릇들을 만져 보고 맛을 본 세월에 의해서만 식별될 수 있다. 오늘날에는 도지(toji)라는 노련한 도공의 손놀림을 통해, 와비사비 속삭임이 들릴 때에만 즐기게 될 수 있으며, 섬세한 맛과 향에 있어서 최고로 고상하다고 알려진 사케가 만들어지고 있다.

결론

샌프란시스코의 파인 아트 미술관과 아시아 미술 박물관의 소장품으로서, 네 개의 와인 용기(그릇)들은 서양과 동양에서 지리, 시간, 와인의 유형을 아우르며 고전적 문명의 정점과 정교한 기술적 완벽함을 요약하고 '상징적' 범위로까지 부상한다.

---

25 폴라 스워트(Paula Swart), *Refreshment of the Spirit: Oriental Wine and Tea Vessels*(Montreal: Montreal Museum of Fine Arts, 1990), p. 28.

그 액상의 엘릭시르 만능 묘약은 사라진 지 오래되었지만, 그것을 담았던 그릇들은 그것들이 만들어진 이유에 대해 흥미롭게 통찰하도록 하면서 아직도 여전히 우리와 함께 있다. 둘 사이의 기이하고도 놀라우리만큼 밀접한 근접성을 그것들이 기원한 마음의 풍경과 와인의 풍경에서 찾을 수 있다. 구식의 토기에서부터 크리스털 손잡이가 달린 와인 글라스에 이르기까지, 이러한 그릇들로 술을 따라 마신 모든 사람이 각각의 뮤즈의 힘을 느꼈다. '철학적 뮤즈'가 비젠 웨어 사케 병을 만드는 데에 생명을 불어넣었다거나, 중국인의 조상 숭배를 통해 조화와 안전의 감각을 자아냈다거나, 영국인들이 자신들의 부와 권력의 아우라를 발산한다거나, 또는 그리스 귀족에 대한 이성적인 사고 과정을 뒷받침했다거나 하는 것들이 모두 맞는 말이었다. 시와 노래 그리고 춤에 영감을 주었던 그러한 묘한 매력을 지닌 뮤즈들은 예술과 와인과 철학 속에 항상 존재한다.

04

와인 방부제[*]

프레드릭 아돌프 파올라 Frederick Adolf Paola

오래전에, 한 신사가 말을 타고 마을로 들어가고 있었다. 그런데 그는 아주 이상한 광경과 마주쳤다. 한 젊은이가 노인을 때리고 있는 게 아닌가! 몹시 화가 난 그 신사는 젊은이를 꾸짖기 위해 말에서 내렸다.

"어떻게 감히 그렇게 힘없는 노인을 때릴 수가 있단 말이오?" 하고 꾸짖자, 그 젊은이가 돌아서서 대답하기를, "이 아이는 내가 여든 살에 낳은 아들이라오! 내가 아들에게 와인(술)을 마시라 했거늘, 아들놈이 내 충고를 듣지를 않더니만, 이제 아들은 나보다 더 늙어 버렸다오."

신사는 '젊은이' 앞에 정중하게 절하며, 그 신비한 음료가 무엇인지를 물었다.[1]

---

* 저자는 이 에세이를 준비하는 동안 미셸(Michele)과 지에니 로카(Gianni Rocca)에게, 그리고 오도아르디(Odoardi) 포도원과 '아지엔다(Azienda) 아그리콜라(Agricola) 오도아르디' 와이너리의 친절함에 감사하고자 한다. 오도아르디는 칼라브리아 지역, 칸탄자로(Catanzaro)의 마을인 노체라 테리네스(Nocera Terinese)에 위치한다. 고대에 칼라브리아는 '에노트리아(Enotria)'로 알려져 있었는데, 그곳은 대략 '포도가 재배되는 땅'으로 번역된다.

위의 이야기에서 그 '기적의 음료'란 동양의 약초로 우려낸 한국의 쌀 막걸리이다. 그러나 술의 유익한 효과들을 언급하는 이야기들은 쌀 막걸리에 국한되지 않는다.

「와인 닥터」라는 제목의 비평 글에서 노체라 테리네스(Nocera Terinese, 역주: 이탈리아 남부 마을의 공동체)의 와인 박사인 에찌오 델리 카스텔리(Ezio Delli Castelli)는 포도주 요법이라는 기술을 시행한다.

임상화학자로서 자신의 삶을 주로 와인 제조의 전문가인 '포도주 양조학자'로서 지냈던 그는 또한 포도주 요법으로 독특한 치료를 하는 겸임의 포도주 치료 의사였다. 다양한 종류의 질병을 가진 환자들이 그에게 왔고 그는 치료에 유익한 특별한 와인을 치료 과정에 처방했다. 물론 그가 추천한 와인은 환자의 진단과 상황에 따라 달랐다. 그는 자신의 치료 비법을 엄중히 지키면서 치료 과정에 임했는데 그의 처방들은 와인 속에 들어갔던 포도의 유형, 포도가 수확된 곳의 토양의 구성 요소, 포도주를 짜내기 전에 얼마나 오래 발효되도록 했는지, 그리고 심지어 와인이 저장되는 와인 배럴의 상태가 어떠했는가 등이 참작되어 만들어졌다.[2]

또한 나다니엘 호손(Nathaniel Hawthorne)의 소설, 「닥터. 하이데거(Heidegger)의 실험」을 생각해 보라. 실험에서 그 유능한 의사는 지인 중의 네 명의 노인을 다시 젊어지게 만들기 위해 '젊음의 분수'의 물을 단숨에 들이키게 한다.

---

1   http://www.cheersbekseju.com(accessed October 30, 2005)

2   프레드 파올라(Fred Paola), "The Wine Doctor," *Bellevue Literary Review* 4.2(2004), 149-51; quotation at p. 149.

그가 말하고 있을 동안에, 닥터 하이데거는 '젊음의 분수'의 물로 네 개의 샴페인 잔을 채우고 있었다. 작은 거품들이 계속해서 잔 깊은 곳으로부터 올라오고 있었고 표면에 은빛의 물방울이 톡톡 터지고 있는 것으로 보아, 그것은 활성 가스로 가득 차 있는 게 분명했다. 그 액체가 기분 좋은 향기를 발산했을 때, 노인들은 그것이 원기를 돋우고 편안하게 해 주는 특성을 지녔다는 것을 의심치 않았다. 비록 젊음을 되찾아 주는 그것의 힘에 관해서 완전히 믿어지지는 않았지만, 그들은 그것을 즉시 삼키고자 하는 마음이 들었다. … 겨우 한 잔 가득한 정도의 와인에 의해 이루어졌다는 게 믿어지지 않을 만큼, 확실히 부분적으로는 거의 즉각적인 개선이 있었다. 그들의 얼굴 전체를 비추며 생기를 주는 갑작스럽게 작열하는 햇살과 더불어 … 한편, 젊음의 분수가 약간의 취하게 하는 성질을 지녔다는 것을 입증이라도 하듯, 세 명의 신사는 그렇게 취한 듯이 행동했다. …[3]

그들이 과연 그 물을 마시고 있었던 게 맞을까? 다른 어떤 것을 마신 것은 아닐까? 확실히 와인에 대한 언급을 부인하기는 어려운 것 같다. 또한 10월의 첫 번째 일요일에, 로마 근처의 라찌오(Lazio) 지방에 위치한 이탈리안 마을, 마리노(Marino)에서 '사그라 델 우바(Sagra dell'uva)'라는 와인 페스티벌을 기념하는 것을 고려해 보라. 그 축하 행사가 주로 기리고자 하는 것은 해질녘에 물에서 와인으로 바뀌는 분수에 관한 것이다. 하이데거의 '젊음의 분수'로부터 흘러나온 것도 어쩌면 와인이 아니었을까?

그러나 위에 나온 와인의 효능에 관한 이야기들에도 불구하고, 모두가 알고 있듯이 과하게 마시면 어떠한 형태의 알코올이라도 그것은 인간의

---

3 http://www.eldrichpress.org/nh/dhe.html

몸에 해를 가한다.

와인의 남용과 관련된 질병의 목록은 내과(內科)학의 원서처럼 읽힌다. 그 목록의 예를 들면, 베르니케(Wernicke) 증후군, 코르사코프(Korsakoff) 증후군, 변성소뇌 말초신경 장애, 식도암, 급성과 만성의 췌장염, 알코올성 간염, 간경변, 엽산 결핍증, 고혈압, 심근증, 고환과 난소 위축증, 태아기 알코올 증후군, 알코올성 근질환, 골다공증, 그리고 호르몬 장애와 같은 것들이다.

그렇다면 와인과 건강 사이의 관계는 정확히 어떤 것일까?[4]

절제론 節制論

사실, 와인과 건강 사이의 관계에는 '절제'라는 철학적 교의가 적용된다. 절제(그리스어로 *sophrosyne*)란 중용을 실천하는 것을 말한다. 플라톤에 의하면 절제는 다른 세 가지 덕목인 정의, 용기, 그리고 지혜와 함께 네 가지 기본적인 덕목 중 하나이다. 그에게 있어서 절제란 쾌락에 대한 욕망을 이성적 명령 아래에 두는 것을 의미했다. 아리스토텔레스는 각각의 덕목을 극심한 양극단 사이의 중간 지점으로서 이해했다. 그렇다고 볼 때, 절제란 지나친 탐닉과 금욕의 양극단 사이의 중간 지점으로서 이해될 수 있을 것이다.

---

4   독자는 그 주제에 관한 많은 탁월한 비평들을 참고할 수 있다. 케네스(Kenneth J. Mukamal) 의학박사의 "Overview of the Risks and Benefits of Alcohol Consumption"과, 크리스틴 (Christine C. Tangney) 박사와 포버트(Fobert S. Rosenson) 의학박사의 "Cardiovascular Benefits and Risks of Moderate Alcohol Consumption"을 예로 들 수 있다. http://www. uptodate online.com(accessed October 30, 2005) 참조.

절제는 또한 자만, 시기, 분노, 나태함, 탐욕, 식탐, 욕정과 같은 일곱 가지의 치명적인 죄악 또는 악습과 상응하는 덕목 중의 하나이다. 구체적으로 말하자면, 절제는 식탐이라는 죄악에 상반되는 덕목이라는 것이며, 식탐이란 음식과 음료 또는 취하게 하는 것에 대한 탐닉, 또는 심지어 쾌락에 대한 과도한 애착을 말한다. 단테 알리기에리(Dante Alighieri)의 『신곡』에서는, 탐욕스러운 사람들이 「지옥편」의 제3원(circle)에서, 그리고 「연옥편」의 제6테라스(terrace)에서 다루어진다. 반면에 중용 또는 절제는 「천국편」의 제7영역(sphere)에서 보상받는 것으로 표현된다.

절제는 또한 동양 철학에서도 의미가 있다. 예를 들어, 그것은 불교의 5계(the Five Precepts) 중의 하나이다. 즉, "나는 탐욕적이 되거나 식탐하거나 취하게 하는 것들을 남용하지 않겠다."[5] '중도' 또는 '중용'(다른 이름으로는 8 성도-the Noble Eightfold Path- 또는 고통에서 벗어나는 법으로 말해지기도 한다)은 종종 비(非)극단론의 관행으로서 묘사되는데, 방종과 고행(苦行)의 딜레마를 피하는 중용의 도(道)이다. 마찬가지로, 도교(노자의 가르침)로 알려진 중국 고대 철학의 신도들은 도(道)의 세 가지 보배인 사랑과 중용 그리고 겸손의 특질들에 정진하도록 종용된다.

이러한 점에서 중용의 교의가 '균형'과 밀접하게 관련이 있다는 것을 제시하고자 하며, 그 균형이란 "대등한 반대의 힘에 의해 모든 힘들을 무효화함으로써 특별히 두드러진 동요가 없는 상태"를 말한다.[6] '균형'은 중국 철학과 그 철학에 기반을 둔 중국의 전통 의술, 즉 침술과 약용 식물 연구에서 가장 중요한 핵심을 이룬다. 여기에서 '대등한 힘'과 '상응하는 힘'

5 http://www.gradendigest.com/zen/ten.htm(accessed September 7, 2006)

6 로제(Roget) II : The New Thesaurus(New York: Berkley Books, 1988), p. 40.

이라는 것은 '음'과 '양'의 개념으로 설명된다. 음과 양을 정의하기가 다소 어렵긴 하지만, 이해를 돕기 위해 포르노와 외설에 대한 개념에 관심 있던 재판관, 포터 스튜어트(Potter Stewart)가 "그것들에 관한 예들을 보면 알 수가 있다."라고 말한 것처럼, 음과 양에 대해 부연 설명을 해 볼 수 있다.[7] 음은 어둠이고 양은 빛이다. 음은 휴식이고 양은 활동이다. 음은 물질이고 양은 에너지이다. 음은 물이고 양은 불이다. 음은 여성이고 양은 남성이다. 그러나 음과 양은 서로 반대의 것들이면서도 상호 의존적이다. 왜냐하면, 물이 불을 소멸시키지만 불이 물을 증기로 바꾸듯이 서로가 상호적으로 소비하기 때문이고, 낮과 밤이 서로 바뀔 수 있듯이 그들은 서로 변형시킬 수 있기 때문이다. 이 두 가지의 상충되는 힘들 가운데서, 서로 간의 균형이 깨질 때 다음의 예시 글처럼 건강상의 병해가 상승한다.

> 모든 임상적 징후는 음과 양의 분리로부터 생긴다. 건강할 때, 음과 양은 역동적인 균형 속에서 조화롭게 섞인다. 음과 양이 아주 균형적일 때, 그들은 분리된 존재로서 확인될 수 없다. 따라서 징후와 증상들이 나타나지 않는다. 예를 들어, 만일 음과 양이 균형 잡혀 있다면 얼굴의 안색이 정상적인 분홍빛의 건강한 색을 지닐 것이고, 너무 창백하거나 너무 붉거나 또는 너무 어둡거나 하지 않을 것이다. 만약 음과 양이 균형에서 어긋나면, 그것들은 분리될 것이다. 그러면 한쪽으로 치우치게 되면서, 음이 강할 때 얼굴이 너무 창백하거나, 양이 강할 때 얼굴이 너무 붉다. 그러므로 음과 양은 균형이 깨질 때 저절로 드러나게 된다. 음양의 최상의 궁극적인 상

---

7 자코벨리(*Jacobellis v. Ohio*: 오하이오 주의 대법원에서 결정한 판결문의 명칭임), 378 US 184, 197(1964).

징인, 매우 빠르게 회전하는 '태극'을 시각화해 볼 수 있을 것이다. 그러나 이 경우에, 백색과 흑색이 분리되어 나타나지 않기 때문에 시야에서는 보이지 않을 것이다. 마찬가지로, 음과 양이 균형이 잡혀서 조화롭게 움직일 때 음과 양은 나눌 수 없고 눈에 보이지도 않으며 따라서 증상과 징후가 나타나지 않을 것이다.

모든 증상과 징후는 이렇게 음과 양의 균형 상실에 의한 것으로 설명될 수 있는데, 만약 음과 양이 균형적이라면, 소변이 정상적인 옅은 노란색이고 그것의 분량도 정상적일 것이다. 음이 과할 때, 그것은 거의 물과 가까운 매우 옅은 색일 것이고 분량도 무척 많을 것이다. 반대로, 양이 과할 때에는 보다 어둡고 분량이 적을 것이다.[8]

와인의 소비 그 자체가 불균형을 유발하는 것은 아니지만, 양의 성향인 쾌락적 도취로 인해 알코올을 과도하게 섭취하기 때문에 음의 성향인 숙취가 빨리 생긴다는 것이 문제이다.[9] 와인 전문가들이 "이 와인은 균형이 잘 잡혀 있다."라는 어구에서와 같은 '균형성'에 대해 말할 때, 와인의 성분들인 '산, 당, 타닌, 알코올' 사이의 조화로운 관계로 언급하는 것은 어쩌면 우연이 아닐 것이다. 와인의 품질이 그러한 균형성에 달려 있다는 그러한 사실이 바로 와인과 건강 사이의 관계에 대해서도 또한 상징적으로 나타내 주는 것이라 할 수 있다.

---

8   G. Maciocia, 『한의학』(*Foundations of Chinese Medicine*)(Edinburgh: Churchill Livingstone, 1989), pp. 10-11.

9   같은 책, p. 14.

절제와 J형 곡선

절제의 철학적 교의는 와인과 건강 사이의 관계를 과연 어떻게 정의하는가? 알코올 섭취와 사망의 전체 원인 사이의 관계를 설명해 주는 것이 바로 J형 곡선이다.

수평의 x축의 알코올 소비에 대하여 수직의 y축의 사망 위험률을 좌표에 점으로 그려서 연결하면 J형 곡선이 만들어지는데, 술을 적당히 마시는 사람들이 전혀 안 마시거나 많이 마시는 사람보다 더 오래 살고, 술을 안 마시는 사람이 많이 마시는 사람보다 오래 산다는 것을 말해 준다(후자가 맞지 않는다면 그 곡선은 J형이라기보다는 오히려 U형의 곡선일 것이다). 하루에 약 한두 잔의 술을 소비하는 정도에서 사망 위험률이 가장 낮게 나타난다. 전체 사망 원인에 있어서 적당한 음주가 많이 유리한 결과를 보이는 것은 아래 글에서 주로 논의되는 관상동맥 심장질환과 허혈성 발작에 대한 알코올 소비의 예방적 효과들 때문일 가능성이 있다. 다른 한편으로, 많이

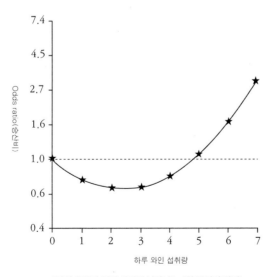

[와인 음주와 건강 사이에 나타나는 J형 곡선의 관계]

마시는 사람들에게서 사망 위험률이 보다 높게 나타나는 것은 구강암, 식도암, 후두암, 간암, 유방암의 증가와 간 질환, 심근증, 고혈압, 부정맥과 같은 심장 질환 및 출혈성 뇌졸중(腦卒中), 그리고 중독과 사고의 위험 때문이다.

더욱이, 금주를 하는 것에 비해서 적당하게 와인을 마시는 것의 장점들은 전체의 사망률뿐 아니라, 관상동맥 질환, 뇌졸중, 암과 관련된 사망률이 보다 적다는 점에서도 반영된다. 게다가, 와인은 신장 결석의 발생을 감소시키고 식중독과 설사의 원인이 되는 박테리아를 박멸할 뿐 아니라, 인슐린 감수성을 강화시키거나 흔한 감기의 특종 변종에 대한 저항력을 강화하고 류마티스성 관절염의 발생률을 낮추며 인지 기능에도 이로운 것으로 보고되어 왔다.

> 한 잔의 와인은 당신에게 이롭고, 두 잔도 해롭지는 않다. 그러나 한 동이의 와인은 당신을 망가뜨릴 것이다. (이탈리아 속담)

이러한 관점에서는, 와인의 건강 효과에 대한 연구가 다음과 같은 다수의 요인들에 의해 혼동을 줄 수 있다는 점을 주목해야 한다.

첫째로, 음주 상황에 대한 평가가 종종 자체적 보고서에 기초될 경우가 많은데, 1996년 한 임상 의학자가 이탈리안 연구에서 그것들에 관해 말했던 바와 같이, 그러한 자체적 보고서는 신빙성이 없는 것으로 나타났다. 이러한 것을 증명하는 예로, 설문조사에서의 음식 섭취 기록에 따르면, 스스로를 비(非)음주가로 특징지은 사람들 중 30%가 실제로는 음주가였다는 것이다.

둘째로, 연구들이 일반적으로 평균적인 매일의 소비에 대해서만 평가하고, 어떻게 또는 언제 알코올이 소비되는지는 소홀히 다룬다. 그러나 와인 음주에 대한 건강상의 찬반론을 고찰하는 데 있어서, '어떻게'와 '언제'라는 관점도 또한 중요할 것이다. 사실 생각해 보면, 그러한 점들이 건강이라는 것에 있어서 절제와 와인 사이의 관계를 한층 더 두드러지게 한다. 건강상의 관점에서, 매일 하루 두 잔의 와인을 마시는 것과, 토요일 밤에 열네 잔의 와인을 마시고서 일주일의 나머지 날에는 삼가는 것이 똑같다고 할 수 없다. 마찬가지로, 이탈리아, 스페인, 포르투갈, 프랑스처럼 와인을 마시는 문화들에서의 와인 소비가 미국에서보다 더 높지만[10] 식사시간 중에 와인 소비를 강조하는 문화적 사항들 때문에 그런 것이므로 술파티와 미성년자의 음주에 있어서는 문제가 보다 적을 것이다.

셋째로, 개개인의 음주 습관과 그에 따른 그들의 매일의 평균 와인 소비는 시간이 흐름에 따라 다를 것이라는 점이다.

마지막으로, 와인의 건강 효과들은 일반적으로 알코올 음료에 속하는 맥주와 양주의 효과들과는 구분이 되어야 한다. 다른 알코올 음료와 비교해서 살펴본 와인의 건강 효과들에 대한 연구에 따르면, 와인 음주가들이 맥주를 허리에 차고 다니거나 양주를 벌컥벌컥 마시는 그들의 동료들 보다 식습관이나 흡연 상태 등과 관련해서 더 건강한 라이프 스타일을 가지고 있으며, 더 잘 교육받고, 더 높은 사회경제적 지위를 즐기는 경향이 있다는 사실을 알 수 있다. 또한 그에 따른 한층 더 복잡한 양상도 발견할 수가 있다. 달리 말하면, 와인 음주와 사망률의 전체적인 원인 사이에 연관성이 적다고 해서, 와인 음주가 사망률의 전체 원인과 무관하다고 단정

---

10 조나단 앨솝(Jonathan Alsop), "On and Off the Wagon: Wine and the American Character," 이 책의 2장, "수레의 겉과 속(와인과 미국인의 특성)" 참조.

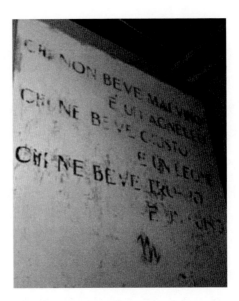

[시실리 와이너리에서 사진으로 찍힌 고대 라틴어 격언, 알폰소 세보라(Alfonso Cevola)의 공식 사진 참조.]

지을 수는 없다. 다만 와인 음주가 사망률의 실제적 원인에서 연관성이 보다 적을 가능성이 있다는 것이다.

> "와인을 결코 마시지 않는 사람은 새끼 양이며, 와인을 적당히 마시는 사람은 사자이며, 와인을 많이 마시는 사람은 돼지이다." (시실리 고대 라틴어 격언)

차후에 우리가 알게 되겠지만, 와인과 건강 사이의 관계는 복잡한 음료 그 자체만큼이나 난해하다. 그러나 그러한 복잡성에 동의하는 것이 어려운 일은 아니다. 그야말로, "순전히 임의적이지 않은 변화를 나타내는 다소 복잡한 것만이 관심을 가질 가치가 있다."라고 누군가는 말할 것이다.[11]

---

11 http://en.wikipedia.org/wiki/Complexity(accessed September 7, 2006)

심장혈관 질환

심장혈관 질환은 미국인 가운데서 특히 성인을 죽음에 이르게 하는 주된 요인이다. 아래의 글은, 〈미국 국립 알코올 남용 및 중독 센터(NIAAA)〉의 「적당한 음주에 관한 보고서」(2004)에서 발견되는 내용이다.

> 무수히 많은 연구에서, 당혹스러운 위험 요소들에 대해 다루는 정도의 수위는 상당히 다를지라도, '관상동맥 심장질환'과 관련한 사망 데이터에 있어서는 현저하게 일관성이 있다. 즉, 매일 한 잔에서 네 잔의 음주는 위험을 상당히 감소시키고 매일 다섯 잔 또는 그 이상의 음주는 위험의 증가율이 두드러져 알코올 소비와 사망률 사이의 관계는 J형의 곡선을 나타낸다.[12]

여성은 하루에 약 한 잔을, 남성은 하루에 한 잔 반을 마시는 정도에서 적당히 음주를 할 때, 남성과 여성 모두에게서, 처음에 나타나는 이로움과 더불어 관상동맥 심장병(CHD) 감소를 보인다. 그러나 심장을 보호하는 이러한 효과는 단순히 알코올 소비량의 작용 때문만은 아니다. 따라서 다른 모든 조건이 동등하다고 보고, 일주일에 기본적으로 똑같은 양의 와인을 마시는 두 명의 사람을 비교해 볼 때, 보다 적은 양을 더 자주 마시는 사람이 보다 많은 양을 덜 자주 마시는 사람보다 심장병의 위험률이 더 낮을 것이다.

---

12 L. 건저래스(Gunzerath), V. 패이든(Faden), S. 자크해리(Zakhari), 그리고 K. 위렌(Warren), 〈National Institute on alcohol Abuse and Alcoholism Report on Moderate Drinking)," *Alcoholism: Clinical and Experimental Research* 28.6(2004): 829-47; quotation at p. 831.

와인을 마시면 힘을 얻을 것이다. 그러나 너무 많이 마시면 힘을 잃을 것이다. (이탈리아 속담)

J형 곡선이 나타난다는 것은 다량의 알코올 소비와 관련된 심장혈관의 위험성이 있다는 사실과, 그러한 위험성이 절대금주주의와 관련해서 생기는 위험성을 넘어선다는 것을 의미한다. 그러므로 지속적으로 많은 양의 음주를 하는 것은 심장 근육의 펌프 작용능력 장애라는 알코올성 심근증을 야기할 수 있다. 알코올성 심근증은 전형적으로 10년 이상 동안 하루에 다섯 잔 이상을 꾸준히 마셔 온 사람들에게서 일어난다. 더욱이, 일시적으로 많이 음주하는 것은 관상동맥 심장병의 위험성을 상당히 증가시키는 것과 관련이 있다.

어떻게 적당한 음주가 심혈관 질환을 막아 준다는 것일까? 심장 보호 효과의 비율이 상당히 높았던 이유는 알코올이 유발하는 HDL이라는 좋은 콜레스테롤의 증가와 LDL이라는 나쁜 콜레스테롤의 감소 때문이기도 했다. 그러나 '프렌치 패러독스'(French Paradox, 역주: 프랑스인들이 기름진 음식을 그토록 많이 먹으면서도 상대적으로 심장병 발병률이 낮다는 것은 역설이라는 프랑스 세르쥐 르노 교수 논문)는 다른 메커니즘이 관련되어 있음을 시사한다. 말하자면, 1965년과 1988년 사이에, 21개의 선진국 가운데서 프랑스인이 다른 나라 사람보다 혈청 HDL 농도를 더 높게 가지고 있지 않음에도 불구하고 관상동맥 심장병 사망률이 두 번째로 낮은 것으로 알려졌다. 그에 비해 프랑스는 같은 시기 동안 가장 높은 와인 섭취의 비율을 나타냈던 것이다.

위와 같은 현상을 보이는 것은 와인이 혈액 응고를 막아 줌으로써 관상 동맥 심장병에 맞서 심장을 보호할 수 있었기 때문인 것으로 밝혀졌

와인 심포지엄

다. 혈액 응고는 응고인자(단백질)와 혈소판(세포)에 의해 조절된다. 알코올은 혈액이 응고되지 않도록 도우면서 혈액 응고인자와 항응고인자 사이의 균형을 조정한다. 더욱이, 와인은 폴리페놀(polyphenols) 작용에 의해 항혈소판 효과를 지니는 것으로 보인다. 폴리페놀은 포도의 껍질, 씨앗, 그리고 줄기에서 나오는 항산화물이다. 각각의 와인 잔에는 대략 200여 가지의 다양한 종류의 폴리페놀이 있다고 한다. 트랜스-레스베라트롤 (Resveratrol, 역주: 포도 껍질과 적포도주에 들어있는 성분, 폴리페놀의 일종으로 천연 항산화 물질이다. 포도, 오디, 특히 적포도주에 다량 함유), 카테킨(catechins), 프로시아니딘(procyanidin), 미리세틴(myricetin), 그리고 케르세틴(quercetin)도 포함된다. 폴리페놀은 동맥의 평활근(민무늬근)을 이완시켜서 그것을 확장시킬 수 있고, 알코올 자체의 효과와 더불어 상승 작용하여 혈소판이 응집되거나 '찐득찐득'하게 되는 것을 억제하며, 항산화제인 비타민 E의 수치를 올리고 LDL 콜레스테롤의 산화를 감소시킴으로써 심장 보호 효과를 높이는 것으로 밝혀졌다.

> 와인이 노아(Noah)의 건강에 나쁜 영향을 주었다 해도, 그는 950년을 살았다. 오래 살았다는 므두셀라(Methuselh)보다 겨우 19년 부족할 뿐이다. 절대 금주가였던 사람 중에 그토록 오래 살았던 이가 또 있다면 내게 알려달라!
>
> 윌 로저스(Will Rogers, 1879-1935)

흥미롭게도, 와인과 달리 에틸알코올 자체는 혈관 내에서 비타민 E의 수치를 낮추는 경향이 있어서 산화촉진제의 효과를 지닌다. 이러한 차이는 '과도한 유인 가능성(rebound hyperattractability) 현상' 때문에 생기는 것이며,

만취하게 된 후에 때때로 나타나는 허혈성 뇌졸중과 그것으로 인한 갑작스런 사망을 반영한다는 점에서, 그와 같은 현상은 임상적으로도 중요한 것 같다.

암

미국 암 학회(American Cancer Society)는 모든 복합성 암을 고려하면서 중년 남성들을 대상으로 조사연구를 했다. 그 연구를 통해, 하루에 한잔 정도의 와인을 소비했던 사람들 가운데 암으로 사망하는 비율이 상당히 낮았다는 것을 발견했다. 이러한 결과가 만들어진 메커니즘은 명확하지 않지만, 그러한 결과를 만든 이유는 와인의 폴리페놀 함유와 관련되어 있을 수 있다.

암의 발병은 개시단계, 변형단계, 악성의 전이로 가는 촉진단계라는 세 가지의 뚜렷한 단계로 나뉜다. 1997년의 한 연구는 폴리페놀 레스베라트롤(아래 그림 참조)이 쥐들에게 있어서 위의 세 가지 단계 모두에서 항활성을 지닌다고 보고했다.

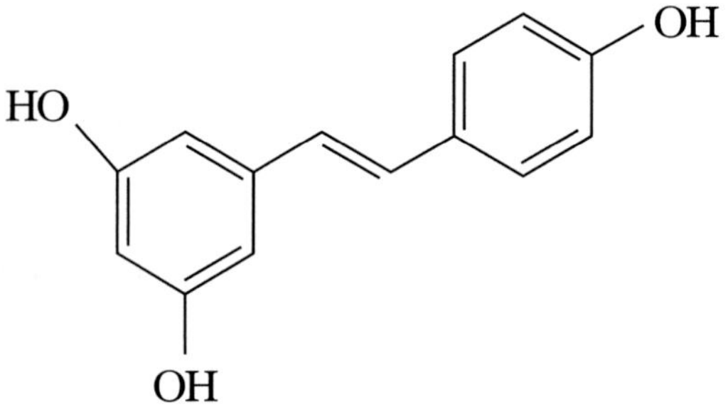

[폴리페놀 레스베라트롤의 분자구조]

예를 들면, 종양 촉진제와 함께 주입된 25μmol의 레스베라트롤이 피부 종양의 수를 98퍼센트까지 감소시켰고 종양을 가진 쥐들의 수를 88퍼센트까지 감소시켰다. 1996년의 연구에서, 수분과 알코올 성분을 제거한 적포도주 고형물을 자연 발생적으로 종양 발병의 가능성이 명백한 쥐들에게 먹이고 나서 처음 종양이 발병한 시기를 기록했다. 그 결과를 통해 와인 고형물 보충제가 종양의 발병을 지연시켰다는 것을 알아냈다.

하루에 한 잔의 적포도주를 마시는 것이 남성의 전립선암을 절반으로 감소시킬 수 있고 그 질병의 가장 공격적인 유형에 대해서 가장 강력한 보호 효과를 지닌다고 보고되고 있다. 2005년, 전립선암을 진단받은 753명의 남성과 40에서 64세까지의 모든 남성 703명의 실험 대조군에 대한 연구에 따르면, 적포도주 소비가 증가할 때 전립선암이 발병할 위험이 연속적으로 감소한다. 주(week)당 소비된 적포도주의 양이 한 잔 추가될 때마다 전립선 암의 위험률이 6퍼센트 감소하는 것으로 밝혀졌다. 그에 반해서, 일반적으로 맥주나 양주 또는 기타 알코올과 전립선암과의 사이에서는 통계적으로 그 어떤 의미 있는 연관성도 발견되지 않았다.[13]

결장(직장) 종양 형성에 관한 연구를 위해, 2,291명의 환자들에게 시행된 결장경 검사(2005)의 결과를 보면 결장의 종양 형성에 대한 위험 요소들과 그들의 음주 습관에 관해서 의문이 생긴다. 흥미롭게도 그 검사를 통해 술을 입에도 대지 않는 절대금주가에 비해서 주당 여덟 잔 이상의 양주 또는 맥주를 습관적으로 마셨던 연구 참가자들이 심각한 '결장 종양'(선세포 암, 고도 이형성선종(腺腫), 융모선종, 그리고 1cm 이상 더 크고 2개 이상의 다

13 W. M. 스쿠넌(Schoonen), C. A. 살리나스(Salinas), L. A. Kiemeney, 그리고 J. L. 스탠포드 (Stanford), "Alcohol Consumption and Risk of Prostate Cancer in Middle-Aged Men," *Int. J. Cancer* 113.1 (2005): 133-40.

수의 규모를 보이는 아데노마 선종 등이 포함될 때의 연구 목적으로 정의되어 있는 종양)에 걸리는 경향이 있다는 것을 알 수 있었다. 그에 반해 일주일에 한 잔에서 여덟 잔의 와인을 습관적으로 소비해 왔던 사람들은 절대금주가들보다 결장경 검사에서 발견되는 심각한 결장 종양에 걸릴 가능성이 보다 적었다.[14]

그러나 와인과 암 사이의 관계성 자체만으로도 와인 절제의 중요성을 설명해 주는 연구들이 있다. 그러한 예로서, 식도암뿐만 아니라 특정한 두경부암(頭頸部癌)과 음주 사이에서의 연관성에 대한 연구에 따르면, 그 위험은 직접적으로 음주 소비의 정도와 더불어 증가되는 것을 알 수 있다. 대부분의 관련 연구들에서 우리가 말하고자 하는 '적당한 음주'에 대해 연구되지 않은 것은 유감스러운 일이었다. 2000년부터 이탈리아 사람들을 대상으로 행해졌던 한 연구에서는, 비(非)음주가들과 하루 세 잔 이하의 적당한 음주를 하는 사람들이 일괄적으로 다루어졌는데, 이들은 보다 더 거하게 마시는 사람들과 비교되었다. 적당한 음주가들이 비음주가들과 비교하여 어떠했을까를 알려 주었더라면 더욱 좋았겠지만, 그 연구는, 아무리 건강에 좋다는 와인일지라도 그것만 심하게 마시는 사람들이 식도암을 유발할 위험성이 높은 상태에 있음을, 그리고 와인 소비 정도가 증가했을 때 암의 위험도 증가했다는 것을 확실히 알게 해 주었다.

유방암과 관련해서는, 위에서 언급된 '적당한 음주'에 대한 〈미국 국립 알코올 남용 및 중독 센터(NIAAA)〉의 보고서(2004)에서 "알코올이 전체 인구 대비 유방암 위험의 증가와 관련될 수도 있는 반면에 적당한 음주의

---

14 J. C. 앤더슨(Anderson), Z. 엘펀(Alpern), G. 세디(Sethi) 외(外), "Prevalence and Risk of Colorectal Neoplasia in Consumers of Alcohol in a Screening Population(알코올 소비에 따른 결장 종양의 유발과 위험성 임상 검사)," *Am. J. Gastroenterology* 100.9(2005): 2049.

상호 간의 효과는 미미하다."라고 밝혔다.[15]

적당한 알코올 소비가 다양한 유형의 암에서 효과가 있기는 하지만, 결장암, 췌장암, 간세포 암, 그리고 폐암에서도 그런지는 불확실하다.

뇌혈관 장애

심혈관 발작(뇌졸중 또는 CVA)은 미국에서 세 번째로 주요한 사망 원인이다. 음주와 뇌졸중 사이의 관계는 뇌졸중 유형에 따라, 그리고 알코올 소비의 정도에 따라 다르다.

죽상 동맥 경화증(atherosclerosis)과 혈액 응고에 의해 혈액 흐름 장애로 생겨나는 허혈성 뇌졸중이 대부분의 심혈관 발작의 비율을 차지한다. 출혈성 뇌졸중은 모든 경우의 약 10%에서 15%를 차지한다.

알코올이 뇌혈관에 미치는 효과들은 그것의 혈압을 상승시키는 성향에 의해서, 그리고 혈액 응고를 저하시키는 성향에 의해서 부분적으로 조정된다. 알코올을 섭취하는 정도에 따라 이러한 효과들 중의 어떤 것이 우세한지가 주로 결정된다.

J형 곡선에서 알 수 있듯이, 하루 약 다섯 잔을 마시는 과음자는 허혈성과 출혈성 뇌졸중 둘 다에 있어서 비음주가에 비해서 위험한 상태에 있다. 그에 반해, 적당한 음주는 허혈성 뇌졸중의 위험을 감소시킨다. 몇몇 연구들이 적당한 음주와 출혈성 뇌졸중 사이의 J형 곡선의 관계성을 밝히고 있지만 이것은 논란의 여지가 보다 더 많다.

---

15 건저래스(Gunzerath) 외(外), "NIAAA Report on Moderate Drinking," p. 833.

치매

서양 국가들에서 치매의 가장 흔한 두 가지 유형은 알츠하이머 치매(AD)와 혈관성 치매(VD)이다. 낮거나 중간 정도의 알코올 섭취는 혈관성 치매의 위험을 감소시키는 것으로 보인다. 그러나 적당한 알코올 섭취가 알츠하이머 치매의 위험을 감소시키는지의 여부는 논란의 여지가 있다.

게다가 장기간의 과도한 알코올 섭취는 치매 위험의 증가와 관련이 있다.

당뇨병

알코올 섭취와 제2형 당뇨병(진성(眞性)당뇨병)의 발병 위험과의 관계도 역시 J형 곡선을 나타낸다. 적당한 음주는 남성과 여성 둘 다에 있어서 제2형 당뇨병의 위험을 감소시킨다. 전혀 안 마시는 사람에게서보다 대략 1/3 더 낮은 위험률을 보인다. 이러한 효과는 알코올의 인슐린 민감화 작용에서 비롯되는 것 같다. 이러한 인슐린 민감화에 대한 정확한 메커니즘은 결론을 내리지 못한 채로 남아 있긴 하지만 규칙적으로 적당한 양의 알코올을 섭취하는 것은 인슐린 저항을 감소시키는 것과 관련이 있다.

다른 한편으로, 과음은 당뇨병 위험의 증가와 관련이 있다. 많은 양의 알코올을 자주 마시는 사람들은 점차적으로 췌장을 파괴시킬 수 있는 과정인 만성적 췌장염의 발병 위험 상태에 있다. 췌장의 내분비 호르몬으로서 혈당의 항상성을 유지하기 위해 인슐린을 분비하는 베타세포의 핵심적 작용 때문에 포도당 과민증이 종종 나타나며 그것은 췌장당뇨병과 만성적 췌장염으로 이어지게 된다. 그리고 주로 뒤늦게야 명백하게 그 병세가 나타난다.

신장결석

1996년, 40세에서 75세의 신장결석 병력이 없는 4만 5천 명의 남성들에 관한 연구가 있었다. 그 연구를 통해, 향후 6년 동안 결석 형성의 위험을, 매일 8온스 분량을 섭취한다고 할 때 와인은 39%, 맥주는 21%, 차는 14%, 그리고 커피는 10%까지 감소시킨다는 것을 발견했다. 반면에, 매일 8온스 분량을 섭취할 때마다, 결석 형성의 위험을 사과 주스는 35%, 포도 주스는 37%까지 증가시킨다는 것을 알아냈다. 그리고 그 후 2년 후, 여성에게 행해진 유사한 연구에서도 매일 8온스 분량의 와인을 섭취할 때 신장결석의 발병률이 59%까지 감소한다고 보고되었다.

담석증

마찬가지로, 적당한 양의 알코올 섭취는 남성과 여성의 담석증 위험을 감소시킨다. 다른 한편으로는, 간경화증을 앓고 있는 환자들이 담석증의 징후가 높게 나타나는데 이것은 와인과 건강 사이의 관계에 있어서 절제의 중요성을 다시 한 번 상기시켜 줄 뿐 아니라, 간의 질환을 야기할 만큼 과도하게 마시는 것이 실제로 담석증의 위험을 증가시킬 수 있다는 것을 시사해 준다.

간 질환

와인 음주와 건강 사이의 J형 곡선의 관계가 간 질환의 맥락에서도 유효할까? 다시 말해서, 적당한 양의 와인을 마시는 것이 전혀 마시지 않는 것보다 간에도 더 좋은 것일까? 그것은 거의 모두가 너무도 자주 듣게 되는 질문일 것이다. 또한, 알코올이 간 질환과 관련이 있다는 것을 모두가 알고 있다. 그러나 만성적 과음만이 실제로 부수적 질병 발생률과 높은 사망률을 지닌 간질환의 발병으로 이끄는 반면, 알코올 섭취 자체가 간 질환을 일으킨다고 보기는 어렵다는 점을 제시할 필요가 있었다. 간경화증이 발병되려면 적어도 5년 이상 동안 하루에 최소한 다섯 잔의 알코올이 요구된다고 제시하는 증거가 있다. 그런데 동물들에게 행한 연구에서는 적당량의 알코올 소비에 대한 의미 있는 효과들은 보이지 않는 것으로 알려져 있다.

하지만 절대금주를 하는 사람의 간보다 절제하며 마시는 음주가의 간이 그 기능을 더 잘 수행한다는 증거에 대해서는 어떻게 생각해야 할까? 그러한 증거를 얻을 수는 있는 것일까? 실제로, 과음이 간의 재생을 약하게 하는 반면에, 가벼운 음주는 알 수 없는 어떤 메커니즘들에 의해 간의 재생을 강화한다는 것이 최근에 계속해서 보고되고 있다.

결론

와인과 건강의 관계가 비록 와인 자체를 특징지을 때와 똑같은 복합성에 의해 특징지어질지라도 그 관계는 철학적 중용이라는 교의에 의해 가장 잘 정의된다. 따라서 절제는 탐닉과 금욕의 양극단 사이의 중간으로서 이해될 수 있을 것이다. 그러나 어떤 특정 개인에게 있어서의 '절제하며 적당히 음주를 한다'라는 범위를 규정하려면, 그 개인에게 적당한 음주의 범위로 결정되는 요인이라 할 수 있는 개인의 나이, 성별(특히 여성이라면, 임신 여부), 몸집 크기, 진료 현황, 직업, 그리고 가족 병력 등과 같은 것들에 의해 달라지는 사실들에 중점을 둔 개인화된 연구조사여야 할 것이다.

에필로그

〈와인과 장미의 나날(*The Days of Wine and Roses*)〉을 언급하면, 대부분의 사람들이 1962년 잭 레먼(Jack Lemmon)과 리 레믹(Lee Remick)이 알코올 중독의 깊은 구렁 속에 빠진 젊은 커플, 조(Joe)와 크리스텐 아네슨 클레이(Kirsten Arneson Clay)로 주연을 맡은 영화를 떠올릴 것으로 짐작한다. 그 영화의 제목은 어니스트 다우슨(Ernest Dowson)의 시(詩) 구절 "Vitae Summa Brevis"(The brief sum of life forbids us the hope of enduring long, 역주: 인생은 짧고 앞날은 알 수 없도다)에서 따온 것인데, 그 시인이 서른세 살의 나이에 이른바 알코올 남용으로 너무 이르게 죽었다는 것을 고려해 볼 때, 그 영화의 제목이 그렇게 지어진 것이 꽤나 합당하게 여겨진다.

그러나 시의 문맥에서는, "와인과 장미의 나날들"이라는 말이 완전히 다른 의미를 지닌다.

VITAE SUMMA BREVIS SPEM NOS VETET INCOHARE LONGAM
인생은 짧고 앞날은 알 수 없도다

오래가지 않도다, 울음도, 웃음도, 그리고 사랑과 욕정과 증오도,
우리가 그 문을 지나고 나면
모두 사라지고 말 것이거늘.
오래가지 않도다, 와인과 장미의 나날도, 아련한 꿈속에서
잠시 우리의 길이 보이고는, 이내 닫히고 말지,

그저 꿈결처럼.

어니스트 다우슨(Ernest Dowson, 1867-1900)[16]

　"와인과 장미의 나날들"이란 바로 우리의 나날들이기도 하다. 즉, 그날들이 얼마 안 남아 아쉽다면(우리 중 가장 오래 살았던 사람들조차 얼마 남지 않은 그날들이 아쉬운 법이므로), 그래서 '울음'처럼 부정적인, '웃음'처럼 긍정적인, 또는 '사랑'과 '증오'처럼 정신적인, 그리고 '와인과 장미'처럼 감각적인 그러한 모든 측면에서 그 나날들을 소중히 간직하려는 보다 많은 이유가 있다면 말이다.

　건강을 위하여, 건배!

16　http://www.4literature.net/Er nest_Dowson/Vitae_Summa_Brevis_Spem_Nos_Vetat_Inco/
　　(accessed September 7, 2006).
　　They are not long, the weeping and the laughter, / Love and desire and hate; / I think they
　　have no portion in us after / We pass the gate. / They are not long, the days of wine and
　　roses: / Out of a misty dream / Out path emerges for a while, then closes / Within a dream.

II

와인에 관한 감상과 담론

05

"아!"가 아니라, "음……."

와인에 대한 상상적 경험 **vs**. 분석적 경험

존 딜워스John Dilworth

나는 좋은 와인을 마시는 것과 관련된 매우 즐거운 경험이 상당히 오해를 받고 있다는 것을 주장하고자 한다. 와인 감상이 분석적인(*analytical*) 또는 유사 과학적(*quasi-scientific*)인 종류의 행위라고 여기는 것은 흔한 일이다. 잘 알려진 비교 시음회에서 와인 전문가들이 조심스럽게 각각의 와인에 대한 세밀한 감각적 특성들을 구별한다. 그런 다음 그들의 집적된 실제적 지식을 경험이 적은 와인 애호가들에게 전달한다. 그러나 이러한 분석적인 또는 순전히 사실에 입각한 와인 감상의 방식은 심각한 결함이 있다. 그것의 결함들을 밝히는 한 가지 좋은 방법은 와인 감상과 관련된 것들에 관해서 보다 훌륭하고 보다 근본적인 과학적 설명을 제공하는 것이다. 그러기 위해서 와인에 대해 분석적일 뿐 아니라 상상력이 풍부한 종류의 경험들이 왜 있어야만 하는지를 설명해 주는, 새롭고 진화론적인 기반의 인식적 의식이론을 개괄하고자 한다. 아울러, 상상력이 풍부한 와인 경험들은 전형적으로 창의적인 예술적 경험과는 다르게 오락적 예술 경험에 속하는 것으로서 와인 음주에 특별한 지위를 내어주며 따라서 그러한 경험들이 매우 개인주의적이면서도 즉흥적인 요소들을 포함하는 것으로 보일 수도 있다는 점을 추가적으로 말하고자 한다.

와인을 의식적으로 경험한다는 것이 어떤 것인가

훌륭한 '샤르도네(chardonnay)' 또는 '피노 누와(pinot noir)'를 마실 때 느끼게 되는, 마음을 사로잡는 감각적 특성에 대한 의식적인 경험이 과학적인 용어들을 통해 어떻게 폭넓게 설명될 수 있을까? 이것은 일반적으로 정신철학 영역에서 중점적으로 다루어지는 것으로서, 이른바 '의식의 본질'을 살피듯 와인에 대한 의식적 경험을 다룬다는 것을 함축한다. 그런데 우리는 종종, 그 문제가 하나가 아니라 서로 불가분의 관계인 두 개의 차원을 지닌다는 것을 잊는 경향이 있다. 우리가 와인을 마실 때 맛과, 향과, 와인 향미의 특별한 감각적 특성들과, 촉각적 특성들, 그리고 시각적 외관에 대해서 단지 인식적이기만 한 것은 아니다. 더 나아가, 그러한 특성을 경험하는 것 이상의 그 무엇인가가 분명 존재한다. 훌륭한 와인에서 느끼게 될 가치 있는 감각적 특성들에 대한 우리 자신의 의식적 즐거움의 본성 또한 경험될 필요가 있는 어떤 것이다. 나는 이러한 개인적 감상의 2차적인 그 어떤 요소가, 어째서 좋은 와인이 그토록 매우 칭찬을 받는지를 이해하는 데 중요한 역할을 한다고 주장하며, 와인 시음의 일반적 관점들은 그러한 것을 소홀히 다루고 있다는 점에서 심각한 결함이 있음을 피력하고자 한다.

의식적 경험에 대한 본질에 관해서는, 그것을 보다 다루기 쉽도록 세분함으로써 부분적으로나마 독창적 방식의 설명이 가능할 것으로 보인다.

친구들과 점심 식사를 할 때나 혹은 와인이나 음식에 대해서보다도 오히려 대화에 중점을 둘 때에는, 매우 높은 품질의 와인을 마시고 있음에도 불구하고 와인이 일상적 관례나 습관적인 유행처럼 소비될 수 있다는 것을 놓치는 경향이 있다. 그러한 경우에, 그 와인의 특성에 대한 의식적인 감상이 거의 없을 수도 있고 그것을 마시는 것이 어떤지에 대한 매우 명확한 의식적 경험이 없을 수도 있다. 그럼에도 불구하고, 그러한 경우에 적어도 그 와인의 품질이 일상적으로 유행하는 저급한 것인지 또는 어느 지역의 것인지 정도의 인식은 분명 가능할 것이다. 의심할 바 없이, 당신은 그 와인이 상했는지 또는 부드러움이 탁월했던 늘 마시던 와인과 다른 맛이 나는지, 아니면 그것이 더 많이 다르게 보완될 음식인지 아닌지를 즉시 알아챌 것이다. 따라서 와인에 대한 의식적 감상을 설명하는 문제는 오로지 점진적으로 다루어져야 하는 작업일 것이다. 그것은 와인 인식에 대한 특별히 의식적인 측면들을 설명하기 위해 일상적 혹은 배경적인 유형의 인식과 더불어 더해져야 할 필요가 있는 어떤 것에 관한 문제이다. 우리는 또한 인식 자체가 무엇인지에 대해 설명할 필요는 없다. 그것은 당연히 인지과학자들에게나 맡겨질 수 있는 영역이기 때문이다.

의식 문제에 대해 다루어 볼 만한 또 다른 부분이 위의 논의에 내재한다. 통상적 또는 습관적 인식이 의식적인 자각을 거의 포함하고 있지 않다고 한다면, 와인에 대한 어떤 인식적 경험들을 의식적으로 만드는 것은 아마도 그 경험들이 그러한 감각적 특성들에 대한 비(非)일상적 또는 비(非)습관적 종류의 인식을 포함하고 있다는 것이 될 것이다. 하지만 그렇게 되면, 또한 와인에 대한 의식적인 인지경험의 본질을 설명하려고 하기보다는 와인을 비일상적 또는 비습관적 방식으로 인식한다는 것이 무엇인지를 설명하는 쪽으로 축소시킬 수 있게 된다. 따라서 그 용어가 포괄적인 의미를 지니고 있음을 전달하기 위해, 관례적 인식보다는 오히려 매우 정교한 인식을 포함하고 있는 그러한 모든 경우들에 대해 설명하고자 한다.

이제 정교한 인식(또는 인식적 지각)에 대해 과학적으로도 상당히 보편적인 설명이 되도록 하려면, 궁극적으로 그것을 소유하는 사람이 잠재적으로 지니고 있는 진화론적 유리함에 대해서도 설명이 되어야 할 것이다. 의식적인 자각에 대해 정교하거나 비일상적 측면을 강조함으로써 이 문제는 보다 더 다루기 쉬워진다. 내가 제안하고자 하는 바는 정교한 인식이 전형적으로 '문제해결' 인식이라는 점이다. 정형화된 비(非)의식적인 인식은 어떤 문제들도 해결하지 않는다. 그것은 단지 관례대로 정보를 수집하고 틀에 박힌 방식으로 인식을 사용한다. 게다가, 직면한 문제에 대한 해결책을 찾기 위해 인식을 사용하는 것이 가능한 사람들은 짐작하건대 그러한 의식 있는 문제 해결 능력이 부족한 다른 사람들보다 진화적으로 보다 더 유리함을 지니고 있을 것이다.

예를 들어, 배고픈 침팬지가 나무의 높은 곳에 달려 있는 바나나와 근처에 놓여 있는 막대기를 볼 수 있는 상태에서, 그 막대기를 사용해서 바나나를 떨어뜨리도록 하는 일련의 인식들에 의해 자극된다면, 그 침팬지는 잠재적으로 진화해 가며 유익한 형태의 인식적 문제 해결에 몰두할 것이다. 그러한 경우에, 침팬지의 인식 과정의 기능은 바나나 또는 막대와 관련된 판에 박힌 정보 수집에 관한 것이 아닐 것이다. 그러나 그것은 또한 침팬지로 하여금 바나나를 얻는 방법을 알아내려는 노력에 자신의 모든 문제 해결 능력을 완전히 쏟아붓도록 행동을 유발하는 정보의 기능도 포함할 것이다. 여기에서 주장하고자 하는 것은 일반적으로 인지하는 사람이 그런 어떤 복잡한 '문제-해결' 활동에 몰두하도록 자극될 때 그때 비로소 인식이 의식적이게 된다는 것이다. 그래서 제시된 바와 같이, 잠정적으로 이러한 주장에 대한 진화론적인 뒷받침이 있을 수 있다. 나는 이것을 '의식의 '자가-유도(self-prompting)' 관점'이라고 부르고자 한다. 왜냐하면 그것에 따라 인식이 자각하는 자기 자신을 복잡한 문제 해결에 참여하도록 자극할 때 그것이 의식적이게 되기 때문이다. 물론, 질문에 있어서 가능한 수준의 정교함은 그 종(species)의 전반적인 능력 수준에 달려있다.

그러나 이러한 '자가-유도' 이론이, 와인 음주와 같이 명백하게 순전히 감각적인 종류의 인식들에 어떻게 적용될까? 검증되지는 않았지만 좋다고 추천되는 '카베르네 소비뇽'의 첫 맛에 대한 조심스럽게 기대되는 경험은 마치 문제 해결이나 종(species)의 생존에 관한 문제와는 크게 동떨어진 것처럼 보인다. 그러나 맛의 진화적인 의의를 고려해 보라. 다양한 종류의 버섯을 먹을 때 느끼게 되는 것처럼, 또 다른 음식물의 맛에서의 미묘한 차이를 통해 영양가 있는 음식을 먹는 것과 치명적인 독을 먹는 것 사이에서의 모든 차이를 구별할 수 있을 것이다. 또한 우리 모두가 알고 있듯이, 그 음식들이 완전히 신선한지 아닌지에 실제로 어떤 의식적인 관심을 기울이지 않은 채로 요리된 육류 또는 계란과 같은 음식물을 무심코 삼키게 될 가능성이 있고, 그러다 보니 어떤 경우에는 그 음식의 독성 때문에 고통을 받게 될 수도 있다. 인류의 초기 역사 동안, 와인에서처럼 자연적으로 발효되는 액체에 혼합되는 다양한 천연 물질에 대한 모든 종류의 실험이 틀림없이 존재했을 것이며, '맛'은 잠재적인 '위험' vs. '이로움'의 중요한 지표였을 것이다. 짐작하건대, 맛에 대해 분석적으로 그리고 완전히 의식적으로 주목하는 데에 있어서, 다양한 것들 가운데서 의심이 되는 특정 음식물을 소비할 때의 잠정적 '이익' vs. '비용'의 대략적인 계산을 포함해, '이전의 좋은 맛' vs. '미심쩍은 맛'의 기억들에 대한 매우 면밀한 인식적 탐색과, 신중하게 먹거나 마시고자 하는 전반적인 원리들에 대해서도 고려되어야 할 것이다. 그러한 활동들은 보다 판에 박히고 비(非)의식적인 종류의 인식에 관한 에피소드 전반에 걸쳐, 인식하는 사람들이 보통은 어려워하는 정교한 문제를 해결하는 능력의 기능들로 작용할 것이다. 따라서 탁월한 '리슬링(riesling)'의 유쾌하게 톡 쏘는 맛이나, 또는 선택한 '쉬라(syrah)' 레드와인의 오래 머무는 맛의 깊이를 의식적으로 경험하는 오늘날의 우리의 능력은 우연히 알게 되어 진화해 온 인식적 문제 해결 능력에 그것의 뿌리를 두고 있다. 비록 가장 두드러진 진화적인 위험 및 이익의 요인들이 더 이상 현대 사회에서 유효하지 않을지라도 말이다.

그럼에도 불구하고, '자가-유도' 관점이 정확하다고 할 때, 어떤 종류의 인식적 또는 감각적인 의식의 경험은 항상 인지적으로 자극되는 정교한 문제 해결의 한 형태였고 현재에도 여전히 그러하다. 따라서 어떻게 이러한 접근 방식이 매일의 즐거운 와인 경험을 설명 가능하게 해 줄지에 대해 말하려면 더 많은 어떤 것이 필요하다.

와인 향유의 진화적 요인

의식에 관한 문제는 그것이 많은 차원을 지니고 있다는 점 때문에 사실상 논하기가 어려운 것일 수도 있다. 지금까지 우리는 어떤 인식적 또는 감각적 특성들에 대해 의식적이 된다는 것이 무엇인지를 설명하는 데에 얼마간의 진전을 이루었다. 그러나 현재로서는, 어떤 특별한 와인을 대단히 열정을 둘 만한 것으로 만들 수 있을 만한 설명도 없고, 좋은 와인의 특성들에 관한 보다 흔한 즐거움의 사례를 설명한 것도 없다. 이와 딱 들어맞는 일례로서, 와인 맛에 대한 의식적인 경험이 이런저런 다양한 발효 음료를 마실 때의 건강상의 위험을 피하는 데 있어서 얼마나 중요한 요인이 될 수 있는지에 관한 초기의 진화론적 논쟁에서조차도, 어째서 건강을 돕는 와인이 잠재적으로 위험한 와인들보다 더 좋은 맛이 날 수 있는지에 대해 아무것도 설명해 주지 않는다. 일반적 관점에서, 비록 어떤 종류의 의식적 경험에 대한 진화적인 기원을 설명하는 데에 잠재적으로 성공했다고 하더라도, 어떤 특별한 와인들의 시음과 관련된 매우 특정한 감각적 쾌락에 대해서는 여전히 설명될 필요가 있다. 이러한 점에서, 몇 가지 훨씬 더 광범위한 진화론적 사항들이 고려되어야 한다. 기쁨, 성적 이끌림, 그리고 쾌락에 대한 인간의 감정들은 적을 정복하고 부족 내에서 음식 분배에 성공을 거두면서, 의식과 밀접하게 관련된 모든 활동에 대한 그 밖의 다른 모든 종류의 문제 해결 활동들처럼, 처음에는 생존 강화 행위에 대한 강화제로서 그들의 진화적 아성을 유지해 갔다. 그러나 타당한 인지적, 감정적 메커니즘이 일단 자리 잡히고 나면, 그러한 것들은 오락 또는 예술 활동이나 연극과 같은, 한마디로 말해 기분 전환(recreation)을 위한 활동으로 다시 사용할 수 있게 되었다. 그러한 기분 전환의 활동은 해결되어야 할 그 어떤 당면한 실제적 문제가 없을 때조차 정신 건강과 인지 능력을 유지하고 강화하는 데 있어서 또한 더 많은 간접적인 존재 가치를 지닌다. 따라서 어떻게 몇몇 와인이 강렬한 즐거움이나 또는 심지어 열정을 유발하는지에 관해 또렷이 느껴졌던 신비로움이 처음만큼 이해하기 어렵지는 않게 된다. 그것은, 약간의 기분 전환이 되는 상황하에서 그런 징후는 타당한 진화적 메커니즘의 불가피한 부산물이기 때문에 굳이 설명이 되어야 할 만큼 그렇게 강렬한 감정은 아니라는 것이다. 폭넓게 다양한 상황에서의 강렬한 감정에 대해, 그리고 그것과 관련 있는 동기에 대해 전혀 파악하지 못하는 사람들은 존재하지 않을 것이다. 그래서 그 문제는 다음과 같이 질문될 수 있다. "왜 와인은 일반적으로(혹은 왜 저 와인보다 오히려 이 와인이) 그렇게 강한 감정적 반응을 유발하는가?"라고.

이 문제는 또한 보다 더 심층적으로 분류될 수도 있다. 위와 같은 방식대로 설명하자면, 의식은 문제 해결의 인지적 메커니즘이며, 생존을 보장하기 위해 해결될 필요가 있는 광대한 영역의 문제들을 고려할 때 광범위한 호기심이나 탐구심과 같은 성격적 특성은 귀중한 것이 된다(예를 들어, 알렉산더 플레밍(Alexander Fleming)이 만약 그의 세포 배양 플레이트 중 하나에서의 이상한 활성에 대해 호기심이 없었다면 결코 페니실린을 발견하지 않았을 것이다). 알코올성 와인과 같은 초기 음료의 발견은 인간 사회에서 불가피한 것이었다. 왜냐하면 그러한 음료는 자연적으로 과일과 열매의 채집 및 저장을 비롯하여 그와 관련한 발효 과정을 일으키기만 한다면 얼마든지 존재할 수 있는 것이었기 때문이다. 음식과 음료의 소비가 어떤 경우에는 생존을 위해 생물학적으로 필수적이기 때문에, 전형적인 환경에서 흔쾌히 이용 가능한 어떤 음식과 음료는 보다 더 나아가 그것들을 먹고자 하는 마음을 유발하도록 잠정적으로 매력적인 맛을 지녀야만 한다. 와인은 정말로 매력적인 맛을 지닌 영양이 많은 과일과 열매로부터 만들어지기 때문에, 일반적으로 와인이 그것의 가장 많은 소비자들에 의해 긍정적으로 간주되는 맛을 지닌다는 것은 그다지 놀라운 일도 아니다.

또한, 와인과 관련된 맛은 위에서 언급된 광범위한 호기심과 연구의 대상이었음에 틀림없다. 따라서 나중에는, 포도와 '테루아르(terroir)', 그리고 재배 방법을 주의 깊게 선택함으로써 보다 좋은 맛이 나는 와인에 대해 탐구하기 위해, 어떤 문제 해결에 대한 탐색을 하는 데 있어서 보다 인간 중심적인 방식이라 할 수 있는 분석적 문제 해결 기술을 사용하게 된다. 결과적으로, 어떤 와인이 다른 와인들보다 훨씬 더 맛이 좋다고 하는

와인 심포지엄

것에 어째서 일반적으로 동의하게 되는지에 대한 질문은 우연한 것이거나 신비로운 것이 아니다. 그러한 결과들은, 수백 년 이상 동안, 수천 명의 매우 의욕적인 개개의 사람들이 집중적으로 연구한 것들에 기인하기 때문이다. 그리고 그 개개의 연구들은 모두 그들의 생산품의 뛰어난 매력에 관해 소비자층, 특히 위에서 논의한 대로, 일반적으로 와인에 대해 호의적으로 이끌리도록 이미 생물학적으로 영향을 받은 대중을 설득하는 것에 의존하고 있다.

와인 경험에서의 상상력과 상징의 위상

와인 음주가들이 어떻게 와인의 효과에 대해 주목할 만한 경험을 하게 되는지에 관해서 그 전반적 상황을 파악하는 것은 아직 어려운 일이다. 그러나 또 다른 요인이 논의 속에 폭넓게 도입되어야 한다. 그럼으로써, 보다 만족스러운 설명을 위해 다양한 요인들을 전체적으로 통합하도록 해줄 것이다. 우선, 의식적인 경험에 대한 복잡한 '문제-해결' 접근 방식이 기본적으로 진화적 적합성에 기여한다는 측면에서 옹호된다는 점을 상기해 보라. 그렇게 하면 부차적 결과로서, 와인 음주와 같은 여가 또는 오락적 활동의 경험적 측면이 타당한 진화적 영향력에 의해 주로 형성되었던, 보다 이전에 존재하는 인지 능력의 재사용이라는 점이 설명 가능해진다. 그러나 여전히, 기분 전환의 활동들이 그러한 인지 능력을 정확히 어떻게 와인에 적당한 방식으로 재사용할 것인지를 설명할 일이 남아 있다.

일부 유용한 유추에 의한 설명들이 예술 작품에서 발견될 수 있는데, 그러한 설명들은 그 자체의 정당함 내에서 기분 전환 활동의 전체 범주를 구성하는 것이다. 개략적으로, 예술적 의미란 일종의 서로 대립되는 요소

사이의 균형 안에서 인간의 인지적, 정서적 능력을 재사용하는 상상의 또는 구상주의적인 의미를 내포한다. 그림, 소설, 음악, 연극 작품, 춤 등은 일상적이고 관례적이거나 무미건조한 경험들보다 훨씬 넓은 범위의 다소 의미 있는 경험을 제공할 수 있다. 그러나 이렇게 예술의 표현적 영향력이 증가되어 생기는 대가는 성취된 의미의 유형이 원형 그대로이거나 또는 실제적이기보다는, 오히려 오직 상상력이 풍부하거나 또는 구상적이라는 것이다. 좋은 영화를 볼 동안 경험되는 감격스러운 승리감 또는 달콤하면서도 씁쓸한 사랑은 실제적인 어떤 경험이 아닐 수 있으며, 베토벤 후기의 작품인 현악 4중주를 들으면서 느껴지는 격렬한 감정들은 감수성 있는 청취자에 의해 감정을 즉각적으로 경험하게 하는 독립적인 현실성을 지니고 있지 않다고 볼 수 있다.

그럼에도 불구하고, 베토벤 현악 4중주에서 느끼게 되는 어떤 악절의 풍성한 경험적 의미를, 그러한 의미들이 수용자(청자)에게 전달되게 함으로써 들리는 소리에 대한 순전히 감각적인 요소와 혼동한다는 것은 명백히 중대한 실수이다. 광범위한 어떤 의미에서, 청자는 소리에 대한 구상적 또는 상상적 의미를 부여하고 있어야 한다. 비록 음향이 그것들에 대한 청자의 독립적인 경험을 뜻하거나 상징하는 어떤 것을 구체화하기 위해, 있는 그대로 또는 쉽게 묘사할 수 있는 방법이 없을지라도 말이다. 이와 유사한 특성이 훌륭한 와인을 선뜻 받아들이는 와인 음주가의 경험에도 적용된다고 나는 주장한다. 그러한 경우에 '맛'과 '향' 자체의 순전히 감각적인 요소를 지닌 와인의 맛과 향의 풍부한 경험적 의미를 혼동하는 것도 또한 중대한 실수일 것이다. 음악에서처럼 와인에 있어서도 그것은 단순한 특성의 감각이 아니라 오히려 그것들이 표현하는, 호소력 있고 타당하며 폭넓은 비문학적 특성을 지닌 감각으로서의 경험적 의미를 구성하는 그 어떤 것이다.

입체파 화가, 바실리 칸딘스키(wassily Kandinsky)나 파블로 피카소(Pablo Picasso)의 작품과 같이 추상적 그림의 일부 경우가 이와 유사함을 또한 보여 준다. 입체파 그림의 시각적 내용에 대해 순전히 액면 그대로 설명할 때, 선(line)에 대한 꼼꼼한 묘사, 직사각형에 가까운 모양들, 그림 속의 각 영역과 맞는 색채 등이 포함되곤 했다. 그러나 피카소의 그림에 대해 온전히 있는 그대로 설명하는 것이 그 그림에 대한 완전한 예술적 의미를 철저하게 설명하는 거라고 주장하는 어떤 미술 비평가의 공언은 일소에 부쳐지곤 했다. 추상적 그림이 친숙한 사물이나 사람들을 표현하는 게 아니라고는 하지만, 추상화는 그 그림의 표면상의 영역에 대해 어떤 액면 그대로의 감각적 특성의 범주로 정의될 수 없는, 여전히 광범위하게 상상력이 가득한 의미를 지니고 있다. 그러나 경험적 의미를 지닌 감각적 특성을 철저하게 있는 그대로 묘사를 하는 데 있어서의 이러한 종류의 총체적 혼동은 와인에 대한 논의에서 확실히 지배적인 현상이다.

이것은 와인이 미술의 한 형태라거나 개개의 와인이 미술 작품이라고 말하고 있는 것이 아니다(그와 관련해서 논의되고 있는 다음의 몇몇 부분들을 살펴보라). 다만 그것들이 야기하는 정교한 유형의 인지 과정 때문에 궁극적으로 생존과 관련되는 분석적 측면에서, 혹은 그러한 똑같은 인지적 메커니즘의 정교한 유형의 재사용에 따라 달라질 수 있는, 광범위하게 상징적인 기분 전환이라는 측면에서 의식적인 경험들이 의미가 있다고 말하고자 하는 것이다.

상상적 와인 경험에 대한 추가적 담론

와인에 대한 의미 있는 경험들의 상상적 또는 상징적 위상을 이제 보다 심층적으로 설명하고자 한다. 기본적 관점은, 추상화의 '표면'이나 악기의 '소리'가 그것들에 대한 예술적 경험에서 상상적 또는 상징적 역할을 하듯이, 와인의 맛과 향과 색도 또한 와인을 적절히 수용하는 경험에서 상상적 역할을 할 수 있다는 것이다. 예를 들면, 그것은 마치 가장 좋아하는 와인이 풍성하게 반향을 일으켜 주기에 더욱 좋은 어떤 곳, 즉 와인의 맛을 각각 계승함으로써 강화되는 바람직한 특성을 지닌 그런 어떤 곳으로 당신을 데려다줄 수는 있다는 것이다. 그러나 그 경험은 순전히 상상적인 것이기 때문에 와인이 당신을 실제로 어딘가로 데려다준다는 것은 물론 아니다. 또는, 어쩌면 보다 흔하게, 균형이 잘 잡히거나 다른 묘사할 만한 특징을 지닌 좋은 와인에 대한 감각적 경험은, 순전히 분석적으로 인식될 때보다는 오히려 상상적으로 경험될 때 그 와인에 대해서만 적용되는 평가가 가능해진다. 마찬가지로, 어떤 현악 4중주 작품이 조화롭고 훌륭한 연주를 제공한다고 판단할 때, 그것이 악보에 대한 단순한 감각적 특성이 아니라 그 작품에 대한 상상적 경험을 제공하는 것임을 알아야 한다.

와인에 대한 그러한 상상적 경험의 가능성은 전통적으로 완전하게 인식되지는 않았다. 주로 그러한 경험들은 단순한 개인적 경험과의 연관성에 대한 주장, 그것에 대한 해석, 또는 와인 자체에 대한 뚜렷한 감각적 경험과 그것의 반응들로서 설명되어 왔다. 그래서 최초의 순전히 감각적인 부분 중에 진정으로 인식적인 게 어느 쪽이냐에 따라서, 오직 엄격하게 와인 인식에 대한 이분법적 분석이 가능해진다. 그러나 이러한 전통적 관점은 와인의 실제적 경험에 대한 사실을 심각하게 왜곡한다. 우리는 처음에는 분석적으로 그 감각적 특성들을 인식한다. 그리고는 곧 어떤 주관적인 방식으로 그것들에 반응한다. 대신에 와인의 맛과 향을 즐기는 단일한 통합적 상상의 경험이 존재한다.

단언컨대, 바로 그림의 표면이나 현악 4중주가 만들어 내는 소리를 분석적으로 인식하는 것이 가능하다는 것을 부인하는 사람이 없는 것처럼, 그 누구도 순전히 분석적인 방식으로 와인을 맛보는 것이 가능하다는 것을 부인하는 사람은 없다. 그럼에도 불구하고, 순전히 감각적인 구성 요소를, 게다가 인식에 의해 야기되는 즐거움이나 일치의 감정과 같은 뚜렷한 비(非)인식적 구성 요소를 포함하기 때문에, 전통적인 이분법적 분석에 의해 추정되는 인식적 경험을 근원으로 하는 관점은 인지 과학과 인식철학에서 그 이후로 오랫동안 도외시되어 왔다.

현재의 와인 인식에 관한 상상적 설명은 실제로 의식적 경험에 대한 '자가-유도' 이론과도 잘 부합한다. 그 이론은 의식적으로 경험되는 인식의 측면들만이 정교한 과정(processing)을 요하는 것이라고 보고 있다. 이제 위에서 알 수 있었듯이, 인지하는 사람은 분석적으로 사물을 인식할지 또는 상상적인 태도로 사물을 인식할지를 결정할 수 있다. 분석적이거나 혹은 생존과 관련된 방식에서의 정교한 과정은 와인을 섭취하는 데 있어서 철저하게 기억을 탐구하게 해 주고 위험과 이로움에 대해 평가하게 해 줄 것이다. 그에 반해, 상상적 또는 상징적 방식에 있어서 순전히 감각적인 데이터는 단지 피상적으로 또는 판에 박힌 듯 인식된다. 따라서 그것은 그다지 의식적으로 경험되지는 않는다. 그 대신 정교한 과정의 모든 것은 와인에 대한 의식적인 상상의 경험을 창조하게 한다.

그러므로 요약하자면, '자가-유도' 이론은 인식적 경험들을 한편으로는 생존과 관련된 분석적 유형으로의 그리고 다른 한편으로는 기분 전환과 관련된 상상적 유형으로의 근본적인 구분이 있어야 한다고 전망한다. 인식의 표준적 이론들은 상상적인 유형을 완전히 도외시하는데, 그 이유는 아마도, 다윈이 『종의 기원』을 쓴 지 150년 가까이 지난 현시점에서조차도 그 이론들이 인간의 인식적인 의식을 구성하는 데에 진화적 요인의 근본적 중요성을 고려할 만한 그 어떤 것도 주지 못하기 때문일 것이다. 와인의 경우에 있어서 이것은 지대한 과오를 범하는 것이다. 왜냐하면 와인에 대한 인식적 경험이 상상적이고 거의 순전히 기분 전환적 유형의 인식적인 경험에 대해 그럴듯한 전형적 예시를 제공하기 때문이다.

와인 경험에서 도외시되는 알코올 성분의 역할

와인의 경험을 이해하는 데 있어서 또 다른 요인은 용인이 덜 되는 것이긴 하지만 다음과 같은 점이다. 인간의 기분 전환 활동에서 주목받거나 영향력을 지니기 위한 경쟁을 하게 될 때 와인이 매우 이롭게 작용한다는 것을 간과하기가 쉽다. 와인은 알코올 음료이다. 그리고 알코올은 잠재적 마약과도 같으며 그것의 많은 효과들도 이미 잘 알려져 있다. 훌륭한 와인이라면, 적어도 상대적으로 맛이 없는 알코올 내용물의 부수적인 어떤 효과들에 대해서보다는 오히려 그 와인의 맛 자체만으로도 오로지 가치가 있어야 한다고 생각될지 모른다. 그러나 이렇게 믿고 싶은 사람들이라면 다음의 실험을 수행하도록 해 보자. 먼저 최대한 다양하게 이용할 수 있는, 그러면서도 단지 약간의 어떤 특성만 있는 비(非)알코올의 와인을 구해 보라. 이러한 소수의 와인들을 준비할 때, 공정한 최종 단계를 마친 후에만 알코올이 제거되도록 한, 좋은 품질의 것들로 세심하게 고르도록 한다. 그 결과로 나타나는 맛들이 정말로 실제의 와인에서 나오는 맛과 닮아 있도록 만들기 위해서이다. 어떤 것들은 알코올 와인과의 맛의 비교 경쟁에서 항상 명백히 이겨 왔다. 그러나 비록 인식할 만한 맛과 향을 가지고 있을지라도 이러한 상품들이 그럼에도 불구하고 도착 당시에 이미 불량 제품이라는 것을 보통의 사람들은 아마 알아차릴 수 있을 거라고 생각한다. 그러한 와인은 천연의 와인에 있는 것과 같은 정도의 기포나 신선도를 갖추고 있지 않다. 그래서 그것을 마실 때와 실제의 와인을 마실 때의 느낌은 감각적 특성들에 있어서의 약간의 유사성에도 불구하고 사실상 완전히 다르다. 일부 저자는 와인이 알코올 때문에 보다 많은 농도나 질감을 가지고 있는 것으로 묘사하지만, 그것 말고도 무언가가 더 있다. 이러한 실험은, 비교에 의한 와인 시음 세션을 기반으로 와인의 특성에 대한 표준적인 유형의 허위와 공허함을 보여 주기 때문에 그 특성이 특히 두드러진다. 와인 시음 세션들은 어떤 와인에 대한 인식된 감각적 특성들이라는 점에서 와인 경험을 배타적으로 설명하려고 한다.

그러나 어째서 와인에서의 알코올의 존재가 그러한 차이를 만들어야 한단 말인가? 이 점에 있어서는 와인 자체의 감각적 특징에서가 아니라 오히려 와인을 마시고 있을 동안 그 사람 자체에게서 차이가 만들어진다는 것이 나의 견해이다. 알코올은 냉정한 또는 무미건조한 감각적 경험을 음주자의 인지 체계가 보다 어렴풋하고 보다 영향받기 쉬운 성격의 체계로 바뀌게 하는 덜 억제된 경험, 말하자면 다소 환각을 유발하는 경험으로 바꾼다. 그런 상황하에서 사람의 비평적 능력은 무장 해제 상태가 되고, 그래서 보다 폭넓은 범위의 감정적이고 인지적인 탐구가 가능해진다. 완전히 냉정한 자아를 유지한다는 것이 보통은 불가능했을 것이다(물론, 그러한 종류의 경험은 지나치게 단순화되기도 하지만 그것은 무시되지 말아야 할 어떤 요인을 알게도 해 준다). 와인의 알코올성 성분은 임마누엘 칸트(Immanuel Kant)

가 '상상력의 자유로운 역할(*a free play of the imagination*)'이라는 전문적 용어로 표현했듯이, 서로 유사한 평행적 세계로 들어가는 일종의 허가증 또는 입장 티켓을 제공한다. 이런 방식으로 그 어떤 감각적 특성이 아무리 복잡하거나 정교할지라도, 스스로를 자극하는 데에 있어서 성공할 수 없었던 인지 과정의 풍부함과 깊이가 성취될 수 있다.

와인 음주와 즉흥극

이 끝맺음의 부분에서는, 미술에서의 인식적인 경험과 그에 상응하는 상상적인 와인 경험 사이의 정확한 관계를 한층 더 명확히 밝히고자 한다. 근본적인 차이는 와인의 순전히 감각적인 특성들이 비록 나름대로 정교할지라도, 그럼에도 불구하고 주로 1분도 채 안 걸리는 시간 이내에 그 특성 전체를 경험할 수 있다는 것이다. 와인을 훨씬 더 오랜 시간 동안 즐길 수 있다는 것을 그 누가 부인하겠는가. 그러나 분명히 연극이나 음악 작품은 상당히 더 큰 범위의 복잡한 요인들, 즉 한 시간 또는 그 이상 걸릴 수 있는 총체적 경험을 포함하고 있다. 또한 어떤 그림의 표면으로부터 끄집어낼 수 있는 시각적 데이터의 정교함(혹은 복잡성)은 와인과 관련된 맛이나 향의 정교함보다 더욱 크다. 가장 훌륭한 와인 비평가가 예를 들어 하나의 와인에서 열일곱 가지의 두드러진 감각적 구성 요소와 그것들의 위대함을 확인하게 되는 것조차도 매우 기쁘게 여길 것이다. 그러나 그림에서는 아주 작은 구석에서조차도 그보다 훨씬 많은 감각적 데이터를 발견할 수 있다.

나는 이러한 차이들이 합당하고 의미가 있다는 것을 인정하지만, 그럼에도 불구하고 와인 경험과 예술적 경험을 구분하고 비교를 한다는 것 자체가 잘못된 것이라고 생각한다. 와인이 미술 작품과 똑같을 수는 없다. 다만 와인은 '감각적 주제'이며 그 주제로 음주가가 미술의 즉흥적 그리기와 같은 어떤 것을 수행한다는 것이다. 주장하건대, 한 잔 이상의 와인을 마신다는 것에는 와인의 감각적 특성에 관한 흔한 주제가 다양한 임의의 변화에 영향을 받는 일련의 즉흥적 상상의 행위가 포함된다. 똑같은 감각적 데이터에 대한 각각 다른 종류의 정교한 상상적인 과정을 포함하면서 말이다. 이러한 관점에서 보면, 어떤 와인을 마신다는 것이 이전에 완성된 어떤 미술 작품을 경험하는 것과 같다고 할 수는 없다. 그러나 그 대신에 그것은 당신이 경험한 것에 대해 '당신 자신'이 예술가 또는 창조자가 되는 하나의 탐구적이며 자발적인 활동이라 할 수 있다. 그러므로 이러한 관점에서라면 그것은 재즈 아티스트가 정통의 재즈 곡조에서 독창적으로 즉흥 연주를 할 때 창의력을 풍부하게 발휘하는 그의 활동과도 같다. 또는 보다 구체적으로 말해서, 미리 존재하는 대본을 따르기보다는 오히려 어느 순간에 말하고자 하는 것을 스스로 결정하는 즉흥극 공연에서 배우가 즉흥적이고 창의성 있는 어떤 시도를 하는 것과 같다.

그렇다고 해서, 친숙한 와인을 마시는 경우에 그것과의 상상적 상호작용이 비슷한 어떤 것에 관해 높은 정도의 확신을 가질 수 있다는 점을 부인하려는 것은 아니다. 스스로에게도 가장 많이 만족스러울 뿐만 아니라 그것의 특성에 있어서도 가장 적합하게 보이는 와인을 정하기에 앞서, 다양한 상상적 태도로 친숙하지 않은 와인을 시험 삼아 마셔 보는 초기의 적응 기간을 가져 보라고 제안하고 싶다. 그에 따라 그 다음의 상황에서는 그 와인과 똑같은 친밀한 유형의 상호작용에 몰입할 수 있을 것으로 기대한다. 그러나 친근한 와인으로 기대되는 것에 대한 이러한 명확한 지식들은 즉흥적으로 발생하는 것들과 완전히 일치한다.

와인 음주에 대해 이렇게 '상상적 즉흥극'으로 접근하는 방식의 이점은, 이전 섹션의 글에서 논의된 것처럼 그것이 와인의 경험에서 알코올 성분의 주요한 역할에 대해 설명할 수 있게 해 준다는 점이다. 대부분의 사람들은 너무 많이 억제되어 있어서, 자유롭고 창의적으로 무엇인가를 표현해야 하는 개인적 공연 또는 즉흥 연주를 즉석에서 행하라고 요구 받을 때 자신이 그러한 예술적 활동에 부합하도록 유사하게라도 진행할 수 있게 되기는커녕 그것에 아예 몰두조차 할 수 없을 거라고 스스로 생각한다. 그래서 비알코올성 와인이 '죽은' 또는 '활성이 없는' 것으로서 경험되기도 하는 이유는, 그런 음료들에는 음주가인 당신에게 당신이 마시고 있는 특별한 와인에 초점을 맞추어 다양하고 활기 넘치며 개인적으로 만족스러운 일련의 즉흥적 경험을 위해 필요한 어떤 것도 존재하지 않거니와, 그와 같은 개인의 상상적인 노력들에 활력을 줄 만한 어떤 것도 우리에게 주고 있지 않기 때문이다. 즉흥적 접근은 또한 와인 특성에 관한 문제를 설명하는 데에도 도움이 된다. 일반적으로 와인 전문가한테는 불만스러운 일일 수도 있겠지만, 다수의 사람들이 애호가들에 의해 사랑받는 복잡한 맛의 특제 와인보다 대량 생산된 과실주 와인을 더 많이 즐기는 게 사실인 것 같다. 이제 만약 와인이 개인적 취향의 독립적인 특성을 지닌 예술작품들과 같다면, 그러한 상황은 그야말로 우려할 만한 요인이 될 수 있다. 그것은 대부분의 사람들이 유감스럽게도 와인에 대하여 안 좋은 감각을 가지고 있음을 보여 줄 것이다. 그러나 일단 와인이 단지 일련의 매우 개인적인 즉흥적 경험들에 대한 원료라는 것을 깨닫게 되면 그 문제는 사라진다. 나에게 자발적인 즉흥성을 자극하는 데에 가장 효과가 있는 것이라 해서, 당신의 자발적인 즉흥성을 자극하는 데에도 가장 효과가 있는 것은 아닐 것이며, 그 반대의 경우도 마찬가지일 것이다. 어떤 사람이 와인 특성에 대해 다른 사람보다 더 훌륭한 감상을 가지고 있는 것을 보여줄 때보다, 오히려 자신의 개인적 철학에 비추어 유해하지 않으며 일방적인 판단이 아닌 정도의 관점에서 와인의 차이를 더 잘 받아들이게 될 수 있다. 물론 와인과 관련된 지식과 열정에서의 차이는 계속 지속될 것이다. 그러나 비평가들에게서 호의를 얻지 못하는 어떤 와인에 대해서 비밀스런 감탄을 품는 사람들이라고 해도 그들의 기호에 관하여 더는 스스로 가책을 느낄 필요는 없다.

와인 음주가 실제로 다양한 '즉흥극'일 수 있다거나, 또는 그것이 단지 예술 세계에서의 그것과 가장 가까운 유추에 불과할 수 있다거나 하는 문제에 관해서라면, 나는 후자 쪽의 결론을 지지한다. 예술 세계에서의 많은 활동들은 예술과 관련된 것으로 간주되기 위한 명백한 예술적 의도가 요구된다. 예를 들어, 비록 손의 모든 움직임이, 그리고 다양한 형상의 점토가 진정한 조각가에 의해 행해질 때엔 사려 깊은 예술적 활동의 일부가 될 수도 있겠지만, 자신의 솜씨를 향상시키기 위해 한 덩어리의 점토를 다양한 방법으로 본을 뜨고 있다고 해서 그 사람이 조각상을 만드는 일에 종사한다고 간주되지는 않는다는 것이다.

대부분의 사람들이 '즉흥극'에 임하려는 의도로 음주를 하지는 않기 때문에 그것은 그들이 음주에 대단히 열중해 있다는 것을 부인하기에 좋은 구실이 될 수 있다. 그럼에도 불구하고, 와인 음주와 즉흥극에 관련된 인식적이고 심리학적인 과정들이 긴밀하게 연관되어 있으며, 순전히 고의적인 측면들과는 개연성이 없다는 것이 여전히 내가 생각하고 있는 견해이다. 따라서 와인 애호가들이 스스로 즉흥극의 형태에 몰입되는 것으로 생각하게 되도록 와인 음주에 대한 현재의 이론이 유행하고 인기 있게 된다면 그들의 신념이 정확하다는 것을 입증하라며 더 많은 어떤 것을 강요

받는 일은 없게 될 것이다.

결론적으로 말하면, 와인 음주가 즉흥적 행위라고 보는 접근 방식에 찬성하는 보다 많은 증거가 여기에 있다는 것이다. 대부분의 예술 애호가에게 있어서 영화나 음악 작품과 같은 예술 작품에 대해 이상적으로 경험할 수 있으려면 그 예술 작품에 방해받는 일 없이 완전히 집중될 수 있어야 한다(몰입되고 있는 영화의 어떤 중요한 지점에서 주의가 산만해지는 것보다 더 짜증나는 일은 없다). 그래서 만약 와인이 어떤 예술 작품과 같다고 할 때, 와인을 경험하는 데에서도 완전하게 집중하는 것이 하나의 기준이 될 것으로 기대할 것이다. 그러나 분명히 와인에서는 그렇지가 않다. 와인 애호가 그룹은 일반적으로 그들이 가장 좋아하는 와인을 다른 사람과 마시고 대화를 나누는 동안 오히려 그것을 기쁘게 여기며 즐기게 된다. 예술 애호가 그룹은 전형적으로 그러한 방해와 산만함에 분개하겠지만 말이다.

보다 구체적으로 예를 들자면, 음악은 소리의 예술이며 그것은 대화나 잔디 깎는 소리와 같은 산만하게 하는 소리들과는 확연하게 구분되고 있다. 또는 그림이나 영화에 대한 당신의 견해를 누군가가 차단함으로써 그 시각적 예술의 즐거움을 파괴하기도 할 것이다. 그러나 대부분의 와인 애호가들은 그들이 가장 좋아하는 와인과 마찬가지로 넓은 범위의 음식과 다양한 음료들을 섭취하는 데에 있어서도 문제가 없다. 왜 그런 걸까? 그 차이는 와인 경험에 대한 즉흥적 특성에 의해 설명될 수 있다. 이러한 경험들은 음주가에 의해 자유롭게 만들어지기 때문에, 그리고 다양한 유형의 예술 작품에 대한 경험에서와 같이 이상적인 또는 완전히 집중된 와인 경험의 독립적인 기준들이 없기 때문에 와인 음주가들은 그들이 와인을 경험하는 상황들에 관해 훨씬 더 융통성 있고 여유로울 수 있다.

분명히, 일정 기간 동안 와인 자체가 더 이상 전혀 의식적으로 경험되지 않도록 하려면 어느 정도의 오락적 요소들이 충분히 중요할 수 있다. 그러나 와인을 경험하는 데 있어서 음주가의 즉흥적 자유는 그 자신이 자발적으로 현재 선호하는 것들 말고는 제약을 받을 게 없기 때문에, 누군가가 간헐적 방식으로 와인 경험을 하겠다고 할지라도 그러한 행동에 관해 의문을 제기할 이유가 아무것도 없다. 와인에 대한 기호와 그리고 어떻게 그것들을 경험할지를 선택하는 것은 그야말로 순전히 개인의 상상력 문제인 것이다.

06

와인에 관한 담론이란?

켄트 바흐 Kent Bach

> 이 사람들이 스스로 감지했다고 생각하는 이러한 모든 맛과 향을 나열할 때
> 한 가지 문제가 있다. 그것은 와인병의 라벨에서 발견되는데, 당신이 보고 있는
> 것이 과일 샐러드 만드는 요리법인 것처럼 보인다는 것이다.
>
> High Johnson[1]

나는 와인에 대해 쓰는 것보다 와인을 마시는 것을 훨씬 더 좋아한다. 초보자에게 좋은 와인을 제공할 때 종종 느끼게 되는 경험이 나로 하여금 와인에 관해서 쓰도록 자극한다. 자신들은 와인을 즐길 수 없을 거라고 넌지시 내비치면서, "그 와인을 제게 낭비하지 말아요. 나는 와인에 대해 아무것도 알지 못해요."라고 그들은 말할 것이다. 이것은 와인에 대해 꼭 알아야만 하는가에 대한 명백한 의문을 제기한다. 그러한 경우에, 와인에 관해 안다는 것은 와인을 즐기고 감상하기 위해 어느 정도 필요한 일이다. 당신이 비록 와인 제조자, 와인 판매자, 소믈리에, 와인 작가, 또는 와인 비평가가 아닐지라도 와인에 관해 많이 알고 있다는 것에는 모든 종류의 실제적인 혜택이 있는 게 분명하다고 생각한다. 와인에 대한 지식과 경험은 부패하거나 산화된 와인 또는 그 밖의 흠이 있는 와인을 인식

---

1   http://www.bibendum-wine.co.uk/news.asp?id=60&Archived=1.

하게 할 뿐 아니라 어떤 와인을 마시고, 어떤 와인을 사고, 어떤 와인이 어떤 음식과 함께 제공되게 할지를 결정하도록 돕는다. 그러나 주장하건대, 이 지식들 중의 어느 것도 실제로 와인을 즐기는 데 필수적인 것은 아니다. 대부분의 이러한 지식은 와인에 대해 아주 많이 배울 게 있다는 사실과 와인에 관한 아주 많은 것이 흥미롭다는 점 때문에 그 자체의 즐거움을 제공한다. 그러나 이러한 즐거움은 주로 지(知)적인 것이지 감각적인 것이 아니다.

간단히 말해서 그것은 「지식, 와인, 그리고 시음」²이라고 불리는 학술 논문에서 "와인을 즐기는 데에 와인 지식이 무슨 도움이 되는가?"라는 질문에 대해 내가 답했던 부분이었다. 이제, "와인을 즐기는 데에 있어서 와인에 관해 말할 수 있다는 것이 무슨 도움이 되는가?"라는 질문과 밀접하게 관련된 다양한 질문을 하고자 한다. 여기서 와인에 관한 담론의 실질적인 가치를 말하려는 것은 아니다. 예를 들어, 어떤 종류의 와인을 원하는지를 적절히 묘사할 수 있으려면, 레스토랑 소믈리에가 당신이 의도하는 방식으로 당신의 설명을 받아들일 거라고 추정하면서 그로 하여금 청구서에 꼭 맞는 가격대의 와인을 제안하도록 하는 게 가능해야 한다. 거꾸로 말하면, 와인 비평가의 시음 메모를 판독할 수 있다는 것이 어떤 와인을 사고 마실지에 대한 범위를 좁혀 줄 수 있다는 것이다. 와인에 관해 이야기하는 것은 한 가지 명백한 이점을 지닌다. 즉, 그것은 사람들이 와인에 관해 이야기하는 것을 즐길 수 있게 해 준다는 것이다! 와인 애호가들은 그렇게 하는 것을 매우 좋아한다. 그러나 그것은 내가 말하고 있는

---

2 그 논문은 2005년 12월 10일 런던에서 열린, 와인과 철학에 관한 사상 최초의 회의에서 다루어진 담화에 기반이 된 것이다. Barry C. Smith(ed.), *Questions of Taste: The Philosophy of Wine*(Oxford: Signal Books, 2007).

종류의 즐거움이 아니다.

오히려, 여기서는 와인을 마시는 것에서의 즐거움을 말하고 있는 것이다. 왜 이러한 질문을 하는가 하고 여길 것이다. 우리는 과일 주스나 청량음료에 관해 그러한 질문을 하려는 것이 아니다. 어떤 이들은 커피나 또는 한 잔의 몰트 위스키에 대해, 혹은 치즈나 초콜릿에 관해 그러한 질문을 던질 수도 있다. 스타일이나 수준을 유지해야 하는 전문적인 감정가들은 감별이 정확하게 될 수 있도록 편차를 인식하고 확인할 수 있어야 한다. 그러나 가장 강박적인 감정가들만이 이러한 것에 대한 자신들만의 적절한 어휘를 찾고자 한다. 그것이 와인에서인들 어찌 다르겠는가? 여기에 그럴듯한 대답이 있다. 적어도 높은 품질의 와인과 관련해서는 말이다. 와인이 실제로 훌륭하게 숙련된 많은 감정가들에게 정말로 좋은 맛이 나는 것만은 아니다. 그리고 그렇기 때문에 와인에 관해 배우고 이야기할 가치가 있는 것 같다. 와인은 또한 바로 그 화학 물질의 정도에 따라서도 매우 복잡하고 다양하다. 와인은 보통의 감정가들이 바로 반응하는 수백 가지의 화합물을 함유하는데, 어떤 화합물을 함유하고 있는가와 그것의 농도가 정확히 어떤가는 서로 상당히 다르다. 그리고 실제로 그런 일이 생길 가능성들은 무수히 많다. 2003년산(産), '라피트 로칠드(Lafite-Rothschild)'가 1959년산(産)의 현대 버전이라고 격찬하는 일부 사람들은 심지어 같은 생산자와 같은 장소에서 나온 와인조차도 서로 다르게 만들 수 있는 미묘한 방식들까지 고려하면서 매우 구체적인 주장을 하고 있다.

와인에 대해 보거나 느끼는 것을 포함해서 냄새 맡거나 맛보는 등의 다양한 요소들을 묘사하는 방법을 알게 된다는 것이, 와인에서 경험하게 되는 것에 어떤 영향을 주는지는 아직 명확하게 알 수 없다. 와인 전문가와 많은 와인 애호가들이 참여할 때 구체적인 특성들에 체계적으로 초점을 맞추면서 행해지는 분석적 시음의 과정이 용이해질 것이다. 그러나 원하는 대로 쓸 수 있는 다채로운 어휘를 갖는 것이 와인 경험에서 그러한 특성들을 구분하는 데에 정말로 필요한가? 훌륭한 와인 제조자는 와인을 만족스럽게 혼합하기 위해 자신의 감각적 예리함을 필요로 하지만 그렇다고 그것을 위해 어휘들이 필요한지의 여부는 분명하지 않다. 어째서 그의 시음 경험은 효험이 없는 것일까? 그리고 왜 시음 경험은 우리가 그러한 결과들을 감상하는 것을 가능하게 할 수 없는 것인가?

경험이 무엇에 도달하게 해 주는가?

와인에 대해 이야기할 수 있으려면 특별한 전문 어휘를 배우는 것에 있어서 뿐만 아니라 와인을 마시는 것에 있어서의 경험이 요구된다. 그러나 어째서 다양한 와인을 그저 즐기고 감상하는 것만으로는 충분한 경험이 되지 못하는 것일까? 경험상의 혜택이 없이는 완전하게 와인을 즐길 수 없는 게 분명하다. 처음에는, 당신이 좋아하지 않는 와인을 통해서 좋아하는 와인에 대해 말하는 것을 좀 더 잘 할 수 있을지도 모른다. 당신이 가장 좋아하는 와인의 맛은 쉽게 이해되는 경향이 있다. 그렇더라도 아직 당신이 미세함까지 구분할 수는 없을 것이다. 와인에 대한 당신의 기호는 청량음료나 팬케이크, 또는 바나나에 대한 대부분의 사람들의 기호보다 더 정교하지는 않을지도 모른다. 당신은 와인이 다양한 포도 품종으로 만들어졌고 각각 다른 맛이 나며 모두 다른 지역에서 만들어졌다는 것 정도는 들어 보았을 것이다. 그러나 당신은 아직 이러한 차이들이 무엇인지, 게다가 그 차이가 얼마나 많이 중요한지도 모를 것이고, 빈티지와 비니피까시옹(vinification, 역주: 와인 제조를 말함), 그리고 숙성의 차이를 결코 신경 쓰지도 않을 것이다. 와인에서 무엇을 찾아야 할지, 그 와인이 동급의 와인들에 비해 어떻게 다르게 맛이 나는지, 또는 그 와인의 포도가 어떤 품종인지, 어느 곳이 산지(産地)인지, 하물며 그 와인이 전달하고자 하는 장소에 대해 감각적으로 사람들에게 무엇을 의미하고자 하는지도 당신은 알지 못한다. 당신은 와인이 나타낼 수 있는 맛의 다양성과 미묘함에 대한 개념을 알지 못하거나 또는 복합성, 구조, 밸런스, 그리고 우아함이라는 측면에 있어서 와인들이 각각 어떻게 다른지에 대해서도 모를 수 있다.

특별한 포도로 특수하게 만들어진 특정 지역의 근사한 와인을 맛보는 경험과 더불어, 당신은 와인이 지닐 수 있는 잠재성에 대한 감각을 개발할 수 있고 유사함과 차이점을 인식할 수 있다. 중요한 산지와 생산자의 이름을 배움으로써 당신은 계속해서 다양한 경험을 하게 되고 따라서 그것에 대해 특정한 순위를 매기는 것도 가능해질 것이다.

당신은 이러한 산지와 생산자의 이름에 대해 모호한 의미를 부여하는 오류에 빠지기보다는, 그 와인들이 어떤지를 파악하기 위해 또는 어떤 와인을 좋아하는지를 기억하기 위한 유익한 수단으로서 오히려 이러한 이름들을 취급할 수 있다. 그러면 그 와인들이 어떤지 비교가 되기 때문에 당신은 차후에 그 와인을 회상할 준비가 더 잘될 수 있다. 당신은 한 병의 특별한 와인이 기준에 미달인지 아닌지를 말할 수 있게 될 것이다. 똑같은 와인이면서도 빈티지가 다를 때에도 효과적으로 비교할 수 있게 될 것이고, 지역과 빈티지가 같지만 서로 다른 와인들일 때도 비교를 할 수 있게 될 것이다. 당신은 품종과 지역적 측면의 특성에 따라 각각 다르게 독특한 와인들을 인지할 수 있을 것이다. 이러한 학습 과정 동안에도 당신의 기호들이 변화될 것이다. 일반적으로 이러한 변화들은 점진적으로 일어날 것이다. 그러나 종종 어떤 특별한 와인은 당신을 압도하거나 그 와인을 더욱 경건하게 여기도록 당신에게 직관력을 줄 것이다. 이러한 와인들을 많이 맛보라, 그러면 당신이 심지어 이전에 매우 좋아했던 많은 와인들에는 흥미를 잃게 될 정도로 또 다른 와인에 대한 흥분감이 증대할 것이다.

일단 다양한 와인을 음미하는 경험을 얻고 습관을 기르며 특정 와인에 대한 감각들을 표출할 수 있게 해 주는 기술을 개발하면, 그 와인을 완전하고 충분하게 즐길 수 있도록 보다 세심하게 감지하게 될 것이다. 물론 그것의 방법을 알 필요는 있되, 실제적 지식을 모두 알아야 하는 것은 아니다. 그 와인을 식별하고 감상하기 위해 그것의 향과 맛을 라벨로 나타낼 필요도 없다. 그러한 능력은 와인을 논하고 그것에 관해 묻거나 쓰고 그것을 팔기 위해서 요구되는 것이다. 따라서 그것은 와인을 기억하는 데에 좋을 수는 있지만 와인을 즐기고 감상하는 데에 필수적인 것은 아니다.

와인을 평가하는 것은 어떤가? 그것을 위해서는 아마도 다채로운 와인 어휘를 지니는 것이 요구될 것이다. 그러나 그것을 어떻게 조심스럽고 세심하게 감각들에 노출시킬지를 아는 것 말고도 알아야만 하는 어떤 것이 또 있지는 않을까?(지금 나는 당신이 음미하고 있는 와인을 평가하는 것에 관심이 있을 뿐, 그것을 같은 유형의 다른 와인들과 비교하기 위한 기준들을 적용하는 데에 관심이 있는 게 아니다.) 당신은 와인 잔을 흔들어 살피면서 와인의 농도와 깊이 그리고 빛깔의 정도를 본다. 그리고는 어떤 불쾌함을 주는 퀴퀴한 냄새를 감지하게 되지 않기를 바라면서, 그리고 그것의 좋은 향기를 알아채기를 바라면서 향기의 강도와 깨끗함을 확인하려고 코를 킁킁거린다. 그런 다음 당도와 산도, 쓴 맛과 톡 쏘는 맛의 정도를 파악하기 위해 그 와인을 음미한다. 사실, 톡 쏘는 맛은 입이 마르고 오므려지는 느낌을 만들기 때문에 부분적으로 촉각적인 감각에 해당한다. 또한 촉각적 느낌은 높은 알코올 도수, 또는 와인에서 느껴지는 약간의 '열감'을 말한다. 다른 방식으로도 촉각적 느낌에 대해 말하자면, 와인의 중량 또는 농도를 예로 들 수 있는데 그것은 '크림' 상태의 묽기 정도쯤으로 생각될 수 있다. 마지막으로 '끝맛'인데, 음미를 한 후의 오래 끄는 맛을 뜻할 것이다. 그것은 짧고 옅거나 길고 풍부할 수도 있다.

와인을 음미한다는 것은 복잡한 과정이다. 시간에 따라 구체화되면서 다방면의 경험을 하게 해 주는 일련의 작용들을 포함하고 있기 때문이다. 따라서 와인을 잘 음미하게 되려면 시간과 연습이 필요한 것이다. 와인 음미조차도 초보자에게는 생각처럼 쉬운 일이 아닐진대, 하물며 와인 담론 즉 와인에 관해 말하는 것은 훨씬 더 어려운 일이다. 그것이 와인 경험에는 어떤 이로움이 있다는 것일까?

와인 담론이 무엇 때문에 좋을 수도 있다는 것인가?

현재 마시고 있는 와인과, 이전에 마셔 봤던 다른 와인들을 비교하는 데서 갖게 되는 즐거움이 있다. 하지만 분명히 그것은 그 순간의 와인을 그저 단순히 감상만 할 수 있는 것 그 이상을 요한다. 나중에 알게 될 테지만, 와인 기술어(descriptor)를 사용하는 데 있어서의 일관성과 신뢰도에 대해서 사람들을 시험하는 것은 어려운 일이다. 이제, 당신이 와인에 관해 함께 이야기를 나누는 사람들이나 어딘가에서 읽고 들어서 익히 알고 있는 전문가들이 모두 일관성 있고 신뢰할 만한 와인 이야기꾼이라는 게 확실히 입증되었다고 해 보자. 대부분의 경우 와인에 대해 아낌없이 이야기를 하는 사람들이라 해도 그러한 테스트에 직접 임하게 되지는 않기 때문에 주로 추측에 많이 의존한다. 그럼에도 그들이 말하는 와인은 다른 많

　와인 심포지엄

은 와인들처럼 특별히 훌륭하지 않아도 좋은 인상을 줄 수 있다. 이렇듯 우리는 와인에 관한 이야기가 원래의 것보다 훨씬 더 일관되고 믿을 만하다고 쉽게 속을 가능성이 있다는 점을 배제하지 말아야 한다. 우리가 잘못 알고 있다고 그 누가 말할 수 있겠는가? 와인 이야기꾼들은 일반적으로 너무 공손해서 각각에 대한 다른 사람들의 주장을 비평하지 못한다. 그런데 우리가 와인 용어에 대해 이해한다기보다는 오히려 감각적 반응 또는 개인적 선호도 차이에 따라 와인을 인식하는 경향이 있다는 점에 대해서는 의견이 분분하다. 그러나 우리가 일관성 있고 신뢰할 만한 와인 이야기꾼들이라고 가정해 보자. 그렇더라도, 와인에 관해 지속적으로 그리고 믿을 만하게 말할 수 있다는 것이 와인을 즐기고 감상하는 능력에 무슨 보탬이 있다는 것인가 하는 문제는 여전히 남는다.

1   상대적 즐거움

와인 애호가들은, 비슷하면서도 서로 다른 와인을 비교하는 것을 즐긴다. 예를 들면, 그들은 같은 품종, 같은 장소, 같은 빈티지의 다른 와인들을 비교하는 것과, 같은 와인이지만 빈티지가 다른 와인을 비교하는 것을 좋아한다. 특별한 경우에는, 그야말로 같은 병에서 나온 와인 또는 심지어 몇 분 동안 오픈되어 있는 한 잔 가득한 와인이 어떻게 다른지를 구분하는 것도 좋아한다. 그들은 오랜 세월 동안 와인이 얼마나 숙성했는지 보기 위해 주기적으로 와인을 다시 보러 가는 것을 좋아한다. 와인 애호가들은 또한 다양한 와인들이 특정한 음식과 어떻게 어울리는지를 비교하는 것과 특정한 와인이 다양한 음식들과 어떻게 어울리는지를 비교하는 것도 좋아한다.

이러한 것들에 대해 이야기하기 위해, 그리고 경험들을 나누고 비교하기 위해서는 와인 언어가 분명 요구되기도 하지만, 그러한 경험을 단지 지니고자 할 뿐인 경우에도 와인 언어가 진정으로 필요한 것일까? 우리가 일몰, 얼굴 표정, 발 마사지, 또는 롤러코스터 타는 기분에 대해 세부적으로 묘사할 수 있는 정교한 어휘들을 지녔다고 가정해 보자. 그렇다고 해서 그 어휘들이 우리로 하여금 이러한 것들을 충분히 경험하는 능력을 강화해 줄까? 아마도 그렇지는 않을 것이다. 그러나 이러한 경험을 묘사할 수 있다는 것은 확실히 그것을 비교하는 능력을 강화할 것이고, 또한 그 경험에 대해 토론하기 위해서도 분명히 필요할 것이다. 비교하는 즐거움과 그것을 표현하는 능력은 와인의 경우에 있어서는 훨씬 더 많이 세련되고 매우 가치 있는 것 같다. 어쨌든 내가 아는 한, 일몰의 장관이나 또는 발 마사지의 느낌에 대해서 세세하게 분류 한다는 것에 비할 만한 문화는 없다. 이론상으로, 가정해 볼 만한 몇 가지 분류 체계에 기초해서 그것들이 분류될 수는 있겠지만 시인이 아니고서야 그 누가 애써 그렇게 하겠는가. 일몰과 발 마사지를 묘사하는 능력이 부족하다는 것이 그것들에 대한 경험의 가치를 떨어뜨리는 것 같지는 않다. 그래서 그러한 묘사력을 지닌다는 것이 그 특성을 강화할 것이라거나, 또는 비교를 위해 필요할 것이라는 사실이 대화를 할 때 빼고는 회의적으로 보인다. 그렇다고 본다면 와인의 경우라고 어찌 다르겠는가?

와인은 짧은 시간이라도 시간이 지나면 변한다. 그래서 와인글라스에 차례로 따를 때마다 생기는 변화들을 알아채는 데에도 즐거움이 있다. 이것은 와인이 변화하는 과정의 매 순간에 그 와인의 독특한 특징을 알아채게 되면서 느껴지는 즐거움이다. 그러한 즐거움에는 와인이 변해 가는 특정한 방식들을 구별하는 것도 포함된다. 예를 들어, 와인의 풍성함과 신선함은 와인을 개봉한 후에만 확연히 나타난다. 분명히, 어휘들이 이러한 변화를 전달할 필요는 있다. 하지만 굳이 어휘들을 사용해서 짧은 시간 동안의 그러한 변화를 식별하거나 기억하게 할 필요가 있는 것일까? 왜 이러한 능력은, 맛과 향을 표현하는 풍부한 어휘에 의해 지원되어야만 하는 게 아닌, 이른바 맛과 향에 대한 기억처럼 순전히 감각적인 기억에 토대를 둘 수가 없는 것일까?

다양한 시기에 음미하는 와인들을 비교하는 데 필요한 그러한 종류의 장기적 기억을 하려면 아마도 더 많은 어휘들이 필요할 것이다. 같은 와인의 이전 빈티지, 같은 포도원의 와인이나 같은 빈티지의 다른 와인, 그리고 흥미롭게도 비슷한 것 같으면서도 서로 다른 와인들에서와 같이, 어떤 와인을 관련성 있는 유사한 와인들과 비교할 수 있다는 것에는 단지 미학적일 뿐만 아니라 심지어 감각적인 즐거움이 있다. 이름과 빈티지에 의해 특정한 와인을 기억할 수 없다면 단지 흐릿한 기억만을 가지게 될 것이다. 와인을 맛보는 데 있어서 갖게 되는 즐거움의 일부는 그것을 이전에 맛보았던 것, 특히 비슷한 것들과 비교하는 것이다. 그렇게 되기 위해서는 나머지 다른 와인들이 어떤 맛이었는지를 기억해야 하고, 이어서 그러한 와인들을 제조자, 지역(또는 심지어 명칭이나 포도원), 품종(또는 이름), 그리고 빈티지를 확인하는 것도 요구된다.

2   익히 아는 것과 참신한 것

기억은 또한 안다는 것의 기쁨을 위해서도 요구된다. 당신이 좋아하는 와인을 처음으로 오랜만에 맛보는 것은 오랜 친구를 보는 것과도 같다. 그러나 익히 안다는 것은 경멸 또는 적어도 권태를 야기할 수 있다. 훌륭한 와인조차도 너무 자주 마셔 보라, 그러면 결국엔 그것에 흥미를 잃게 될 것이다. 만약 와인을 수집할 때 상당히 좋은 와인에 대해서만 끊임없이 고집한다면, 당신은 그것이 어떤 맛이 나는지를 기억할 수 없는 편이 더 나을 것이다. 그래야 그 와인에 대해 싫증이 나지 않아서 맨 처음으로 그 와인을 맛보았을 때와 같은 경험을 또다시 할 수 있을 것이다.

다행히도, 현재 많이 소비되고 있는 좋은 와인의 품종이 의외의 지역들에서 나온 것들까지 포함하면 끝도 없이 많다. 이미 알고 있던 와인을 인식하는 데서의 즐거움을 만끽할 수는 있겠지만 익숙함은 어느 정도까지만 지속된다. 왜냐하면 우리는 새로움을 또한 가치 있게 여기기 때문이다. 새로움과 독특함을 감상한다는 것은 현재 맛보게 되는 와인이 새롭고 흥미롭다고 판단될 수 있다는 것이며, 특히 그것은 비슷하지만 실제로는 다른 와인들과 비교하는 데서 나타나기 때문에 와인에 대한 기억을 필요로 한다. 그러나 다시 말하지만, 와인에서의 새로움과 독특함을 즐기고 감상하기 위해 특별한 어휘들이 필요하지는 않다. 오히려 어휘를 필요로 한다는 것은 전에 만났던 다양한 범위의 와인을 배경으로 하여 경험되는 것과 같은 그러한 친근함이 부족하기 때문이라고 할 수 있다.

3   표준 적용

와인의 병뚜껑을 열어 글라스에 약간 따르고는 그 와인을 입술에 적실 때 일어나는 모든 것이 그 와인의 감각적 특성들이라고 가늠해 본다. 중요한 점은 '와인이 어떤 맛이 나는가'이지, '어떻게 맛이 나야 하는가'가 아니었던 것이다. 그러나 와인 관계자들은 그것에 관해, 특히 '특정한 와인이 어떻게 맛이 나야 하는가'에 대한 생각을 더 많이 가지고 있다. 예를 들어, 샴페인 제조자들은 자신들만의 독특한 어떤 특성이라 할 수 있는, 이른바 '하우스' 스타일을 해마다 유지하고자 한다. 특히 그들의 '논-빈티지'(non-vintage, 역주: 특정 지역, 특정 연도의 포도로만 만든 것이 아닌) 와인에서 더욱 그러하다. 빈티지의 와인을 제조하는 많은 사람들이 한 해의 수확을 하고 나서 그다음 수확을 하게 되기까지 다양하게 영향을 주는 날씨에 적응하면서, 예를 들어 '샤토 엘르 에페트(Château l'Effete)' 하면, 곧 알아볼 수 있을 정도로 항상 '샤토 엘르 에페트'다울 수 있도록 특정한 양식을 유지하려고 노력한다. 그 다음은 '티픽이티'(typicity, 역주: 포도 품종이나 산지에 따라 생기는 와인의 고유한 특성을 말함)라는 용어가 있는데, 이 용어는 특정 지역에 대해 심지어 특정한 '아빨라시옹'(appellation, 역주: 원래는 명칭이라는 뜻이나 와인 용어로는 특정 포도가 자란 지역을 말함)에 대해 구체적으로 나타내 준다. 그러한 견해는 어떤 와인이든 그 지역 특성을 반영하는 와인 맛을 지녀야 한다는 것을 말한다.

그것은 '티픽이티'가 부족하다고 라벨이 잘못 알려 주고 있는 어떤 와인이 그럼에도 불구하고 훌륭한 맛이 날 수 있다는 얘기인 것이다. 그와 똑같은 관점이 품종과 관련된 '티픽이티'에도 적용된다. 이례적인 맛을 지닌 '피노 누와(pinot noir)'는 '시라(syrah)' 레드와인과 더 비슷한 맛이 날 수 있고, 심하게 오크 통 냄새가 나는 '소비뇽 블랑(sauvignon blanc)'은 '샤르도네(chardonnay)'와 더 비슷할지도 모른다. 많은 와인 애호가들은 이렇게 속게 되는 것에 즐거워하기보다는 오히려 실망할 것이다. 그리고는 그 와인을 제대로 맛도 보지 않은 채 그것을 부족한 와인으로 평가할 것이다.

와인 언어와 와인 경험에 관한 질문들

라벨에 그 와인에 대한 정보가 상당히 많이 들어 있기 때문에 라벨을 갖는 것은 와인을 비교하는 기쁨을 위해 필요하다고 시인해 왔지만, 그러나 이제는 특별한 와인을 즐기고 감상하기 위해 와인 언어의 가치에 관한 주요 질문으로 돌아가 보자. 우리가 보아 왔듯이, 경험과 학습 그리고 기억이 와인을 즐기고 감상하고 평가하는 능력을 강화하고, 와인이 어떻게 맛이 날 수 있는지에 대한 개념을 확장해 주는 것이 분명하다. 그러나 와인의 특성을 묘사하기 위해 특정한 어휘를 지니거나 제시하는 것이 이러한 모든 것에 어떤 이로움을 줄까? 와인에서 느끼는 특성을 묘사하는 어휘를 발견할 수 있다는 것은 개발할 만한 좋은 기술인 것 같다. 짐작하건대 그것은 와인에 관해 다른 사람들이 무엇을 말하는지를 이해하게 해 줄 뿐 아니라 주어진 와인에 대해 좋고 싫은 것이 무엇인지를 세밀하게 묘사하고, 더 좋아하는 와인들에 대해 전반적으로 설명하는 것을 가능하게 해 준다. 그렇게 말할 수 있는 건, 아마도 고무적인 답이 없을 수도 있는, 그리고 적절하든 아니든 간에 다음과 같은 일련의 질문들에 대해 생각해 볼 수 있기 때문일 것이다.

- 어떤 와인의 특성에 대한 정확하고 인식적인 설명이 주어지면 그것이 그 와인들을 향유하는 데에 도움을 주는가?
- 적절한 묘사들이, 달리 알아차리지 못했을 와인의 특성을 감지하는 것조차도 가능하게 할 수 있는 것인가?
- 누군가가 어떤 와인을 선정해서 그것의 품질을 적절히 묘사하고 나면 그 와인이 다른 맛이 나는가? 또는 그 묘사가 단지 그 와인에 대해 지니고 있는 경험을 포착하고 있기 때문에 정말로 그런 것처럼 들리는 것일까?
- 와인은 그것이 어떻게 맛이 나는지 묘사할 수 있다는 이유만으로 더 좋게 맛이 날 수도 있다는 것인가?
- 와인의 향과 맛을 묘사하는 것이 와인에 대한 우리의 경험의 가치를 떨어뜨릴 수 있을까?

- 우리는 어떤 와인의 다양한 맛의 성분들을 구별하고 라벨을 붙여 분류하는 것에 대한 관심이 너무 많아서 와인을 음미하는 데에 지나치게 분석적이 될 수 있지 않을까?
- 원하는 대로 쓸 수 있는 와인 묘사 어구를 갖는 것이 와인에 대한 우리의 기억을 강화하는가?

단지 그러한 질문들을 떠올려 보기만 해도, 가정해 볼 권한이 없을지도 모르는 어떤 것을 우리는 당연한 것으로 생각한다는 것을 알 수 있다. 그 특성들을 묘사할 수 있다는 것의 중요성에 관해 물음으로써, 아주 일관성 있고 믿을 만하게 행하는 것을 배울 수 있을 것으로 추측이 된다. 관념적으로 이것은 다양한 경우에서 상당히 많이 같은 방식으로 같은 와인을 묘사할 것이라는 것을, 그리고 같은 방식과 같은 어휘로 훈련된 다양한 사람들이 특별한 와인의 특성에 관해 서로 동의하는 경향이 있다는 것을 의미한다. 이 모든 것을 분석하는 것이 가능하긴 하지만 아마도 쉽게 되지는 않을 것이다.

와인 감상에 관한 담화

이러한 질문들을 실험적으로 다루는 것은 쉽지 않을 것이다(와인의 비용은 결코 상관하지 말라). 예를 들어 미각과 후각 같은 화학적 감각들은 다른 감각들과는 현저하게 다르다. 그 감각들은 당연히 쾌락적이고 훨씬 더 느리게 반응하며 그리고 나서 훨씬 천천히 가라앉는다. 이것은 병행해서 비교하는 것을 더욱 어렵게 만든다. 반복적인 자극으로 민감성을 잃게 하는, 맛과 냄새에 대한 '적응성'이라는 성향 때문에 샘플들 사이에 상대적으로 긴 시간의 간격이 부여되어야 한다(이러한 사실로부터 다양한 식사 코스에서의 '미각 클렌저' 가치가 유래한다). 예를 들어 와인을 감상할 때 '와인의 온도'와 같은 상황은 컨트롤이 되어야 한다. 와인이 어떻게 경험되고 평가되는가는 와인을 감정하는 상황에서의 변수들, 예를 들면, 이미 맛본 와인, 와인의 온도, 주위의 온도, 와인글라스, 와인병 등의 변화에 따라 달라진다. 그리고 물론 와인 자체도 시간이 지나면 변한다. 그래서 하나의 병에서 나온 같은 와인의 맛도 그 다음엔 변화가 있을 수 있다. 결정적으로, 사람들은 와인을 맛보는 경험에서도, 그리고 와인의 종류와 와인 도수에 따라서 느끼게 되는 다양한 향과 맛에 대한 민감성에서도 정말로 차이가 있다. 예를 들어 어떤 사람들은 레드와인, 커피, 그리고 홍차를 거의 고통스러울 정도로 쓰다고 여기기도 하니 말이다.

이러한 모든 장애물이 극복될 수 있을 거라고 가정해 보라. 그렇다면 우리가 테스트할 게 뭐가 있겠는가? 테스트를 하는 한 가지 명백한 이유는 풍부한 와인의 어휘를 가지는 것이 와인을 맛보고 인지하는 능력을 강화한다는 데에 있는 것이다. 와인 담화를 통해 훈련되어 온 사람들과, 훈련되지는 않았지만 와인 시음의 경험이 비슷한 두 그룹의 사람들을 비교해야 할 것이다. 만약 풍부한 와인 관련 어휘를 지니는 것이 와인 감정 능력을 강화하는 게 맞는 거라면, 와인 관련 어휘가 부족한 사람으로서는 구별할 수 없는 와인을 감정가는 구별할 수 있어야 한다. 그래서 이것을 테스트하는 방법은, 어휘력이 부족한 감정가는 구별할 수 없지만 언어 구사력이 있는 감정가는 구별할 수 있는 그런 와인을 찾아내는 것일 것이다. 또 다른 방법으로, 사람들에게 어떤 와인을 제시하고 그런 다음 몇 분 후, 그들에게 비슷한 네다섯 가지의 와인과 함께 원래의 와인을 제시해 보는 것이다. 아마도 와인의 어휘가 없는 사람들은 그들이 미리 맛보았던 와인을 인지할 수 없는 경우가 많을 것이다. 반면에 미리 맛보았던 와인에 대한 어휘를 가진 사람들은 원래의 와인을 인지할 수 있을 것이다. 이러한 방법을 적용함으로써 풍부한 와인 어휘를 가지는 것이 실제로 와인 향과 맛을 구별하고 인식하는 사람들의 능력을 강화하는지 아닌지에 대한 증거를 얻을 수 있을 것이다.

와인을 맛보고 와인에 관해 이야기하는 능력에 대한 주의 깊은 과학적 실험으로부터 우리가 이상적으로 무엇을 배우기를 바랄 수 있을까? 가장 낙관적인 결과는 사람들이 실제로 일관성 있게 그리고 믿을 만하게 와인 이야기를 활용하고, 같은 와인에 같은 용어를 적용하고 주어진 와인에서 감지하는 향과 맛을 서로 전달할 수 있도록 훈련이 가능하다는 것일 것이다. 적절히 훈련되고 경험된 사람들은 와인을 묘사하고자 하는 기술어에, 그리고 기술어들을 와인에 명백히 일치시킬 수 있을 것이다. 그들에게 어떤 와인을 주어 보라, 그러면 그것을 묘사하는 많은 말들로 그 와인을 설명할 수 있을 것이다. 또한 그들에게 와인에 대한 기술 어휘들을 제시해 보라, 그러면 그 기술 어휘를 통해 많은 와인에 대해 말할 수 있을 것이다. 그렇다면 왜 우리는 그렇게 낙관적일 수밖에 없는 것일까?

어떤 특별한 와인을 묘사하고 있는 다음의 비평을 보며 구체적으로 살펴보자.

> 딸기와 산딸기, 그리고 신선한 장미의 기미가 느껴지는 으깨진 열매의 놀라운 순수함. 감칠맛이 날 정도로 놀라운 농도를 지니고 있어서 계속해서 구미가 당김. 농익은 타닌의 맛. 빼어난 균형감과 풍성함.[3]

---

3   *Wine Spectator*, July 31, 2004.

이 와인 비평가는 그 와인에 대해 매우 고귀하게 생각하고 있는 게 분명한 것 같다. 그러나 비록 그의 묘사가 당신에게 그 와인이 어떠하다고 말해 주고는 있더라도 그 와인이 다른 와인들과 충분히 구별이 될 만큼 말해 주고 있는가? 혹은 그 와인에 관한 아주 훌륭한 것에 대해서 훨씬 덜 나타내 주고 있는 것은 아닐까? 나는 그렇게 생각하지는 않는다. 이제 이 묘사에 관한 똑같은 질문들을 스스로에게 물어보라.

> 앰버색 느낌이 살짝 감도는 중간 톤의 레드 컬러. 레드커런트의 에틸 향과 더불어, 말린 장미, 바이올렛, 담뱃잎, 마지팬과 흰 송로버섯의 향. 강철만큼이나 강력한 과실의 구조. 뛰어난 투과성과 격렬함을 지닌 와인의 농도. 경이적으로 입안에 남아 있는 매력적인 꽃의 여운.[4]

이 묘사는 이전의 것보다 더욱 세밀하게 이루어지지만, 그것도 역시 다른 와인들과 충분히 구별될 만큼 말해 주지 않을뿐더러, 하물며 이 와인에 대해 무엇이 그토록 훌륭한지도 나타내지 않고 있다. 궁금해할까 싶어서 말해 주자면, 이 두 가지의 시음 기록들은 똑같은 와인, 2000년산(産) '브루노 지아코사 바롤로 레 델 팔레토 리세르바(Bruno Giacosa Barolo Le Rocche del Falletto Riserva)'를 설명하는 것이다. 흥미롭게도 어떤 비평가에게 있어서 신선한 장미의 향이, 또 다른 비평가에게는 좋은 냄새가 나는 말린 장미의 향이다.

어떤 연구는, 각 와인의 향과 맛에 동의하는 정도를 결정하기 위해 같은 와인에 대한 와인 비평가들의 다양한 시음 기록으로 구성될 수도 있을

---

4 *Stephen Tanzer's International Wine Cellar*, Nov./Dec. 2004.

것이다. 나의 견해는, 위의 예시들이 설명하듯이 어떤 와인들은 인지할 수도 없을 만큼의 다양한 방식으로 묘사될 것이라는 거다. 심지어 같은 방식으로 묘사되는 와인을 다르게 맛보는 경우도 있을 것이다. 또 다른 종류의 연구에서는 묘사적인 어휘로 훈련된 사람들이 직접적으로 테스트 받을 수도 있을 것이다. 비평가들은 대체로 많은 유사한 와인들과 많은 묘사적 설명들을 건네받은 후, 각각의 와인과 그 와인을 묘사하는 설명들을 서로 연결하도록 요청받을 것이다. 의심할 바 없이, 동의할 만한 의견이 많이 있을 것이다. 그러나 동의하기 어려운 다른 의견도 물론 또한 있을 것이다. 특히, 만약 그 테스트가 몇몇 와인들이 어떤 묘사들에 맞지 않도록 의도되고 또 반대로 몇몇 묘사들이 어떤 와인에 적용되지 않도록 하는 의도로 설정되었다면 그럴 가능성이 있다. 사람들이 '위의 것 중 아무것도 없음'이라는 선택 항이 포함된 선다형 질문을 받는다면 그들은 그 선택 사항 중의 맞는 답이 하나뿐이라고 추정하도록 강요받지 않게 될 것이다. 그들은 주어진 와인에 대한 진실을 알려 주는 묘사만을, 그리고 주어진 묘사에 오롯이 꼭 맞는 와인만을 선택할 것이다.

낙관적 관점에서 살펴보기 위해, 와인을 묘사하는 것에 익숙해진 사람들이 주로 그들의 특정한 와인 묘사에 동의하는 것으로 판명되었다고 가정해 볼 수는 있다. 하지만 설령 그렇다고 하더라도, 우리는 그 묘사가 의미하는 것에 대해 여전히 질문할지도 모른다. "그 묘사가 정말로 주어진 와인의 특성을 설명하고 있는가?" 하고 말이다. 맛과 향이 주로 아스파라거스, 아스팔트, 블랙체리, 산뜻하게 깎인 잔디, 재스민, 감초, 그리고 장미 등의 맛과 향이라는 용어로 묘사된다는 것은 흥미로운 사실이다. 그렇다면, 와인 감정가들이 사용하는 용어가 정말로 그 와인을 묘사하는지, 아니면 그들이 두드러진 유사성 또는 심지어 단지 특징적인 맛과 향을 가진 친숙한 아이템과 와인 사이의 모호한 관계를 동일시하는지가 궁금할지도 모른다. 저명한 와인 작가 휴 존슨(Hugh Johnson)은 이에 대해, "와인은 블랙커런트가 아니다. 사람들이 장미 냄새를 맡으며, '오, 그래, 파인애플과 오이의 냄새야.'라고 말하지는 않는다. 장미는 장미로서의 냄새가 나고, 한 병의 와인은 그저 와인으로서의 향이 나는 것이다. 와인을 묘사하기 위해 이토록 너무 많은 용어를 차용하는 것은 정말로 도움이 되지 않는다."[5] 라고 회의적으로 말한다. 그러므로 시가(cigar) 담배 상자나 가죽 안장의 향이 난다고 기록된 시음 노트를 보여 줄 때, "묘사되는 그 와인이 정말로 시가 담배 상자 또는 가죽 안장 같은 냄새가 난다는 것인가?" 하고 묻는 것도 당연한 일일 것이다. (그런데 와인의 향과 맛이 어떻게 다르게 나는지를 어째서 신경 써야 한단 말인가?)

와인 감상과 묘사 어휘

와인의 맛이 어떤지를 묘사할 수 있다는 것이 와인에 대한 경험과 향유에 어떤 차이를 만들까? 사실, 그것은 모호한 질문이다. "맛이 어떤 것 같은가?"는 "그것이 어떻게 맛이 나는가?"이거나 "무엇과 비슷하게 맛이 나는가?"를 뜻할 수 있다. 이제 그 각각의 것들에 대해 논해 보도록 하자.

어떤 와인의 맛을 어떻게 묘사하는지를 안다는 것이 "그것이 어떻게 맛이 나는가?"라는 면에서 "무엇처럼 맛이 나는가?"라는 것과 상관이 있는가? "그것이 어떻게 맛이 나는가?"에 대한 설명이 그 와인을 다른 사람

---

5   http://www.bibendum-wine.co.uk/news.asp?id=60&Archived=1.

에게 전달하기 위해 분명 필요하기는 하지만 그것은 또 다른 문제이다. 명확함이 덜하긴 해도, 그것은 "그 와인이 어떻게 맛이 나는가?"를 기억 하는 것을 용이하게 할지도 모른다. 그러나 그러한 설명이 와인 시음을 더 잘할 수 있게 해 줄까? 맛이나 향에 있어서의 다양한 요소와 특성에 대 한 어휘를 가진다는 것이 와인을 경험하는 것을 더 쉽게 만들거나, 어쩌 면 심지어 그것의 일부를 경험하는 것을 가능하게 해 주지는 않을까? 왜 그런지는 모르겠지만 말이다. 반대로, 그것들을 경험하는 것은 와인의 특 성을 묘사하기 위해 필요한 것 같아 보인다. 와인의 감각적 특성들에 대 한 어휘를 지닌다는 것이 인지 능력을 강화해 줄지도 모른다. 그러나 그 런 어휘를 지닌다는 것조차 과장된 것일 수 있다. 아마도 다양한 특성에 대한 비언어적인 인식의 개념을 가지는 정도면 충분할 것이다. 이런저런 특성을 인지하는 능력을 지니기 위해 어째서 그 특성들에 대한 명칭을 알 필요가 있어야 하는가? 그런 능력은 친근한 장소나 얼굴을 인식하는 데 에는 필요치 않다.

지금 맛보고 있는 와인과 이전에 맛보았던 와인을 언어로 비교할 수 있다는 것이 와인을 음미하는 능력을 강화하는가? 일련의 와인들을 음미 하게 될 때, 그 와인들을 말로서 비교할 수 있다는 것이 각각의 와인에 대 한 경험을 강화하는가? 분명히 그것은 그것들에 대해 이야기하는 능력을 강화한다. 확실하진 않지만, 그것은 각각의 와인이 무엇처럼 맛이 나는지 에 관한 지식을 구성하는 능력을 강화해 주는 것 같다. 그러나 이러한 요 소들과 특성들에 관해 이야기하기 위해서는 모든 복합적 측면을 살피며 그 와인을 음미할 수 있도록 먼저 그 와인의 향과 맛에서의 다양한 요소 와 특성들에 주의를 기울일 수 있어야 하는 것 같다.

그러나 아마도 통찰력 있는 감정가와 명료한 묘사를 하는 누군가의 묘사 어휘들은, 간과했을지 모르는 다양한 요소들 사이의 관계성을 묘사하기 위해 그리고 어쩌면 다른 와인이나 또는 심지어 다른 물질의 맛과 향에 대한 비교를 이끌어 내고 그럼으로써 와인 자체에 대한 경험을 강화하기 위해 이전엔 주목하지 못했었을 특성에 대한 관심을 불러낼 수 있다.

'체리', '아니스'(지중해 미나리), '풀잎의 맛', 그리고 '휘발유'와 같은, 흔히 와인을 묘사하는 언어들이 정말로 다양한 와인의 맛에 관련한 요소들을 표현해 주는가? 또는 그것들이 단지 와인의 어떤 측면이 특정한 유사성을 품고 있는 물질이나 또는 심지어 그러한 측면과 관련이 있는 바로 그와 같은 어떤 것들을 확인하게 해 줄까? 그야말로 체리, 아니스, 풀잎의 맛, 휘발유의 맛이나 향이, 또는 바로 그것과 어느 정도 비슷한 어떤 것이 있는 것일까? 그런 용어로 와인에 대해 어떤 세밀한 묘사를 한다고 해도 그 와인이 어떤 향과 맛이 나는지에 대한 정확한 설명을 주지 않는다고 감히 나는 말한다. 그것은 어떤 와인을 대부분의 다른 와인과 구별하도록 도와줄 것이고, 그 와인을 좋아하게 될지에 대한 약간의 아이디어를 줄지도 모른다. 그러나 와인을 감상하는 데 있어서, 그러한 용어는 묘사하고 있는 그 와인이 바로 "이 와인이다!"라고 말할 수 있을 정도로 그 와인의 실제의 맛에 대한 명확한 통찰력을 주지 않는 경향이 있다. 그러한 묘사는 보통의 와인과는 구별이 될 만한 다양한 와인들에 각각 적용하는 것도 괜찮았을 것 같다. 막 마시려던 훌륭한 와인에 대해 묘사한 것을 읽어 보려 해보라. 원하는 모든 설명들을 읽어 보라. 그런 다음 그 와인을 음미하라. 이 설명들이 정말로 그 와인이 어떤지를 나타내 줄까? 혹은, 당신과 와인 작가들이 그 와인에 관해 좋아했던 거라고 전달해 줄까? 나는 그것에 의혹이 생긴다. 정말로 우리는 묘사적 설명들이 그 와인에 대한 경험에 있어서 그 가치를 손상시킬 수 있을 가능성을 배제하지 말아야 한다.

와인 심포지엄

언어적 속임수

당신의 기억이 당신을 속일 수도 있다는 것은 이제 진부한 이야기이다. 와인의 경우에서, 당신이 특정한 어떤 와인의 느낌에 대해 기억하고 있다고 생각할 수 있는데 그것은 잘못일 수 있다. 당신은 전에 마셔 본 적 있는 어떤 와인을 맛보고도 그것이 '다른' 와인인 것 같다고 여길 수 있다. 그것은 그 와인이 정말로 다르기 때문일 수 있다. 아마도 그 와인은 당신이 그것을 마지막으로 맛본 이후로 극적으로 바뀐 것일지도 모른다. 또는 어쩌면 이번에 마시는 와인이 지난번 것과는 다른 지역에서 왔을지도 모른다. 그럼에도 불구하고 당신이 그저 그 와인이 어떤 맛이었는지에 관해 잘못 알고 있는 바람에 이 와인이 어떤 맛이 나야 한다는 잘못된 기대를 가지고 있을지도 모르는 것이다.

언어는 비슷한 트릭을 지닐 수 있으며 기억에 대한 트릭을 방조할 수도 있다. 어떤 와인을 음미할 때, 말하자면 '시가 담배 상자'와 같은 특정한 묘사를 위한 기술어가 떠오를 수 있다는 사실을, 어떤 와인을 마실 때 그것이 와인의 향의 어떤 측면을 묘사하는 증거로서 취할 수도 있다(아마도 당신이 시가 상자를 입에 물지는 않을 것이다). 그렇다. 그것은 약간의 증거는 된다. 그러나 그것이 혼동을 줄 수도 있다. 어쩌면 그 기술 어휘에 대한 생각 때문에 감지하고 있는 향기가 시가 담배 상자의 향일 것이라는 잘못된 인상을 받을지도 모른다. 그러할 가능성이 많지는 않지만, 특히 와인에서 향을 맡거나 맛을 보는 것에 관해서 우리가 이른바 전문가들의 제안을 얼마나 쉽게 받아들이게 되는지를 고려해 보라. 전문가들이 더 많이 알고 있고, 더 민감한 입맛을 가지고 있으며, 상상력을 발휘해서가 아니라 직접 맛보고 향을 맡은 것을 단순화해서 알려 주고 있다고 여기기 때문에 우리는 그들의 말을 따르게 된다. 그리고 생산자의 신원, 포도의 품종, 원산지, 그리고 가장 주지의 사실로서, 그 와인의 가격이나 라벨과 같은 잘 알려진 다른 많은 자료들이 암시를 주기도 한다. 그 와인이 레드인지 화이트인지의 사실조차도 어떤 와인이 어떻게 맛을 내고 어떻게 향을 내는지에 대한 생각에 영향을 미칠 수 있다.

와인의 예는 아니지만, 암시성의 극단적 예로서 파르마 치즈가 토사물 같은 냄새가 난다고 관찰되었던 점을 생각해 보라. 다행히도, 이것을 깨닫는 사람들은 거의 없다. (내가 그것을 언급했다는 게 유감스럽지만) 그것은 그들이 냄새 맡고 있는 것이 무엇인지에 대해 조금도 생각하지 않거니와 그 냄새를 감지하는 입장에 거의 놓여 있지도 않기 때문이다. 당신도 잘 생각해 볼 만한 것으로서, 당신 생각에 그 냄새가 매력적인지 불쾌한지에 따라 그것이 파르마 치즈인지 토사물인지를 파악할 수 있을 것이다.

와인에 관해 말하는 데 있어서 순전히 묘사적인 어휘와 문구들을 보다 더 평가적 또는 심지어 상징적으로 사용되는 표현들과 구별할 수 있어야 할지도 모른다. 그래서 당신은 '장미', '재스민', '삼나무', '캐러멜', '체리'와 같은 표현을 사용하는 것과, '완성도가 있는', '집중된', '빈틈없이 꽉 찬', '이채로운' 같은 표현들을 사용하는 것 가운데에 큰 차이가 있다고 생각할지도 모른다. 첫 번째 용어들은 분명히 묘사적인 것 같은데, 그에 반해 두 번째 그룹의 용어들은 확실히 평가적인 것 같다. 그러나 와인이 그야말로 꽃이나 풀잎 같은 냄새가 나는 반면에 과일이나 야채 같은 맛은 훨씬 덜 난다는 것일까? 글쎄, 적어도 그것은 재스민의 기미를 뿜어내거나 체리에 함유된 무엇인가를 포함하고 있어서일지도 모른다. 어떤 경우에 그 와인은 딸기, 재스민, 혹은 그 비슷한 무엇이든 간에 불확실한 성분으로 존재하는, 그리고 그것의 특징적인 맛이나 향을 설명해 주는 화합물 (또는 화합물의 조합)을 함유하고 있을 수도 있다. 그리고 또 다른 경우엔, 그

와인 심포지엄

화합물이 다를 수 있지만 똑같은 후각적 감각들로부터의 반응을 촉발할 수도 있다. 우리가 단지 약간의 휘발성 화합물에도 거기에 각각 반응하는 수백 가지 다른 종류의 후각적 감각들을 가지고 있음을 고려해 보라. 똑같은 화합물이 한 가지 감각 이상을 촉발할 수도 있다. 그래서 냄새를 느낀다는 것이 단지 콧속으로 들어가는 화합물에 반응하는 것에 관한 문제만은 아닌 것이다. 계속해서 이어지는 많은 복잡한 과정이 있다. 냄새에서 인지되는 유사성은 후각적 감각들에 영향을 미치는 똑같은 화합물의 결과일 수도 있고 그렇지 않을 수도 있다. 다양한 화합물들의 조합은 다소 비슷한 결과를 만들 수 있다. 그래서 똑같은 화합물을 포함하고 있는 물질이라 해도 그것이 와인처럼 복잡한 물질일 때, 그 속에 있는 다양한 다른 화합물과 상호작용하는 효과 때문에 향이 매우 다르게 날 수 있다.

와인이 어떤 향이 나고 어떻게 맛이 나는지, 그리고 무엇이 보이고 어떻게 느껴지는지를 묘사할 수 있다는 것이 와인의 냄새를 맡거나 맛을 볼 때의 즐거움을 강화한다고 생각하는 것은 그럴듯하게 여겨진다. 그러나 내가 제안했듯이 그것은 여전히 살펴볼 여지가 남아 있다. 이러한 능력이 와인의 향을 맡아 보고 맛을 보고 할 동안 즐거움을 강화한다는 것이 맞는 것 같기는 하지만, 과연 정말로 그러할까? 어떤 와인에서 그 특성들을 밝히기 위해 실제로 그것의 특성을 감지하고, 알아채고, 인식하는 것들을 말로서 할 수 있어야 할 필요는 없다. 식별이나 인식을 하는 능력은 특정한 맛과 냄새와 촉감의 요소들 외부에서 성립되기 때문에 감각적 개념들에 기반을 둘 수 있다. 그러한 개념들이 말로 나타내질 필요는 없다. 말로 해 주는 일련의 논평이 보통의 와인을 원래보다 더욱 흥미로운 것처럼 만들 수 있긴 하지만 훌륭한 와인은 그러한 논평의 도움을 필요로 하지 않는다.

훈련받은 경험이 있거나 민감한 와인 감정가들에 의해 즐겨질 때조차, 어휘들이 정말로 훌륭한 와인에 대해 진정으로 공정하게 사용되고 있는지는 실로 의심스럽다. 와인 관련 어휘들은 특별한 향기와 맛의 요소들을 파악하는 데 유용할지도 모르지만 그 어휘들은 독특한 와인에 관한 특별한 어떤 것, 더구나 어떤 훌륭한 와인을 위대하게 만드는 그 무엇을 포착하는 데에는 적합한 것 같지 않다. 그 어휘들을 단지 조합한다고 해서 그것만으로 충분히 정확하거나 구체적인 것이 되지는 않는다.

와인은 매우 흥미로운 주제이다. 당연히, 그것은 와인을 사랑하는 사람들에게 가장 흥미롭다. 와인 이야기가 제공하는 많은 즐거움에는, 자랑하는 데에서 그리고 어쩌면 존경을 받기도 하는 데에서 명백하게 알 수 있는 즐거움은 차치하고라도, 배우고 이해하는 것에서 그리고 가르치고 설명하는 것에서도 즐거움이 있다. 이것은 와인이 자아내는 유쾌함과 넉넉함의 정신을 반영한다. 당신이 마시는 와인은 물론이고 심지어 마시고 싶지 않은 와인에 관해서도 이해하고 감상하게 되는 일이 많다. 어떤 와인이 독특한 특성을 지니고 있는지 확인하려고 노력하는 것이 재미있고, 왜 그것이 특별한 성질을 지니는지를 알려고 노력하는 것도 또한 재미있다. 게다가 흥미롭게도 좋건 나쁘건 하나의 와인을 비슷한 다른 와인들과 비교하는 것도 재미가 있다. 와인 담론이 와인에 대한 경험을 이야기하고 정리하게 해 주며 그것을 공유하는 데에 도움을 주는 것은 분명하다. 그러나 훌륭한 와인들은 스스로 말한다!

07

와인 담론 혹은
비평적 커뮤니케이션

왜 사람들이 와인에 관해 이야기하는가

키스 레러와 에이드리엔 레러 Keith Lehrer and Adrienne Lehrer

서론

미술품처럼, 와인은 대상 그 자체를 감각적으로 경험함으로써 즐길 수 있게 되고 담론에 의해 그 감상이 더욱 강화된다. 그러나 와인에 대해 소통하는 담론의 역할은 정확히 무엇일까? 명백히 와인에 대한 묘사에는 상업적인 함축적 의미들이 들어 있다. 그러나 사람들은 상업적 흥미와는 별개로 와인에 대해 논하는 데에 열광적인 관심을 지닌다. 어떤 묘사는 와인을 음미하는 사람에게 흥미를 일으킬 수 있다. 예를 들면, "이 카베르네 소비뇽은 달콤한 향을 지녔으며 레드체리, 블랙 라즈베리, 리치 열매의 여운과, 농도가 짙고 풍부해서 더없이 맛있는 여운이 감도는 뒷맛을 지니고 있구나."라고 하듯이 말이다. 요즈음 일부 사람들은 와인에 관해 이야기하는 것을 무척 즐긴다. 와인에 대해 배우는 '와인 코스(wine course)'의 명성도 높아져서 더 많은 사람들이 참여하고자 한다. 하지만 그러한 모든 담론을 통해 사람들이 와인에 관해 무엇을 말하고자 하는 것일까?

에이드리언 레러(Adrienne Lehrer)의 연구에 따르면, 와인에 대한 보통의 담론이 그 묘사에 근거해서 와인을 확인하고 구별하고자 할 때 정확한 정보를 충분히 전달해 주지는 않는다는 것을 알 수 있다. 에이드리언의 일련의 실험에서, 대부분이 와인에 대해 비전문가들인 피실험자들은 상호 주관적인 모순적 어휘들로 와인을 묘사한다.[1] 몇몇 피실험자들은 특정 와인의 농도가 옅고 신맛이 난다고 묘사하는 반면, 몇몇 다른 피실험자들은 그 와인을 과일 맛이 강하고 균형이 잡혀 있으며 중간 정도의 농도라고 설명할 수도 있다. 세 가지 와인을 다르게 묘사한 후에 자신의 파트너가 그 묘사와 일치하는 와인을 연결 짓도록 하는 실험에서, 피실험자들은 그것을 정말로 우연의 일치로 맞추게 되기도 한다. 대부분은 전문가들이 그것을 더 잘 수행한다. 하지만 그들도 익숙한 와인들에 있어서만 그렇다.

더욱이 그 결과는 확고하게 복제되어 왔다. 그래서 특히 와인을 상당히 많이 경험해 본 사람들이 와인에 대해 논하는 데에서 보이는 열정은 단지 또 다른 사람이 와인을 잘 고를 수 있게 해 주려고 와인을 묘사하고자 했다는 것만으로는 설명되지 않는다. 그러나 그러한 담론에 몰두하는 사람들은 맛보고 냄새 맡은 것을 특징짓는 무언가에 대해 의미 있게 의견을 나누고 있다는 확신을 여전히 갖고 있다. 그들은 자신들의 비평과 더불어 다른 사람에게 감명을 주는 데에 관심 있을지도 모르지만, 그들이 와인에 관해 이야기하는 것에는 모든 이에게 있을 수 있는 허영심에서 비롯되는 자랑 그 이상의 무언가가 있다. 이를테면, 다른 사람들에게 깊은 인상을 주고자 하는 열망은 청자나 독자들이 이해할 만한 방식으로 의견을 나눔

---

1   에이드리언 레러(Adrienne Lehrer), *Wine and Conversation*(Bloomington: Indian University Press, 1983).

으로써 수행이 되고, 그럼으로써 그들은 와인에 대해 무엇인가를 배웠다는 확신을 갖게 될 수 있기 때문에 와인에 관해 이야기하는 것이다.

그러나 담론이 다른 사람으로 하여금 묘사된 대상들을 확인할 수 있게 해 주는 다소 설명적인 유효성과 정확성을 지니고 있지 않다면 와인에 관한 커뮤니케이션으로부터 우리가 무엇을 배울까? 이 에세이에서 주장하고자 하는 것은 사용되는 단어의 의미나 내용의 일부가 와인에 관한 담론이어야 그것이 와인의 특징에 대해 관심을 불러일으킨다는 것이다. 예를 들어, 테일러스(Talus)의 2002년산(產) '로디 메를로(Lodi Merlot)' 상표에서는 "신선한 블랙베리와 블루베리의 강렬한 맛과 약간의 오크의 향미를 지니고 있다"라고 와인이 묘사되고 있다. 와인 제조자들이 와인의 특성에 대한 관심을 불러일으키고 있는 것이다. 그러나 그것을 읽는 사람은 어떤 와인에서 블랙베리 또는 블루베리 맛이 어떻게 나는지 그것을 시음하기 전에는 정확히 알지 못할 것이다. 그들이 그 와인에서 블랙베리 맛으로 정의하는 것은 다음번에 와인을 묘사하기 위해 사용되는 '블랙베리 맛'이라는 어휘의 의미나 내용의 일부가 될 것이다. 다음의 이어지는 논문 내용에서는, 미술 작품 같은 다른 미학적 대상에 관한 담론처럼 와인에 관한 담론에서도, 우리의 관심이 이러한 대상들에 직접적으로 연관된 비평적 커뮤니케이션 방식에서 기인한 경험으로부터 그것의 의미를 부분적으로 얻게 된다고 말하고 있다.

비평적 커뮤니케이션

비평가들뿐 아니라 우리들도 모두, 예를 들어 그림과 같은 미술 작품에 관한 정보를 나누기는 하지만 그 미술품에 대한 경험에 의해 채워지는 비평적 정보를 남기듯이 그러한 방식으로 와인을 묘사한다. 가령, 누군가가 〈모나리자〉그림에 대해 '신비롭다'라고 묘사할 때 그 말이 무엇을 의미하는지 알고 있다면, 어떤 그림인지 설명할 필요가 있는 그림에 그 말이 적용되었음을 당신도 인식하고 있다는 것이다. 우리(Keith Lehrer & Adrienne Lehrerr)가 예술과 와인에 관한 담론의 의미와 관련해서 발전시키고 싶은 일련의 생각은 아널드 아이젠버그(Arnold Isenberg)[2]의 유명한 기사에서 기인한다. 〈오르가즈 백작의 장례식〉(*The Burial of the Count of Orgaz*, 역주: 스페인의 대표적 화가 '엘 그레코'의 대표작)이라는 그림에서, 물결 같은 선의 윤곽에 관한 골드슈나이더(Goldschneider)의 비평적 언급에 대해 논하면서, 아이젠버그는 다음과 같이 말한다.

> 이제 비평가는 우리에게 물결 윤곽의 개념을 알려 줄 뿐 아니라 그것을 인식할 수 있도록 방향성을 제시해 주는데, 비평가가 알려 주는 그 개념 덕분에 우리가 이것을 알게 되는 것이다. 그것은 가능한 시각적 인식의 영역을 좁혀 주기는 하지만 세부 사항을 구별하고 부분들을 조합하며 별개의 대상들을 패턴별로 분류하도록 이끌어 준다. 그것은 마치, 진주가 값지다고 늘 들어 왔기 때문에 진주조개를 찾고 있던 중에 조개와 진주 둘 다를 발견한 것과 같다. 진주조개가 귀중하기는 하다. 그러나 그것이 조개이기 때문에 귀중한 것은 아니다. (p. 137)

그런 다음, 아이젠버그는 연구된 내용을 분석하며 이렇게 말한다.

---

2 아널드 아이젠버그(Arnold, Isenberg), "Critical Communication(비평적 커뮤니케이션)," in W. Elton(ed.), *Aesthetics and Language*(New York: Philosophical Library, 1954), pp. 114-30. 이어지는 페이지 참조표시는 인용문에 제시된다.

내가 특정 어휘들에 곧바로 의미를 부여하려다 보니 감각들에 의한 활용 방식을 확대 해석하고 있는지도 모르지만, 비평가가 말하는 '의미'라는 것은 그가 묘사한 것의 진위를 판단하기 위해서가 아니라 그것을 이해하기 위해 수행되는 인식적 행위에 의해 특정한 감각으로 채워지거나 원숙해지고 또는 완성되는 것 같다. 그리고 만약 '커뮤니케이션'이 한 사람으로부터 또 다른 사람에게로 전해지는 상징들에 의해 해석적 관점이 전달됨으로써 생기는 과정이라면, 감각적 수준에서 커뮤니케이션을 유발하는 것이 비평의 기능이라고 말할 수 있다. 즉, 경험된 내용에 대한 동일한 시각을 유발하는 기능을 말한다. (pp. 137-8)

아이젠버그는 비평적 커뮤니케이션이 보통의 의사소통과는 구별된다고 결론짓는다. 그리고 그는 과학적인 커뮤니케이션의 의미를 또한 보탰을지도 모른다. 경험상의 담론의 의미나 내용에 이렇게 의존함으로써 말이다. 그는 "논의되는 대상의 목전에서 보이는 바와 다르게 또는 대상에 대한 직접적인 기억으로 비평을 해석하는 것은 무의미하고 지각이 없는 행위이다. 필수적이고 유용하면서도 비평적 목적과는 상관없는 다양한 많은 것들과 서로 조력함으로써, 비평가의 정보가 어떤 것에 감추어져 있던 사실을 우리에게 언급하는 것이 비평이기 때문이다."(p. 139)라고 결론짓는다. 비평적 언급이 와인과 관련될 때 한 가지 비평적이지 않은 의도를 보이는 것은 와인의 구매를 유발하기 위해 시도하는 상업적인 경우이다.

아이젠버그의 이러한 언급은 와인과 관련한 비유적 기술어의 사용을 설명하고 있는 것 같다. 예를 들어, 와인은 남성적이거나 여성적인 것으로 혹은 강건하거나 힘찬 것으로 묘사된다. 그리고 때로는 무겁거나 가벼운 또는 섬세하거나 대범한 것으로 묘사되기도 한다. 더욱이, 라즈베리, 블루베리, 그리고 초콜릿뿐만 아니라 커피, 담배 등의 구체적인 맛들이 언급된다. 예를 들어 '퀘일 게이트 올드 바인즈 포슈(Quails Gate Old Vines Foch) 2001'의 라벨에는 "커피와 까시스(cassis, 역주: 까막까치밥 나무 열매. black currant)와 베리의 향이 나고 충분한 타닌과 깊은 색조를 지닌 감칠맛이 나는 포도주"라고 적혀 있다. '비브이 코스탈 카베르네 소비뇽(BV Coastal Cabernet Sauvignon) 2002'의 라벨에는, "멋진 해안의 아침 안개가 포도에서 풍부하고 맛 좋은 블랙베리와 체리 맛이 나게 해 주고 시간이 더할수록 뛰어난 와인을 만드는 포도 덩굴로 무르익게 해 준다. 매콤한 바닐라 향과 순한 타닌을 지니고 있어 풍성하고 미묘한 맛이 난다."라고 적혀 있다. '드 리스 카베르네 소비뇽(de Lyeth Cabernet Sauvignon) 2002'에는 "이 와인은 블랙커런트 열매와 서양자두의 풍성한 맛을 내면서 그 포도 품종의 구조를 완벽하게 나타내 준다."라고 되어 있다.

그러한 묘사들에 의해 무엇이 얻어지는 것일까? 일부 사람들은 와인에서의 그런 맛들을 있는 그대로 경험하는 능력을 갖기를 제안하는데, 아마도 이러한 연구는 감정가의 인식과 더불어 화학적 특성의 상호작용을 조사하는 과학자들에 의해 더욱 확고해질 것이다. 그러나 어떤 묘사는 감정가의 관심을 와인의 일부 특성, 예를 들어 초콜릿 맛의 특성으로 향하게 할 수도 있다. 더 이상 진주가 조개와 비슷하지 않다는 사실 못지않게, 그 맛이 초콜릿과 비슷하지 않을지라도 초콜릿으로 묘사되는 특징을 그 감정가는 알아챌 수 있을 것이다. 인식은 그 어휘에 의해 두드러지게 나타나는 몇몇 특성을 경험하는 것에 대한 담화에 이끌리게 되어 있다. 그런 다음 그 어휘들은 그러한 경험으로부터 의미나 내용을 채택한다. 이것은 비평가가 언급한 말의 의미가 청자의 시음 경험으로 채워질 때, "아! 알겠어."라는 반응을 일으킨다. 예를 들어 1997년산(産) '로스 바스코스 카베르네 소비뇽(Los Vascos Cabernet Sauvignon)'을 맛보고서, "혀의 중간에서 초콜릿 맛이 난다."와 같은 경험을 가진다면 성공적인 커뮤니케이션의 감각을 지녔다고 할 수 있다.

최근 몇 년 동안 맛과 향에 대한 통찰력 있는 연구가 많이 있었고, 이러한 분야에 대한 정신물리학상의 커다란 진보가 이루어졌다. 한 가지 입증된 바는 개인적인 차이가 크다는 점이다. 린다 발토슈크(Linda Bartoshuk)는 '슈퍼테이스터'(supertasters: 미각이 뛰어난 사람)에 대해, 다른 사람보다 많은 수의 미뢰를 가지고 있으며 쓰거나 달콤한 맛에 훨씬 더 민감한 사람이라고 묘사한다.[3] 어떤 사람들은 특정한 것을 인지하지 못하는데, 즉 그들은 특정한 화합물 또는 혼합물에 대해 둔감하다.[4] 모턴 메일가드(Morton Meilgaard)와 시보르스키(K. A. Syborski)는 "후각 기능을 상실한 사람을 제외하고, 보통의 건강한 사람들은 대부분의 물질에 대해 정상적인 민감성을 보이는 것으로 보인다. 그러나 각각의 사람들이 특정 물질에 대해서는 높은 민감성을 보이고 일부의 어떤 물질에는 낮은 민감성을 나타내는 경향이 있다. 어떤 실험에서도 모든 물질에 높은 민감성을 가진 이른바 '슈퍼테이스터'는 발견되지 않았고, 시음자 중 정확히 똑같은 패턴의 감수성을 보인 그 누구도 발견되지 않았다."라고 보고했다.[5] 이러한 사실들로 미

---

3 린다 M. 발토슈크(Linda M. Bartoshuk), "음식의 인식과 수용에 대한 생물학적 기초(The Biological Basis of Food Perception and Acceptance)," *Food Quality and Preference* 4(1993), pp. 21-32.

4 해리 T. 로리스(Harry T. Lawless), "후각 정신물리학(Olfactory Psychophysics)," in G. K. Beauchamp and L. Bartoshuk(eds.), *Tasting and Smelling*(New York: Academic Press, 1997), pp. 125-93.

5 M. C. D. S. 메일가드(Meilgaard)와 K. A. 시보르스키(Syborski), "Reference Standards for a Beer Flavor Terminology System," *American Society of Brewing Chemists* 40.4(1982), pp. 119.

루어 볼 때, 비평적 커뮤니케이션은 처음에는 인식되지 않을 수도 있지만 그다음엔 집중하도록 하는 '미묘한 맛'에 대해 주의를 기울이게 함으로써 사람들이 보다 높은 자극을 얻도록 할 수도 있다.

'알 듯 말 듯, 그 무언가가 코끝에서 맴돈다!' 이러한 현상은 익숙한 냄새를 인식할 수는 있지만 그 이름을 떠올릴 수 없을 때 일어난다. 비평적 커뮤니케이션은 다른 누군가가 그 명칭을 제시할 때 도움을 줄 수 있다. 사람들은 상기할 수 없던 이름을 알게 되는 것을 즐기는 것 같다.

게다가, 사회적 유대를 생성하고 유지하는 '대화'라는 사교적인 교감의 요소가 있다.[6] 이것은 레러(Adrienne Lehrer)가 제안했던 것처럼 비공식적인 사교 모임 장소에서 모두가 마시고 있는 어떤 와인의 특성에 대해 와인을 마시는 사람들이 서로 동의하고자 할 때 종종 발생한다. 경험으로부터 얻어진 결과들이 상호 주관적인 정확성을 지녔든지 혹은 덜 지녔든지 간에, 담론은 감각적 특성에 대한 경험을 서로 공유하는 쪽으로 이끌 수 있다.

더 이상 논할 것도 없이, 우리(Keith Lehrer & Adrienne Lehrer)는 비평적 커뮤니케이션을 와인 경험에 적용하는 데에 있어서 아이젠버그가 인용한 주장이 옳은 것으로 추정한다. 와인에 대한 담론의 의미는 그가 말하는 것처럼, 와인의 경험으로 채워지며 와인 경험에 의해 무르익고 또한 완성된다.

이러한 의미론적 현상론은 우리에게 중요하면서도 답하기 어려운 질문을 남긴다. 하나는 어떻게 경험이 의미를 채우는가의 문제이고, 또 하나는 결과로 도출되는 의미가 어떤 개인 특유의 언어에 대한 '개인적 의

6　브로니슬라브 말리노프스키(Bronislaw Malinowski), "원시 언어에서의 의미의 문제(The Problem of Meaning in Primitive Language)," in the supplement to C. K. Ogden and I. A. Richards, *The Meaning of Meaning* (New York: Harcourt Brace, 1953).

미'인지 아니면 공동 사회의 언어에 대한 '사회적 의미'인지의 여부이다. 마지막 문제는 시음 경험에 의해 의미를 채운다는 것이 어떻게 가치 판단과 연관되는가에 관련한 것이다.

의미 채우기

담론에 의해 의미가 어떻게 채워질 수 있는가에 대한 질문에 답하기 위해, 우리는 적어도 의미의 특징들에 대한 개요를 미리 살펴볼 필요가 있다. 우리는 여기서 적용하고자 하는 단어의 의미에 대한 이론을 제시해 왔다.[7] 다른 철학자들도 그러하듯이, 단어의 의미를 '의미감각'과 '의미언급'이라고 일컫는 두 가지 구성 요소로 나누지만 우리는 그 어휘들을 다소 다르게 사용한다. 어떤 어휘에 대한 감각은 의미의 계승, 동의어, 반의어, 연관성, 그리고 같은 영역의 다른 어휘들과의 관계라는 관점에서 설명된다. '무거운'이나 '가벼운'과 같은 무게와 관련된 단어들을 일례로 들 수 있다. 이러한 단어들은 통상 와인의 농도에 대해서도 적용된다. 그 어휘들이 '마른', '큰', '근육질의', '건장한', '야윈' 등과 같은 신체적 특징을 표현하기 위해서 사용될 때, 이러한 어휘들은 똑같은 언어학적 관계를 유지하면서도 와인에 대한 비유로서 쉽게 확장될 수 있다. 그러므로 '무거운'과 '큰'의 연관성을 고려해 볼 때 '큰 와인'은 '무거운 와인'이라고 말할 수 있다. '건장한'과 '야윈'은, 체형에 대해서 말할 때도 바로 그렇듯이 와

---

7 에이드리언 레러와 키스 레러(Adrienne Lehrer and Keith Lehrer), "Networks, Fields, and Vectors," in F. Plamer(ed.), *Grammar and Meaning: Essays in Honor of Sir John Lyons*(Cambridge: Cambridge University Press, 1994).

인에서도 서로 반대의 의미일 것이다. '의미언급'이란 어떤 대상이나 특성 또는 관계들에 대한 용어를 적용하려는 경향을 말한다. 우리는 '의미감각'과 '의미언급' 둘 다 어느 정도 불확정성과 관련이 있다고 주장해 왔다. 우리는 두 가지의 경향 사이에 약간의 충돌이 있을 수 있다고 본다. 예를 들어, 비록 '무거운'으로부터 '우아하지 않은'을 추론하는 경향을 가질지라도 '무거운'이라는 용어를 와인에 적용시키고 싶을 수도 있고 동시에 와인을 '우아한'으로서 묘사하고 싶을 수도 있다. 의미에 관한 우리의 이론은 의미의 언어적 그리고 언어외적 특징을 통합하는 의미이론의 공식적인 이점들을 희생하면서까지 단어를 활용해 나가도록 의도된다. 사실, 이러한 점이 단지 강하게 어필하는 하나의 주장에 그치는 게 아니라 오히려 인정을 받고 있는 상황이다.

우리의 주장은 시음 경험에 의해 의미가 어떻게 채워지는지를 설명하는 데에 있어 의미이론이 유용하다는 것이다. 다른 의미이론들도 동등하게 효과적일 것이다. 그래서 우리는 데이터가 이론에 대해 충분히 결정적 역할을 하지 못한다는 것을 인정하면서, 데이터의 대안적 이론 적용에 관한 연구를 환영한다. 시음 경험이 어떤 와인에 대해 '초콜릿'과 같은 단어를 적용시키려는 사람의 성향에 어떻게 영향을 미칠 수 있는지를 이해하기란 어려운 일이다. '초콜릿 맛'으로 묘사되는 특성을 알아챈다는 것은, 와인의 특성에 대한 관심을 이끌고 동시에 그 특성을 묘사하기 위해 '초콜릿'이라는 단어의 사용을 제안하는 와인 비평가의 또 다른 담론에서 기인하는 것일지도 모른다.

켄트 바흐(Kent Bach)[8]와는 다르게, 우리는 그 어휘의 사용이 와인을 감

---

8   켄트 바흐(Kent Bach), "Knowledge, Wine and Taste: What Good is Knowledge (in Enjoying

정하는 사람으로 하여금 설명을 듣지 않아서 놓쳤을지도 모르는 특성을 알아채게 할 수도 있다고 제안한다. 그 와인에 대한 담론을 듣지 않고 시음하면 그것의 특징을 밝히는 데 실패할지도 모른다. 이것이 우리가 와인 전문가들의 논평에 가치를 두는 이유이지만, 사실상 와인 전달자의 기술과 전문 감정가의 기술들을 구별하는 것이 중요하다. 자신이 구별하고 식별하는 특징들에 대해 또 다른 이의 관심을 불러일으키는 언어적 감수성은 부족하지만, 와인의 맛과 향을 인식하고 구별하는 탁월한 능력을 가진 누군가를 상상하는 것은 결코 어려운 일이 아니다(여기서는 바흐가 그렇다고 볼 수 있다). 어휘를 사용하여 말할 때에는 한 가지 이상의 묘사하는 바가 있게 마련이다.

성공적인 비평적 커뮤니케이션은 '의미감각'과 '의미언급'의 성향 또는 벡터(vector, 역주: 크기와 방향으로 정해지는 양, 진로, 매개체의 의미)를 재설정할 수 있다. 그것이 '로스 바스코스 카베르네(Los Vascos Cabernet)'에서 초콜릿 맛을 경험하게 되는 것에 대해 적절히 설명해 줄 수 있을까? 맛에 대한 경험이 기억될 때, 그러한 경험이 어떤 와인인지를 보다 심층적으로 밝히도록 이끌어 주는 게 분명하다. 예를 들자면, 혀의 중간 아래쪽에서 느껴지는 맛이 '레몬의 맛'은 아니라고 추론하게 할 수 있다는 것이다. 그래서 '의미감각'과 '의미언급'의 성향이나 벡터는 경험에 의해 재설정될 수 있는 것이다. 우리는 그러한 주장이 실험적 확인이 필요한 대상 또는 기대한 것과 일치하지 않는 대상이며 따라서 아직은 가설로 남아 있다는 것을 시인한다.

Wine)?," in Barry C. Smith(ed.), *Questions of Taste: The Philosophy of Wine*(Oxford: Signal Books, 2007). 또한 이 책의 6장, 켄트 바흐(Kent Bach)의 "와인에 관한 담론이란?" 참조.

그러나 시음 경험에는 '초콜릿'의 의미를 채우거나 무르익게 하거나 완성하는 방법에 대해 비평가에 의해 사용되는 보다 많은 어떤 것들이 있다. 그러한 경험이 와인을 묘사하기 위해 사용될 때 '초콜릿'의 의미가 어떤 것인지를 드러내 준다. 그 의미가 어떤 성향을 지닐 때 경험은 그 단어의 의미를 어떻게 나타내 줄까? 우리가 어렴풋이 느낄 때 말하게 되는 '성향'이란, 결국 정확한 기능이 신속하게 드러나지 못하는 상태라고 할 수도 있다. 그러나 혀의 중간 아래쪽에서 초콜릿의 맛이 느껴진다면, 분명히 그것은 우리에게 그 맛이 어떤지를 알려 줄 뿐 아니라 와인에 초콜릿 맛이 있다는 것을 말해 줌으로써 의미되는 그 어떤 것을 나타내 주고 있는 것이다. 키스 레러(Keith Lehrer)의 연구에서 알 수 있듯이, 감각의 전형 또는 사실로서의 그 경험이 다른 경험들을 나타내고, 그럼으로써 그 어휘에 대해 언급하는 일부 경험들이 동시에 성향을 만들기도 한다고 우리는 제안한다.[9] 다르게 말하면, 우리가 '초콜릿'이라고 묘사하는 경험에 대한 특정한 의미내용이 있다는 것이다. 경험은 '그것이 어떨까'를 나타내 주는 의미내용과 불가분의 관계이다.

그러한 설명에 의해 제기되는 철학적 질문이 하나 있다. 그것은 바로, 어떤 경험에 대한 의미내용과 특정 단어를 적용하는 성향이 '그것이 어떨까'를 경험하는 것과 얼마나 잘 연결될 수 있는가 하는 문제이다. 결국엔 그와 똑같은 성향이 경험 없이도 존재하는 것 같아 보일 것이다. 실제로는 그렇지 않더라도 적어도 이론상으로는 그렇다. 우리의 대답은 이중적이다. 무엇보다도 우선, 다양한 경험들이 사실상 그러한 성향들 없이는 떠올릴 수 없었을 어떤 성향의 기초라 할 수 있는, 이른바 경험에 의한 추

9 　키스 레러(Keith Lehrer), "Representation in Painting and Consciousness," *Philosophical Studies* 117.12(2004), pp. 1-14.

측이라는 것이다. 미각 없이 태어난 어떤 사람이 갑자기 그것을 얻게 되었다고 해서 맛에 대한 어휘를 사용하는 성향을 즉시 획득하지는 않을 것이다. 오히려 그 후의 경험이 필수적일 것이다. 그와 똑같은 상황이 와인의 어휘들에 대해서도 일맥상통할 것이다. 담론과 취향의 조합 없이는, 그 어휘들을 사용하는 성향은 존재하지 않을 것이다. 우리는 와인에 관한 비평적 커뮤니케이션을 통해 어휘들의 의미를 알게 되는 것이다.

그러나 그 단어의 의미를 나타내는 데 있어서, 경험의 또 다른 역할이 있다. 기억된 경험은 우리의 성향이 어떤지를 보여 준다. 그것은 우리가 지니고 있는 성향을 나타낸다. 우리는 우리의 성향이 무엇인지에 관한 이론적 지식이 부족하다. 언어학자들과 심리학자들이 그것을 알아내기도 한다. 그러나 그들도 그 맛이 어떤지에 관한 지식과 '초콜릿'이라는 단어를 와인에 적용시키는 인간의 성향에 관해 약간의 지식을 가지고 있을 뿐이다. 의미에 관한 일부의 지식이나 우리가 의미하는 것에 대한 개별적 지식은 와인에서의 초콜릿 맛에 의해 우리에게 드러난다. 동시에 그 와인의 경험이 단어의 의미를 채우게 되고, 지금 우리가 알고 있는 것처럼 비평가들은 그 단어가 무엇을 의미하는지를 알게 된다. 그것은 그 단어를 적용하는 성향을 어떻게 지니게 되는지를 알게 해 주며, '초콜릿'을 사용하여 와인의 맛을 묘사하게 될 때 어떤 추론을 하게 되는가에 관한 약간의 정보를 간접적으로 알려 준다.

서술의 관점은 바로 처음에 우리가 주목했듯이, 데이비드 흄(David Hume), 토마스 레이드(Thomas Reid), 그리고 넬슨 굿맨(Nelson Goodman)의 관점과 유사함을 지닌다.[10] 어떤 특정한 맛은 흄과 레이드가 제시하는 바

---

10 데이비드 흄(David Hume), *A Treatise of Human Nature*(London: John Noon, 1739), Book

대로, 일종의 경험들을 의미한다. 굿맨은 그 특정한 맛이 바로 특성을 나타내는 것이라고 제안하였으며, 그 클래스의 다른 구성원들이 전형적인 예시가 될 수 있다고 말한다. 흄과 더불어 키스 레러 또한 특정한 맛 또는 감각의 전형이, 그가 '표본화'라고 일컫는 어떤 과정 속에서 그러한 종류의 맛을 상징한다고 제시했다.[11] 우리(Keith Lehrer & Adrienne Lehrer)는 와인의 맛에 대해 듣는 이의 관심과, 듣는 이의 개인어에 속하는 단어의미의 결과에 주목하게 하는 맛의 사용 사이에 일종의 상호작용이 있다고 제안하는 바이다. 그 맛은 듣는 이에게 '그 의미가 어떨까'를 나타내 준다. 흄과, 레이드와, 굿맨, 그리고 레러의 이론들이 공통적으로 지니고 있는 요소는, 아이젠버그가 제안하고 우리가 분석해 왔듯이, 비평적 커뮤니케이션에 의해 생성된 경험은 그러한 커뮤니케이션의 의미를 채우고, 무르익게 하고, 완성하는 방식에 의해 설명된다는 것이다.

개인의 언어와 공용의 언어

앞에서 언급된 에세이에서, 모든 화자의 개인적 방언이라 할 수 있는 개인어(어떤 개인 특유의 언어)의 의미와 그 언어에 대한 화자의 공용의 의미 사이의 관계에 대한 문제를 고찰했다. 그 문제는 와인에 관한 담론에서 두드러진다. 최근의 연구에서 일부 전문가들은 특정한 와인 기술어 사

I, Part I, Section VII ; 토마스 레이드(Thomas Reid), *Thomas Reid's Inquiry and Essays* , eds. R. E. 빈 블로섬(R. E. Beanblossom)과 키스 레러(인디애나폴리스: 해켓(Hackett), 1983), pp. 234-43 ; 넬슨 굿맨(Nelson Goodman), *Languages of Art*(Indianapolis: Bobbs-Merrill, 1968).

11 키스 레러(K. Lehrer), "Representation in Painting and Consciousness."

와인 심포지엄

용에 동의한다는 것을 보여 준다. 특히 결함을 감지하고 밝히는 데에 크게 의견이 일치한다. 이러한 경우엔 퍼트넘(Putnam)과 레이드가 제안했듯이 권한을 전문가들에게 위임하는 것이 합당한 것 같다.[12] 우리는 공용어를 결정짓는 그런 어휘들을 사용하는 것에 관해서는 전문가들에게 더 큰 무게를 실어 주고자 하면서도, 키스 레러(Keith Lehrer)와 칼 바그너(Carl Wagner)의 견해에 따라 이러한 현상을 다루었다.[13] 그러나 우리는 그러한 영향력이 공용의 의미에서는 확정적이지 않다는 것에 주목한다. 이 주제에 관해서 더 많이 논하고 더 연구할 계획을 가지고 있다. 간략히 고려할 사항은 바로 공용의 의미가 그 공동체의 구성원들이 전문가들에게 부여하는 무게에 의해 결정된다는 점이다. 이렇게 전문가들에게 권위를 위임한다는 것은 비평적 커뮤니케이션에 의해 전달되는 어휘의 사용에 관해 다른 이들에게 가르쳐 주거나 정보를 주는 역할을 그들에게 부여한다는 것이다. 이것은 개개인의 관심이 전문가들의 비평적 담론에 의한 와인의 특성에 방향이 맞춰질 때 개인적 특유의 언어에서 그 어휘의 의미를 차례로 공유한다. 그렇게 해서 개개인이 비평적 커뮤니케이션에서 개인 특유의 언어 속 어휘들의 의미에 영향을 미치는 공용의 언어를 형성하게 되는 것이다. 개개의 사람들(the personal)과 대인관계 속의 사람들(the interpersonal)은 의미를 형성하고 존재하게 함에 있어서 인과 관계에 따라 서로 비평적으로 연결되어 있다. 어느 것이 먼저인가의 문제는 "닭이 먼저냐 계란이

12　힐러리 퍼트넘(Hilary Putnam), "The Meaning of Meaning," in K. Gunderson(ed.), *Language, Mind and Knowledge*, Minnesota Studies in the Philosophy of Science VI(Minneapolis: University of Minnesota Press, 1975).

13　키스 레러(Keith Lehrer)와 칼 와그너(Carl Wagner), *Rational Consensus in Science and Society: A Philosophical and Mathematical Study*(Dordrecht: Reidel, 1981).

먼저냐"라는 질문과 같다. 비유적으로 그것들은 함께 날고 함께 튀겨진다. 그러나 그것은 사회적 산물에서 다른 이들보다 더 많은 영향력을 가지는 일부 치킨과는 양립할 수 없다.

와인 담론에서는 이러한 논점에 대해 상세히 설명하기 위해 여러 그룹의 전문가들, 즉 포도주 양조학자, 와인 무역 전문가들, 작가, 소믈리에, 그리고 와인 감정가들이 있다는 것을 아는 것이 중요하다. 모든 기술적이고 화학적인 용어들에 대하여, 다양한 전문가들 모두가 와인 과학자의 의견을 따른다. 와인 작가들에 의해 만들어진 '건장한', '향락적인', '여성스러운', '공격적인'과 같은 최근에 유행되는 몇몇 비유적인 용어들과 더불어, 소믈리에, 상인, 그리고 전문가들은 실증적 문제에 대해 와인 작가들의 견해를 따를 것이다. 그러나 포도주학자들은 그러한 어휘들을 사용하지 않을 것이다. 적어도 그들이 과학적인 글을 쓸 때에는 더욱 그러할 것이다.

가치평가

우리는 마침내 가치의 문제에 도달하게 된다. 비평적 커뮤니케이션이 미술 작품의 가치를 입증하는 데 대한 동의가 아니었다는 것을 주목하게 된 데에는 아이젠버그의 특별한 공헌이 있었다. 그가 제안했던 바대로, 비평적 커뮤니케이션은 어떤 예술 작품에 대해 우리의 관심을 향하게 함으로써 의견을 도출할 수 있을지도 모른다. 일단, 그 예술 작품의 특징들과 내용이 구체적으로 밝혀지고 비평적 담론의 의미가 채워지면 그 작품의 장점에 관해 동의할 것이다. 이러한 모든 것은 와인에 관해서도 역시 똑같이 말하여질 수 있을 것이다.

그러나 비평적 커뮤니케이션의 역할에 관해 주목할 필요가 있는 보다 중요한 관점이 있다. 미술에서처럼 와인에 있어서도, 묘사하기 위해 사용되는 많은 어휘들이 평가적이라는 점이다. 묽은 와인은 결함의 의미를 지니는 것이지만, 알코올 도수가 낮은 순한 와인은 결함이 있는 게 아니다. 섬세함과 우아함은 와인의 특성이다. 어떤 와인이 입천장 뒷부분에서 맛있는 과일 맛의 여운을, 또는 혀의 앞쪽에서 더없이 맛있는 미묘한 첫맛을 지니고 있다는 논평을 생각해 보라. 그러한 비평적 언급의 결과로 와인의 특성을 알아챌 수 있을 것이다. 더욱이, 뒷맛이 맛있다거나 첫맛이 절묘하다는 것도 알아챌 수 있다. 우리는 '맛있는 여운'과 '절묘한 첫맛'의 의미가 어떤 맛에 대한 '유쾌함'과 '절묘함'의 경험에 의해 채워질지도 모른다고 생각한다. 이런 어휘의 의미는 그러한 맛에 우리의 관심을 향하게 하는 비평적 커뮤니케이션에 의해 형성되고 나타내진다.

의심할 바 없이, 맛의 즐거움은 그 맛에 대한 다양한 양상에 따라 다르겠지만, 그것은 아마도 와인뿐만 아니라 초콜릿의 맛에 있어서도 마찬가지 현상일 것이다. 그러한 맛에 대한 향정신성 기반에 대한 연구들 덕에, 절묘한 맛이 다른 맛들을 줄일 수 있는지에 관한 문제가 어쩌면 밝혀질 수 있을지도 모른다. 그러나 절묘한 맛이 난다는 것은 다른 맛들을 줄이지 않는 요인들의 복잡한 상호작용의 결과일 가능성이 더 많다. 요컨대 가벼움, 우아함, 그리고 심지어 맛의 유쾌함과 절묘함이 와인의 바로 그 특성에 대한 관심으로 향하게 하는 비평적 커뮤니케이션의 결과로서 와인에서 맛보는 특성들일 수 있다는 것이다. 철학자들이 습관적으로 믿고 있듯이 '가치'라는 것은 다른 특징들의 결과로서도 생성될 수 있다. 또는 와인을 묘사하기 위해 사용되는 다른 어휘들처럼 평가를 위한 우리의 어휘는 와인에서의 그러한 특징들에 대한 경험으로부터 그 의미를 취할 수도 있다. 어떤 와인 비평가는 한때, 우리가 1등급의 훌륭한 보르도 와인을 마시면서 그 와인을 좋아하는지 아닌지에 관해 너무 많이 걱정하지 말아야 한다고 언급했다. 가능한 한, 그저 주의를 기울여서 그 와인을 음미하라. 그 와인들은 와인의 탁월함이 평가되는 방식에 따라 선택된 훌륭한 것들이다. 당신이 주의 깊게 그 와인의 탁월함을 음미하라는 것을 그가 의미했던 게 아닐까? 아마도 맛에 대한 그러한 경험이 와인에 적용되는 '탁월한'이라는 의미를 채우고, 무르익게 하고, 그리고 완성시켜 줄 것이다.

와인 심포지엄

III

와인과 와인 비평가들

다. 그것은 다음의 말과 더욱 비슷한 어떤 것이다. 말하자면, "똑같은 와인에 대한 사람들의 반응이 다양할 수 있으며, 그 누구도 이건 옳고 저건 그르다고 말할 수는 없다. 그것은 모두 주관적이다."라는 이 말이 어느 정도 사실이라는 것을 부인하지는 않는다. 그러나 또한 혼란스러움도 없지 않다. 우리는 껍질로부터 과즙을 분리해야 한다! 다시 말해 옥석을 가려내야 한다는 것이다.

와인에 대한 표준적인 주석은 그것이 '로버트 파커'의 것이든, *Wine Spectator* 또는 지역 신문의 것이든, 실제로 복잡하다. 그것은 와인에 대해 있는 그대로 설명하는 감성적인 묘사와, 종종 평가적인 특정 의미로 가득 채워지거나 은유적으로 딱 맞아떨어지는 미학적인 묘사, 그리고 최종적으로 모든 것을 고려하여 종종 숫자적인 점수를 동반하는 와인 평가로 이루어져 있다. 분명한 것은, 포도원이나 빈티지에 관한 역사와 실상, 와인 양조자의 경력, 그리고 다른 와인과의 비교 등과 같은 다양한 요인들도 또한 포함된다는 것이다. 그러나 이러한 것들조차도 그 주석의 철학적 논리에 비하면 부수적인 것이다.

와인 묘사는 확실히 와인에 대한 감정가의 반응이다. 바로 미술 비평이 미술 작품에 대한 비평가의 반응을 표현하는 것처럼 말이다. 그러나 이러한 반응들에는 적어도 두 가지의 상당히 다른 모형들이 있다. 즉, 인지적/객관적 모형과, 현상학적/주관적 모형이다. 와인 전문가는 와인의 미묘한 특성을 와인 음주가가 느끼는 것보다 더 많이 인지하는가? 또는 비평가란 그 밖의 것들에 대한 순전히 주관적인 경험을 보고하는 언어의 능력과 함께 와인에 대해 더욱 풍부하고 상상력 있는 반응도를 가진 어떤 존재인가? 이러한 것들이 와인의 물리적 특성 가운데서 얻을 수 있는 관계(그 미묘함은 전문가의 미각에 대한 식별 능력을 요한다)들에 대한 적절한 은유라는 이유로 와인을 충직하고 과묵하며 또는 강건하다고 말할 수 있다는 것인가?

또는 이러한 용어들이 단지 비평가의 마음 속에 있는 상상과 연결된 것을 나타내고 있을 뿐일까? 이 에세이에서는 와인 비평가가 우리에게 무엇을 말해 주고 있는가에 대해 두 가지 모형으로 각각 지지하고 있는 주장들의 논점을 살펴볼 것이다.

객관적 인식과 비유적 묘사

훌륭한 와인 감정가란 와인이 예시하는 일련의 총체적 특성을 인식하고 차이를 구별하거나 주시하는 사람이며, 그들의 미학적 묘사를 그 인식에 기반을 둠으로써 와인에 대한 최종적 평가를 이러한 묘사와 해석에 근거하는 사람이라는 것이 나의 견해이다. 와인 감정은 분석적인 과정이지 단지 즐거움을 위해 행하는 어떤 것이 아니다. 그것은 예리한 주의력과 민감한 감성과 경험에 대한 기억력을 포함하고 있다.

무엇보다도, 와인을 묘사함에 있어서 명확함의 차이가 있다. 와인을 즐기는 수많은 사람들이 그들 와인의 매우 일반적인 특성으로 행복해할 수도 있다는 사실은 전적으로 받아들일 만하다. 예를 들면, "이 와인은 부드럽고 과일 맛이 강하다." 혹은 "저 와인은 약간 연기 냄새가 난다."와 같은 특성들을 말하면서 말이다. 그러나 세밀함이나 정확성과 관련해서는 장벽이 커질 가능성이 있다. 즉 다시 말하면 "달콤한, 그리고 과일 맛이 나는" 같은 정도의 말들로는 당신 앞에 놓여있는 25병의 '보졸레(Beaujolais)' 와인 가운데서의 구별이 가능하지 않을 거라는 것이다!

이러한 점은 '와인 아로마 휠(The Wine Aroma Wheel)'이라는 UC

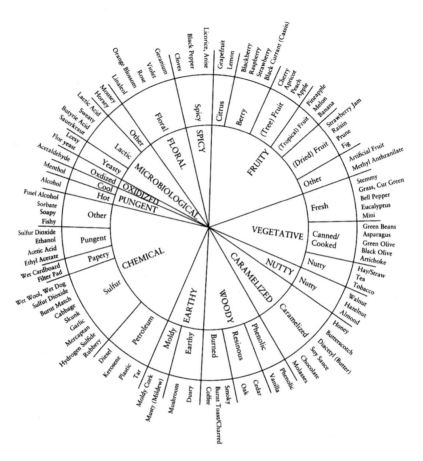

[〈와인 아로마 휠(The Wine Aroma Wheel)〉. Copyright 1990, 2002, A. C. 노블(Noble). http://www.winearomawheel.com.]

데이비스(Davis) 대학의 양조학자 앤 노블(Ann Noble)의 작품에서 가장 생생하게 설명된다. 와인 아로마 휠의 중심부에 있는 표현들은 가장 일반적인 묘사들이다. 그러나 경계의 외곽 쪽을 살펴보면 그 묘사들이 더욱 정밀하게 표현된다. 따라서, 예컨대 '토카이(Tokaj)'라는 헝가리 와인이 차의 향을 지녔는지 아니면 담배의 향을 지녔는지에 관해 휠의 표현들이 객관

와인 심포지엄

적인 사실을 보다 확실히 알 수 있게 해 주는 것 같다.

이러한 묘사들은 진정한 인식에 기초를 두고 있으며 화학적으로도 증명이 가능하다. 예를 들어, '소테른(Sauternes)' 화이트와인의 지독할 정도로 달콤한 향을 맡으면, 보트리티스 곰팡이 냄새를 맡게 될 것이다. 또는 코르나스(Cornas) 레드와인에서 약간의 동물 농장의 냄새가 나는 것을 발견한다면, 당신은 브레타노마이세스(brettanomyces, 역주: 오크 통에 존재하는 나쁜 효모)를 감지하고 있는 것이다. 혹은, 젖은 신문 냄새가 난다고 레스토랑으로 돌려보낸, '코르크'가 병마개로 되어 있는 와인 병에서는 이른바 2,4,6-트리클로로아니솔(trichloranisole, 역주: TCA라고도 하며, 코르크에 번식하는 곰팡이로 인해 생성되는 화합물) 냄새 때문에 실제로 젖은 신문의 냄새가 나는 것이다. 당신이 정확히 맞춘 것이다! 따라서 와인 묘사의 정확성이 반드시 주관성의 정도와 함께 나타나는 것만은 아니다.

물론, 우리가 다른 종류의 사실들에 관해서도 착오가 있을 수 있듯이, 감정가들도 와인에 관한 사실들을 파악할 때 실수할 수 있다. 단순한 부주의조차도 이러한 실수들에 대한 많은 설명을 해 줄 수가 있다. 실제로 '라인가우(Rheingau)' 화이트와인의 향이 귤과 더 비슷한데도 누군가는 이것이 레몬의 향을 가지고 있다고 말할지도 모른다. 이것은 에스테르와 알데히드의 존재를 밝힘으로써 입증될 수 있다. (시간을 내고자 한다면 말이다!) 그러나 또한, 와인 감정가 중 누군가는 토론을 하던 도중에 착오를 깨달을 수도 있다. 많은 시음회에 참여하던 시기에, 어떤 동료가 딱 맞는 묘사를 해 줄 때 나의 묘사가 대상에 근접하기는 했지만 정확히 맞지는 않았었구나 하고 느꼈던 적이 있었다. "정확히 바로 그거였어"라는 게 그때의 나의 반응이다. 나의 처음의 묘사가 틀렸던 것을 깨달은 것이다.

지금까지, 나는 와인 묘사가 물리적 그리고 인지적 사실에 기초를 두었다고 주장하고 있다. 따라서 그것들을 묘사할 때, 대부분의 평가가 그렇듯이 객관적이긴 하지만 또한 그만큼 부정확할 수도 있다. 그러나 어쨌든 더욱 복잡한 무언가가 있다. 나는 와인의 물리적 특성에 대해 있는 그대로의 묘사를 해 왔다. 우리가 보다 더 단서를 달고 미학적 특징의 차원에서 궁극적으로 와인을 평가한다면 어떻게 될까? 객관성이 유지될까? 이 논지에 대해 한꺼번에 진척시켜 보고자 한다.

인식이 있고 난 후에는 정확히 어떤 일이 일어날까? 와인의 심미적 특성에 대해 객관적인 영향을 미칠까? 또는 제멋대로 받아들여지거나 혹은 거부되는, 주어진 맛의 주관적인 인상에 대한 정보를 우리가 지니는 걸까? 와인에 대해 한마디로 말한다면 타닌의 떫은맛으로 표현할 수도 있는데, 아마도 '강렬한', '강력한', '생각에 잠긴', '섬세한', 또는 '말문이 막힐 정도의' 등으로 표현할 수도 있을 것이다. 우리는 여기서, 은유적 표현을 사용해 가며 미학적 묘사를 할 정도로 매우 자주 그것을 명백하게 다루고 있다. 이러한 은유적 묘사들은 단지 비평가의 주관적인 열성에 의한 것일까? 아니면 그러한 묘사들이 와인에 대해 은유적이긴 하지만 실제로 진정한 심미적 특징들인 것일까? 솔직히, 그러한 묘사들은 아마도 둘 중 어느 한 범주에는 속할 것이다. 왜냐하면 거의 또는 전혀 이해하기 어려운 묘사들을 분명히 내가 읽어 보거나 들어 본 적도 있기 때문이다. 허튼소리가 될 수도 있음을 인정하지만 말이다. 메이너드 에머린(Maynard Amerine)과 에드워드 레슬러(Edward Roessler)는[1] 비과학적인 은유들에 눈살을 찌푸리고, 나의 친구이자 이 책의 공저자 중 한 사람인 에이드리언 레

---

1 메이너드 A. 에머린(Maynard A. Amerine)과 에드워드 B. 레슬러(Edward B. Roessler), *Wines: Their Sensory Evaluation*(New York: W. H. Freeman, 1976).

러(Adrienne Lehrer)[2]는 와인을 묘사하기 위해 사용되는 어휘의 뜻에 관해 개개인의 의견이 거의 일치하지 않는다고 오랫동안 주장해 오고 있다.

그러나 나는 비유에 관해 보다 많은 신념을 지니고 있다. 〈베토벤 교향곡 제6번〉을 '목가적인'이라고, 그리고 〈현악 4중주곡, Op. 74〉를 '활기찬'이라고 특징짓는 것은 상당히 명확하고 전달력이 있다고 나는 믿는다. 그러한 표현들은 확실히 음악적 디테일에 기초한 묘사들이긴 하지만 어쨌든 내게는 그렇게 여겨진다. *Wine Spectator* 매거진은 '모젤 리슬링' 화이트와인을 '속이 알차고 완성도가 높은' 것으로 말하기도 하고, 또 다른 한편으로는 '빈약하면서도 독특한' 것으로 묘사하기도 한다.[3] 나는 이것을 이해할 것 같다. 첫 번째 표현은 보다 많은 과일 추출물과 글리세롤을 지니고 있지만 그러나 결국 균형 잡힌 맛이 난다는 것이고, 두 번째 표현은 보다 적은 과일의 농도를 지니고 있어서 어쩌면 샘물 맛이 더 나지만 상당한 정도의 신맛을 지녔다는 것이다. 심미적 비유들이 포도주의 성질을 묘사하는 데에 근거를 두고 있을 때, 그 표현들은 강력하고 다채롭고 우아한 방식으로 포인트를 잡는 것이 될 수 있고 와인에 대해서는 더욱 그러하다. 넬슨 굿맨(Nelson Goodman)은 그의 유명한 저서 *Languages of Art*에서 예술 작품은 슬픔, 균형 잡힌 힘, 그리고 현란한 움직임과 같은 특성들을 비유적으로 예증할 수 있다고 말한다.[4] 나는 와인이 슬플 수 있다고 여기지는 않지만 그것에 대해 균형 잡혔다거나 화려하다고 말할 수는 있다

2　에이드리언 레러(Adrienne Lehrer), *Wine and Conversation*(Bloomington: Indiana University Press, 1983).

3　*Wine Spectator*, December 31, 2005, Vol. 30, No. 14(New York: M. Shanken Communications), p. 208.

4　넬슨 굿맨(Nelson Goodman), *Languages of Art*(Indianapolis: Bobbs-Merrill, 1968).

고 생각한다.

그러나 인식과 미학적 감수성이 별개인 것은 분명한 것 같다. 어떤 '진판델(Zinfandel)'에서는 과일 추출물의 전체적인 질량감을 인지할 수 있는데, 그것을 심미적으로 '농밀한'이라는 표현으로 묘사할 수 있다. 그러나 그런 다음에 그것은 '압도적으로 혹은 지나치게 농밀한'이라고 평가된다. 그러면서 점수는 감점이 된다. 묘사가 평가로 이끈 것이다. 이 복잡한 과정에서는 무엇이 객관적이고 무엇이 주관적인가? 무엇이 '있는 그대로'이고 무엇이 '비유적'인가?

와인이 농밀하다는 판단은 추출물과 타닌과 알코올 수치에 대한 인식에 토대를 둔 것인데, 물론 이러한 것들의 정도는 화학적 작용에 의해 확립될 수 있다. 만약 감정가가 어떤 한 와인이 다른 와인보다 타닌이 더 많다고 여길 때, 그것이 맞았거나 틀렸다는 것이 증명될 수 있다. 만약 그 감정가가 와인 속에 남은 당분이 약 2퍼센트라고 생각한다면 이것은 측정이 될 수 있다. 그러나 "너무 물리고 맛의 명료성이 떨어져서 이 샤르도네가 너무 달다"라는 결론에 도달할 때에는 거기에 어떤 기준들이 적용되었던 것이다. 그러한 기준들이 옳게 또는 잘못 세워질 수도 있는 것일까? 전문가들이 그렇다고 동의할 때는 어떨까? 그렇다면 그 와인이 객관적으로도 물릴 정도로 달다는 것일까?

'물리는 맛이 난다'라는 것은 확실히 철학자들과 심리학자들이 '반응-의존 특성'이라 일컫는 와인의 특성이다. 그것은 와인이 물리적으로 보통의, 또는 자격을 갖춘 관찰자들에게 규칙적으로 경험상의 반응을 일으키는 것과 같다는 것을 의미한다. 그것은 바로, '붉다'라고 반응할 때의 상황과 같다. 즉 어떤 사물이 보통의 시각을 가지고 경험에 반응할 때, 바로 그 잘 알려진 바대로의 '붉은 색의 경험'을 야기한다면 그 사물은 붉은 것

　　　　　　　　　　　　　　와인 심포지엄

이다. 그러나 우리들 대부분은 여전히 사물들이 정말로 객관적으로 붉다고 생각한다. 그래서 비록 그것이 '반응-의존적'일지라도 붉은색으로 본다는 것은 주관적인 것이 아니다. 만약 와인이 '물린다'라는 판단이 그것의 잔여 당분의 정도에 대한 인식에 기초할 뿐 아니라 대부분의 경험 많은 감정가에 의해 공유되는 판단이라면 그것은 당신이 원하는 만큼의 객관인 정도는 될 수 있는 게 아니겠는가?

그렇다면, 문제는 순전히 묘사적이라 할 수 있는 '색이 붉다'와는 달리, '맛이 물린다'라는 것이 적어도 부분적으로나마 묘사적이기보다는 평가적이라는 것이다. 그것을 프랭크 시블리(Frank Sibley)는 '가치품질'이라고 일컫는다.[5] 이것은 적어도 함축적으로 몇몇 규범을 정하는 기준들이 적용되고 있음을 내포하고 있다. 이러한 기준은 감정가의 과거 경험을 반영하는 근본적으로 선천적인 것과는 비교되는 것일 가능성이 매우 크다. 예를 들면 다음과 같다.

- "이 와인은 이런 종류의 '샤르도네'치고는 너무 달다."
- "'카베르네'는 항상 향이 약간 무미건조한데, 이것은 그렇지 않군."
- "이 '까오르(Cahors)' 레드와인의 비니피까시옹(vinification: 포도주 양조)은 뭔가가 너무 부족한 것 같아. 보통, 전통적인 까오르는 농도가 보다 진하고 더 깊은 맛이 나는데."

그래서 만약 가장 심미적인 묘사들이 평가를 하는 데 있어서 더욱 풍

---

5 프랭크 시블리(Frank Sibley), "General Criteria and Reasons in Aesthetics," in John Fisher(ed.), *Essays on Aesthetics*(Philadelphia: Temple University Press, 1983).

부해지고 또한 감정가들의 기준에 근거한다면, 다양한 경험을 가진 감정가들은 이러한 묘사를 하게 될 때 기준에서 상당히 벗어나는 경우도 있을 것이다. 그렇다면 심미적 언어를 사용하는 와인 묘사에서는 주관적이고 현상학적으로 말하는 것 말고는 아무것도 없다는 것일까?

너무 성급히 판단하지는 않는 게 좋겠다. 철학자로서, 우리는 토론의 힘을 기억해야 한다. 예를 들어 정의에 대한 당신의 기준이, 어떤 공장에서 작업량과 임금(당신이 돈을 추구하는 사람이라면!)에 관해서 생기는 일에 대해 당신에게 일깨워 주지 않을지도 모르지만 아마도 내가 당신과 토론을 할 때 당신에게 나의 기준이 보다 많은 신빙성을 지니고 있다고 납득시킬 수는 있을 것이다. 마찬가지로, 와인 음미의 기준에 관한 논쟁의 여지가 있다. 우리가 보다 앞서 인정했던 오류를 고려해 볼 때, 그들의 기준들에 대해 변화와 정련, 또는 정정하는 것에 모두 마음이 열려있어야 한다. 일반적으로 미술 비평은 전에는 보거나 듣지 못한 것을 보거나 들을 수 있게 하는 기능 중의 하나를 지닌다. 이 기능에는 기준들에 대한 변혁도 포함된다. 그래서 논쟁이 항상 바보 같은 짓은 아니다. 즉 그것이 깨달음을 줄 수도 있다는 것이다. 그렇다. 어떤 사람에게는 '깊은 자극을 주는' 진판델이 다른 사람에게는 그저 '풍부한 맛이 나는' 정도의 와인일 뿐일 수도 있지만 그러한 종류의 논쟁은 어쨌든 잘 해결될 것이다.

만약 모리스 라벨(Maurice Ravel)의 〈죽은 왕녀를 위한 파반느(*Pavanne for a Dead Infant*)〉에 대한 처음의 반응이 누군가는 몹시 감정적이고 감상적인데 반해, 그것에 대한 당신의 적절한 심미적 판단이 향수를 불러일으키고 애절하게 만드는 것으로 여겨진다면, 어떤 판단이 더 정확하게 들어맞는지 분간해 보기 위해 그 작품의 음악적 특징을 주목해 보는 것도 좋을 것이다. 예를 들면, 가벼운 관현악과 멜로디 흐름의 특징은 그 작품이 감상적이라기보다는 애틋한 특성을 지니고 있다고 생각하는 이유가 될 수 있다. 여기서 말하고자 하는 핵심은, 비록 와인이 '치열한'이라는 느낌을 화학적으로 입증할 수는 없을지라도, 그러한 묘사가 그럼에도 불구하고 그 와인의 기본적 또는 심미적 특징이 아닌 어떤 것에 근거해서 주장될 수도 있다는 것이다.

실제의 와인을 적절히 비교함으로써 전형적 방식으로 제조된 '카오르' 와인이 제공할 것이 더 많다는 것과 당신의 훌륭한 카오르 와인에 대한 기준이 적절히 수정될 필요가 있다는 것을 당신에게 내가 어느 정도는 알게 할 수도 있지 않겠는가? 두 사람의 감정가 사이에서의 논쟁이, 말하자면 "아마도 진판델은 아주 많은 양의 알코올을 어느 정도 우아하게 전할 수 있을 것이다."라고 자신들의 기준을 재고하거나, 또는 "음, 그러고 보니, 정말이지 이 와인에는 과일 맛이 부족함이 없는 것 같군, 그렇지?" 와 같이, 특정한 사례에 대해 그들이 과장하듯 말하며 그것을 인정함으로써 해결되는 것을 볼 수 있다. 논쟁은 결과들이 있게 마련이며 신념조차 바꾸어 버린다. 만약 다른 관점의 영향력을 인정한다면 적어도 상호 간의 관련된 기준들이 있기 마련인데 그것이 기준들을 변경하기 쉽도록 해 줄 것이다. 기준들에 대한 세련된 개선이 어쩌면 객관적으로 인지될 수도 있다. 즉, 논쟁도 하고 예민함을 더욱 키우기도 함으로써 그들이 보다 훌륭한 감정가가 될 수 있고 더 미묘하고도 더 정확한 판단을 할 수 있게 되는 것이다.

나의 의견은, 기준이나 감성이 논쟁에 열려 있기 때문에 다소 그럴듯한 또는 다소 경험된 것처럼 판단될 수 있다는 것이다. 심미적 감성에 관한 한, 누구나 변화가 있을 수밖에 없다고 생각한다. 타당성에 대한 논쟁에 있어서 반드시 주관적이어야 하는 정도 그 이상으로까지 이러한 과정이 더 주관적으로 보일 필요는 없다.

민감성과 주관성

하지만 논쟁이 밑바닥까지 치달아서 그저 승리를 주장하고자 할 매력조차 안 느껴지는 지점이 있는 것일까? 만약 우리의 심미적 불일치가 기준에 대한 차이의 문제가 아니라 오히려 우리가 심미적으로 중요하다고 여기는 와인의 특성에 대한 신체적 민감함의 차이라면 어떻게 될까? 만약 레몬이나 오렌지 냄새를 맡는 당신의 자극 반응점이 나의 것보다 4,000배나 더 뛰어나다면,[6] 이 '사베니에르(Savennières)'가 레몬 맛이 너무 많이 나는지 아닌지를 결정하는 것에 관해서는 우리의 의견이 다르게 될 것이 분명해 보인다. 내가 앞에서 와인의 묘사가 물론 주관적이지 않아야 명확할 수 있다고 말한 바 있지만, 만약 그러한 인식이 와인의 어떤 특성의 정도에 대한 판단에 기초한 것이고 그러한 반응이 와인의 다양한 구성 요소에 대한 특별한 수준의 신체적 민감성의 기능이라면 객관주의자가 난처해지지 않겠는가?

사람마다 인식적 자극에 대한 민감성에 있어서의 차이가 있다는 증거가 충분히 있으며, 와인을 판단하는 데에 영향을 주기 때문에 이러한 차이의 중요성은 강조될 필요가 있다. 어떤 사람은 신맛에는 과도하게 민감할 수 있는데 상대적으로 단맛에는 둔감하다. 이러한 점이 함께 나누어 마시고 있는 '모젤 리슬링(Mosel riesling)'의 균형감에 대한 그들의 판단

---

6 의학박사 앨런(Alan R. Hirsch)에 의해 보고된 것으로서, Piet Vroon과, Anton van Amerongen, 그리고 H. de Vries의 보고서, *Smell: The Secret Seducer, Journal of the American Medical Association* 279(1998): pp. 1840.

에 불가피하게 영향을 미치지 않겠는가? 그것의 가장 중요한 특성들 중의 두 가지인 당도와 산도에 있어서 말이다. 20대에서 40대의 사람은 40대에서 60대의 사람들보다 단맛과 쓴맛과 신맛에 대해 더욱 민감하다. 당신은 30대인데 감정 평가단에 60대의 사람이 있다면 어떨까? 그에게 다시 30대로 돌아가라고 말할 수는 없다. (비록 그가 좋아할지는 몰라도!) 와인에 생기는 화합물인 '페닐티오요소(Phenylthiourea)' 맛은 2/3의 사람에게는 매우 쓰지만 그럼에도 불구하고 1/3의 사람은 그것에 완전히 무감각하다.[7]

　그 다음엔, '슈퍼테이스터(초미각자)'의 문제가 있다. 그들이 블라인드 테스트에서 일렬로 줄지어 있는 20개의 와인에 대해 전문적이라거나 그것을 추측할 수 있는 능력에 있어서 뛰어나다는 게 아니다. 오히려, 그들은 다양한 유형에 대한 미각 반응 인자가 기준보다 25%나 더 있어서 감식력이 뛰어나다는 것이다. 결과적으로, 그들은 다른 사람들보다 쓰거나 달거나 기름진 크림 맛에 대한 감각에 더욱 강하게 반응한다. 그들이 브로콜리(너무 쓰다!) 애호가는 아니지만, 브로콜리에 버터를 듬뿍 바른다면 아마도 그들은 굴복할 것이다. 그렇다면 초미각자와 내가(나는 초 미각자가 아니라는 가정하에!) 고가의 와인 '알자스(Alsace) 거버츠트래미너(gewürztraminer)'에서 내가 인지하는 그 약간 쓴 끝 맛의 심미적 결과에 대해 어떻게 의견의 일치를 이룰까? 나는 그것이 와인에 활기를 준다고 생각할 것이고, 그는 아마도 와인이 거의 금속성의 좋지 않은 끝 맛이 난다고 생각할 것이다. 그 와인의 단일 특성에 대한 평가와 같은 이러한 지엽적인 평가가 와인의 품질에 대해 모든 것을 고려하는 심사에서 와인 감정가에게 중요한 영향을 미친다는 것을 주목하라. 전체 품질에 대한 최종

7　에머린과 레슬러(Amerine and Roessler), *Wines: Their Sensory Evaluation*, p. 58.

심사는 와인 특성의 분석에서 기인한 다양한 지엽적 평가의 총괄적인 실행이 합리적으로 이루어져야 한다. 그러므로 그러한 것들은 전체적인 와인 시음 기획에서 중요하다.

그럼에도 불구하고, 나와 초미각자인 내 친구 사이에서의 논쟁들은 완전히 해결되지는 않을 것 같다. 그러한 논쟁들은 와인의 심미적 특성에 관한 것과 그것의 궁극적인 가치에 관한 것 둘 다에서 해결이 어렵다. 그리고 그 논쟁들은 감각보다는 오히려 민감성 때문에 더욱 그러하다. 그 누구도 와인의 맛이 말 그대로 금속의 맛이 나기를 바라지 않는다. 그래서 나의 동료와 나는 기준이나 또는 감수성에 대해 의견을 달리하지는 않는다. 그러나 그는 타닌 또는 쓴맛에 대해 나보다 훨씬 더 민감해서, "타닌 맛이 지독하고… 우아하지 않고 조화롭지 않은 뒷맛이군…. 거북하고 정이 안 가는 뒷맛으로 망쳐진 와인인 것으로 보아… 따라서 84점!"이라고 결론짓는다. 반면에 나는 "끝 맛이 살짝 쓴맛의 기미가 보이고… 끝에 가서는 확연히 상쾌하고 깔끔한걸…. 이것은 와인 감정가의 와인이며 아마도 모두를 위한 와인은 아니겠군…. 그러나 훌륭해…. 그러므로 90점!"이라고 말한다. 우리는 지금 무엇을 하고 있는 것일까?

감각적 분별력은 아마도 미학적으로 중요한 와인 또는 예술 작품의 어떤 특징을 확인하는 능력으로서 가장 잘 간주된다. 다른 한편으로 그러한 감각적 분별력은 특정한 속성에 반응하는 신체적 능력이다. 그래서 이런 점에서는 '강렬한 정도'의 문제가 중요시된다. 최초의 민감성이 어떤 특성에 더욱 강렬하게 반응할 때나 또는 몇몇 특성들의 보다 낮은 강도에 반응할 때, 보다 큰 민감성이 생기는 것은 각각의 사람마다의 탓으로 돌릴 수 있다. '알맞은' 정도의 반응이라는 게 있는 것일까? 나의 친구가 단지 지나치게 민감한 것일까? 아니면 내가 그저 어이없게 둔감한 것일까?

　말하자면, 나의 친구와 내가 내린 심미적이면서도 평가적인 서로 다른 결론에 기초한 지각 있는 판단이, 어떤 인식적인 평가가 그럴 수 있는 것처럼 객관적인 우리들 각자에 의해 평가될 것이라는 점을 주목해 보면 내심 흥미롭게 느껴진다. 미각이 뛰어난 사람이 스스로에게 말한다. "이 게 뷔르츠트라미너(gewürztraminer) 와인 맛을 보니, 타닌 맛이 느껴지는데, 너무 타닌이 많군. 그거 모르겠는가?" 그 대답은 "아니, 있는 그대로 말하자면, 솔직히 그런지 잘 모르겠는걸."이다. 그럼에도 불구하고 내 관점으로는, 와인에서 인식할 만한 모든 것에 주의를 기울여 인지해 왔다고 믿는다. 그리고 그 정도의 쓴맛은 좋게 느껴지기도 한다.

　그러나 만약 우리가 여기서 물리적 차이에 근거해서 해결할 수 없는 논쟁을 한다면, 그 판단들 속에는 이성적으로 명백한 주관적 감각이 있다. 그러한 판단에는 감정가의 현상학적이고 창의적인 정보가 아니라, 사물 사이에 명백히 다른 심미적 판단으로 이끄는 중요한 차이가 있다는 것이다. 그러고 나면 오히려 이상한 결론이 형성되는 것 같기는 하지만 말이다. 그러므로 다시 상기해서, 내가 처음에 와인 감정가의 상상력과 어휘보다는 오히려 그의 지각력이 객관성을 보장한다고 시사했듯이, 인식에서의 차이가 있기 때문에 주관적인 논쟁은 없어야 한다고 지금도 나는 주장한다.

논쟁에 대하여: "논쟁이 없으면 객관성도 없다"

　논쟁이란 무엇인가? 결국, 인간들 사이의 차이는 경험과 교육과 관심 등의 문제라 믿으며, 그러므로 감각적 분별력에 관한 데이비드 흄(David Hume)의 견해를 따를 만하다는 것이 나의 주장이다. 그러나 흄은 '적절한'

배경과 더불어 우리의 미학적 판단이 합쳐져야 한다고 생각했다.[8] 내가 앞에서도 말했듯이, 사람은 특정 수준의 맛을 수용하는 것이 확실하며 여기에는 각각 차이가 있다. 따라서 민감성에 관한 논쟁은 할 필요가 없다.

나는 당신의 감각들뿐만 아니라 주어진 와인이나 와인의 스타일에서 미학적으로 중요한 것에 관한 당신의 판단을 바꾸려고 시도할 수도 있고 심지어 바꾸는 데 성공할 수도 있다. 예를 들어, 당신은 '피노 누와(pinot noir)'의 실크와도 같은 질감에 보다 많은 관심을 기울여야 한다고 생각할 수 있다. 왜냐하면, 나의 기준에 의하면 '피노 누와'는 그러한 질감의 성질이 없다면 최고급 와인이 될 수 없기 때문이다. 그러나 그에 반해서, 민감성에 관해서는 논쟁의 여지가 없다. 우리는 엇갈리는 감각을 가진 감정가들이 똑같은 와인에 관해 똑같은 결론에 도달해야만 한다는 것을, 논리적으로 그럴 수도 없거니와, 결코 적합하다고 생각지 않을 것이다.

아마도 당신은 어떤 최상의 '감각의 정도'가 있을 거라고, 그리고 그것으로부터 정확한 묘사와 평가가 나오는 것이라고 생각할지도 모른다. 이것은 실수를 범하는 것이 될 수도 있다. 대부분은 민감성의 정도가 임의의 통제하에 있지도 않을뿐더러, 더욱 중요한 것은 바로 민감성 정도마다 특전을 부여하는 것에 대한 근거도 없다는 것이다. 그렇다. 우리는 훌륭한 감정가가 와인 속에 존재하는 특성에 대해 최대한 인식하길 원한다. 요컨대 그가 어떤 특성도 알아차리지 못한 채로 가 버리게 하지 말라는 것이다. 그러나 그것이 어느 쪽이든 간에, 또한 그것이 의미하는 게 무엇이든 상관없이 최대의 민감성이 무조건 최상이라고 의미하는 것은 아니다.

---

8   데이비드 흄(David Hume), *Of the Standard of Taste and Other Essay*, ed. John W. Lentz(Inglewood: Prentice-Hall, 1965).

그리고 만약 당신이 신맛에 대해 실제보다 40배나 더 민감하다면, 지금처럼 와인이 신선하고 산뜻하기보다는 당연히 신맛으로 인한 짜릿함과 예리함을 발견하게 될 거라는 점을 주목해 보라. 결론적으로 말하면, 당신은 당신보다 40배 더 높은 민감성을 지닌 감정가가 당신의 산뜻한 와인이 짜릿하고 예리한 맛이 난다는 것을 발견할 때 그것이 단지 잘못된 것이라고 아주 딱 잘라 말할 수는 없다는 것이다. 그러므로 와인의 가치에 관한 논쟁이 민감성에서의 차이에 기초할 때, 오직 한쪽 논쟁자의 주장만이 타당할 수 있다는 생각은 설득력이 없다고 할 수 있다.

이런! 그것은 객관적이면서도 주관적인 것이다!

그렇다면 결국, 와인 시음과 와인 비평은 객관적이면서도 또한 동시에 주관적이라는 말인가? 많은 다른 철학적 문제들처럼, 그 문제를 파헤칠수록 모든 쉬운 답조차 기억의 저편으로 멀어지는 것을 우리는 발견한다. 자격 있는 와인 감정가들이 와인의 많은 물리학적·화학적 특성들을 정확히 인지할 수 있다고, 그리고 또한 심미적 성향을 가진 사람들이 와인을 정확히 이해할 수 있다고 나는 분명히 믿는다. 바로 그림이나 음악 작품이 이해될 수 있는 것처럼 말이다. 미학적 묘사에 대한 정확성의 조건들은, 그 와인이 3%의 잔여 당분을 지니고 있다는 판단에 대한 정확성의 조건들보다 확실히 다소 막연하다. 그러나 나는, '힘차고 강력한'으로서 진정 묘사될 수 있는 와인을 마셔 본 적이 있기도 하다.

주관성의 정도가 와인 감정가들이 적용하고 있을지 모르는 다양한 기준의 견해들 속에 잘 숨어 있을 수도 있다는 것을 부인할 수는 없다. 그러나 절충이 가능한, 어쩌면 지나치게 낙관일 수 있는 생각을 나는 지니고 있다. 그러나 협상이 가능하지 않은 것들은 우리들 각자가 시음 목록에 가져오는 물리적 차이들이다. 그런고로, 와인 감상에서 주관성에 대한 가장 흥미로운 형태는 우리 자신의 객관적인 차이에 근거한다는 것이 내가 내린 결론이다. 건배!

09

와인 경험하기

왜 비평가들이 종종 엉망으로 만드는가?

제이미 구드 Jamie Goode

서론

　와인이 다른 음료나 음식과 구별되게 하는 것은 도대체 무엇일까? 여러 가지 요인이 있기 때문에 하나의 측면을 고르기는 어렵다. 첫째로는, 그것의 역사를 꼽을 수 있다. 와인은 약 7,000년 동안 우리와 함께해 왔고 영속되는 많은 문화들의 한 면을 이루어 왔다. 기독교가 '성체성사(Eucharist)'를 기리며 그리스도의 피의 상징으로서 와인을 사용한다는 점에서 그것은 종교적인 중요성을 지닌다. 와인은 또한 맥주나 위스키보다 상대적으로 덜 제조된 음료인 것 같은 양상을 보이는데, 와인을 구성하고 있는 포도의 특성이 그 와인의 특성과 품질을 결정하는 데 중요하다는 점에서 당연하다고 할 수 있다. 두 번째로는, 그것의 다양성에 있다. 와인은 제조 기술, 포도밭의 특징, 기후적 영향에서의 차이, 그리고 그와 관련된 놀라울 만큼 많은 포도 품종의 결과이다. 그러나 이 책이 지향하는 관점에서 볼 때, 와인에 있어서 아마도 가장 두드러지는 점은 열정적인 사람들과 전문가들이 담화를 통해 그들의 감각적 인식을 자주 공유하는 것과 더불어서 와인 문화가 발전해 왔다는 점일 것이다. 사람들이 개인의 감각적 경험을 적극적으로 공유하는 것에 있어서 인간의 노력을 그 정도까지 기울이며 성취되는 분야를 그 밖의 다른 어떤 분야에서도 나는 생각할 수가 없다.

이 에세이에서는, 와인 인식에 관한 공통의 이야기를 엮기 위해 오히려 과감하게 몇몇의 공통점이 없는 상당히 다른 갈래를 하나로 묶어 보고, 어떻게 이것이 와인 비평 및 평가와 관련이 있는지를 살피고자 한다. 와인 비평의 관례에 대한 간략한 개요를 파악한 후, 맛을 인식하는 것과 관련된 최근의 생물학적 견해들을 검토하면서 우리의 와인 음주에 관한 경험적 특성을 파악하고자 한다. 그다음 단계는 이러한 의식적인 표현을 우리가 생각하고 싶은 대로의 직접적인 표현이 아닌 어휘들로 바꾸는 것에 관해 다룰 것이다. 말로 표현한다는 면에서 볼 때, "와인을 가장 효과적으로 묘사하는 방법은 무엇일까?" 또한, "와인에 대한 우리의 어휘가 어떻게든 우리의 맛의 경험을 형성해 주는가?" 등의 문제를 다루고, 마지막으로 와인 인식에서의 개인적 차이에 대한 까다로운 문제를 다루어 보고자 한다. 우리가 와인을 함께 음미할 때, 우리 모두가 공통의 경험을 갖게 되진 않을까?

와인 시음의 실제

와인 통상 거래의 중심에는 와인의 품질 및 스타일을 평가하는 것과, 그리고 말로서 행해지는 그 평가에 대한 공유가 있다. 런던에 근거지를 두고 있는 전문적인 와인 작가로서, 나는 대부분의 근무 일정 중에도 시음회에 참석할 기회를 가진다. 다양한 이유로 대부분의 이러한 기회들을 거절하곤 하지만, 매년 대략 40개 정도의 중요한 시음회에 여전히 참여하고 있다. 그 행사들에서 제공되는 와인의 수는 각각 다르지만 개개의 감정가들은 보통 50개에서 120개 사이의 다양한 와인을 시음하곤 한다. 이 행사들이 모두 기자들의 이로움만을 위한 것은 아니다. 아마도 다수의 참석자가 와인 판매와 관련된 사람들일 것이기 때문이다. 그럼에도 불구하고 대부분의 모든 참석자들은 마치 감정가처럼 꼼꼼히 노트에 무언가를 적을 것이다. 그들이 맛으로 기록하는 것들은 대부분 와인을 빙빙 돌려보고 킁킁거리며 냄새를 맡거나 소리 내어 마시면서 느껴지는 감각적 경험들로서, 그들은 그러한 것들을 말로서 판단해 보려고 하는 것이다.

품질에 대한 이러한 평가는 중요하다. 뛰어난 와인은 수백 달러에 판매될 것이고, 별것 아닌 와인은 어쩌면 겨우 5달러에 판매될지도 모른다. 당연히, 몇몇 초특가의 와인 상품에 대한 매력으로 인해 그러한 와인의 품귀 현상, 야심찬 마케팅, 그리고 과시적 소비를 하려는 경향이 생기게 된다. 그러나 만약 값싼 와인과 값비싼 와인 사이에 널리 통용되는 질적인 구별이 없었다면, 그러한 방식의 시스템은 이미 오래전에 완전히 무너졌을 것이다.

그렇다고, 와인 세계에서 전개하고 있는 노선이 없다고 말하는 것은 아니다. 품질을 구성하는 요소들이 영향력 있는 비평가들 사이에서의 다양한 생각에 의해 주로 생성되니까 말이다. 즉 문화적 충돌이 있다는 것이다. 우리가 알다시피, 고급 와인은 주로 객관적인 방식으로 와인 품질의 구별이 가능하다는 생각을 토대로 일종의 미학적 체계로서 자라났고 발전했다. 와인 통상에서의 핵심적 특성들 가운데 벤치마킹과 합의 과정을 통해 전통적인 유럽의 와인 스타일이 확립되었다. 따라서 와인 통상은 와인을 묘사하기 위해 독특하고 체계적으로 정리된 언어를 발전시켰다. 그리고 와인에 대한 일관성 있는 시스템은 모든 와인들을 평가하는 기준이 되었다. 신세계 와인의 존재는 고급 와인 세계에 의해 정평이 났다. 하지만 이러한 와인들은 주로 확립된 시스템을 벗어나 존재했었다. 그러나 상황이 지금은 바뀌었다. 전통적인 고급 와인의 기준에 의문이 제기된 것이다. 그래서 스스로를 이러한 전통적 체계의 수호자로 여기는 사람들과, 그러한 전통적 체계가 제한적이고 진부한 것이라며 이의를 제기하는 사람들 사이에 어느 정도의 분열이 생겼다.

이러한 갈등의 핵심 이유는 와인 순위 평가의 출현과, 그 평가를 확고히 하고자 다양한 특성에 준거하여 고급 와인에 접근했던 비평가들의 등장 때문이었다. 그러고 나서, 많은 사람들이 오늘날 와인의 세계에서 가장 권위 있는 사람이라고 여기는 미국인 비평가, 로버트 파커(Robert Parker)가 그 뒤를 이어 나타났다. 와인에 대한 열정을 지닌 변호사로서, 1978년, 그는 간결하지만 고급 와인 시장에 대변혁을 일으켰던 책, *the Wine Advocate*를 출간했다. 파커의 접근 방식은 자신을 소비자의 옹호자로서 자리매김하는 것이었고, 그의 목표는 사람들이 폭넓은 정보에 의해 어느 한쪽으로 치우침 없이 와인 구매 결정을 하도록 일종의 길잡이가 되어 주는 것이었다. 그가 천재적인 성공을 거둔 점은, 와인을 쉽게 이해할 수 있는 '100점 등급' 기준에 따라 와인의 점수를 매기게 했던 것이었다. 그것에 따르면, 80점 이하의 점수를 받는 와인은 가치가 큰 것이 아니었고, 90점 이상의 와인은 꽤 특별한 것이었다.

갑자기 소비자들이 능력을 부여받게 된 것이다. 맛에 대한 기록들이 *the Wine Advocate* 매거진과 그의 책 *Parker's Wine Buyer's Guide*의 중요한 부분을 차지하지만, 반면에 와인을 비교하는 관행을 선명하게 해 주는 것은 바로 거기에 적힌 점수들이다. '파커 포인트(Parker points)'는 와인의 복잡함 때문에 기세가 꺾이는 사람들에게 와인을 이해하는 방법을 제공했다. '파커 포인트'는 고급 와인의 세계에 경쟁의 요소를 도입하게 했고, 의욕이 넘치는 새로운 생산자로 하여금 고전적인 것들과 의기투합하는 것을 가능하게 했다. 와인 세계의 상류층으로 진입하기 위해 그 당시에 요구되었던 것은 세대를 뛰어넘는 명성보다 오로지 90점대의 일련의 높은 점수들이었다. 그것은 또한 가격을 책정할 때 와인에 매겨진 점수를 따라가면 되었기 때문에 와인에 대한 전문가적 지식이 없는 사람들도 와인 무역이 가능하도록 해 주었다. 그래서 숙성이 덜 되었음에도 불구하고 가장 높은 점수를 받는 와인들이 출시 이후 극적으로 가치가 높아지는 경향이 있었다.

소비자들은 '파커 포인트'가 바로 구매 선택을 위한 첩경의 방법이라는 것을 깨달았기 때문에 와인 상인들도 '파커 포인트'가 판매 수단으로서 동등하게 유용하다는 것을 깨달았다. 평점이 고급 와인을 이해하고 구매하는 것을 더 쉽게 해 준다는 사고방식은, 특히 아시아 대부분에서 최고급 와인을 위한 새로운 시장을 여는 데에 있어서 중요한 요인이 되었다.

와인 평점의 영향력과 나란히(또는 어쩌면 그것의 도움을 받아서), 고급 와인 시장은 지난 20년 동안 상당히 성장했고, 그와 더불어 다수의 비평가들이 생겨났다. 이들 중 비록 몇몇의 비평가는 고집스럽게 5점, 20점, 또는 25점 등의 점수 체계를 고수하고 있지만, 많은 비평가가 이제는 와인 평점의 상징으로서 확고하게 정립된 '100점 등급'을 또한 사용한다. 이러한 비평가들 중에서 호주의 제임스 홀리데이(James Halliday), 미국의 스티븐 탄저(Stephen Tanzer), 그리고 프랑스의 미셸 베딴(Michel Bettane)과 같은 일부 비평가들은 지방에서는 중요한 영향력을 가지고 있지만 국제적으로는 덜 알려져 있다. 샴페인 전문가 '탐 스티븐슨(Tom Stephenson)'과 버건디

전문가 '클리브 코츠(Clive Coates)' 같은 비평가들은 그들의 전문적 영역에서 제한적으로나마 어느 정도의 영향력을 지니고 있다. 또한 다양한 감정가들이 '100점 등급'으로 와인을 평점해서 발행하는 미국의 간행물 *Wine Spectator*와 영국의 타이틀 간행물 *Decanter* 같은 잡지들은 독자들에게 진정으로 어느 정도의 영향력을 지니고 있다. 그러나 그 누구도 고급 와인의 영역에서 파커를 따라가지 못한다. 물론, 와인에 평점을 매기는 것보다 와인에 대해 기술하는 것을 더 많이 하는 이들도 있다. 휴 존슨(Hugh Johnson)과 잰시스 로빈슨(Jancis Robinson)이 잘 알려진 예시이며, 특정 와인의 등급을 매기는 것에 중점을 두기보다는 와인에 관해 보다 일반적으로 기술하는 경향이 있는 매우 존경받는 와인 작가들이다.

그리 놀랄 만한 일은 아니겠지만, 자신의 영역에서 아주 우세한 와인에 대해서 비평한 것인데도 로버트 파커는 심한 반발에 부딪히게 된다. 그러한 비난의 양상은 보통 다음의 세 가지 형태로 나타난다. 첫째, 와인의 점수를 매기는 관례에 전적으로 반대하는 이들이 있다. 둘째, 몇몇 사람들은 파커가 보다 명백하고 매우 노련한 방식으로(때로는 미묘한 맛을 훼손시켜가며) 만들어진 와인들을 편애한다고 주장하면서 그의 미감에 동의하지 않는다. 셋째, 채점이 소비자들에 의해 사용되는 방식을 따른다며 반대하는 사람들이 있다. 그 소비자들은 자신들의 미각을 개발시키기보다는 오히려 평가받은 점수를 보며, 그리고 와인의 유용성과 가격 대비 높은 평점을 보고 그에 상응하는 효과를 따져서 구매했던 것이다. 아마도 가장 악의적인 비난은, 파커가 선호하는 와인이 있음으로 인해서, 생산자들 모두가 상당히 높은 점수를 얻기 위해 자신들의 와인 제조 방식을 바꾸도록 야기했다는 주장일 것이다.

이러한 비난들에 약간의 타당성이 있기는 하지만 와인 통상에서의 전반적인 반응을 보면, 모든 것을 감안할 때 로버트 파커가 고급 와인에 대한 평가를 잘 수행해 왔다고 여긴다는 것이다. 아마도 그의 평점이 지녔던 가장 긍정적인 효과는 그 평점들이 소비자로 하여금 보다 비싼 와인을 구매하게 될 때 와인의 품질에 대한 확신을 갖도록 해 주었다는 점일 것이다. 그러나 매우 영향력 있는 상위의 비평가가 존재한다는 점에 있어서는 몇 가지 중요한 질문이 제기된다. 그것을 열거하자면, 첫째, "와인에 관한 상충되는 비평적 의견들이 존재한다는 것이 단지 와인 감상에 있어서의 문화적 차이라는 면에서만 설명될 수 있는 것인가? 또는 그것이 와인을 인식하는 데 어느 정도 근본적인 생물학적 차이를 반영하는가?" 둘째, "우리가 지금 '향미 지각 생물학'에 관해 알고 있다고 해서 우리가 와인 비평을 평가하는 법에 기여하는 유효한 어떤 것을 가지고 있다는 것인가?" 그리고 셋째, "이러한 인식적 경험을 공유하는 가장 효과적인 방법은 무엇이며, 와인에 대한 언어가 결국 그것에 대한 인식적 경험을 공유하게 해 주는가?" 등의 질문들이다. 이 에세이의 나머지 내용에서 그것에 대한 답을 주고자 한다.

와인의 음미: 글라스에 담긴 와인을 어떻게 인식하는가

와인에 대해 우리가 인식하는 데 있어서의 특성은 무엇일까? 대부분의 사람들은 단지 구강과 비강에 있는 미각과 후각의 감각 기관들로부터 입력(in-put)되는 어떤 것이라는 단순한 관점만 가지고 있다. 이러한 감각 기관들은 화학적 정보를 전기적 신호들로 바꾼다. 그래서 그다음엔 브레인 (brain: 뇌)에 의해 처리될 수 있다. 맛을 느끼는 혀의 미각에는 단맛, 짠맛, 쓴맛, 신맛, 감칠맛이라는 다섯 가지 유형의 화학적 자극을 느낄 수 있는 감각 미뢰가 있다. 비강에는 후각의 감각 신경이 있는데, 약 2,000가지의 다른 감각을 나타낸다. 그래서 휘발성의 냄새가 나는 것들의 각기 다른 화학적 특징을 분간할 수 있게 해 주기도 한다. 가장 단순한 관점은 혀 속에 있는 미각 수용기와 비강에 있는 후각 감각 기관에 의해 와인 성분을 감지하고 나서 와인의 특성을 심미적으로 묘사하는 일차원적 경로를 와인 인식으로 여기는 관점이다. 이것은 잘못된 것이며 그 과정에 대해 훨씬 더 미묘한 차이를 주는 보다 정교한 관점이 요구된다.

브레인은 직접적인 측정 도구로서 행동을 취하기보다는 오히려 우리 주변의 세상을 모델로 삼는다. 우리의 감각 체계는 주목해 보면 우리의 인식 과정과 결정 과정을 쇄도하는 엄청난 정보에 의해 끊임없이 포격을 받는다. 그런데 브레인은 이러한 감각적 데이터의 바다에서 가장 적절한 특성들을 바로 뽑아낼 수가 있다. 이것은 '고차 과정(高次過程)'으로 알려진 절차에 의해 행해진다.

우리는 종종 감각 체계가 정확하고 완전한 방식으로 현존하는 세상을 드러내고 있다고 생각한다. 그러나 실제로, 우리가 경험하는 것은 생존과 기능에 가장 적합한 정보에 토대를 이루는 현실들의 수정된 버전이다. 거의 모든 면에서, 우리의 눈 앞에 '현실'이 드러나게 될 때 그것을 통해 주변 세상에 대해 생각하는 것이 해로운 일만은 아니다. 만약 우리가 다른 어떤 방식을 운용한다면 그야말로 삶은 상당히 복잡해질 것이다. 하지만 이 논의의 목적에 있어서 우리가 경험하는 현실의 형태는 수정 · 편집되어 부분적으로 나타나는 것임을 깨닫는 것이 유익하다.

이것은 많은 방식으로 설명될 수 있다. 집에 애완동물이 있다면 그것을 생각해 보라. 그러나 없다면 친구들의 애완동물을 상상해 보라. 개들은 우리에게는 거의 완전히 닫혀 있는 그들만의 놀라운 후각적 세상에서 살고 있다. 그 후각적 세상은 시각적 세상이 우리에게 그런 것만큼이나 그들에게 생생하다. 많은 작은 포유동물이 그러하듯 쥐들과 생쥐들은 킁킁거리며 냄새를 맡거나 수염을 사용해서 그들의 환경에 관해 필요한 거의 모든 정보를 얻는다. 예를 들면 세상은 그것을 해독하는 장치를 가지고 있지 않다면 접근할 수도 없는 다양한 정보로 가득한 게 분명하다. 우리가 실제로 접근하는 정보는 우리 주위의 세상과 효과적으로 협상하게 해줄 만큼 충분해서, 확장된 색의 스펙트럼이나 어둠 속을 보는 시각적 능력과 탐지견 같은 후각적 예민함을 가지고 있는 것이 좋긴 하겠지만 그것이 일상의 삶을 살아가는 데에 필수적인 것은 아니다.

시각 체계에서의 고차 과정은 어떤 감각에 대해 가장 잘 이해할 수 있게 하는 과정이다. 과학자들은 연관 가능성이 가장 많은 환경적 특징을 시각적 과정이 어떻게 뽑아내는가에 대해 연구해 왔다. 예를 들어, 우리의 시야는 주변의 움직임에 민감하다. 뉴런들이 움직임에 반응하도록 맞춰져 있기 때문에 움직이는 대상들은 즉시 쉽게 눈에 띈다. 이러한 모션(motion) 감지 능력은 시각의 중심 영역에서보다 주변 영역에서 훨씬 더 강하다. 평면 스크린이 아니라 전통적인 진공관인 컴퓨터 모니터를 보고 난 다음 시선을 돌려 보라. 시선을 돌릴 때, 모니터의 스크린이 주변의 시야에서 깜빡이는 것 같다. 그러나 그것을 응시하고 있었을 동안에는 알지 못한다. 얼굴도 또한 중요한 단서일 가능성이 있다. 그래서 우리의 시각적 시스템은 안면인식 처리 과정에 대해 특별한 '브레인 메커니즘'을 지닌다. 이것이 그토록 많은 광고와 잡지 표지가 특별히 필요하지 않은 상황에서조차 사람의 얼굴을 담으려고 하는 이유이다.

비록 연구가 덜 되어 있지만, 이러한 종류의 '고차 과정'은 맛을 감지하는 데에서도 또한 중요하다. 우리는 항상 화학적 자극에 공격받아서 브레인은 중요한 단서들만 전달되도록 이러한 정보들을 걸러 내야 한다. 브레인의 많은 부분이 적절하게 편집된 현실적 시각을 만들어 내는 데 소모되는 것 같다. 그것은 바로, 그날 오후 방송할 15분짜리 뉴스를 제작하기 위해 기자들이 써낸 기사에 변화를 주어 가며 편집실에서 편집 직원이 하루 종일 열심히 작업하는 것과 같다고 할 수 있다.

미각과 후각은 두 가지 중요한 업무를 수행하기 위해 함께 작용한다. 즉, 영양가 있는 음식과 음료를 식별해서 우리에게 해로운 것을 먹지 못하도록 하면서 말이다. 브레인은 '그것이 좋은 냄새가 나거나 좋은 맛이 난다'라는 식의 보상 자극과 더불어 요구되는 음식을 우리와 연결함으로써, 그리고 해롭거나 불필요한 음식을 기피하게 만듦으로써 자신의 과업을 성취한다. 이를 위해, 맛에 대한 인식은 기억(우리는 어떤 음식이 좋은지 그리고 어떤 음식이 우리를 아프게 만드는지를 기억한다)과 감정(우리는 배가 고플 때 음식에 대한 강한 욕구를 지니며 그것이 남부럽지 않은 식사를 추구하도록 부추긴다)들과 연관될 필요가 있다. 음식을 찾는 것은 잠재적으로 수고스럽고 성가신 과정이기 때문에 그것을 행하기 위해서는 강한 동기가 필요하다. 따라서 배고픔과 식욕이 강력한 신체적 동기가 된다. 그러한 동기들은 또한 정교하게 조정되어 있다. 우리가 필요로 하는 것을 먹을 수 있으며, 훨씬 많거나 훨씬 적게도 먹을 수 있다는 것은 참으로 인상적이다. 예를 들어, 심지어 식사의 균형이 약간만 무너져도 수십 년 이상 심한 비만이나 또는 기아의 결과를 만들곤 했던 것을 보면 말이다.

우리가 '맛있는' 와인이라고 묘사하는 것은 실제로 다양한 감각적 경험이다. 최근의 연구에서, 그것은 풍미의 느낌을 형성하기 위해 맛과 냄새가 함께 전달되는 브레인의 대뇌피질 구조에서 일어나는 것으로 밝혀졌다.[1] 촉각에 의해 입으로 배치되는 복잡하고도 통일된 느낌을 만들기 위해, 촉각이나 시각과 같은 다른 감각들로부터의 정보도 또한 비슷한 정도로 결합된다. 결국, 입이라는 곳은 음식이나 음료를 삼키거나 뱉어 내는 것과 같은 반응이 일어나게 되어 있는 곳이다. 또한 대뇌피질은 맛과 냄새에 대한 '기분 좋음', 좀 더 거창하게 말하면 '쾌락의 원자가(原子價)'로 알려진 보상 가치가 나타나는 곳으로 알려져 왔다. 그것은 브레인이 우리 입속에 있는 것이 맛있는지, 밋밋한지, 또는 역겨운지를 결정하는 곳이라고 말하는 또 다른 방식이다. 또 다른 연구에서는 브레인이 냄새와, 향의 강도와, '쾌락적 원자가'를 분석하기 위해 미각의 차이를 사용한다고 말한다.[2] 대뇌피질이 향이 좋은지 나쁜지를 결정하는 영역인 반면에, 소뇌의 편도체는 향의 강도에 반응한다.

브레인 영역에 있는 이러한 일부 신경 세포들은 '미각과 시각', '미각과 촉각', 또는 '후각과 시각'처럼 감각적 결합에 반응한다. 상호 감각적 과정으로 알려진 이러한 정보 입력의 수렴은 학습에 의해 습득된다. 그러나 그것이 정립되기 전에 많은 다른 느낌들의 결합을 필요로 하면서 천천히 전형적으로 일어나는 과정이다. 이것은 어떤 새로운 음식이나 와인을 완전히 감상할 수 있도록 그것들에 대한 여러 가지 경험이 종종 필요한 이유를 설명해 준다. 그것은 또한 자극-연상 강화 학습이 일어나는 정도에 따라 영향받는다. 가령, 당신이 좋은 맛이 나는 어떤 새로운 음식에 직면

1 에드먼드 T. 롤스(Edmund T. Rolls), "Brain Mechanisms Underlying Flavour and Appetite(맛과 식욕에 근거한 브레인 메커니즘)," *Phil. Trans. R. Soc. B* 361(2006): pp. 1123-36; published online June 15, 2006; doi:10.1098/rstb.2006. pp. 1865.

2 A. K. 앤더슨(Anderson), K. 크리스토프(Christoff), I. 스태픈(Stappen), D. 패니츠(Panitz), D. G. Ghahremani, G. 글로버(Glover), J. D. E. 가브리엘리(Gabrieli), 그리고 N. 소블 (Sobel), "Dissociated Neural Representations of Intensity and Valence in Human Olfaction," *Nature Neuroscience* 6(2003): pp. 196-202; published online January 21, 2003; doi:10.1038/nn1001.

하게 되는데(→ 자극), 그러나 그다음은 그것이 당신을 굉장히 역겹게 만드는(→ 연상) 상황이라고 해 보자. 그렇다면 그 다음엔 입에서 그것의 일부를 움직여 보고는 즉시 질색하며 뱉어 낼 것이다. 그것은 또다시 맛에 물리게 되는 괴로운 상황으로부터 당신을 구해 주게 되는데, 바로 그것이 방어적 메커니즘인 것이다. 그러나 이러한 메커니즘은 금요일 밤에 술에 취해 게워 내고는 그 다음날 다시 술을 찾는 술고래의 경우에서처럼 명백히 무시될 수도 있다.

여기에는 흥미로운 추가적 개념이 있는데, 그것은 즉 감각적 특유의 물림이다.[3] 이것은 충분한 양의 특정 음식을 먹게 될 때 그것의 보상 가치가 감소하게 된다는 견해이다. 그러나 유쾌함(쾌락적 원자가(原子價))에 있어서의 이러한 감소는 다른 음식들에 대해서보다 더욱 크다. 보다 간단히 말해서, 만약 바나나와 초콜릿을 둘 다 좋아하는 상태에서 우선 많은 바나나를 먹게 되었다면 또 다른 바나나에 대한 생각만 해도 먹을 생각조차 들지 않지만, 그럼에도 불구하고 여전히 초콜릿을 동경할 것이다. 이 영리한 브레인 트릭은 우리에게 정해진 시간에 특별한 종류의 음식을 바라게 만들고 우리가 영양상의 섭취를 하도록 균형을 잡아 준다. 사람의 경우, '안와전두피질(orbitofrontal cortex)'에서 일어나는 물리도록 먹은 음식 냄새에 대한 반응은 감소하지만, 먹지 못한 음식의 또 다른 냄새에 대한 반응은 바뀌지 않는다. 소비되는 음식 냄새의 강도에 대한 실험자들의 인식은 변하지 않지만, 그것의 유쾌함에 대한 실험자들의 인식은 바뀐다. 삼킨다는 것이 감각적 특유의 물림이 생기는 데에 필수적인 요소는 아니다. 이

---

3   E. T. 롤스(Rolls)와 J. H. 롤스, "Olfactory Sensory-Specific Satiety in Humans," *Physiology and Behavion* 61.3(1997): pp. 461-73.

것은 어떤 감정가가 같은 종류의 맛이나 냄새를 반복적으로 마주하고 있는 와인 시음 동안에 약간의 효과가 있을 수 있다. 와인 통상 거래를 위해 열리는 성대한 시음회에서는 한 회기에 100가지나 되는 와인의 맛을 보게 되는 일이 상당히 흔하다. 만약 감각적 특유의 물림에 대한 결과들이 이러한 종류의 배경에서 추론된다면, 예를 들어 브레인은 타닌, 과일, 또는 오크와 같이, 흔히 맛 또는 냄새와 관련된 몇몇 구성 요소가 있을 거라고 추측하면서 최초의 와인과는 다르게 당신이 음미하는 마지막 와인을 처리하고 있게 될 가능성이 있다.

우리가 와인에 대한 정확한 표현을 인지하기보다, 오히려 우리 주변의 세상을 모델로 삼는다는 사실은 와인 감상에 있어서 타당성을 지닌다. 감정가의 맛에 대한 감식력은 측정 장치와 유사하지 않다. 예를 들어 말하자면, 그들의 와인에 대한 평가는, 분광광도계(spectrophotometer)가 실험실의 큐벳(Cuvette) 용기에 담긴 해당 와인의 광투과(光透過) 특성을 측정하는 것처럼 단지 그 와인의 특성만을 평가하는 것과 같지는 않다는 것이다. 로버트 파커와 그의 '100점 등급'으로 되돌아가 보자. 만약 그가 94/100점으로 평가한다면, 와인 애호가들은 이 점수를 그 와인의 특성으로 간주하는 경향이 있다. "이것은 94점짜리 와인이다." 하고 말이다. 그러나 그 점수에 대해서는 로버트 파커와 그 와인 사이의 상호작용의 특성으로 생각하는 것이 보다 적합하다. 즉, 그가 평가하고 있는 것은 부분적으로는 그에게 의지하고 또한 부분적으로는 와인 자체의 특성에 오로지 의지하는 그의 지각에 의한 경험이다. 비평가들은 그들의 와인과의 상호작용에 대해 보고하고 있다. 말하자면 그들은 자신들의 브레인 속에 있는 그 와인에 대해 의식적인 표현을 평점으로 매기고 있는 것이다. 이렇게 해서 우리는 와인을 말과 어휘들로 번역한다는 것, 이러한 번역이 그 체계에

233

얼마나 잡음을 가져오는지에 대한 것, 그리고 또한 언어가 실제로 우리의 표현들을 형성하게 해 줄 가능성이 있다는 것 등과 관련된 아주 흥미로운 이슈로 다가갈 수 있는 것이다.

와인을 묘사해 주는 "와인 언어"

The Times 신문의 최근 호에서, 조나단 메디스(Jonathan Meades)는 와인 묘사에서 언어가 사용되는 방식에 대해 폐부를 찌르는 말을 했다.[4] 휴 존슨(Hugh Johnson)의 아이콘이라 할 수 있는 *World Atlas of Wine*이 1971년 처음 간행되었을 때, 존슨은 시음 노트(주석)를 위해 80개 이하의 기술(묘사) 어휘를 제공하며 그것에 관해 언급했다. 메디스는 이러한 리스트가 발전해 온 방식에 대해 신랄하게 비난했다. "와인 제조의 세계화와 오늘날 와인을 구매하는 다양한 유형의 사람들이 그 어휘를 엄청나게 증대시켰다. 질적으로 다른 새로운 언어가 진화한 것이다. '세인트 제임스(St James)' 와 '생 에스테프(St Estèphe)'에 의해 확립된 오래된 방식은 바로 '코드'라는 것이었다. 그것은 자기 본위적인 다른 어떤 직업의 전문 용어만큼이나 희한하게도 딱 들어맞고 전문적이었다."라고 메디스는 말했다. "와인의 등급을 나누기보다는 오히려 그것의 특성들을 표현하려는 사람들과, 상인, 소믈리에, 작가, 애호가, 상시적 음주가가 만들어 내는 결코 체계적으로 정리되지도 않은 언어들을 증명하겠다며, 떠들썩한 일반 대중에게 압도되어 전문적 '코드'에 의해 구별하려는 옛 방식이 많이 사라지게 되었다."

---

4 조나단 메디스(Jonathan Meades), "Vintage Hyperbole, If I'm Not Mistaken," *The Times*(London), April 30, 2005.

라고 그는 말하면서, 그러한 이야기는 약간의 제한된 익살과 자기 풍자로 특징을 이룰 때가 많다고 덧붙였다.

메디스는 와인 담론에 관해 우려하며 중요한 질문을 제기한다. "우리는 무엇을 위해 와인 묘사를 시도하려 하는가?", "표준화된 특별한 용어들로 와인의 물리적인 특성을 연상시키는 학습된 코드를 사용하고 있는가?", 또는 "우리의 시스템에서 교육받지 않은 다른 이들이 공감하거나 이해할 수 있는 방식으로 거기에 실제로 있는 것을 묘사하려고 시도하는가?" 등이 그 질문들이다. 실제로, 양쪽 모두 어느 만큼은 진전될 가능성이 있다. 그럼에도 불구하고 우리가 이행하려고 시도하는 시스템, 즉 코드나 실제 삶의 묘사와 같은 것이 어떤 것인지를 알아내는 것이 중요하다. 이것은 다음과 같은 추가적인 질문을 하게 만든다. 어떤 언어적 수단들이 와인을 묘사하는 데 적합하거나 무방한 것이긴 한가? 어떤 이들은 있는 그대로 똑같게 표현되는 선에서 묘사해야 한다고 하고, 그에 반해 다른 이들은 경험하고 있는 것을 공유하기 위한 노력에 있어서 '은유'를 중요한 수단으로 여긴다. 우리는 환원주의자 같은 태도를 가지고 그것의 맛과 향의 구성 성분을 통해 와인을 분류하면서, 와인을 가능한 한 분명하고 정확하게 묘사하려고 노력해야 하는 것일까? 또는 보다 전체론적인 묘사를 확립하기 위해 보다 상징적이고 창의적인 언어를 사용하고는 있는가?

인지 심리학자인, 프레더릭 브로쉐(Frederic Brochet)는 이 분야에 관련된 몇몇 중요한 연구를 해 왔다. 그는 전문가들에 의해 수행되는 와인 감정의 관례를 연구했다. 그는 시음의 관례와 가르침이 빈약한 이론적 기반에 기초한다고 주장한다. "시음한다는 것은 표현을 한다는 것이며, '지식'을 처리하거나 '이해'의 과정을 수행할 때 브레인이 그 표현들을 교묘히 다루는 것"이라고 브로쉐는 말한다.[5] 이러한 맥락에서 '표현'이란 신체적 경험에 기초된 마음에 의해 구성되는 의식적인 경험으로서, 이 경우엔 와인에 대해 느껴지는 미각과 후각과 시각과 입에 닿는 촉각을 말한다. 브로쉐는 약간의 대단히 흥미로운 결론을 도출하고자, 자신의 표현을 언어화하기 위해 감정가가 사용한 어휘를 검토하는 '텍스트 분석'과, 어떻게 주제들이 작용하는지를 검토한 것으로부터 인지적 메커니즘을 추론하는 '행동 분석'이라는 방법을 사용했다.

텍스트 분석은 한 텍스트에서 사용되는 단어들의 통계적 연구를 포함한다. 브로쉐는 다섯 세트(set)의 데이터를 사용했는데, 그것은 가이드 아셰트(Guide Hachette), 로버트 파커(Robert Parker), 자크 뒤퐁(Jacques Dupont), 브로쉐 자신의 시음 노트와 포도주 박람회에 모인 44명의 전문가들이 기록한 여덟 개 와인에 대한 시음 노트로 구성되어 있다. 그는 여러 감정가들이 각자의 시음 경험을 묘사하기 위해 다양한 어휘를 사용한 방식을 연구했고 그의 여섯 개의 핵심 결과를 다음과 같이 요약했다. ① 각각의 묘사적인 표현들은 와인의 유형에 기초하고, 그 맛의 다른 부분들에는 기반을 두지 않는다. ② 그 표현들은 원형(prototype)의 것으로서, 와인의 유형을 묘사하기 위해서 특정한 어휘들이 사용되며 각각의 어휘는 와인의 유형을 나타내고 있다. 이렇게 또 다른 방식을 사용해서 감정가가 특별한 와인을 경험할 때, 그들이 그것을 묘사하기 위해 사용하는 단어들은 각각 이러한 와인의 종류와 연관된 단어들이다. ③ 사용되는 어휘 영역의 범위는 각각의 저자에 따라 다르다. ④ 감정가들은 선호하는 와인과 선호하

---

5 프레더릭 브로쉐(Frédéric Brochet), "Chemical Object Representation in the Field of Consciousness(의식 영역에서의 화학적 대상 표상)," 아카데미 Amorim 2001; http://www.academie-amorim.com.

지 않는 와인에 대한 특정한 어휘를 지니고 있다. ⑤ 컬러는 감정가들에 의해 사용되는 묘사적 용어들의 종류를 정리하는 데에 중요한 인자이다. 그래서 사용되는 그러한 종류의 기술 어구(句)에 영향을 미친다. ⑥ 문화적 정보는 감각적 묘사 속에 존재한다. 흥미롭게도, 브로쉐는 "인식적 표현을 언급하는 특정한 묘사적 용어들은 아마도 기억 또는 그 주제에 의해 듣거나 읽어서 알게 된 정보로부터 나온 것일 것이다. 그러나 혀나 코가 그 암호화의 대상일 수는 없을 것이다."라고 말한다.[6]

그다음 행해진 실험들에서, 브로쉐는 일련의 실험에 참가할 54명의 실험자를 초빙하여 진품의 레드와인과 화이트와인을 묘사하도록 했다. 며칠 후 그 똑같은 실험자들에게 동일한 화이트와인과, 천연의 맛이 나는 식용 색소로 붉게 만든 화이트와인을 묘사하도록 했다. 흥미롭게도, 비록 그것들 중의 하나는 실제로 화이트와인이었음에도 불구하고 두 실험 모두에서 그들은 동일한 용어를 사용하여 '레드와인'을 묘사했다. 브로쉐의 결론은, 맛과 향의 인식은 색깔에 따른다는 것이었다. 즉 시각은 대부분의 사람들이 생각하는 것보다 와인 맛을 음미하는 과정에 보다 많이 개입된다는 것이다.

두 번째 실험에서, 브로쉐는 똑같은 중급의 와인을 일주일 간격으로 사람들에게 제공했다. 그 방식은, 첫 번째 경우에는 그것이 '뱅 드 따블(vin de table)' 와인이라고 포장되어 사람들에게 제공되었고, 두 번째 경우에는 '그랑 크뤼(grand cru)' 와인으로 포장되어 제공되었다. 그는 그 시음 노트에서 사용된 '그랑 크뤼'와 '뱅 드 따블' 와인에 대해 묘사한 용어를 분석했는데, '많이'가 '약간'으로, '복잡한'은 '단순한'으로, 그리고 '균형 잡힌'

---

6 같은 책

은 '불균형의'라는 용어로 대체되었다.

브로쉐는 '인식적인 기대감'이라 불리는 한 현상을 통해 그 결과들을 설명한다. 이른바, 실험자는 사전에 인식했던 것을 감지한 다음에는 그것으로부터 벗어나기가 어렵다는 것을 깨닫는다. 인간에게 있어서, 시각적 정보는 화학적인 감각 정보보다도 훨씬 더 중요하다. 그래서 우리는 시각적으로 통찰되는 것을 더욱 믿는 경향이 있다는 것이다.

이로부터 우리는 와인의 언어로 그리고 감각적 경험을 나누기 위해 사용되는 문학적 장치들로 옮겨 가고자 한다. 먼저, 시각적 감각인 글자들이 어휘들로 바뀌는 문자 언어에 초점을 두어 보자. 우리는 이런 것에 너무 익숙해서 그것을 언급하는 것 자체가 어색한 것 같다. 어떤 페이지에서 단어들을 보자마자 이러한 시각적 감각은 의미들로 가득 채워진다. 러브레터나 세금 청구서를 생각해 보라. 시각적 감각들이 거의 즉각적으로 우리 내면의 감정적 반응을 자극할 것이다. (여담으로, 문자 언어가 복잡한 사회의 발전을 가능하게 했다. 그것은 우리의 정신적 영역을 표현할 수 있도록 해주었고 나아가서 그것을 위해 연필과 종이, 또는 노트북 컴퓨터를 사용하는 것도 가능하게 했다. 우리는 다른 사람들과 우리의 사고를 공유할 수 있고 이러한 장치들을 저장을 위한 도구로서 사용하면서, 한편으로는 가능하지 않을 것 같은 방식으로 글이나 개념을 세우는 생각들을 제때에 시시각각으로 더하게 된다.)

와인에 관해 쓰고자 할 때 우리는 그 반대로 행한다. 말하자면 맛에 의해 유도된, 그러나 기억과 학습에 의해 보태진 의식적인 인식을 한 페이지의 종이 위에 글자로 바꾸려고 시도한다. 그것을 통해서 그 똑같은 맛의 자극이 부족한 다른 이들에게 어떤 면에서 우리의 인식이 전해질 것이라 희망하면서 말이다. 우리는 우리 자신의 사적인 인식의 세계를 가능한 한 투명한 방식으로 공유하려고 하고 있다. 이것을 행하는 가장 효과적이

와인 심포지엄

고 합당한 방식은 무엇일까? 와인을 묘사하는 데에 있어서 화려한 비유적 언어를 지원받아야만 하는 것일까?

스페인의 카스틸랴 라 만차(Castilla-La Mancha) 대학의 〈현대 언어학〉 학과에서, 〈감각에 대한 번역: 와인 담론에서의 비유적 언어(*Translating the Senses: Figurative Language in Wine Discourse*)〉라는 매력적인 이름의 학술 프로젝트가 진행중이다. 거기에는 에르네스토 수아레즈-토스테(Ernesto Suarez-Toste), 로사리오 카블레로(Rosario Cabllero), 그리고 라쿠엘 세고비아(Raquel Segovia) 박사가 포함되어 있다. 그 프로젝트의 시작 단계에는 영국과 미국의 다양한 출판물(*Wine Advocate*, *Wine Spectator*, *Wine Enthusiast*, *Wine News*, *Decanter*, 그리고 Wineanorak.com)로부터 발췌된, 12,000개의 시음 노트로 구성된 일련의 데이터 모음이 포함되어 있다. 이 텍스트는 모든 추가적 정보가 첨삭되어 처리된다. 그렇게 사용된 비유어들은 꼬리표가 달리고, 그런 다음 관심 대상에 대한 어떠한 유형의 은유에서 각각의 경우를 추적하기 위해 용어 색인 리스트가 사용된다.

"와인과 관련이 있는 사람들은 항상 은유를 사용한다."라고 수아레즈는 말한다. "아로마 휠(The Aroma Wheels)은 향을 식별하는 데에는 괜찮다. 그러나 와인의 구조와 입에 닿는 느낌은 거의 항상 비유적인 언어의 사용을 요한다. 하나의 예로서 우리는 주로 와인을 의인화한다. 간단히 표현하기는 어렵지만, '와인의 냄새'라는 말 대신에 '와인이 코를 가지고 있다'라고 표현하는 것과 같은 것이다. 와인은 인격을 지니고 있고 인간의 미덕과 약점을 부여받는다. 와인은 관대하고, 매력적이며, 관능적이고, 변덕스럽거나, 수줍고 새침하며, 대담하거나 또는 공격적이다. 우리는 이렇게 와인을 인격화하지 않고는 거의 와인에 대해 생각할 수가 없다."[7]라고 그

---

7   퍼스널 커뮤니케이션(Personal Communication), 2005.

는 말한다.

우리는 맛과 향을 묘사하기 위해 가지고 있는 빈약한 언어 때문에 수식어에까지 손을 뻗친다. "모든 범위의 감각적 감상들을 전부 아우를 만큼 풍부한 표현의 가능성을 지닌 어휘가 없기 때문에 감각적 경험에 대한 지성화(知性化)가 언어를 비유적으로 사용하는 것과 불가분하게 연결되어 있다."라고 수아레즈는 말한다. "시집(詩集)처럼 인간의 삶에 관한 그러한 영역들이 연관되어 있는 한, 이것에 문제는 없다. 하지만 감각적 경험에 대한 고유한 주관성은 기술 묘사적 담화가 정밀 검사하에 놓일 때 무수한 어려움을 나타낸다."라고 그는 말한다.

이전부터의 훌륭하다는 시음 노트는 어떠할까? 그것은 감상하는 이의 향과 맛의 보고(寶庫)에 대한 기억을 표현해 주는 용어들의 조합과 언어의 함축적 의미에, 그리고 무엇보다도 수사적인 언어에 크게 의존한다. 문외한에 의한 의도적인 모호함으로써 인식될지라도, 그것은 와인을 음미하는 경험에 대한 소통을 가능하게 해 주는 중요한 도구임은 분명하다. 그것이 단지 부분적으로만 만족스러움을 주긴 해도 말이다. 사용되는 어휘는 다양한 비유적 현상(공감각, 환유, 은유 등)을 나타낸다. 그것들은 모두 무엇이 본질적으로 감각적인 경험인가를 또렷이 표현하는 데 없어서는 안 되는 도구이다.

그래서 우리는 와인을 살아 있는 생물로서의 와인, 한 조각 천으로서의 와인, 건물로서의 와인으로 표현하며, 심지어 로버트 파커에 의한 최근의 노트에서는 여왕으로서의 와인이라는 의미로 표현되기도 했다. 이러한 종류의 묘사를 비웃기는 쉽지만 그러한 은유들은 불가피한 요구에서 비롯된다. 말로서 와인에 대한 경험을 공유하기 위한 보다 정확한 방법을 갖고 싶어 하지만 그러한 정밀함은 존재하지 않는다. 그래서 스스로 단지 향과 맛의 이름을 짓는 것에 제한을 두는 사람들은 결국 이런 식으로 묘사될 수 없는 질감, 구조, 균형, 그리고 우아함과 같은 와인에 대한 몇몇 보다 중요한 특징적인 면들을 놓치고 만다.

"현재 우리는 구조와 입에 닿는 느낌에 사로잡히고 있다."라고 수아레즈는 말한다. "이러한 것들은 주로 건축물이나 직물과 관련한 은유들을 필요로 한다. 우리의 독자들이 흥미롭게 여기는 한 가지 호기심은 와인이 실크와 벨벳처럼 똑같은 표현의 시음 노트로 묘사될 수 있다는 점이다. 물론 그 용어들은 서로 양립할 수는 없다. 그 개념은 두 개의 서로 다른 직물에 대한 은유의 구현이기 때문이다. 그러나 비평가의 시각에서 보면 거의 같은 의미이다. 그 함축적 의미들은 유연하고 고귀하다. 어떤 와인이 화이트와인에서 더 많이 사용되는 '실크'라는 어휘의 느낌처럼 더욱 부드럽다고, 혹은 레드와인에서 보다 빈번하게 사용되는 '벨벳'이라는 어휘의 느낌처럼 더욱 따스하다고 표현될 수 있지만 근본적으로는 같은 것이다."라고 수아레즈는 또한 설명한다. 수아레즈와 동료들은 초기의 결과들을 컨퍼런스에서 곧 발표할 계획을 가지고 있다.

우리가 모두 같은 와인을 음미하고 있는 것일까?

와인 인식에서의 개인적 차이

이 에세이의 세 번째 주요한 주제는, 와인 감정가로서 우리 모두가 똑같은 맛 또는 적어도 대략 비슷한 맛의 세계를 공유하는가의 여부이다. 이것은 미각 정신물리학으로 알려진 심리학의 한 분과이다. 이 학문의 영역은 물리적 맛의 자극들이 정신에 의해 어떻게 인지되는가에 초점이 맞추어져 있다. 예일 대학의 외과 교수인 린다 바르토스후크(Linda Bartoshuk)는 이 분야의 선두적인 전문가들 중의 한 사람이다. 미각 정신물리학에 대한 자신의 연구에서 그녀는 어떻게 우리가 다양한 개개인들 가운데서의 감각적 경험들을 비교할 수 있는가에 대한 어려운 의문을 제기했다.

똑같은 병에 들어 있는 와인을 마시고 있는 두 사람은 공통의 경험을 하고 있는 것일까? "이것은 감각 분야의 과학에서 가장 흥미로운 질문 중의 하나인 것 같다."라고 그녀는 대답한다. 그러면서, "그것은 '우리가 직접적으로 경험을 공유할 수 없기 때문에 개인 혹은 그룹 간에 간접적으로 비교하는 방법이 필요한 것은 아닐까'라는 중대한 철학적 문제에 도달하게 한다."[8]라고 그녀는 말한다. 이 분야에 대한 그녀의 공헌 중의 하나는 '교차 감각(cross-sense)'이라는 비교분석을 사용하여 피실험자 간의 비교를 위한 신뢰할 만한 척도를 고안했다는 것이다.

개개인들 가운데 맛의 경험을 비교하는 문제의 일부는 유전적 차이로부터 기인한다. 이러한 메커니즘으로 가장 잘 알려진 것은 '프로필다이오유러실: PROP(6-N-propylthiouracil)'이다. 이 화합물과 그것의 화학적 관련 요소들은 특정한 쓴맛 수용자(감각 기관)를 자극하는 분류군(群)을 포함한다. PROP에 대한 맛을 느끼지 못하는 사람들은 최근에 '염색체 7'에 배치된 것으로 밝혀진, 두 개의 열성 대립유전 형질의 둘 중 하나 또는 둘 다를 지닌다. "나의 실험에서는 시음한 사람들 가운데서 큰 변화가 발견되었다. 즉, 가장 많은 미뢰를 지닌 사람들은 '슈퍼-미감각자'(supertaster: 미각이 뛰어난 사람)로 불리고, 보다 덜 가진 사람들은 '미디엄-미감각자'로 불린다."라고 그녀는 말하는데, 그녀에 따르면 "슈퍼-미감각자들은

8   퍼스널 커뮤니케이션.

네온(Ne: 희유 기체 원소) 미각 세계에서 살고 있으며, 그렇지 않은 사람들보다 미각 기능이 대략 세 배로 강렬하다."라는 것이다. 그러나 미각이 이러한 유전적 차이들에 의해서만 영향을 받는 것은 아니다. "미뢰는 구강의 화상과 통증을 전달하는 신경섬유들로 둘러싸여 있기 때문에, 슈퍼-미감각자들은 알코올과 같은 자극들로부터 보다 많은 구강의 화끈거림을 감지하며, 또한 보다 강렬한 구강의 촉감을 인식한다."라고 그녀는 말한다. 와인에서 타닌의 구조는 촉감에 의해 감지되며, 그래서 이것은 여기에서 매우 적절한 예이다. 바르토스후크는 계속 말하기를, "와인 음미를 통해 생겨나는 감각 경험에 대한 가장 중요한 특징은 어쩌면 '비후 후각 작용'일 것이다. 우리가 외부로부터의 냄새를 쿵쿵거리며 맡을 때, 이것은 들숨에서 1차적으로 직접 냄새를 느끼는 비후 후각 작용이라고 한다. 그리고 입속에 무언가를 넣었을 때 씹고 삼키는 작용이 휘발성 물질을 연구개 뒤쪽의 비강 쪽으로 들어가도록 펌프 기능을 하는데, 이것은 날숨에서 2차적으로 냄새를 느끼는 비후 후각 작용이다."라고 한다. 슈퍼-미감각자들은 보다 더 강렬한 비후 후각 작용을 지각한다. 아마도 그들이 보다 강력하게 구강의 느낌을 인식하기 때문일 것이다.

바르토스후크는, 맛을 감지하는 데에 있어서의 개인적 차이를 고려할 때 개인과 그룹 가운데 어떻게 감각적 비교를 할까? 처음에 그녀는 소금 용액(NOCL)의 가지각색의 희석물에 대한 반응들을 시음 기준으로 사용했다. 그러나 그녀는 이것이 PROP(프로필다이오유러실) 시음 상황에 의해 변했다는 것을 알았다. 그 대답은, 다양한 감각적 양상으로부터의 경험들이 인공적인 공감각적 형태에서 감지된 강도와 연관될 수 있다는 놀라운 관찰 결과를 이용하는 것이었다. 이것을 보다 더 간단하게 놓고 볼 때, 빛의 밝기나 소리의 크기처럼 미각보다 개인적인 다양성을 덜 보여 주는 이른바 직접적 관련이 없는 감각으로부터의 적절한 기준들을 사용하는 것은 실험자 사이에서 미각 강도에 대한 비교를 가능하게 해 준다. 예를 들면, 한 실험에서, 미맹(味盲)자들은 블랙커피의 쓴맛을 밤에 비추는 제로빔(zero beam) 이하의 헤드라이트 밝기와 연결 짓는데, 반면에 슈퍼-미감각자들은 그것을 밤에 약간 위로 높게 쏘는 제로빔 이상의 헤드라이트 밝기와 연결 지었다. 또 다른 감각으로부터의 적절한 기준을 사용하지 않고서는, 미각 강도로 분류된 척도들은 그룹과 개개인들 모두에게 있어서 타당하지 않은 비교를 하게 만든다.

맛의 인식에 있어서의 개인적 차이에 관해 회자되는 것들이 훨씬 많이 있지만, 여기에서 제시하는 다음의 내용에 대해서 차후에 더욱 많은 지면을 할애할 필요가 있을 것이다. 우선, 개개인마다 후각적 감각 기관을 수행하는 데 있어서 어떻게 다를까라는 점에 대해서, 그리고 맛에는 유연성이 있다는 점(맛은 시간이 흐르면서 안정성을 많이 보여 주지 않는다는 것을 우리는 알고 있다)에 대해 또한 다루어져야겠다. 사람들의 선호도는 학습과 경험에 따라 상당히 현저하게 바뀔 수 있다. 연령에 따른, 그리고 성별에 따른 변화도 있는 것 같다. 따라서 와인 인식에 대해 학습하고 기억하는 것의 장점을 보다 많이 알 필요가 있을 것이다. 매일 많은 와인을 맛보는 감정가들도 똑같은 와인에 대해서 상당히 다른 경험을 가지고 있는데, 하물며 간헐적으로 마시는 음주가에게조차 더 이상 그다지 유용하지 않은 정도의 의견을 가지고 와인에 대한 인식을 어떻게 바꿀 수 있겠는가?

맺음말

어휘의 도움으로 와인에 대한 인식을 공유하려 할 때 우리는 매우 다른 무엇인가를 행하려고 시도할 것이다. 와인을 음미하게 될 때 우리 자신의 많은 '요소'를 테이블로 가져올 것이다. 즉, 와인에 관한 문화, 와인 경험의 맥락, 그리고 시음회 경험에 대한 기대 등을 그 예로 들 수 있다. 그런 다음 우리는 시음을 하면서 맛을 경험하게 되는데, 그것은 맛과 냄새와 촉감 그리고 시각적 정보 입력으로 구성된 경험으로서 다양한 '전(前) 주의적'(역주: 실험심리학 용어로서, 주의를 주기 이전의 여러 가지 자극의 속성들이 동시에 처리되는 단계를 가리킴) 수준에서 함께 자주 묶이거나 심지어 단일 형태(unimodal)의 감각들을 스스로 수정하고 피드백할 수 있는 다중 양태의 감각적 경험이다.

맛이란 모호한 것이다. 그래서 개개인마다의 차이를 다른 감각들보다 더욱 많이 보여 준다. 따라서 와인을 음미할 때 그 와인에 관한 우리의 생각들을 표현하도록 돕기 위해 우리는 시음 경험으로 이끌어 주는 요소를 사용한다. 브로쉐가 보여 주었듯이, 와인에 대한 우리의 심적 표상은 원형적이다. 다시 말해서, 맛을 음미할 때 경험을 통해 우리가 음미하고 있는 와인의 종류가 무엇인가를 결정 내린다. 그런 다음 이것은 기술 어구들을 고르도록 도와준다. 또는 우리가 음미하고 있는 특별한 와인이 예를 들어 '뽀이약(Pauillac)'이라는 것을 알고 있다면, 이것이 우리가 맛을 음미할 동안 그 와인에 대한 우리의 생각을 특정한 방향으로 이끌 것이다. 우리가 개발해 왔던 그리고 각각의 감정가가 진화시켜 왔던 언어가 일부는 주의를 끄는 효과 때문에 그리고 일부는 와인에 대한 우리의 언어가 묘사를 형성하는 기틀을 마련해 줄 것이기 때문에 실제로 우리의 인식을 형성하게 된다는 것은 흥미를 자아내는 관점이다. 그것을 발견하지 못한다면 어떻게 우리가 무언가를 알 수 있을까? 와인을 위한 어휘를 지님으로써 우리는 각각의 와인으로부터 얻는 것을 보다 쉽게 알 수 있게 될 것이다.

그러나 시음 과정의 복잡함을 지적하는 것이 너무 어려운 일이니 하지 말자는 게 아니다. 말하자면 와인에 관해 시음 노트를 쓰거나 커뮤니케이션을 하는 것은 여전히 타당한 노력이라 할 수 있다. 오히려, 인식 생물학에 관해 더 많이 이해할 때, 그것은 우리로 하여금 이러한 과정의 결과에 대해 이해하도록 도와주고 와인을 평가하는 데 있어서의 가능한 정밀성이나 의견 일치의 정도가 실제와 더욱 부합하도록 해 준다. 와인 시음에서는 전문적 지식을 지녔다고 할지라도, 겸허한 자세로 음미해야 하고 와인 평가에 대해 천편일률적인 획일화를 옹호하려 들지 말아야 한다. 인식에 있어서의 무능력과 개인의 차이들은 종종 함께 혼합되기도 하지만 상당히 분리된 독립체들이다. 시음을 잘한다는 것은 어려운 기술이다. 그래서 똑같은 와인인데도 여러 감정가들 사이에 나타나는 어느 정도의 이견(異見)은, 의심할 바 없이 일부 와인 감정가들이 그것에 매우 능숙하지는 않기 때문에 비롯되는 것이다. 또 다른 견해의 차이는 문화적 차이나 경험의 정도 때문이기 쉽다. 그리고 생물학적 근거를 지니는 인식에서의 실제적 차이 때문일 수도 있다. 감정가들에게 여전히 중요한 위치를 차지하고는 있지만, 최고의 감정가에게 있어서는 이렇게 와인 평가에 대한 '새로운 통합'의 여지가 없다. 그러나 이러한 와인 인식에 관한 새로운 이해는 고급 와인에 대한 학습된 문화의 중요성을 강조한다. 학습된 문화란 다음에 오는 문화가 전에 있었던 문화의 토대 위에 생성된 것을 말한다. 와인 세계에서의 현재의 많은 갈등은 비교와 벤치마킹 과정에 의해 많은 정도로 학습이 된, 좋은 와인에 대한 심미적 감상 문화가 있다는 것을 인식하지 못해서 생긴 것이다. 즉 그것은 미학의 체계이기 때문이다. 그러나 그것은 또 다른 차원의 이야기이다.

전문적인 시음 노트에 비유적 언어가 적합한 것인가? 또는 보다 더 전문적이고 분석적인 기술어들을 목표로 나아가야 하는 것인가? 만약 우리가 가능한 한 정확한 인식적 커뮤니케이션을 추구하고 있다면, 구조와 질감과 같은 와인의 중요한 측면을 전달하는 다른 어떤 효과적인 방법이 부족하기 때문에라도 비유적 언어의 사용이 필수적이라고 말하고 싶다. 게다가, 전문적 언어로 표현하고자 한다는 것은 주로 와인을 그것의 구성요소들로 환원적 분류를 하는 것을 수반한다. 은유의 사용은 보다 총체적인 와인 묘사를 상기시킨다. 결국, 우리의 인식이 다중 양태이면서도 또한 단일한 것이기 때문에 그것은 더욱 타당하다. 또한 공감각적 은유의 사용은 와인 묘사에 있어서 중요한 위치를 지닌다. 공감각적 묘사는 말로 표현하는 것이 다소 억지스러울 수 있는 위험성이 있긴 하지만 우리가 진부한 시음 노트 용어들에 과도하게 의존하는 타성에 젖게 되지 않도록 신선하고 색다른 시각을 가져다줄 수 있다.

IV

와인의 미(美)

10

당신은 결코 홀로
건배하지 않을 것이다

와인 음미와 미학적 관습

더글라스 버넘 & 올레 마르띤 스킬레아스 Douglas Burnham and Ole Martin Skilleås

우리는 여기에서 와인 감상이 미학적이라고 주장하고자 한다. 즉, 말하자면 그것은 음악을 듣거나 그림을 바라보는 것과 유사한 활동이라는 것이다. 이러한 주장을 한다는 것이 쉬운 일은 아니다. 사실, 과거의 철학자들은 일반적으로 그것을 상당히 불가능한 것으로 일축해 왔다. 한 가지 중요한 이유는 우리가 심미적으로 감상하는 대상을 광범위하게 세 가지의 범주로 표현하는 경향이 있기 때문이다. 하나는 시각적인 것으로서 그림과 조각뿐만 아니라 춤과 건축이 이 범주에 속한다. 또 다른 범주는 청각적인 것인데 여기에 속하는 오로지 명백한 예는 바로 음악이다. 세 번째 범주는 언어적인 것으로서 소설과 시, 그리고 연극 대본이 포함된다. 이것은, 우리가 심미적으로 감상하는 대상에 관해 생각하는 방식에, 촉각과 후각 그리고 미각이라는 세 가지 감각들이 완전하게 녹아 있다는 것을 의미한다. 보거나 듣는 것은 '거리를 두고' 작용하는 데 반해, 이러한 촉각과 후각과 미각은 때로는 '인접하여' 작용하는 감각이라고 일컬어진다.

왜냐하면 그러한 감각들은 냄새와 맛을 느끼거나 그 대상을 만지면서 느껴지는 어떤 것이 우리 안에서 그에 상응하는 무언가를 불러일으키는 것과 관련되어 있기 때문이다. 어째서 이러한 감각들과 상응하는 주요 예술 범주(또는 심지어 소규모 예술 범주라도)는 없는 것일까?

우리의 에세이에서는, 미학적 대상에 대해 전통적으로 간주되는 것들의 범주를 넘어서는 영역으로까지 확장하고 싶다. 예술에 대해서 철학적으로 다루고자 할 때 대부분은 '예술가'의 활동과 사고에 초점을 두는 경향이 있다. 우리는 그와는 달리, '인지하는 사람' 또는 보다 정확하게 말해서 '인지하는 그룹'에 초점을 둘 것이다. 어떤 사람은 예술 작품을 구성하고 있는 사물에 대해 아무런 의문도 갖지 않은 채 미학적 입장에서 그것을 주목하는 것이 가능한 것 같다. 그러한 대상의 뚜렷한 예는 '자연'이라할 수 있다. 왜냐하면 아름다운 경치를 보는 것을 말하는 데 이상할 게 아무것도 없기 때문이다. 따라서 인지하는 사람의 측면에서 연구하는 것이 예술적 질문보다 더 보편적인 것 같다. 이러한 보편성은 와인이 예술이라고 굳이 주장하지 않더라도, 그 세 가지의 감각들 중 적어도 두 가지와 관련이 되어 있는 와인이 얼마나 우리에게 미학적으로 흥미로울 수 있는가를 이해하게 해 줄 것이다.

다음의 내용에서는 와인 감상이 미학적 활동으로 간주될 수 있고 또 그렇게 되어야만 한다는 입장을 유지할 것이다. 단, 우리가 '미학적 관습'이라는 특별한 감각에서의 '활동'을 이해할 때만 그렇다. 결국 무엇인가에 대해 즉각적이고 단순한 경험의 시각만을 가진 자의 관점에서는 미학적 관습이 와인 감상 또는 심지어 음악이나 시각적 예술 감상으로 간주될수 없다는 것으로 의미된다. 우리는 철학적 미학이 고독과 직관성 그리고 단순성과 더불어 시작하는 경향이 있다고 주장한다(때로는 그것이 그렇지 않

와인 심포지엄

다고 믿고 있을 때조차도 말이다). 또한 그렇기 때문에 와인이 미학적인 것으로 나타낼 수 있는 가능성을 도외시하는 경향이 있다고 우리가 계속 주장하는 것이다. 대신에 우리는 인지하는 사람들의 전체 맥락, 특히 그들이 과거에 학습해 온 것이나 그들의 기술과 능력들, 또는 그들이 보고 있는 것을 묘사하기 위해 사용하는 언어, 그리고 위의 모든 것에 대한 한 사람 이상 관련된 상호 주관적인 특성을 고려해야만 한다. 우리는 '기억의 집적' (funding 혹은 기억의 축적)이라는 표제로 사물에 대한 즉각적인 경험보다 앞서는 것처럼 보일 수 있는, 그러나 미학적 관습과 관련된 많은 것을 잡아내려고 노력할 것이다. '기억의 집적'과 더불어 미학적 관습은 다각적인 현상이며 이런 점이 우리로 하여금 와인 감상을 미학으로서 간주하는 것에 대해 반론을 제기하게 한다.

와인이 미학적 관심의 적절한 대상이 된다고 하는 데에는 두 가지 중요한 장벽이 있는 게 사실인 것 같다. 그리고 많은 이들이 우리가 그렇게 믿기를 원할 것이다. 첫 번째 장벽은 와인에 대한 반응이 너무나도 '주관적'이라는 것이다. 아마도 그것이 미각과 후각이라는 신체적 감각과 관련이 있기 때문일 것이다. 주관적인 것에 의하면 내가 와인을 좋아하는지 아닌지는 단지 나 자신의 문제이며, 다른 이들이 그것에 관한 타당한 관점을 가질 수 있는 문제가 아니라는 것으로 의미된다. 다른 한편으로, 우리는 예술에 관해 이야기하는 것이 심지어 누군가의 기호까지도 바꿀 수 있을 정도로 생산적이라고 느낀다. 인접한 감각들은 종종 가장 '주관적인' 감각으로 간주되기 때문에 와인 감상과 관련해서는 그러한 감상이 단지 '주관적'이라는 주장의 이면에 놓이기 쉽다. 두 번째 장벽은, 비록 첫 번째 문제가 극복될 수 있을지라도 다른 이에게 우리의 주관적인 미각에 관해 여전히 '의사소통'의 가능성이 없을 것이라는 것이다. 직접적인 묘사적 용어의 영역에 놓고 볼 때, 와인 감상의 언어는 종종 거짓된 것으로 그리고 심지어 의미 없는 것으로 간주된다. 그러나 여기에서 우리는 이 두 가지 장애가 착각일 뿐만 아니라 그것들은 심지어 별다른 논쟁거리도 아니라는 점을 보여 주는 것을 목적으로 하고 있다. 우리는 와인 감상이 '미학적 관습'이라는 것을 보여 줌으로써 그것을 다룰 것이다. 최근에 *Journal of Wine Research*[1]의 한 논문에서 유사한 주장이 입증되었다. 와인 감상이 '미학적 관습'이라고 말한다는 것은 그것이 음악회에서 교향곡을 듣거나 화랑에서 그림을 보는 것과도 같은 것으로 비유될 수 있다는 것을 의미한다.

우리가 이 에세이에서 보여 주고자 하는 관점은, 와인에 대해 반응하는 데에 있어서 두 가지 유형의 이론적으로 명료한 어휘들이 있다는 것이다. 하나는, 우리가 이제는 신문이나 그 밖의 어떤 곳에서 와인 비평가들에 의해 사용되고 있는 확립된 어휘를 지닌다는 것이다. 그것들은 전형적으로 아스트린젠트, 과일, 연기, 그리고 돌 등을 말한다. 다른 한편의 것은, 우리 스스로가 미학적인 어휘를 지닌다는 것이다. 거기에서의 전문 용어는 그림과 음악 작품, 그리고 문학 작품에서의 평가들을 공유하기 위해 예술에서 사용되는 것들과 현저하게 유사하다. 예를 들어, 전문적 와인 감정가들은 일군의 특정한 맛을 언급하지 않는 방식으로, 와인에 대해 종종 '균형 잡힌'이나 '정교한'과 같은 용어들을 사용할 것이다. 우리 생각에, 와인의 세계에서는 '불완전하게 이해되는'이라는 것과 '정교한'이라는 것이 같은 부류의 어휘인 것이다. 더욱이, 와인 감상 영역에서 사용하는

1 　스티브 차터스와 사이먼 페티그루(Steve Charters and Simone Pettigrew), "Is Wine Consumption an Aesthetic Experience?," *Journal of wine Research* 16(2005): 121-36.

용어는 미학철학의 영역에서는 거의 완전히 무시되기도 한다. 그러한 어휘가 어떻게 생겨나고 어떻게 작용하는지를 이해하는 것은 위에서 언급된 착오의 정체를 밝히는 데에 그 열쇠가 있다.

와인을 음미할 때 우리는 확실히 다른 이에게 우리의 감동을 전하거나 또는 정말로 그들에게 우리 자신에 관해 진술하는 데에 어려움을 가진다. 와인에 대한 경험을 묘사하는 것은 그야말로 매우 어려운 일이다. 감각적 인상은 대낮같이 또렷하지만, 단어는 우리가 경험하는 것을 전달하는 데에는 부족함이 있다. 클린스 브룩스(Cleanth Brooks)는 자신의 저서 *The Well Wrought Urn*의 「패러프레이즈의 이설(the heresy of paraphrase)」[2]이라는 시에서 형식과 내용 사이에서 날카롭게 구별하는 방식으로 의역을 했다. 패러프레이즈(바꾸어 말하기)란 다른 단어들 그리고 산문으로 그 시가 의미하는 것을 포착하려는 시도이다. 내용은 유지하지만 그 시에서 사용되는 특정한 어휘, 사운드, 리듬, 라임 등의 형태는 달리한다. 브룩스에 의하면, 와인의 형태가 또 다른 형태로 변형될 때 미학적 의미의 손실이 불가피하기 때문에 다른 말들로 똑같은 의미가 유지되도록 의도하는 '패러프레이즈'라는 것 자체가 불가능하다. 와인을 음미하는 경험에 대해 소통하고자 할 때 우리가 경험하는 어려움을 고려하면, 어떤 의미에 있어서 와인의 경험을 언어로 변형하는 것은 이설이라고 느껴질지도 모른다. 그러나 선택의 여지가 거의 없다. 와인에 대한 감각적 반응의 요소들을 식별하고 재확인 하는 능력은 언어학적 용어들에 달려 있으며, 심지어 비교하고 대조하는 능력과 경험에서 생겨난 우리의 지식을 가져오는 능력도 당연히 불가피하게 언

2 　클린스 브룩스(Cleanth Brooks), *The Well Wrought Urn*(New York: Reynal and Hitchcock, 1947), p. 201.

어적이다. 특정한 와인과의 만남으로 이끄는 지식과 경험인 '기억의 집적(funding)'도 또한 피할 수 없이 언어적이다. 달리 말하면, 와인을 음미하는 것과 그런 다음 우리의 반응들을 소통하는 것 사이에는 사실 예리한 구별은 없다는 것이다. 소통능력이 개발됨으로써 맛보는 능력도 또한 개발되지만 그와 반대로 맛보는 능력이 오히려 소통 능력을 키우기도 한다.

집적이란 우리를 미학적 대상에 대한 감상으로 이끄는 지식과 경험을 일컬을 때 사용하는 용어이다. 집적은 여러 측면을 지니고 있어서 이러한 것들을 탐색하는 것이 이해에 도움이 된다. 그것은 사실상 개념적인 또는 적어도 개념화할 수 있는 어떤 것이다. 그래서 어떤 그림과 같은 특정 작품에 대한 경험이 어떻게 그리고 왜 이전의 작품들에 의해 영향받았는지를 설명할 수 있게 된다. 이러한 집적은 소나타 형식을 갖추고 있는 한편의 음악 작품을 감상하는 것처럼 상당히 명시적이고 묘사적일 수 있다. 보통 '문화적 집적'이라고 일컬어지며, 그것을 포함하고 있기는 하지만 그것과 동일하지는 않은 이러한 종류의 집적은 형태들의 표상과 묘사를 어느 정도 표준화했다. 와인에 있어서는 그것의 종류와 스타일에 대한 지식이 이러한 개념적인 집적의 부분을 형성하는 것으로 보이기 쉬울 것이다. 예를 들면, 이러한 종류의 집적에는 숙성이 덜 된 '모젤(Mosel) 리슬링' 같은 와인 유형에서 나타날 만한 특성뿐만 아니라 빈티지, 숙성, 브리딩(breathing, 역주: 와인 미리 열어 두기) 등의 지식이 포함될 것이다.

두 번째 종류의 집적은 '관습적 집적'이라고 불릴 수 있을 것이다. 이것은 와인의 경험과 관련된 요소들을 인지하고 구별하기 위해, 그리고 첫 번째 종류의 집적인 개념적 지식을 전개하기 위해 개발된 능력이다. 심리학자들은, 평균적인 사람들보다 냄새와 맛의 요소들의 흔적을 상당히 더 잘 감지하는 이른바 '슈퍼-미감각자'[3]라고 해서 와인을 음미하는 데에 있어서 반드시 더 나은 것은 아니라고 믿는다. 이를테면, 그들은 종종 단지 알코올에서 나오는 '톡 쏘는 맛'과 '온열감'만으로도 위축이 되어서 와인의 즐거움을 전혀 발견하지 못하기도 한다. 이것은 와인 음미의 '관습적 집적'이 이미 단순한 '감각적 능력' 이상이라는 것을 가리킨다. '감각적 능력'이라 함은 맛과 향을 식별하는 능력을 의미한다. '관습적 집적'이란, 적어도 경험과 상호 주관적 관습의 맥락에서 발생하는 것에 의해 개발되는 감각적 능력이다. 따라서 그 두 가지는 서로 연결이 되어 있고 와인 감상의 경우에 이러한 개발은 일반적으로 예를 들어 와인에 대한 공식적 시음회 또는 시음 과정과 같은 특정한 환경에서 거의 항상 다른 것들과 함께 발생한다. 와인 감상에 대해 널리 인식된 많은 상호 주관적인 관습들이 있다. 여기에는 블라인드 형태의 시음, 미감이 흐릿해지지 않도록 시음하고자 하는 와인의 순서 정하기, 먹는 음식의 제한, 글라스의 유형, 와인의 온도, 시음 장소의 조명과 통풍, 너무 많은 알코올을 마시지 않기(또는 심지어 침을 뱉지 않기) 등의 지켜야 할 진행상의 절차가 포함된다. 이렇게 컨트롤된 상황들은 프로의 세계에서 특히 엄격하게 고수될지도 모른다. 그러나 평범한 아마추어 시음회조차도 그에 준하는 절차를 필요로 한다. 그것의 목적은 감상을 위해 요구되는 모든 유형의 것들에 대해 면밀하게 주의를 기울일 수 있게 하는 데에 있다. 과학적 실험에서 조건들과 변수들을 컨트롤하는 상황과 명백하게 유사하다고 할 수 있다.

그러나 이러한 유사성이 또한 잘못 유도되기도 한다. 어쩌면 설계된 실

---

3 슈퍼-미감각자(Supertasters)들은 남성 인구의 15%, 그리고 여성 인구의 35%에 달하는 것으로 여겨진다. 제이미 구드(Jamie Goode), *Wine Science: The Application of Science in Wine making*(London: Mitchell Beazley, 2005), pp. 169-74 참조. 또한, 제이미 구드(Jamie Goode), "Experiencing Wine: Why Critics Mess Up(Some of the Time)," 이 책의 9장 참조.

험의 목적이 그 실험에 대한 평가를 장황하게 만드는 것일지도 모르지만, 반면에 와인 감상이 일어나게 하는 관습들은 판단에 대한 해명이 적절히 가능하도록 고안된다. 개개인의 경우에 '관습적 집적'은 그러한 반복적인 활동 방식에 의해 개발된다. 그러나 그것은 또한, 단순히 무의미한 의식이 되지 않도록 작용하면서 정말로 와인 경험에 대한 설득력 있는 설명에 도달한다는 맥락에서 다른 것들과 작용하는 이러한 활동들을 수행하는 능력으로 구성되어 있다.

감각 능력의 개발은 바로 음악적 소양만큼이나 와인 감정가에게 중요하며 이러한 감각 능력을 개발하는 것은 음악의 비평가나 감상자에게도 크게 이롭다. 그러나 실제적인 '집적'은 오로지 감각적인 것만은 아니다. 그것은 또한 심미적으로 똑같이 성취되는 유형의 대상들에서 축적된 경험과도 관련이 있다. 이것은 이전에 숙성이 덜 된 '모젤 리슬링'을 맛본 경험이 이러한 두 번째 유형의 '기억의 집적'의 일부를 형성한다는 것을 의미한다. 반면에 우리는 와인에서 나타나는 이러한 특성들이 무엇인지에 대한 개념적 지식이 주로 첫 번째 유형의 집적의 일부를 더욱 더 형성하는 것을 보임을 알 수 있을 것이다.

어떤 와인의 향과 맛의 요소들을 구분하고 식별하는 능력에 관해 말할 때, 그것의 가장 중요한 측면은 언어의 개발이다. 후각 기능 연구자인 카디프(Cardiff) 대학의 '팀 야곱(Tim Jacob)' 교수는 다음과 같이 말한다.

후각 경험이 부족한 사람은 냄새에 대한 어휘를 가지고 있지 않다. 이것은 냄새를 묘사하고 정의하는 그들의 능력을 크게 제한한다. 와인 감정가의 기술 중 많은 부분은 어떤 종류의 분류 체계를 개발하고, 그런 다음 그 어휘의 범주를 냄새와 연관할 수 있게 될 때 비로소 생겨난다.[4]

관습적 집적에 대한 요구는 회화 예술의 감상에서도 또한 명백하다. 미학적 관습 하나만 거론하자면 말이다. 당신이 단지 추상적인 채색화(彩色畵) 화가가 그린 그림에 익숙하다면 이러한 종류의 그림에서 미학적인 것과 관련된 특징을 찾는 방법을 알 것이라는 것은 논란의 여지가 매우 적다. 그러나 친숙함이란 색과 색의 농담을 감지하는 능력이나 채색화 화가에 관한 개념적 지식으로 축소시킬 수 없는 어떤 것이다. 그것은 채색화 화가들이, 어떻게 작업되고 있는지 자꾸만 다시 확인해 가면서 채색한 그림으로부터 유도된 경험에서 나온다. 마찬가지로 와인 감상의 경우에서도, 관습적 집적은 향의 요소들 가운데서의 식별을 가능하게 하고 맛의 종류에 이름을 지을 수 있게 해 줄 것이다. 미묘한 냄새, 그것의 뉘앙스, 톡 쏘는 정도, 신맛의 느낌, 당도, 그리고 컬러와 같은 것을 명심할 필요가 있다. 실제로, 와인 상인이며 무역업자로서 한때 영국에서 가장 능력 있는 감정가로 존경받았던 브리스틀(Bristol)의 로널드 에이버리(Ronald Avery)는 한 저널리스트로부터 그가 '버건디'를 '클라레'로 오인했던 게 아니냐는 질문을 받았을 때, "점심 식사 마치고 나서 다시 보니 아니더군요…."라고 대답했던 적이 있다.[5] 여기서, 다시 말하고자 하는 것은 이러한 능력은 감각 능력으로 축소될 만한 것이 아니라는 것이다.

무엇보다도, 모든 향과 맛이 동등하게 미학적 판단과 관련이 있게 되는 것은 아닐 것이며, 관습적 집적은 관련성을 판단하는 능력을 포함시켜야 할 것이다. 더욱이, 미학적 판단은 결국 서로 간의 향기 또는 맛의 관계성

---

4 같은 책, pp. 173-4 인용.

5 휴 존슨(Hugh Johnson)의 *Wine: A Life Uncorked*(London: Weidenfeld and Nicloson, 2005) 에서, 이러한 의견은 약간 다른 용어로 말한 해리 워(Harry Waugh)에게서 비롯된 것으로 여기고 있다.

과도 관련이 있을 것이며 관습적 집적이 이것을 가능하게 만들어야 한다. 예를 들어, '균형'의 개념을 채용하는 감정평가는 단지 하나의 향이나 맛을 언급하는 것이 아니라 그것들 사이의 일련의 관계를 언급하는 것일 것이다. 감각들의 관계성을 경험하는 능력은 감각을 개별적으로 경험하는 단순한 능력과는 다른 것이다. 당신이 전에 맛보았던 와인들은 비슷한 것이든 아니든 서로 관련이 있을 것이다. 그래서 이전의 빈티지가 같은 와인 또는 제조자와 명칭이 같은 와인에 대한 경험들의 비교가 가능할 것이다.

그러나 맛의 감지, 맛 가운데의 구별, 그리고 심지어 서로 관련성 있는 맛의 다양한 요소들조차도 와인을 미학적 대상으로 평가하기에는 충분하지 않다. 프랭크 시블리(Frank Sibley)는 그의 매우 영향력 있는 논문, 「미학의 개념」에서 '균형 있는', '우아한', '심오한', '조화로운', '생생한', '강력한', '정교한', '한결같은', '섬세한' 등의 개념들이 '새롭게 생성된 특성'을 가리키고 있다는 것과, 그러한 개념들의 사용이 객관적인 기준을 적용하여 이루어진 것이 아니라는 점을 지적했다.[6] 오히려, 그러한 어휘들을 사용한다는 것은 그것들이 본래는 매우 단일한 미학적 판단에 기반 되었음을 나타낸다. 이쯤에서 보면, 만약 한 화가가 미학적으로 성공적이라고 판단되는 그림을 그리고 난 다음, 그 화가(또는 그 밖에 다른 화가)가 기법, 주제, 구성 등에 있어서 매우 비슷한 무엇인가를 그린다면 그 두 번째의 그림은 미학적으로 성공적이라고 판단될 수도 있고 혹은 그렇지 않을 수도 있는 것으로 의미된다. '매우 비슷하다'라는 것은 수많은 경우에서 사용될 수 있는 객관적 기준에 대해 첫 번째 그림의 미학적 성공을 감소시키

---

6   프랭크 시블리(Frank Sibley), "Aesthetic Concepts," in John Benson, Betty Redfern, and Jeremy Roxbee Cox(eds.), *Approach to Aesthetics: Collected Papers on Philosophical Aesthetics*(Oxford: Oxford University Press, 2001), pp. 1-23.

려고 하는 것과 관련이 있다. 개념적이며 실제적인 종류의 집적은 전이(轉移)가 가능한 지식인 반면에, 이 세 번째 종류의 집적은 그렇지가 않다. 미학적 판단은 그때 그곳에서의 마음에 존재하는 것, 이를테면 평가에 대한 단일한 행위 안에서 나타났던 특성에 기반을 둔다. 그리고 객관적으로 묘사할 만하고 보편적으로 바람직한 요소나 요소 덩어리들의 실재 또는 부재에 기반을 두지는 않는다. 미학적 성공은 단지 사전에 결정된 목록에서의 일련의 요소 또는 특정 항목을 체크한다고 해서 결정되는 것은 아니다. 이것은 문화적 집적과 결합된 관습적 집적이 반드시 미학적 판단으로 이끌어 주지는 않는다는 것을 의미한다. 심리철학에서 가장 자주 사용되는 용어를 적용하는 데 있어서 미학적 판단이 부수적으로 요구된다. 이것은 두 번째 유형의 집적이 필수적이긴 하지만 와인의 미학적 감상에 관여하기에는 충분하지 않다는 것을 뜻한다. 그러나 위에서처럼, 우리가 미학적 판단이 미학적으로 '그때 그곳에' 존재하는 것에 기반을 둔다고 말할 때, 이것이 객관적으로 묘사할 수 있는 요소들 또는 집적과 무관하다는 것을 뜻하지 않는다. 그와는 대조적으로, 미학적 특성들은 오직 이러한 근원들로부터 나올 수 있는 것이다. 오히려 문제는 이러한 발생을 설명하거나 예언할 보편적인 규칙을 제공하는 것이 불가능하다는 것이다. 따라서 '생생한'과 같은 특성이나 '균형 있는'과 같은 관계성의 속성에 대한 충분한 객관적 기준이 없다. 그래서 그러한 속성을 해명하려는 시도는 보통 지각 있는 길잡이를 통해 영향을 받는다. 예를 들면, 인식적인 요소들의 묘사는 부수적인 것들을 나타내기 위한 시도가 될 수 있을 것이다. "x의 냄새는 y의 냄새에 의해 균형이 잡힌다." 이러한 경우에 나타나는 묘사 방식은 '바라봄'에 대한 우리의 상호 주관적인 접근이며 그것의 요소들에 의해 미학적으로 성공적인 통합체를 붙잡는 수단이 된다.

스탠리 카벨(Stanley Cavell)은 그것에 대해, "그것은 어떤 것을 평가하기 위해 요구되는 방법들에 관한 문제이다. … 어떤 면에서 우리가 미학적 평가를 하기 위해서는 '보고 있는가?', '듣고 있는가?', '살피고 있는가?' 와 같은 여러 측면의 질문을 기본적으로 준비할 필요가 있다."라고 진술 했다.[7] 그러나, 그 말에는 평가들이 궁극적으로 "보고 있는가?"라는 질문 을 통해 정의되는 경우에 관한 것뿐 아니라, 또한 어떻게 심미적 능력들 이 개발되는가에 관한 것도 포함된다는 것을 의미한다. 다른 이들이 우리 에게 무엇을 해야 할지에 대해 간단히 말해 준다고 해서 그렇게 행할 수 있는 것은 아닐지라도, 적어도 우리가 그것에 대해 알도록 해 주기는 한 다. 이 세 번째 유형의 집적을 '새롭게 생성된 인식' 또는 '미학적 평가'라 고 부를 수 있을 것이다. 이 집적은 감지할 수 있는 냄새와 맛으로부터 나 오는 특성의 실재(또는 부재)를 파악하는 능력과 관련이 있다. 와인에서, '복합적'이라는 것이 무엇을 의미하는지를 안다는 것은 그것을 사전에 감 지했었다는 것이다. 또는 돌아보도록 도울 수 있는 안내자를 지니고 있 다는 것이다. 새롭게 생성된 특성들은 그럼에도 불구하고 감지된 특성들 을 기반으로 한다. 조화롭고 섬세한, 또는 그야말로 일시적인 역할을 지 니는 것들이 바로 이러한 일련의 냄새들이다. 그러므로 표상적 특성들을 감상하는 능력은 추가적인 능력이지만 관습적 집적 없이는 할 수 없는 것 이다. 다른 미학적 관습에 대해서 유능하다는 것만으로는 충분하지 않다. 비록 그것이 이로움이 있을 가능성이 있을지라도 말이다. 르네상스 그림 이 얼마나 미학적으로 조화로운지 또는 이탈리안 바로크 콘체르토가 얼

---

7   스탠리 카벨(Stanley Cavell), "Aesthetic Problems of Modern Philosophy," in *Must We Mean What We Say?*(Cambridge: Cambridge University Press, 1976), pp. 73-96(p. 93).

마나 섬세한지에 대해 이해하는 방식은, 와인 시음에서는 미학적 용어들을 적절히 사용함으로써만 오직 유추할 수 있을 것이다. 왜냐하면 그것에 의해 묘사되는 관계성이 완전히 다른 종류의 감각 특성을 통해서 나타나기 때문이다. 그러나 그 유추는 사실을 밝히는 데에 유용할 수 있을 것이다. 즉, 어떤 그림에서 '조화로움'에 대한 뚜렷한 특성의 유추를 사용하는 일군의 감정가들로 하여금 와인을 조화로운 것으로서 인식하도록 하는 데에 기여할지도 모른다. 비록 유추가 오늘날에는 점수에 기초한 비평에서는 좀처럼 사용되지 않을지라도, 유추는 또한 특정한 와인의 특성을 전달하도록 도울 수 있다. '피아트' 자동차 엔진이 달린 '허머(Hummer)' 차량과 같다는 고급 엑기스 '아마로네(Amarone)' 와인에 관해 말하는 것이, 감지된 과일과 연기와 돌의 느낌에 대해 말하는 것보다 그 와인의 특징을 더 잘 드러내 줄지도 모른다.

미학적 관습은 해석상의 합의를 이끌어 내도록 돕는데, 이것이 그 평가가 "또한 확실히 그것을 그렇다고 볼 수밖에 없다."라는 쪽으로 이끄는 이유이다. 그러한 평가의 조건과 그것의 결과는 평가의 커뮤니티라 할 수 있다. 폭넓게 비슷한 맛을 느낄 뿐만 아니라 비슷한 경향의 집적을 지닌 그룹은 커뮤니티로 간주되며, 따라서 그들의 와인 시음회의 절차에서도 비슷한 관습들을 따르고 감상을 즐기는 언어를 공유한다. 우리가 보통 기본적인 음식에 대한 기호와 같이 주관적일 것으로 또는 단순히 문화적으로 관계가 있을 것으로 이해하는 평가들과는 달리, 미학적 평가는 그것들 스스로가 규범적인 측면으로서 나타난다. 만약 내가 와인이나 또는 어떤 그림에서 조화로움을 확인한다면 확실히 당신도 또한 그럴 것이다. 당신이 정확하게 인지할 경우에만 그렇다. 우리가 일치를 이루지 못하게 될 때엔, 우리 중의 한 사람이 이질적인 요인들에 의해 과도하게 영향받고 있다거나, 불충분하게 영향받고 있다거나, 혹은 단지 아직 본 적도 없는 와인이기 때문일 것으로 의심하는 경향이 있다. 그러나 이런 방식으로 미학적 평가에 대한 규범적인 측면을 표현하는 것은 오해를 일으킬 수 있다. 전통적 미학은 개개의 인식하는 사람으로부터 외관을 추론하는 경향이 있다. 그렇다면, 인식하는 사람이 그들의 평가에 동의하는 것으로 나타날 때, 이것은 아마도 그들의 지각 능력이 유사하기 때문이거나 또는 다른 어떤 이유 때문일 것이다. 바로 위에서도 언급되었듯이, 무엇인가를 감지하는 것과 그것에 대해 소통하는 것 가운데서의 구분처럼, 관찰자들 사이에서의 일치 또는 불일치라는 사실은 개인의 경험이 있은 후에 그것에 의존하는 것으로 간주된다. 따라서 전통적 미학은 시각과 청각의 간격에서, 혹은 똑같은 것을 그대로 남겨 놓는 그림이나 다시 들을 수 있는 음악과 같이 재생 가능한 대상에서, 그리고 컬러나 톤과 같은 특성과는 대조적으로 공간 또는 시간에서 인식 가능한 모양 또는 형상에서 작용하는, 그야말로 너무 많은 감각들을 느끼도록 강요받는다. 따라서 전통 미학은 특히 맛과 냄새 등의 인접한 감각들과 관련된 경험들, 특별한 빈티지 또는 심지어 "바로 이 와인!"이라고 순간적으로 말할 수 있는 대상들, 그리고 그것의 여러 특성들을 간과하는 경향이 있다. 요컨대, 각각 개별적인 관점에서 출발함으로써 와인과 와인시음을 포함하는 몇몇 대상과 관습은 전통적 미학에 의한 고려 사항에서 다소 자동적으로 제외된다.

우리의 주장은 이러한 전통적 그림이 절차, 지식, 그리고 언어와 같은 것들을 오도하고 있다는 것이다. 상호 주관적인 와인 시음의 관례들은 개개의 사람들의 감상적 조건이다. 특별한 유형의 경험인 와인 시음은 확실히 개인적인 일에 속한다. 그러나 그것은 오로지 그 개인이 이미 와인 비평가들이라는 상호 주관적인 공동체에 속해 있기 때문이다. 말하자면, 나는 와인을 음미하기도 전에 나의 공동체의 평가에 폭넓게 동의한다. 그리고 내가 와인을 감상적인 태도로 음미하는 것을 가능하게 하는 것은 바로 이러한 동의이다. 상호 주관성은 유사한 능력에 근거할 필요는 없다. 하지만 오히려 비슷한 동일시의 도구(예를 들어 '집적'과 같은)와 판단의 양식을 개발하는 데에 근거를 둔다. 개인적 경험으로부터 공동체의 미학적 관습으로의 변화를 강조하는 것은 미학의 전통적 분야에서도 또한 유익할지도 모른다. 비록 이것이 너무 넓은 범위의 주장이어서 여기서는 완전히 입증하기는 어려울지라도, 만약 그것이 모든 것에서 미학적 현상으로서의 어떤 신빙성을 갖기만 한다면 그것이 와인 감상의 경우에서도 아주 명백하게 요구되는 어떤 움직임일 수 있기 때문이다.

세 번째 유형의 '집적'인 미학적 평가는 잡지, 뉴스, 또는 텔레비전 등의 매체 방식에 따라 영향을 받을 수도 있겠지만, 주로 더욱 숙련된 또는 유능한 다른 이들과 함께 훈련해서 직접 얻은 실질적인 미학적 관습의 일부가 되는 것을 통해 일어난다. 관습적 집적의 맥락으로서 위에서 논의했던 와인 감상 활동들을 상기해 보라. 각각의 감정가가 그들 자신의 결론에 도달하는 것을 보장하려고 노력하는 이러한 방식에서는, 감정가들 가운데 토론을 반대하는 것이 흔한 일은 아니다. 단언컨대, 이러한 관습은 그 감정가가 권력이나 보다 훌륭한 전문적 지식을 지닌 입장에 놓일 때 인지되는 누군가에 의해 영향받지 않는다는 것은 확실한 것 같다. 그러나 여기서 우리는 감상에 대한 상호 주관적인 설명을 면밀히 전개해 왔다. '논의하는 것이 불가함'이라는 관습은 개인적 감상가로부터 비롯된 것으로서 외형을 통해 추론하고자 했던 미학적 전통으로부터의 잔재일 수도 있다. 그래서 모든 것을 감안할 때, 가장 정확한 결과를 얻기보다는 가장 풍부하고 가장 제대로 된 결과들을 얻기 위해 그것은 아마도 재고가 되어야 할 것이다.

　지금까지를 요약해 볼 때, 와인 감상은 그 대상이 우리의 지력을 어떻게 관여케 하는가와 관련이 있는 음악 감상이나 그림 감상과 상당히 비슷하다는 것이 맞는 것 같다. 이것은 또한 차터스(Charters)와 페티그루(Pettigrew)에 의해 수행된 실험 조사에 의해서도 뒷받침된다. 그러나 이렇게 두 가지 종류의 대상에 대응하는 것과 관련된 언어에서의 유사성은 훨씬 더 중요하다. 좋은 와인을 감상할 때, 우리는 추상적인 그림과 음악 또는 다른 예술 작품의 감상에서 사용되는 것들과 똑같거나 또는 적어도 매우 비슷한 개념들을 사용하는 경향이 있다. 추상적인 그림이나 와인이 둘 다 일반적으로 '감상적인', '진부한', 또는 '신랄한'과 같은 개념으로 설명되지 않는 것은 아마도 그것들의 서술적 또는 명백한 감정적 내용의 부족함 때문일 것이다.

　처음의 단계에서는, 대상이 '미학적'이라는 사실은 주변의 다른 방식보다 오히려 감상적 활동에 의해 구성되는 것이다. 그런 점에서, 이러한 시도는 미학적으로 기억의 집적이 제공될 때 어떤 대상에 접근하게 될 수 있다. 가령, 묘사적 언어와 의미 있는 상호 주관적인 비교가 적소에 존재하고, 제대로 시행될 수 있거나 또는 적어도 상당히 유사한 감상 방식으로부터 차용될 수 있다고 가정한다면 말이다. 가전제품이나 가구를 말함에 있어서 상업적인 디자인들이 서로 크로스오버하고 있다고 종종 생각되는데 그것은 바로 앞서 말한 방식으로 그것이 감상되고 있음을 의미한다. 그렇다면 문제는 그 대상이 그렇게 집중된 관심에 보상을 해 주냐는 것이다. 어떻게 사물이 보상하고 있는지 또는 미학적으로 성공적일 수 있는지를 이해하는 것은 따라서 더욱 어렵다. 이 두 번째 기준에서의 감상은 새롭게 주목을 끄는 균형미, 조화로움, 섬세함 등과 같은 개념이 생기게 할 뿐 아니라 없어서는 안 될 필연성도 생기게 한다. 경험이 우리에게서 그러한 개념을 요구하는 것 같다. 사물을 감상할 때 이러한 개념이 존재하는 것은 가치 있고 의미 있는 것으로 간주된다. 요컨대, 어떤 것이라도 미학적으로 감상될 수 있지만, 그렇다고 모든 사물이 주목을 끌고 미학적 경험이 포함된 그런 감상을 보상하는 것은 결코 아니다. 하지만 우리는 이러한 보상을 그 대상에서의 단순한 어떤 존재로 생각하지 말아야 한다. 오히려, 그러한 특징들은 주목을 끌게 되어 있으며, 이러한 것은 우리가 보아 왔듯이 기억의 집적과 미학적 관습들을 바탕으로 해서 이루어질 가능성이 있다.

이것은, 와인 감상 그 자체의 집적된 관습과 방식에서 따로 떼어 언어 또는 어휘를 조사하는 것만으로는 어떤 흥미로운 결과에 도달하지 못하게 되는 경향이 있다는 것을 의미한다. 미학적 관습은 실제로 언어학적 구조에 의존적이지만, 그것을 그저 단순히 '이야기'라는 것으로 축소시킬 수는 없다. 언어의 묘사 방식은 맛의 성분을 감지하고 식별하는 것과 관련이 있다.[8] 묘사적 언어는, 예를 들어 단맛, 신맛, 과일이나 허브 맛 등과 같이 와인 자체의 보다 명백히 객관적인 특성들에서 발견된다. 언어는 이러한 점에 있어서 투명하도록 의도된다. 그러나 우리로 하여금 확실하게 와인을 미학적으로 평가하는 것에 대해 경계하게 하는 것은 바로 두 번째 유형의 어휘로서 미학적 개념의 존재이다. 이 어휘는 미학적 관습과 새롭게 나타나는 경험을 가리키는 것이지 객관적인 기준들을 말하는 것이 아니다. 그 자체에서 이 어휘를 본다는 것은 거의 불가피하게 그것이 속수무책으로 은유적이고 따라서 허세적이며 심지어 무의미하다는 결론으로

---

8 여전히 후각과 촉각적 인상을 또한 포함하는 것으로 널리 이해된다.

이끈다. 그래서 위에서 주장해 왔듯이, 그것이 와인 감상의 맥락과는 상당히 동떨어져 있을 때 그 맛의 경험은 잘못 이끌어진 묘사 말고는 그 어떤 것도 제공해 주지 않는다. 마찬가지로, 고립되어 사용되는 언어도 또한 그러하다.

따라서 로버트 파커의 와인 비평 스타일과 휴 존슨과 같은 몇몇 영국 와인 비평가들의 와인 비평 스타일 사이에서 보이는 널리 대중화된 차이들이, 실제로는 '성분의 구별'과 '미학적 평가'라는 이 두 가지 평가 기준과 관련이 있는 게 아닌지 궁금히 여길 수도 있다. 로버트 파커가 와인에 대해 진지하게 관심을 기울이고 있다는 것은 모두가 알고 있는 사실이다. 그의 *Wine Advocate* 매거진은 소비자들에게 와인에 대한 편견 없고 간단명료한 조언을 주기 위해 시작한 것인데, 명백히 랠프 네이더(Ralph Nader)의 기호에 의해 영향받았으며 매거진에서 파커는 와인도 다른 여느 소비 제품과 별다를 게 없다고 말한다. 그의 '100점' 와인 채점 방식은 약간의 논쟁을 야기했으며, 그에 따라 와인의 생산 방식에 대해 그는 영향력을 지니게 되었다. 이러한 논쟁이 미학적 평가와 관련이 있다고 여기는 한 가지 이유는 파커가 양적인 개념의 용어들로 와인을 묘사하는 경향이 있다는 것이다(하지만 와인 시음회의 패널들과 더불어 *Wine Spectator* 잡지는 훨씬 더하다). 많은 점수를 얻는 와인들은 '큰(big)', '중량감 있는(massive)', '엄청난(huge)' 등으로 묘사된다. 반면에 우아함과 미묘함에 초점을 두고 있는 보다 미학적인 용어들은 덜 인기가 있다. 우리가 가져 볼 만한 의혹은, 파커와 소비자들의 가장 좋은 친구이길 바라는 다른 감정가들이 미학적 평가를 할 때 바로 그런 특성 때문에 조심스러워하게 된다는 것이다. 양적인 개념과 관련된 언어의 사용은 보다 객관적이어서 간단명료하게 비평적 관심을 끌기에 적절한 영역인 것 같다. 그러므로 양적인 개념이 와인에서는 호평을 받는다. 잰시스 로빈슨(Jancis Robinson)이 "이것은 와인 제조업자들로 하여금 실제로 그들 스스로가 좋아하지는 않지만 어쨌든 제조하고 있는 와인들을 그들 자신의 기호보다 훨씬 더 훌륭하게 만들도록 이끈다. 왜냐하면 그러한 와인들이 높은 점수를 받을 것이라 생각하기 때문이다."[9]라고 말하는데, 로빈슨의 진술에 대한 응답으로, 인터넷의 로버트 파커의 사이트 게시판에서 한 독자는 "내가 보다 격조 높고 미묘한 맛의 와인을 이웃과 함께 하는 파티에 가져갈 때 나는 그것을 가장 잘 가져온 거라 확신하지 않는다. 보다 더 기품 있는 와인을 찾아내는 사람들은 종종 실제로 와인 전문가들이기 때문이다."[10]라고 쓰고 있다. 또 다른 평론가는 "시음 노트에서 보여 주는 몇몇 전문 용어는 공허하기만 해서 솔직히 그것의 허세에 진저리 난다."[11]라며 와인 비평의 현실적인 유파가 믿고 있는 것을 상당히 명확하게 말한다. 후자의 평론가가 매우 일리가 있을 수도 있지만, 그러나 그도 또한 비유적으로 말하자면 미학이라는 아기를 허세의 목욕물과 함께 버리고 있는 게 아닌가 생각된다.

　서술적 평가와 미학적 평가 사이의 이러한 구분은 와인 감상에 국한되지 않는다. 전 세계 갤러리에서, 허세적 주절거림에 해당하는 많은 것을 미학적인 평가라고 말하면서 그런 평가를 더욱 지지하는 경향이 있다.

　특별한 지식이 없는 사람들에게 그것은 허세적인 것으로 보일 것이다.

9　잰시스 로빈슨(Jancis Robinson)의 인터뷰, *St. Helena Star*, July 6, 2006. http://www. Sthelenastar. com/articles/2006/07/06/features/food_and_wine/iq_3503367.txt(accessed July 12, 2006)

10　피터 베어드(Peter Baird). http://dat.erobertparker.com/bboard/showthread. php?t=97998(accessed July 12, 2006)

11　에드 커스터드(Ed Custard). http://dat.erobertparker.com/bboard/showthread. php?t=97998(accessed July 12, 2006)

그러나 휴 존슨은 이렇게 말한다. "누가 마네(Manet)와 모네(Monet)의 등급을 매길 생각을 하겠는가?"[12]라고. 미국인 '시음의 독재자'(휴 존슨의 말임)[13]와, 휴 존슨 같은 감정가들 사이의 차이점은 그 점수 체계를 사용하는 것과 많은 관련이 있는 것 같다. 가장 명백하게 눈에 띄는 와인들만이 주요 목록에서 주목되는 경향이 있어서 '시음자의 미각'이라는 일련의 행동 양식이 발생하기 쉬운 대규모 시음회에서의 점수 체계가, 다소간의 차이는 있지만 세밀히 검토된 것으로 확인되는 와인에서의 탁월함에 대해 어떤 템플릿(양식)이 있다는 생각을 불러일으킨다. 감상이 다소 수학적 의미를 지닌다면, 이것은 와인을 미학적 대상으로 간주하는 데에 중요한 장애라고 할 수 있다. 그것은, 모두에게 쉽게 알려져 있고 모두가 알 만한 일련의 기준들과 반(反)하여 와인을 측정할 가능성이 분명히 있다고 와인 비평의 현실적인 유파가 믿고 있기 때문이다. "절대적인 것들에 대한 환상을 도입하라, 그러면 당신의 감식력이 틀림없이 잘 발휘될 것이다."[14] 그러나 그것만이 다가 아니다. 즉, 미학적 평가에 대한 제약은 바로 그것이 단일하다는 점이다. 그래서 와인이 하나의 가치 척도에 반하여 평가될 수 있다는 그와 같은 생각은 와인 감상의 이러한 중대한 측면을 모호하게 하고 난감하게 만든다.

와인에 관한 글을 쓰는 데 있어서 미국인 소비자와의 친화적인 접근에 앞서, 감정가들은 직유와 은유들을 사용하는 경향이 있었다. 특히 의인화된 것들을 많이 사용한다. "그들은 와인을 위해 존재하지 않았던 어떤 묘

---

12 존슨(Johnson), *Wine: A life Uncorked*, p. 43.

13 같은 책, p. 40.

14 같은 책, p. 43.

사적 언어로 그 차별성과 감정들을 표현하려고 노력했다. 그들은 매우 표현력이 있었을 것이다."[15] 이것을 이해하기 위해서는 와인을 시음해야 하고, 인간 모습과 행동에 대한 지식을 사용해야 한다. 때때로 작가나 비평가는 유행하는 용어나 개념을 사용하곤 했는데, "어떤 새로운 맛이 등장한 건지 아니면 단지 새로운 묘사만이 통용되게 되었는지를 알기가 때로는 어렵다."[16] 이러한 현상은 어떤 전문 용어의 습득과 응용이 와인을 감상하는 데에 얼마나 절대적으로 중대한가를 보여 주며, 또한 세 번째 종류의 집적 공유의 특성을 묘사한다. 그것은 또한 와인 감상에서 언어에 전적으로 중점을 두는 것이 얼마나 잘못된 길로 이끌 수 있는지를 보여 주기도 한다. 이를테면, 그와 같은 접근은 이러한 언어에 대한 명백한 허세와 독단성과 주관성을 강조하지 않을 수 없을 것이며, 따라서 양과 관련된 객관적인 언어 쪽으로의 경향을 강화하지 않을 수 없을 것이다.

이 에세이는 와인 감상이 미학적 관습이라는 것을 보여 주었다. 이것에 의해 두 가지가 언급되었는데, 첫째로, 우리가 어떻게 음악이나 예술을 감상하는지를 고려할 때와 광범위하게 유사한 방식으로 와인 감상이 미학적인 것으로 고려되어야 한다는 것이다. 둘째는, 그러나 적어도 와인의 경우에서는 단지 복잡한 일련의 활동, 능숙함, 지식, 그리고 언어 활용이라는 모든 것이 사실상 본래 상호 주관적인 방식에 의해서만 일어난다는 것이다. 결국 우리가 내린 결론은 그것이 한층 더 많은 함축적 의미들을 지녔다는 것이다. 와인을 감상함에 있어서 우리는 도입부에서 언급했던 그러한 '장애'들을 재고해야 한다. 즉, 그 장애는 와인의 경험이 너무

---

15 같은 책, p. 43.

16 같은 책, p. 48.

개인주의적이거나 너무 주관적이라는 점과, 맛과 냄새에 대한 경험에 관해 의미 있게 소통하는 것이 불가능하다는 점이다. 이러한 장애들은 *Wine Advocate* 유파의 와인 감상에 신빙성을 주는데, *Wine Advocate* 유파는 상대적으로 맛을 직접적으로 표현하는 어휘들과 양적인 평가를 지지하여, 질적인 평가와 그것을 전달하기 위해 개발된 '허세적인' 미학적 언어는 거부하는 경향이 있다. 그러나 그 두 가지의 장애는 편견인 것으로 밝혀진다. 와인 감상이 다양한 유형의 기억의 집적으로부터 나오는, 그리고 특히 상호 주관적인 활동을 통해서 나오는 현상이라는 것을 일단 이해하고 나면 이러한 장애들은 정말로 오해인 것을 알 수 있다. 심지어 개인의 경험과 그 경험에 대한 차후의 커뮤니케이션 사이의 차이에 관해서는 오해의 소지가 있다. 그러한 와인 감상의 결과들을 전달하기 위해 발생하는 미학적 어휘는 단지 주관적인 상태를 묘사하기 위해 속수무책으로 은유적 시도를 하는 것은 아니다. 오히려, 이때의 언어는 시음에 대해 일관성 있는 그리고 이미 상호 주관적인 관습의 요소이다. 이러한 관습은 개개인들로 하여금 두드러진 미학적 특성을 경험하는 것에 주목하고 그것을 공유하게 해 준다.

우리가 내린 결론들은 연구해야 할 몇몇의 다른 유효 영역이 있다는 것을 시사한다. 그리고 물론 우리가 제시한 책, *The Universal Nose*에서 이것을 살펴보기를 바란다. 다음의 두 가지 영역을 여기에서 제시하고자 한다. 첫째, 전통적 미학에서는, 와인 감상과 관련된 인접 감각에 대한 폄하는 '표현 형식'과 같은 특정한 미학적 개념들에 주어지는 명성과 관련되는 경우가 있는 것 같다. 만일 이 두 가지 사이에 진정한 관계가 있다면 인접 감각에 대한 우리의 입장을 회복한다는 것은 결국 미학적으로 어떤 핵심 개념들이 처음부터 재고되어야 한다는 것을 뜻하는 것일지도 모른다.

둘째, 우리는 와인 감상을 미학적 특질로 간주하는 것과 관련된 명백한 문제들을 미학적 관습의 개념 방식과 그리고 특히 감상의 상호 주관적 활동에 대한 강조에 의해 해결해 왔다고 생각한다. 이것은 또한 미학의 많은 핵심 개념이 세워지는 토대라 할 수 있는 전통 미학 안에서, 개개의 인지하는 자에게 부합되는 기본적 입장을 바꾼다는 것을 의미해 왔다. 따라서 이 에세이에서 논의되어 온 평가의 커뮤니티로 초점을 맞추려면 아마도 미학의 기본적 범주에 한층 더 많이 중점을 두어야 할 것이다. 결코 미미한 주제라 할 수 없는 와인 감상은 미학철학 안에서 상당한 변화를 위한 촉매제가 될 것으로 보인다.

11

당신이 좋아하든 말든
누가 상관할까,
이것이 어쨌든 좋은 와인이거늘

조지 가일 George Gale

미학에 관한 몇 가지 서언

미학적 이론은 두 가지 수행할 일이 있다. 첫째, 전형적으로 우리가 내리는 미학적 판단들을 뒷받침하고 설명해 주어야 한다. 둘째, 우리의 미학적 대상과 판단에 관한 담화의 폭을 넓혀 주고 깊이 있게 해 주며 총체적으로 풍부하게 해 주는 서술 장치를 제공해야 한다.[1] 어떤 미학적 이론이 궁극적으로는 우리의 판단에 관해 우리 자신 가운데에서 갖게 될지도 모르는 불일치를 자리 잡게 할 거라는 것이 내게는 석연치 않은 것 같다. 그러나 우리의 미학적 이론이 이러한 불일치를 보다 분명하고 보다 적절하게 만듦으로써 이해가 가능하도록 한다면 그것은 유용할 것이다. 제한적이지만 타당한 미학적 영역에서 어떤 불일치들을 깨닫게 하고, 명확하

---

1   이 점을 나에게 알려준 행크 프랑켈(Hank Frankel)에게 감사한다.

게 하고, 보다 알맞게 만들도록 도울 수 있는 미학적 이론의 요소들을 제 공하는 것이 나의 바람이다.

내가 주제로 삼고자 하는 것은 와인과 그것의 미학이다. 조각, 그림, 춤을 이야기하려 하지 않고 이러한 주제를 고른 좋은 이유들이 있다. 하나의 이유로서, 와인은 다른 어떤 주제보다 연구하기가 훨씬 간단한 대상이라는 점이다. 이것은 예를 들면 "한 잔의 와인이 미켈란젤로의 〈다비드〉, 모네의 〈수련(Water Lilies)〉, 또는 차이코프스키의 〈호두까기 인형〉보다 더 단순하다."라고 말할 수 있는 사실로부터 기인한다. 첫째로, 오로지 맛을 보고 냄새를 맡음으로써 와인이 주로 어필하는 감각들은 다른 미학적 대상을 평가하는 방식보다 더 간단하면서도 중요한 방식에 속한다.[2] 위에서 예시한 세 가지 예술 작품의 경우에서 근본적으로 관련이 되는 '시각'은 본질적으로 '미각'이나 '후각'보다 더 많은 복잡성을 나타낸다. 따라서 와인에 대한 우리의 감각 반응은 이러한 각기 다른 세 가지의 대상들에 대해서보다 절대적으로 더 단순하다. 둘째로, 미학적 대상 자체라는 점에서 비록 와인이 복잡한 대상이긴 하지만 그것은 결코 다른 세 개의 예술 대상만큼 그렇지는 않다. 예를 들면, 와인에서는 춤에서만큼 시간이 중요한 역할을 하지는 않는다. 마찬가지로, '3차원'이라는 것도 와인 평가에서는 그것이 어떤 역할을 하지 않지만 조각의 미학에서는 보다 더 중대한 역할을 할 것이다. 또한 시각적 구성도 그림에서는 필수적이지만 와인에서는 필수적인 역할을 하지는 않는다. 이러한 이유들 때문에, 와인은 대부분의 다른 미학적 대상들보다는 보다 단순한 분석의 대상이다.

---

2 감각 채널에 의해 전달될 수 있는 정보라는 점에서 이러한 경우가 대부분 쉽게 생긴다. Cf. 조지 밀러(George Miller), "The Magical Number Seven, Plus or Minus Two: Some Limits On Our Capacity for Processing Information," *Psychological Review* 63(1956): pp. 81-97.

그러나 미학적 대상으로서의 와인과, 다른 세 가지 예술 작품의 경우 사이에서의 이러한 중요한 차이들을 고려할 때조차, 와인이 미학적 대상 이라는 것을 단순히 부정하게 되지는 않는다. 와인에 대한 효과적인 미학 적 이론이 우리에게 어떻게 확장을 하는지에 따라, 말하자면 조각, 그림, 또는 춤과 같은 다른 미학적 영역들로 어떻게 나아가는가에 대한 몇 가지 단서들을 매우 잘 제시할 수 있을 거라고 나는 기대한다.

다음의 내용에 대한 나의 접근 방식은 '자연주의적' 방식이다. 확실히 이 개념은 애매하고 모호하다. 왜냐하면 자연주의의 유형과 종류와 양식 은 무수히 많이 존재하기 때문이다. 그러나 여기에서는 내가 의도하는 것 에 관해 약간 더 구체적으로 다루고자 한다. 우선, 어떤 종류의 미학적 판 단은 모든 인간에게 있어서의 타고난 권리로서 자연 발생적으로 우리가 행하게 된다고 말하고 싶다. 말하자면, 우리는 어떤 무분별한 행동들을 함에 있어서, 상당히 자연스럽고 자유롭게 마치 우리가 미학적 판단을 하 고 있는 것처럼 행동한다. 예를 들어, 아기들을 대상으로 광범위하게 반 복적으로 이루어진 실험에서 모든 문화에 속한 아기들이 인간 얼굴에 대 해 상당히 자연스럽게 미학적 판단을 한다는 것을 알 수 있다.[3] 더욱이, 아 기들은 상당히 간단하게 선호하는 것들을 표현한다. 다시 말해서 모든 문 화의 아기들이 규칙적인 특징, 균형 잡힌 모양, 그리고 특별한 표정을 가 진 얼굴을 선호한다고 알려져 있다. 매우 흥미롭게도, 아기들이 지니는 그러한 종류의 선호는 성인의 삶으로 연장되는 것 같다. 아기들에 의해

---

3 애나 고슬린(Anna Gosline), "Babies Prefer to Gaze Upon Beautiful Faces," *New Scientist*, October 6, 2004; 주디스 H. 랑글로(Judith H. Langlois), 로리 A. 로그만(Lori A. Roggman), 리타 J. 케이시(Rita J. Casey), 진 M. 리터(Jean M. Ritter), 그리고 로레타 A.리서-대너 (Loretta A. Rieser-Danner), "Infant Preferences for Attractive Faces: Rudiments of a Stereotype?," *Developmental Psychology* 23.3(1987): pp. 363-9.

선호되는 많은 똑같은 특징, 모양, 그리고 표정들은 성인들에 의해 '즐거운', 혹은 '매력적인' 등으로 판단된다.[4]

우리 인간들은 이러한 종류의 판단을 상당히 자연스럽게, 그야말로 자동적으로 하게 되는 것이 분명하다.

반대로, 자연주의에 대해 내가 분류하는 두 번째 측면은 우리와 관련된 미학적 대상들이 자연적 특성을 가진 대상이라는 단순한 관점에 따른다. 이것은 그 대상이 공예품 같지 않다고 말하고자 하는 것이 아니다. 명백히 〈다비드(David)〉 조각상과 한 잔의 '피노 누와(Pinot Noir)'가 인간의 숙련된 산물이라는 점에 있어서는 똑같이 공예품이다. 그러나 그것들이 표현하는 특성들은 단순하든 혹은 복잡하든 간에 자연의 특성들이다. 나는 와인을 미학적으로 판단하면서 전개되는 사항을 분석할 때 직접적으로 이러한 사실에 의존한다. 간단히 말하자면, 와인의 자연적 특성은 와인의 미학에 본질적으로, 필수적으로, 그리고 필연적으로 존재하는 요소들이라는 것이 나의 관점이다. 그러나 나는 여기서 의미하는 것에 대해 아주 명확히 할 필요가 있다.

흄(Hume)은, "그렇다"가 "당연히 그래야 한다"를 뜻하지 않는다고, 또는 보다 일반적으로 말해서, '사실'이 '가치'를 내포하는 것은 아니라고 주장한 것으로 유명하다.[5] 나의 견해는 흄과 상당히 일치한다. 즉, 가치 판단(도덕적 판단이든 또는 미학적 판단이든)에 있어서, 주어진 어떤 경우에 그

---

4   나는 성인의 판단이 문화적 학습에 의해 확실하게 영향받지 않는다고 주장하고 있는 것이 아니다. 오히려, 여기서는 시간을 넘나드는 판단에 구별 가능한 일관성이 있다는 단순한 주장을 약하게 하고 있다. Cf. 주디스 랑글로(Judith Langlois),"The Question of Beauty" http://www.utexas.edu/opa/pubs/discovery/disc1996v14n3/disc-beauty.html

5   데이비드 흄(David Hume), *A Treatise of Human Nature*, eds. L. A. Selby-Bigge and P. H. Nidditch(Oxford: Oxford University Press, 1978), pp. 469-70.

러한 가치 판단으로 이끌기에 충분한 정도의 사실들이 있는 것은 아니라는 것이다. 그러나 나는 주어진 가치 판단에 대해 필수적으로 특정한 사실들이 있다는 것이 상당히 명백하다고 생각한다. 이른바, 그 가치 판단은 단지 어떤 사실들이 진실일 때만 유지된다. 만약 사실들이 거기에 없다면 가치 판단도 또한 거기에 있을 수 없다. 이것이 자연주의적인 주장이라는 것은 분명할 것이다. 그러나 나는 여기에 명백한 착오 또한 없다는 것도 똑같이 명확히 밝히고자 한다.

마지막 의견은 다음과 같다. 맛이라는 관점에서 볼 때, 와인은 맛의 문제가 전부라고 종종 주장된다. 따라서 "이것은 훌륭한 와인이다."라고 말할 때, "나는 이 와인의 맛을 선호한다."라고 말하고 있을 뿐이라는 것이다. 그러나 매우 확신하여 말하건대, 이것이 그러한 경우에 해당한다고 볼 수는 없다. 아래에서 제시하는 설명에서, "이것은 훌륭한 와인이다."라는 것이 왜 옳은가에 대한 설명을 하기 위해 와인의 특성들을 언급하겠지만, 감정가에 관한 세부 사항들은 언급하지 않을 것이다. 하지만 이 판단이 궁극적으로 단지 "나는 이 와인의 맛을 선호한다."라는 것을 의미한다는 가설에서는, 이러한 판단이 옳다고 진술되는 설명은 어떤 면에서 보면 감정가에 대한 개인의 자서전적인 특성들을 언급하는 것이 분명하다. 결국, 그 두 가지의 판단은 두 개의 상당히 다른 범주의 설명을 언급한다. 이른바 그것들은 두 가지의 상당히 다른 범주의 판단인 것이다. 나의 진술에서는, "이것은 훌륭한 와인이다."라는 언급에 감정가의 개인적 자질이나 이력에 관해서는 절대로 아무것도 포함되어 있지 않다. 오히려, 그러한 주장은 와인 그 자체에 관한 것일 뿐이다.

이제 내가 설명하고자 하는 바를 살펴보기로 하자.

미학적 판단에서의 실증적 제약

만약 내가, "이것은 훌륭한 와인이다."라고 말한다면, 나는 무엇을 의미하고자 하는 것일까? 명백히 이것은 미학적 판단이다. 그러나 단지 미학적 가치들이 미학적 판단을 하는 것에만 관련이 있는 것일까? 또는 다른 요인들, 특히 실증적 요인들도 또한 관련된 것일까? 나에게는 실증적인 요인들도 본질적으로 이러한 미학적 판단과 관련이 있는 것 같다. 그러나 이러한 특정한 요인들이 사실이라면, 그 판단은 거짓일 것이며 논증적으로도 그럴 것이다. 내 생각에는, 많은 실증적 요소들(예를 들면, '테루아르(terroir)'는 물론이고, 심리적, 생화학적, 지각적, 그리고 법률상의 요소)은 와인에 관한 미학적 판단에 있어서의 제약으로 작용한다. 예를 들어 이런 제약들에 위배된다고 한다면 그것은 평가된 그 와인이 고급 와인으로 되는 것이 불가능함을 말해 주는 셈이다. 따라서 가장 간단하게 말해서 이러한 제약들은 "이것은 훌륭한 와인이다."라는 판단을 위해 필요한 제약으로서 작용한다고 할 수 있다.

게다가 이러한 요인들 중의 하나인 '테루아르'는 평가된 와인의 유형에 관한 구체적인 요건들을 설정한다. 어떤 공정한 와인 평가에서, 와인의 유형에 관한 판단은 실증적으로 식별 가능한 것들, 궁극적으로 "이것은 훌륭한 와인이다."라고 말할 수 있는 필수적 요소들에 기초된 이론적 가설이기 때문에, 우리는 여기서 궁극적인 미학적 판단에 대한 매우 강한 실증적 제약을 보게 된다.

이제 어떻게 이러한 제약들이 와인의 미학적 평가에 영향을 주는지를 법률적인 것들부터 시작해서 살펴보기로 하자.

1 법률상의 제약

와인에 있어서 법률상의 제약이 가장 일반적이다. 그러나 그것들은 또한 우리의 분석의 목표가 무엇인지를 드러내는 데에 매우 유용하다. 모든 와인 제조 국가뿐만 아니라 유럽 연합과 같은 크나큰 정치적 세력들이 와인에 관한 규정을 더 복잡하게 만들었다. 이러한 규정들은 '정의, 경고, 금지, 권고'로부터 유래하는 '정리(定理)'로 구성되어 있다. 와인의 생산, 유통, 소비, 그리고 품질은 어떤 와인 생산 국가의 농업적, 경제적, 그리고 행동적 활동에서 중요한 요소들이기 때문에 그 규제들이 그것의 생산, 유통, 소비, 그리고 품질 자체보다 덜 정교할 수 없다. 조금도 과장하지 않고 말하건대 그것들 자체가 극히 복잡하다.

미국에서 와인 생산은 *27 CFR (Code of Federal Regulations)*의 규정에 의해서 규제되는데, 정부에 의해 출간된 소책자로서 상당히 오래되어 더럽고, 얼룩지고, 많이 사용되어 각 장이 서로 분리된 그 책은 미국 내의 그 어떤 와이너리 도서관에서든 발견될 것이다. *27 CFR*에 의하면, 와인은 포도를 알코올 발효시킨 제품이다. 과일, 채소, 꽃, 꿀 등의 다양한 알코올 발효 제품은 사과 주스, 배즙, 벌꿀술 등과 같이 그들 자신의 특별한 이름을 가지거나, '딱콩 나무 열매' 와인이나 '민들레' 와인과 같은 적격의 이름을 가지고 있다.

'와인'의 많은 흥미로운 특성은 그것이 포도로 만들어진 것에서 기인한다. 예를 들면, 가장 흔한 범주에 속하는 테이블(식사용) 와인은 12%에서 14%의 알코올을 함유하라는 법에 의해 제한된다. 이 법률적인 가치의 범위는 임의적이거나 인습적이지 않다. 보통의 재배지에서 익은 와인은 22%에서 26%의 용해성 당(sugar)을 생산하고, 이스트가 그 당의 약 55%를 알코올로 전환한다. 따라서 테이블 와인은 단지 보통의 익은 포도송이

와인 심포지엄

가 정상적으로 발효한 평범한 상품이다.

2 생리적인 제약

와인이 그것을 마시는 사람의 생리와 상호작용한다는 단순한 사실은 와인의 특성과 품질에 엄격한 실증적 제약을 준다. 아무리 고급 와인이라 해도, 그것 대부분이 반드시 대단한 것들일 수는 없다. 두 가지 차원이 즉시 마음에 떠오른다. 즉, 산성에서 비롯되는 '시큼함'과, 타닌에서 비롯되는 상큼하지만 '톡 쏘는 듯함'이 바로 그 두 가지이다. 이것들은 둘 다 모두 포도의 자연 성분이다. 따라서 그러한 것들은 식탁용 와인의 자연적 구성요소인 것이다.

포도는 자연적으로 산(acid)의 혼합물을 포함하는데, 그중에서도 주요한 것은 '타르타르산(*tartaric acid*)'이다. 포도즙이 발효될 때, 대개 산의 신맛은 그 발효된 와인에서 변하지 않은 채로 남아 있다.[6] 산도는 'pH 척도'에 의해 측정되며 범위가 1에서 14까지에 이르는데 1은 기본적으로 '배터리'의 산이고 14는 '배수관 클리너'의 산이다. 와인은 상당히 시큼할 수 있는데 덜 익은 초록 사과만큼 새콤하다. 그러나 그것은 1의 pH를 가질 수 없다. 포도가 이러한 산성을 지닐 수 없다는 사실과 완전히 별개로, 인체 생리학적으로 배터리 산을 마실 수 없다는 것은 분명하다. 다른 한편, 와인은 14의 pH를 가질 수 없다. 달리 말하면, 인간은 배터리 산보다 배수관 클리너 산을 훨씬 더 잘 활용하지는 않는다는 것이다. 여기서 나의 관점은 상당히 일반적인 것이다. 말하자면 와인이 인간에 의해 소비된다는

---

6 한 가지 예외로서, 사과산은 종종 세균에 의해 야기되는 젖산 발효를 통해서 보다 더 순한 젖산으로 변형되기도 한다.

사실이 와인의 특성에 불가침의 제한을 설정한다는 것이다. 이러한 관점은, 대부분의 와인이 인간 음주가의 생리학에 의해서가 아니라 포도의 생리학에 의해 설정되는 범위인, pH 2에서 4정도쯤의 범위에 자연스럽게 이른다는 관점과는 또 다른 문제이다.

톡 쏘는 수렴성도 비슷하게 작용한다. 타닌은 나뭇잎, 나무껍질, 그리고 과일 표피와 같은 식물 표면의 자연적 요소이다. 타닌이 인체의 생리와 상호작용할 때, 그 상호작용하는 피부가 오므려지며 수렴성이 인지된다. 수렴성이 전혀 없는 범위에서부터 매우 많은 범위에 이르기까지 다양하다. 양조 차(茶)에 대해 생각해 보라. 본래의 물은 수렴성이 없다. 적당히 우려내진 차가 현저하게 입이 오므려지게 한다. 그래서 너무 강한 차는 거의 마실 수가 없다. 너무 많은 타닌을 가진 자연적으로 생겨난 과일의 예로는, 북아메리카 토종의 작은 과일로서 벚나무의 일종인 초크체리(chokecherry)를 들 수 있다. 그것의 이름이 말해 주듯 초크체리 과일을 섭취할 때 목이 메는 반응을 야기해서 결국 그 과일을 삼키기가 어렵게 된다.

명백히, 인체 생리학은 아주 높은 수치의 타닌이 들어 있는 무엇인가를 마시지 못하도록 우리를 제한한다.[7] 결국, "이것은 훌륭한 와인이다."라는 판단은 그것의 pH가 어느 정도 적절한 범위에 있을 때와 그것의 타닌 수치가 초크체리와 비슷한 정도라면 맞는 것이 된다. 알코올 함유량, 휘발성의 산성도 등과 비슷하게 기능하는 것들도 있겠지만, 나는 여기서는 단지 두 가지 제약, 즉 산성과 수렴성에 대해서만 언급하고자 한다. 각각의 것

---

7 초크체리 벚나무 씨앗과 시들은 나뭇잎들이 시안화물(cyanide)을 또한 포함하고 있다. 가축들은 그 열매의 위험을 잘 깨달아 알고 있다. 그러나 물과 적당히 희석된, 그리고 순화되어 톡 쏘는 맛이 훨씬 덜한 초크체리 주스와의 혼합을 통해 꽤 훌륭하고 흥미를 불러일으키는 와인이 명백히 야생 초크체리로부터 만들어질 수가 있다. (University of Saskatchewan. http://www.gardenline.usa 또는 .ca/fruit/choke.html)

은 순전히 자연적이고 경험적인 제약을 와인의 미학적 가치에 두고 있다.

그러나 다르게 작용하는 제약들도 또한 있다. 그 제약들은 전혀 와인 이나 법률적인 어떤 것에 중점을 두는 것도 아니고 와인을 마시는 사람의 생리학에 중점을 두지도 않는다. 오히려 와인 재배와 와인 제조 과정의 요소들에 중점을 둔다.

3   전통과 관습 기반의 제약: 테루아르

포도가 북극 근처의 북반구 어디에서나 기본적으로는 자라고 있지만 그 어떤 단일 품종도 모든 곳에서 다 잘 자랄 수는 없다. 그리고 모든 품종은 어떤 특정한 장소 또는 기껏해야 각각 바로 자신의 특정한 토양과 기후와 지역적 특성을 가진 약간의 상당히 제한된 몇몇 장소들에서만 번성한다. 일부 기초적인 계열의 진보적 생물학을 고려하면, 이것에 대한 그 어떤 것도 우리에게는 아주 조금도 놀랄 일이 아닐 것이다. 수천 년 이상 동안, 포도 재배자의 주된 프로젝트는 무엇보다도 가장 많은 수의 포도를 최대한 잘 재배되게 하는 것이었다. 이것은, 대부분의 서양 역사를 통해 포도 재배자이기도 했던 와인 제조자들이 품종, 농업의 변수, 전지 기술 등과 더불어 건강하게 익은 포도가 발효할 준비가 되었는지를 알기 위해, 그 모든 것을 위한 훈련 체계와 기술들에 대해 수천 년 동안의 실험과 선택을 해 왔다는 것을 의미한다. 결국에는 이 모든 실험과 선택의 결과가 포도 재배와 와인 제조를 엄청나게 많이 다양해진 '테루아르(terroirs)', 다시 말해, 촘촘하게 송이를 이루는 포도 품종, 지역, 토양, 기후, 그리고 전통에 기초한 생산 기술을 점차적으로 정착시켜 온 것이다.[8]

---

8   대부분의 와인 재배 지역에서는, 명백하게 그 지역의 지형, 토양, 기후에 깊은 토대를 두고

예를 들어, 프랑스의 프로방스(Provence)에서는 너무 날씨가 덥기 때문에 '피노 누와'를 재배하지 않는다. 포도가 여름의 열기 속에서 익게 되면 섬세한 맛이 나기 어려워진다. '피노 누와'를 날씨가 훨씬 더 시원한 버건디(Burgundy)에서 재배하고 수확해서 불과 몇 주 후면 내릴 첫서리를 이기게 하는 것이다. '에게 해(*the Aegean Sea*)' 중부에 있는 산토리니(Santorini)에서는, 포도가 땅 쪽과 가깝게 바구니 모양으로 자라도록 가꿔진다. 만약, 대부분의 다른 장소에서처럼 포도가 6피트의 관목 형태로 가꿔졌을 경우, 격렬한 봄바람이 포도 덩굴을 산산조각 낼 것이다. 알제리아(Algeria)와 같은 뜨거운 사막 지역의 포도밭에서는 포도 덩굴 주변의 땅바닥에 돌더미가 쌓이도록 하는데, 그것은 얕은 뿌리들을 시원하게 하고 물의 증발을 줄여 준다. 이러한 세 가지 특징들이 각각 '테루아르'의 양상이다.

구대륙의 모든 와인 재배 지역은 그곳의 '테루아르'와 밀접하게 매치되는 포도를 개발했다. 그것이 눈부시게 다양한 종류와 많은 유형의 와인이 존재하게 되는 결과를 만들었다. 결국, '테루아르'는 와인을 미학적으로 판단하는 데에 매우 강한 실증적 제약이 되는 셈이다. 따라서 "이것은 훌륭한 버건디이다."라는 것은 그 와인이 버건디가 아닌 경우에는 잘못 표현하는 것이 된다. 이러한 종류의 평가에 관해 말할 수 있는 것이 더욱 많을 것이다.

있는 전통적인 시행상의 특징들이 법에 의해 매우 엄격하게 통제된다. 예를 들어, 프랑스는 '*appellation contrôlée*'라는 자국의 법이 있으며, 이탈리아는 '*denominazioni*'라는 법이 있다.

인식적 평가와 이론적 평가

"이것은 훌륭한 와인이다."라고 판단하는 것은 하나의 평가 과정에서 마지막 단계에 속하는 것이다. 그 과정은 "이 와인은 붉다."와 같은 낮은 수준의 인식적 관찰로 시작해서, "이것은 버건디(Burgundy)이다."와 같은 보다 복잡한 판단의 과정을 거친다. 그리고 마침내 "이것은 훌륭한 와인이다."라는 최종적 평가 단계에 이른다. 분석의 각 단계에서는 다른 요인들이 작동하기 시작한다. 그러나 실증적 영역이 결코 없지는 않다. 와인의 미학적 평가를 전개시키는 이러한 과정과 과학적 이론을 전개시키는 과정 사이에 밀접한 유사성이 있다. 예컨대, 두 과정 모두 낮은 수준의 관찰로 시작하고, 보다 복잡한 판단으로 이동해서, 최종적 상태에 도달된다. 예를 들어, 코페르니쿠스가 태양계의 모든 행성이 태양을 중심으로 돌아간다고 한 그의 이론을 발전시켰을 때, 그는 말하자면 화성과 금성의 관련성 있는 움직임들에 관한 낮은 수준의 관찰들로부터 출발했다. 그런 다음 금성이 바로 달과 같은 변화의 양상을 가지고 있다는 관점을 가지고 보다 더 복잡한 관찰로 이동했다. 점차적으로 복잡한 사실에 바탕을 둔 판단들에 대한 이러한 긴 사슬의 끝에 가서야 그는 "이것은 태양 중심의 체계이다."라는 이론적인 주장을 할 수 있었다. 나의 관점에서 "이것은 훌륭한 와인이다."라는 미학적 이론의 주장도 코페르니쿠스의 주장처럼, 사실에 근거를 둔 일련의 통합적 판단에 기초한 하나의 이론적인 주장인 것이다. 그 과정을 처음부터 살펴보자.

1   낮은 수준의 관찰에 의한 평가

와인은 '다양한 인식 대상'의 훌륭한 예이다. 그것은 시각(붉은, 선명한, 흐릿한), 미각(달콤한, 시큼한), 촉각(묽은, 농도가 진한), 그리고 후각(꽃향기의, 역겨운)에 어필한다. 와인에 대한 인식의 차원을 단지 다루기 쉽게 만들기 위해서만이 아니라 합리적으로 표현하기 위해 많은 시도가 이루어졌다. 초기의 상당히 성공적인 시도는 캘리포니아 대학에서 데이비스(Davis)가 개발한 '20점(point) 척도'이다.[9]

[20점(point) 척도]

외관(Appearance)/투명도(Clarity)	(possible 2 points)
색상(Color)	(possible 2 points)
향기(Aroma)/향취(Bouquet)	(possible 4 points)
총산도(Total Acidity)	(possible 2 points)
당도(Sweetness)	(possible 1 point)
농도(Body)	(possible 1 point)
풍미(Flavor)	(possible 2 points)
시큼해짐(Acescency)(쓴맛(Bitterness))	(possible 1 point)
수렴성(Astringency)	(possible 1 point)
종합적 품질(Overall Quality)	(possible 4 points)

여기서, '외관(Appearance)/투명도(Clarity)'와 '색상(Color)'은 시각적 서술 어구이고, '향기(Aroma)/향취(Bouquet)'는 후각적 서술 어구이며, '총산도(Total Acidity)'와 '당도(Sweetness)'와 '시큼해짐(Acescency)'과 '수렴성(Astringency)'은 미각적 인자들이다. 그리고 '농도(Body)'는 촉각적이다.[10] 이 차트는 이들 각각의 인식의 범주를 간단한 '관찰 수치'로서 취급하고 있는 것이 분명하다. 각각의 측정값 안에서, '관찰 수치'들은 점수를 매기기

---

9 http://www.musingsonthevine.com/tips_rate.shtml.

10 '종합적 품질(Overall Quality)'이란 무엇인가? 흥미로운 질문이다. 그것에 대해서는 곧 더 다루기로 한다.

위해 등위로 다시 나뉘었다. 예를 들면 '외관(Appearance)' 점수들에 대한 다음의 명세표가 있다.

[외관 점수들에 대한 명세표]

빛나는, 거의 광채가 나는, 아지랑이(haze)나 입자가 없이 선명한	(2 points)
밝은, 약간의 광채가 있는, 아지랑이 또는 입자 없이 선명한	(1.5 points)
흐릿한, 거의 맑은, 아지랑이 또는 입자의 기미가 있을 수도 있는	(1 point)
탁한, 아지랑이 또는 입자가 있어서 선명하지 않은	(0 point)

결국, 그 와인이 받은 최종 점수는 간단한 수치들의 총계이다.[11]

이러한 와인 평가 방법에 대한 개념적 근거들과 더불어 몇 가지 명백한 문제들이 있다. '종합적 품질'이라는 카테고리 하나를 제외하고, 그것들은 하나씩 따로따로 간단한 식별 가능한 특성들을 가리킨다. 그리고 그 카테고리들은 엄격하게 그리고 정말로 철저하게 경험주의적이다. 전체 프로젝트의 기반이 되는 것은 와인이 관찰 가능한 복잡한 대상이라는 개념이며, 일련의 통합적이면서도 보다 심플한 수치들로 구성된다. '관찰 수치'에 대한 평가를 총합했을 때 최종 평가 점수를 거머쥐게 된다. 그러나 전체 설계에 기본적인 흐름이 있다. 와인은 단순히 식별 가능한 대상인 것만은 아니라는 것이다. 와인이 명백히 식별 가능하고 인식적인 대상이긴 하지만 그것이 와인이 가지고 있는 특징 전부는 아니다. 와인은 또한 이론적 대상이기도 하며 '관찰 수치'에 의해 설명되는 감각에서 요구되는 대상이기도 한 것이다. 포도주가 만들어지는 자연환경인 '테루아르'에 의해 요구되는 제약들이 그들의 한계를 강화한다는 것이 정확히 여기에 있다.

11 http://www.musingsonthevine.com/tips_rate.shtml.

2 이론적 평가

어떤 와인도 그저 그렇게 단순히 와인으로 그치지만은 않는다는 것이 분명하다. 와인은 일반적인 대상이 아니라 특별한 사물이다. 따라서 모든 분석의 수준에서 와인은 예를 들어 '레드'와 같은 단순하고 식별 가능한 카테고리에서부터 매우 복잡하고 미묘한 정도에 이르기까지의 그야말로 이론적으로 다양한 범주에 속하는 실제의 예시 대상이다. 예컨대, 적절한 상황에서 "이것은 버건디이다."라고 하는 것은 이론적인 판단이다. 실제로, 매우 유익할 뿐만 아니라 흥미롭기까지 한 어떤 상황들에서는 이러한 판단은 상당히 진정성 있는 그리고 명백하게 '이론적인' 가설이다. 이제부터 이것에 대해 더 다루어 보고자 한다.

어떤 와인을 버건디나 캘리포니아의 '피노 누와' 와인으로 만들어 주는 특성들은 그것의 '테루아르'로부터 기인하는 것이다. 버건디와 버건디 스타일의 와인들은 특정한 기후와 특수한 지역에서, 특별한 방식으로 재배된 '피노 누와' 포도로 만들어진다. '테루아르'를 구성하는 규모에는 수 세기 이상 동안의 실험과 선택을 진화시켜 온 가치들이 포함된다. 어떤 주어진 '테루아르'의 개념에 기초가 되는, 따라서 이론이 되기도 하는 일련의 원리들과 철학이 있다. 그것은 정확히, "이것은 버건디이다."라고 판단할 때 연상되는 바로 그러한 이론이다.

이것에 대하여 상당히 명확하게 말하고자 한다. "이것은 버건디이다."라고 주장하는 것은 코페르니쿠스가 그랬던 것처럼 "이것은 태양중심설이다."라고 주장하는 것과 밀접하게 비슷하다.[12] 이 판단은 둘 다 경험상

---

12 조지 가일(George Gale), "Are Some Aesthetic Judgments Empirically True?," *Amer. Phil. Qtly*. 12.4(1975): pp. 341-8.

의 관찰을 기본적인 것으로 요구한다. 더욱이, 이러한 관찰은 어떤 특정한 제약들에 의해 결정된다. 이를테면, 바로 그 어떤 와인도 pH 1인 경우가 없듯이, 그리고 그 어떤 태양중심설도 천체의 상(象)이 없이 내부의 행성을 가질 수 없듯이 말이다.

그러나 바로 과학적 이론에서처럼, 관찰 가능한 데이터라 해도 그것이 그 이론을 충분히 결정짓게 하는 것은 아니다. 그러므로 미국 캘리포니아 데이비스 대학의 식별 가능한 '20점 척도'는 "이것은 버건디이다."라는 이론적 판단을 위해 필수적인 데이터를 제공한다. 이러한 데이터가 그 판단을 완전히 결정해 주지는 않는다.[13] 다양하게 관찰되는 특성들을 취하면서 평가자는 관찰된 데이터를 초월하는 무언가로서 "이것은 버건디이다."라는 이론적 판단에 도달한다.

이러한 과정에서 한 가지 흥미로운 특징은, "이것은 버건디이다."와 "이것은 훌륭한 와인이다."라는 두 가지 판단의 결합이 "이것은 훌륭한 버건디 와인이다."라는 직관적으로 만족스러워 보이는 결과를 내포한다는 것이다.[14] 게다가, "이것은 훌륭한 와인이다."라는 어떤 판단은 "이것은 훌륭한 X 유형의 와인이다."라는 판단을 먼저 요구하는 것으로 보일 것이다. 다른 말로 하면, "이것은 훌륭한 와인이다."라는 것은 "이것은 훌륭한

---

13 그것은 데이비스(Davis)의 20점(point) 척도에서 '종합적 품질(Overall Quality)' 범주에 숨겨져 있는 이러한 추론적 마음의 움직임 때문이라고 나는 생각한다. 말하자면, 품질 평가 속에 몰래 스며들어 예를 들면, "이것은 꽤 우수한 유형의 와인이며, 버건디인 것 같고, 그러므로 나는 그 와인에 3.5 포인트를 주고자 한다."라고 하는 것처럼, '바로 그 유형의 와인이라는 이유로', 그것을 좋은 와인으로 여긴다는 것이다.

14 그러나 행크 프랑켈(Hank Frankel)이 피력했듯이, 예외가 있다. 그 해에 버건디(Burgundy)가 잘 되지 않을 수도 있는데, 그럴 때에는 "이것은 괜찮은 버건디이다." 정도만으로도 "이것은 명품 와인이다."라고 말하는 게 허용된다. 하지만 그러한 경우는 왜 그것의 영향에 대해 직관적으로 파악되지 않는지에 대한 부가적 설명이 불가피하게 요구된다.

X 유형의 와인이다."라고 할 때만 성립된다는 것이다. 이 특정한 와인 유형의 존재는 경험에 기초한 이론을 통해 판단되기 때문에, 여기에서는 궁극적으로 미학적인 와인 평가에서 불가피한 경험적 제약에 직면하게 될 것이 분명하다.

이러한 논의는 그 자체로도 어느 정도 이론적인 것 같다. 이러한 관점에서 나는 "이것은 버건디이다."라는 유형의 판단들이 어떻게 생겨나는지에 대한 사실상의 실제적 예시를 제공하고자 한다.

3 와인병 던지기(slinging): 와인 유형 평가의 존재성 증명

1970년대에, 나의 고향 미주리(Missouri), 캔자스시티(Kansas City)는 북 아메리카에서 가장 새로운 와인 중심지 중의 하나였다. 와인 시장이 열리고 있었고, 판매와 소비가 눈에 띄게 성장하고 있었다, 그래서 와인에 대해 엄청나게 열광했고 와인과 관련된 모든 것이 도시를 휩쓸었다. 이 흥미진진한 상황의 중심에는 핵심적인 많은 젊은 도 · 소매업자들을 비롯하여, 식당과 호텔 경영자들이 있었으며, 포도 재배자이면서 와인 양조업자였던 *Kansas City Star* 매거진의 와인 칼럼니스트도 또한 있었다.[15] 말할 나위 없이, 그러한 에너지 넘치는 열정으로 그 그룹은 곧 '와인병 던지기(*slinging*)'라는, 와인에 초점을 둔 스포츠 경기를 개발했다. 바로 그것과 유사한 이름, '건슬링(gunslinging)'에서 알 수 있는 것처럼 그 새로운 스포츠는 도전이나 싸움과 관련 있었다. 그러나 무기로서 총보다는 와인병을 가지고 하는 싸움이었다. 그 스포츠는 이렇게 이루어진다.

---

15 이렇게 적어도 10여 명 이상의 와인에 매우 열광하는 사람들이 오늘날 국내적, 국제적 와인의 무대에서 부각되기 시작했다.

와인 심포지엄

벨이 울리면, 둘이나 세 그룹이 대기하고 있다가 곧 게임이 시작된다. 한 병의 와인 또는 갈색 종이봉투에 더 많은 와인병을 숨겨 놓고는, "당신이 건네려는 와인병을 생각하라!"라고 누군가 말할 것이다. 그런 다음 그 그룹은 방으로 난입할 것이다. 와인 잔을 가져오며, 와인병을 건네는 사람들은 "포도와 명칭과 빈티지가 무엇인가?"라는 '세 개의 질문'과 마주하게 될 것이다. 입안에서 적당한 양의 와인을 음미하고 오물거려 본 후에, '와인병을 건네받은 자'는 그 질문에 대한 대답을 시도하는데, 이때 서 있는 채로 답을 전달해야 한다.

물론, 이 첫 라운드 후에 '와인병을 건네받은 자'가 병 하나를 고르고 그런 다음 그것을 자신의 갈색 종이봉투에 숨기면서 다시 '와인병을 건네는 자'로 완전히 바뀔 수 있었고 그것은 정말로 기대되는 일이었다. 다른 사람들이 표현하고 생각해 볼 수 있도록 때로는 비밀을 살짝 공개하기도 했다. 식당이나 호텔에 모여 있는 직원들과 다시 그 세 개의 질문을 공유하게 될 것이고, 그런 다음에는 필시 몇 가지의 보다 심층적인 질문들이 등장할 것이다. "그것은 좋은 샘플인가?", "이것은 훌륭한가?", "누가 그것을 만들었는가?" 등과 같은.

말할 나위 없이, 와인은 명칭을 얻게 되고 모든 이벤트가 행해질 동안 점수가 유지된다. 시간이 지나면서, 각각의 '내기의 평균치'는 다른 팀 멤버들과의 사이에서는 상당히 다양하지만 같은 멤버들 안에서는 그렇게 다양하지 않다. 평균적으로, 대부분의 그룹에서의 점수들은 30점대에서부터 60점대의 범위에까지 이른다. 그 예로 나는 60점쯤 된다. 그러나 그 두 개의 그룹은 각각 경이로운 평균 점수를 지닌다. 한 그룹은 80점대를 웃돌고, 다른 한 그룹은 90점대의 점수를 보인다.

우리는 이 '스포츠'의 결과로부터 무엇을 배울 수 있을까? 여러 가지의 것들이 내게는 명확해지는 것 같다. 첫째로, 와인은 시음자에게 매우 풍부하게 관찰된 상황, 다시 말해 그것의 요소가 '테루아르'에 확실하게 연결되는 상황을 제공한다는 것이다. 두 번째는, 이러한 관찰의 특성과 유형과 기원에 관해서 와인을 특징지어 주는 이론적인 요소들 가운데 믿을 만한 연관성이 있다는 것이다. 세 번째는, 평가자들이 와인의 유형과 기원에 관한 정확한 이론적 가설을 세우기 위해 신뢰할 만한 관찰 데이터를 활용한다는 것이다. 이 세 가지 관점을 통해 와인의 미학적 평가에 대한 궁극적인 실증적 제약에 대해 강하게 주장할 수 있는 것이다. 결국 X는, X가 특정 유형의 와인일 때만 고급 와인이라고 판단될 수 있다. 그러나 X의 유형을 구별하는 것은 이론적인 판단이며 실증적 관찰들에 기초한 판단이기 때문에 궁극적으로 미학적 판단은 제약으로서 그리고 필수적 조건으로서 실증적 양상을 지닌다는 것을 보장한다.

4   미학적 방법론의 양상

물론, '와인병 던지기'는 '이중 맹검법(double-blind)'으로 행해져야 한다. 와인(그리고 실제로 어떤 다른 식품일 수도 있다)에 관한 실제의 지식이 인식을 바꿀 수 있고, 그다음엔 관찰을 바꿀 수 있다. 또한 그럼으로써 시음되는 와인 샘플의 미학적 평가를 바꿀 수 있다는 것으로 잘 알려져 있다.[16] 비즈니스에서는, "라벨을 마시지 말라"라고 경고받는다. 적절히 수행되는 '이중 맹검법' 시음은 와인의 미학적 평가를 위한 가장 훌륭한 상황을 제공한다.

---

16 메이너드 A. 에머린(Maynard A. Amerine)과 에드워드 B. 뢰슬러(Edward B. Roessler), *Wines: Their Sensory Evaluation* (New York: W. H. Freeman, 1976).

많은 시음회들, 특히 주 박람회나 무료 초대의 리셉션, 또는 내가 최근에 목격한 '캐나다 전국 아마추어 와인 제조 대회'와 같은 시음회는 그들이 관찰했거나 또는 그들이 도달했던 이론적인 평가들에 관해서 감정가들 사이에 흔히 있는 '식탁에서의 담화'라는 토론조차도 허락하지 않는다. 그저 단순히 의견을 제시해 보건대, 미각과 후각은 아주 민감해서 와인에 대한 감정가의 경험을 침범하는 외부 정보로부터 그 어떤 위험도 허락할 수 없는 것이다.

결론

미학의 어떤 이론은 그것을 완수하기 위해 총체적으로 두 가지의 서로 밀접한 관계가 있는 과업을 지닌다. 첫째, 사실상 우리가 하는 미학적 판단들을 이해하려고 노력해야 한다. 둘째, 그 미학 이론은 우리의 미학적 논의를 촉진하고, 넓히고, 확대하며, 또한 우리가 서로 관여하고 있는 훌륭한 사물들에 관한 대화를 연장시키거나 풍부하게 할 이론적 도구들을 이용하는 것이 가능해야 한다. 이 에세이에서 취하는 접근 방식은 두 가지 관점에 약진할 것을 추구한다. 실증적인 고려 사항, 즉 미학적 대상과 미학적 평가 둘 다의 성질에 기반을 둔 고려 사항들이 바로 와인에 관한 토론의 시작부터 끝까지 존재하도록 요구함으로써, 와인 담화의 세계는 엄청나게 확장이 된다. 비록 나의 몇몇 특정 주장들이 틀릴 수도 있겠지만 내가 생각하기에 적어도 그러한 접근 방식이 아주 틀린 것은 아닌 것 같다.

12

와인 소비자의 말에
귀 기울이기*

음주의 예술

스티브 차터스 Steve charters

서론

우리가 와인에 관해 내리는 판단과 예술 형태를 바라보는 방식 사이에
는 어떤 관계성이 있을까? 고급 와인의 맛이 아름다운 음악 작품의 소리
처럼 똑같은 임팩트를 가지고 있다고 말할 수 있는가? 미학의 초기 평론
가 중 한 사람인, 데이비드 흄(David Hume)은 '훌륭한 맛'의 역할을 예증하
기 위해 소설 『돈키호테』(*Don Quixote*)를 인용하면서 몇 가지 유사성이 있다
고 느꼈다.[1] 소설에서, 두 사람이 와인을 평가해 달라는 요청을 받는다.

---

* 이 에세이는 작가 스티브 차터스(Steve Charters)와 시몬 페티그루(Simone Pettigrew)가 공
동으로 저술한 이전의 논문, "Is Wind Consumption an Aesthetic Experience?," *Journal of
Wine Research*, 16.2(2005): pp. 37-52에 토대를 두고 있다. 이 논문을 현재의 에세이의 토대
로서 사용하기 위해 와인 리서치 저널(*The Journal of Wine Research*)의 편집자들과 시몬 페티
그루의 승인이 기꺼이 이루어졌다.

1 데이비드 흄(David Hume), *Selected Essays*(sydney: Oxford University Press, 1988).

한 사람은 그것을 맛보고 나서 가죽 맛의 기미가 있는 것 빼고는 그 와인이 훌륭하다고 주장하고, 다른 사람은 훌륭하다는 점에 동의는 하지만 뚜렷한 철 성분의 맛에 주목한다. 배럴이 비워졌을 때, 가죽끈에 매달린 오래된 열쇠가 바닥에서 발견되었다. 이러한 평가의 미묘한 차이가 맛에 대한 '정신적' 작용이 어떻게 이루어지는가를 설명해 주는 기능을 한다고 흄은 주장한다. 즉, 훌륭한 평가는 와인에 관한 또는 예술 작품에 관한 정교하면서도 미묘한 차이를 구분할 수 있다는 것이다. 이 에세이는 와인 시음자 자신들의 견해를 고찰함으로써 와인과 미학의 시너지를 예증한다. 그것은 어떻게 시음자가 그 음료에 관여하는지, 그리고 음악 듣기와 같은 다른 미학적 경험과 더불어 있을지도 모르는 보다 더 전통적인 형태의 유사성과 차이들이 고려된 연구에 기초를 두고 있다.

그럼에도 불구하고, 흄에 의해 수행된, 미학적 과정을 비유하기 위해 와인 시음을 이용한다는 사실이, 와인을 마시는 것 자체가 미학적 경험으로 간주될 수 있다는 것을 의미하는 것은 아니다. 생각해 보면 알겠지만, 일부 철학자들은 명백히 이러한 가능성을 도외시해 왔다. 그러나 와인 시음은 여전히 미학적 반응과 관련된 용어인 '아름다운' 또는 '굉장한'과 같은 논평을 하게 만든다. 정말로, 어떤 와인 작가들은 적어도 고품격의 와인일 때 그 와인이 예술 작품이며 따라서 미학적으로 평가될 수 있다고 여겨 왔다. 와인 시음에 관한 고전적 텍스트를 쓴 메이너드 애머린(Maynard Amerine)과 에드워드 뢰슬러(Edward Rossler)[2]는 다음과 같은 관점을 피력한다.

---

2   메이너드 A. 애머린(Maynard A. Amerine)과 에드워드 B. 뢰슬러(Edward B. Roessler), *Wines: Their Sensory Evaluation*(New York: W. H. Freeman, 1976).

미학은 음악, 미술, 건축 그리고 와인과 같은 예술 작품에 대한 주관적이면서도 객관적인 감정평가와 관련이 있다.

와인의 성분들은 상승 작용에 의해 서로 보완되고 그럼으로써 우리로 하여금 미학적 감상을 하도록 한다.

게다가, 와인 전문가들은 미술이나 음악과 관련을 맺으며 예술적 행사를 후원함으로써 그들의 제품을 이해 또는 심지어 설득하는 방법으로서 와인을 예술과 미학에 연관 지으려 한다.

그러나 와인 소비가 미학적 과정이라는 관점이 어떤 견고한 이론적 틀 안에서 발전되지는 못했다. 이 에세이는 와인 소비가 미학적 경험으로 간주될 수 있는지를 살펴봄으로써 그 결함을 교정하고자 하는 것이다. 전후 맥락을 제시하기 위해, 에세이에서는 서양의 철학적 전통의 하나인 미학을 이해하고 나서, 사회과학의 틀 안에서 와인과 미학적 경험 사이의 관계성을 살피고, 그와 더불어 와인 소비의 미학적 특성에 관한 연구 프로젝트의 결과가 어떻게 나타나는지를 검토한다. 그에 따라 초점은 시음자의 관점에 맞춰져 있다.

미학적 전통

1   와인 소비가 미학적 경험이 될 수 있는가?

음식과 음료의 소비가 미학적 평가에 민감하지 않다는 입장을 유지하는 오랜 철학적 전통이 있다. 이것은 확실히 와인을 즐기는 것으로 알려진 이마누엘 칸트(Immanuel Kant)[3]에 의해 서술되었다. 음식과 와인이 미학적 경험을 제공할 수 없다는 가장 최근의 주장은 로저 스크루턴(Roger Scruton)[4]에 의해 전개되었다. 그의 주장은 세 가지이다. 첫째로, 성 토마스 아퀴나스(St. Thomas Aquinas) 이후로, 철학자들은 '객관적인 관조'를 감안할 수 있는 시각과 청각이라는 상위의 감각들을 촉각, 후각, 그리고 미각과는 구분을 해 왔다는 것이다. 이러한 후자의 '하위적인 감각들'은 주로 실용주의적 목적으로 사용된다. 한층 더 구별되는 뚜렷한 특징은, 시음에서는 그 대상(와인)과 그것에 대한 요구 둘 다가 지속적으로 있다는 것이다. 스크루턴이 주장하는 그러한 어떤 것도 진정한 미학적 관점에서 주목해 볼 때 전혀 맞지 않는다고 할 수 있다. 결국, 그는 미학적 대상들에 의해 요구되는 초점은 음식과 음료에 대해 요구되는 초점과는 다른, 보다 인지적인 특성과 관련된 것이라고 주장한다.

전통적인 관점에 대한 지속적인 반박은 프랭크 시블리(Frank sibley)[5]에 의해 이루어졌다. 스크루턴이 하위의 감각들과 보다 상위의 감각들 사이에 차이점이 있다고 주장한 반면에, 시블리는 이러한 차이를 설명하기가 어렵다는 것을 인정한다.[6] 시블리는 그것이 실재하지 않는 것이기 때문에 묘사하는 것이 어렵다고 제안한다. 게다가, 시블리는 음악 또는 그림을

---

3 이마누엘 칸트(Immanuel Kant), *Critique of Judgment*(1790), trans. Wer ner S. Pular(Indianapolis: Hackett, 1987).

4 프랜시스 J. 콜먼(Francis J. Coleman), "Can a Smell or a Taste or a touch be Beautiful?," *American Philosophical Quarterly* 2,4(1965): pp. 319-24.

5 로저 스크루턴(Roger Scruton), *The Aesthetics of Architecture*(Princeton: Princeton University Press, 1979).

6 프랭크 시블리(Frank Sibley), *Approach to Aesthetics: Collected Papers on Philosophical Aesthetics*(Oxford: Oxford University Press, 2001).

포함한 모든 창작의 산물을 반드시 취하지 않고도 소비할 수 있기 때문에 미학적 대상의 소비에 관한 주장은 또한 거의 가치가 없다고 지적한다. 그는 덧붙여 말하길, 음악은 시간이 흐를수록 서서히 사라지고 그림의 염료도 더욱 희미해진다는 것이다. 결국 그가 주장하는 음악과 그림이라는 두 가지 예술 유형의 감각에서는 실용주의와 '기초적' 요소들을 지닐 수 있고 그 두 가지 예술 유형이 모두 미학적 흥미를 유지할 수 있다. 말하자면, 그것들은 미학적 산물에 대한 인식적 평가를 위한 토대를 제공할 수 있다는 것이다.

그러한 주장은 음식과 와인이 미학적 대상이 될 수 있다는 또 하나의 비평적 개념을 보탤 수 있게 해 주기도 한다. 예를 들어, 캐롤린 코스미어(Carolyn Korsmeyer)는 맛에 대한 생리학적 감각은 주관적일 뿐 아니라 상대적이라는 것을 주목했다. 그것은 시음자 개개인에게 특유한 요인들에 따라 각각 다르다.[7] 그것과는 대조적으로, 코스미어는 진정한 미학적 대상은 그 감상자에 대한 생리학적인 임팩트가 없다고 주장한다. 그러나 그것의 특정한 멜로디, 또는 선이나 컬러에 대한 반응도 또한 색다를 수 있으며 상대적인 차원을 지닌다고 말한다.

최근에 다른 많은 철학자들도, 음식 또는 음료가 미학적 경험을 제공할 수 있다고 언급했다. '프랜시스 콜만(Francis Coleman)'[8]은 음식과 음료가 복잡한 인식적 감각을 제공할 수도 있을 것이라고 논평한다. 결정적으로, 헤럴드 오스본(Harold Osborne)[9]은, 미각 또는 후각의 단순한 '감각적' 즐

---

7   스크루턴(Scruton), *Aesthetics of architecture*, p. 113.

8   캐롤라인 코스미어(Carolyn Korsmeyer), *Making Sense of Taste: Food and Philosophy*(Ithaca: Cornell University Press, 1999), p. 100.

9   헤럴드 오즈번(Harold Osborne), "Odours and Appreciation," *British Journal of Aesthetics*

거움과 높은 예술 감상에서의 '인식적' 즐거움 사이에서 만들어지는 구별
이 때로는 그릇된 이분법적 철학이라고 주목했다. 그는 어떤 예술 작품에
서 관찰되는 것을 빛깔과 색을 살피면서 세밀하게 분석한다. 그런 다음,
냄새의 성분들이 시각적 반응의 측면에서 또한 훨씬 더 복잡할 수 있다고
지적한다. 따라서 미학적 감상으로부터 와인을 배제하는 오랜 전통이 있
었을 수도 있는 반면에 그것이 보편적으로 받아들여지는 전통은 아니었
던 것이 분명하다.

　최종적 관점은 와인 제조자를 아티스트로 여기면서 '예술 작품'으로서
와인에 대해 생각하는 것과 관련이 있다. 이 논고에 대해 완전히 분석하
는 것은 미학적 대상의 특성보다는 오히려 소비자의 경험에 초점을 두고
자 하는 이 에세이의 영역에서는 벗어나는 것이 된다. 그러나 어쩌면 근
사한 한 끼 식사와도 같은 와인이 예술 작품으로 간주될 수 있다고 주장
하는 사람들이 있다는 것은 충분히 주목할 만하다.[10] 그럼에도 불구하고,
최근에 음식과 와인에 포괄적인 철학적 관여를 하는 코스미어는 그 두 가
지 산물 모두가 단순히 예술 작품으로서 또는 미학적 평가가 가능한 것으
로서보다는 오히려 훨씬 광범위한 상징적 맥락에서 다루어져야 한다고
주장했다. 그것들은 심지어 가장 복잡한 맛을 보는 것을 초월하여 확장되
는 '상징적인 기능'을 지니고 있다.[11] 시블리[12]와 같은 다른 철학자들은, 만
약 와인에 대해 미학적 감상이 가능하다면 와인이 예술 작품인지 아닌지

　　17(1977): pp. 37-48.

10　코스미어(Korsmeyer), *Making Sense of Taste*.

11　같은 책, p. 103.

12　시블리(Sibley), *Approach to Aesthetics*.

를 따지는 것 자체가 무의미한 것이라고 제안했다.

2 미학적 경험의 특성

와인이 미학적 경험을 위한 자극제가 될 수 있는지를 조사하기 위해서
는, 그 경험에 대한 일부 핵심 요소들을 구체화해 보는 것이 유용하다. 과
거 300년 동안 철학자들 사이에서 맹렬히 지속되어 왔던 논쟁들을 고려
해 볼 때, 이것은 헛수고로 보일 수도 있지만 그렇게 함으로써 그러한 논
쟁의 세부 사항에 관여하지 않고도 미학적 과정들의 실제적 개요를 파악
할 수가 있다.

18세기 초의 미학의 중심에는 아름다움에 대한 관념이 있었으며, 아
름다운 것들과 숭고한 것들 또는 움직이고 있는 어떤 것이 미학적 경험에
중심이 된다고 대부분의 미학적 사상가들에 의해 여전히 받아들여지고
있다.[13] 그러나 미(美: 아름다움)는 광범위한 감각으로 해석되어야 하며 단
순히 시각적으로 어필하는 것을 초월하여 모든 산물을 아우른다. 전통
적인 미학적 사고에서는 음악, 시, 그리고 종종 소설과 연극이 잠재적으
로 미(美)의 산물로 간주되어 왔다.

아름다움을 미학의 핵심 개념으로서 확립한 후에, 미학적 사고가 발전
한 그다음 단계는 어떻게 아름다움이 감상될 수 있을지를 결정하는 것이
었다. 이러한 논쟁은 두 가지 문제에 중점을 두었다. 예컨대 어떻게 미학
적 판단의 정당성이 입증될 수 있는가와, 어떻게 개개인이 그러한 판단을
했는지가 그것이다. 그러므로 전자에 관해서 초기의 이론가들은 맛에 대

---

13 사이먼 블랙번(Simon Blackburn), *Dictionary of Philosophy*(Oxford: Oxford University Press,
    1994).

한 판단들이 어떻게 정당화될 수 있는가를 확립하고자 했으며, 칸트 이후에는, 어떤 반응은 단지 개인적인 것이라 객관적 타당성이 없다는 가정과 함께 이러한 문제로부터 그 초점이 이동을 했다. 그러나 후에, 미학적 사상가들은 미학적 대상들이 어떻게 평가될 수 있는가에 대한 문제를 다시 논의했고 또한 미학적 감상이 객관적인지 주관적인지에 관한 논쟁으로 되돌아갔다.[14]

심미학 철학자들은 미학적 판단의 타당성을 고려할 뿐 아니라, 개개인의 미학적 반응의 특성에도 또한 관심을 지닌다. 즉, 미학적 관여가 얼마나 적절히 경험되는가에 대한 관심이다. 어떤 철학자들은, 경험은 완전히 인식적이며 감정은 그 안에서 어떤 역할도 하지 않는다고 주장했다.[15] 또 다른 철학자들은, 감정은 경험에 필수적이며 주로 감각적인 반응이라고 주장한다.[16] 미학적으로 관여할 때 그것은 쾌락(즐거움)의 역할에 대한 논쟁과 관련이 있다. 일부 철학자는 그 과정에서 취해지는 즐거움이 전적으로 이지적인 것이라고 주장한다. 그러나 그와는 반대로 어떤 철학자는 그것이 보다 비이성적인 또는 감정적인 차원의 것이라는 것을 인정한다.[17]

---

14 최근의 예시를 위해, 먼로 C. 비어즐리(Monroe C. Beardsley), *Aesthetics: Problemes in the Philosophy of Criticism*, 2nd ed.(Indianapolis: Harcourt, Brace, and World, 1980); 조지 가일 (George Gale), "Are Some Aesthetic Judgments Empirically True?," *American Philosophical Quarterly* 12.4(1975): pp. 341-8; 피터 레일턴(Peter Railton), "Aesthetic Value, Moral Value and the Ambitions of Naturalism," in Jerrold Levinson(ed.), *Aesthetics and Ethics: Essays at the Intersection*(Cambridge: Cambridge University Press, 1998), pp. 59-105 참조.

15 이에 관한 명확한 설명을 위해 스크루턴(Scruton), *Aesthetics of Architecture* 참조.

16 헤럴드 오즈번(Harold Osborne), "Some Theor ies of Aesthetic Judgment," *Journal of Aesthetics and Art Criticism* 38(1979): pp. 135-44.

17 에바 셰이퍼(Eva schaper), "The Pleasures of Taste," in Eva Schaper(ed.), *Pleasure, Preference and Value*(Cambridge: Cambridge University Press, 1983).

그러나 심리학자들이 미학에 대해 점점 더 많은 관심을 보인다는 것은 이 이슈가 다시 논의되었음을 의미했다. 이것은 미하이 칙센트미하이(Mihaly Csikszentmihalyi)가 그의 공저자들과 함께 썼던 작품[18]에서 특히 분명하게 나타나며 그 작품에서 '몰입'이라는 개념이 개발되었다. 몰입이란 활동이나 생산을 하는 일에 개인이 완전하게 관여한다는 것으로서 정신적, 감정적, 그리고 감각적 과정들을 총망라한다.

그러므로 몇몇 중요한 미학적 논쟁이 다음의 세 가지를 중점적으로 다루고 있음을 제시함으로써 문학에 대한 이러한 비평을 요약할 수 있다. 첫째는 미학적 반응에 대한 특성인데, 그것은 경험에서의 즐거움의 특성과 그것이 주로 인식적인지, 감정적인지, 감각적인지를 포함하고 있다. 두 번째는 미학적 대상의 역할인데, 미(美)의 요소들과 예술 작품의 특성을 포함한다. 세 번째는 어떻게 미학적 판단들이 세워지는가에 관한 것으로서, 특히 그것들이 객관적인 경향이 있는지 아니면 주관적인 경향이 있는지에 관한 것이다. 이러한 각각의 것들이 이 에세이에서 고찰될 것이다.

3   소비자 반응 탐구

이 에세이는 호주인 소비자가 와인에 관여하는 바를 조사한 경험적 연구로부터 나온 결과이다.[19] 소비자 행동에 관한 마케팅 학문 분야에서 토

---

18 미하이 칙센트미하이(Mihaly Cxikszentmihalyi), *Flow: The Classic Work on How to achieve Happiness*(London: Rider, 2002); and Mihaly Csikszenmihalyi and Rick E. Robinson, *The Art of Seeing: An Interpretation of the Aesthetic Encounter*(Malibu: J. Paul Getty Trust, 1990).

19 방법론적인 접근의 충분한 세부 사항들은, 이 에세이가 기반을 두고 있기도 한, 차터스(Charters)와 페티그루(Pettigrew)의 "Is Wine Consumption an Aesthetic Esperience?"에서 찾을 수 있다.

대가 마련된 그 연구는 와인 소비자들에게 초점을 두었을 뿐 아니라, 생산자들과 와인 유통 관련자들에게도 초점이 맞춰져있다. 거기에는 심사위원과 비평가들도 포함된다. 그 연구는 주로 논의되지 않은 현상을 다루고 있기 때문에 탐구할 필요성이 있는 것으로 고려되었고 블라인드 와인 시음을 토론에 대한 자극제로 사용한 포커스(focus) 그룹과 인터뷰를 하는 질적인 방식을 채택했다. 비록 그 주제가 그들에게 와인과 음악과 또는 미술 사이에 일반적으로 어떤 유사성들이 있었다고 느꼈는가를 물음으로써 간접적으로 다루어지긴 했지만, 잠재적으로는 미학적 차원이 제보자(정보 제공자)와 더불어 제기된 하나의 주제였다. 때때로, 와인에서의 미학적 인식은 제보자에 의해 자발적으로 제기되었다.

소비자는 무엇을 생각하는가

앞서 언급된 것처럼, 미학적 경험에 대한 검토는 세 가지 측면의 탐구를 포함한다. 예컨대, 미학적 반응의 특성들, 아름다움과 예술 작품의 개념을 포함하여 미학적 대상을 정의하는 특징들, 그리고 미학적 판단을 확립하기 위해 사용되는 기준들이라는 측면이다. 와인의 미학적 특성에 대한 소비자의 관점은, 다음에 제시되는 바와 같이, 이러한 각각의 측면에 대한 맥락에서 검토된다. 그러나 이러한 각각의 것들을 이야기하기 전에, 와인이 미학적 특성을 가지고 있는지에 관해 제보자들 가운데서도 각각 다르게 구별되는 시각들이 있음을 언급하는 것이 중요하다.

압도적으로(약 3대 1의 비율로), 제보자들은 와인의 소비가 순수 미술 작품의 감상과 약간의 유사성을 보여 준다고 생각했다. 불과 극소수의 제보자만이 자신들의 반응에 대해 확신이 없었는데, 그것은 그들이 관련 개념을 이해하지 못했거나, 최종 결론에 도달할 수 없었거나, 기꺼이 임하려 하지 않았기 때문이다. 그것의 가장 극단적 형태의 예로서, 와인과 예술 작품 사이의 유사성에 대한 경우는 다음의 예시에서도 알 수 있다.

> *사이먼(Simom)*[20](소비자): 근본적으로, 음악, 문학, 미술, 그리고 와인 사이에는 서로 연관성이 있습니다. 그것들이 없다면, 인생은 살아갈 가치가 없을 것입니다. 나는 그것이 본질적인 것이라고 생각합니다. 당신은 분명히 그것들 중의 한두 개를 빠트릴 수도 있을 것입니다. 그러나 만약 당신의 인생에서 나타낼 만한 어떤 특성들이 없다면 인간 존재로서 성장할 방법이 … 없을 것입니다.

이러한 생각은 비록 철학적 어조가 덜하긴 해도 대부분의 다른 제보자들에게서도 반복적으로 나타났다. 한 가지 예외는, 예술 작품과는 다르다고 할 수 있는 와인에 대해 그 어떤 메시지도 전해 받지 않았던 터라서 와인과 예술 사이에서의 유사성을 무시했던 참가자의 경우였다.

> *엘리슨(Alison)*(소비자): 하지만 '와인'은 나에게 깊이가 있거나 의미가 있게 다가오지는 않아요. 훌륭한 예술가는 무언가에 관한 시각을 종종 전달

---

20 모든 제보자들은 가명(假名)을 부여받았다.

할 거예요. 와인은 사회적 논제가 아니죠. 그저 그것을 즐길 수도 있고 또는 즐기지 않을 수도 있는 거라고 봐요.

엘리슨은 그녀의 주장을 대부분의 다른 제보자들의 견해보다 더 포괄적으로 발전시켰다. 그녀는 자신에게 와인은 메시지도 부족할 뿐만 아니라, 면밀히 평가를 하면서 시간을 쓰게 만드는 그 무엇이기보다는 오히려 인간의 상호작용을 촉진시켜 주는 사회적 기능을 가지고 있다고 논평했다. 덧붙여서 다음과 같이 언급했다.

미학적으로 즐거움을 주는지는 잘 몰라도 그 와인을 감상해 보려고는 해요. 하지만 나는 감상 자체를 할 수는 있어요. 만약 어떤 와인이 즐거움을 준다고 여겨지지 않으면 나는 그것을 좋아하지 않거든요.

미학적 대상을 좋아하지 않더라도 그것을 감상할 수는 있다고 그녀는 진술했다. 와인 평가에 관해 다른 제보자들이 일반적으로 강조하는 바이기도 하다. 그러나 그녀는 와인에 대한 선호도가 와인의 평가와 분리될 수 있다고 여기지는 않았다. 오히려, 그녀는 좋아하는 와인과 그 와인에 대한 감상은 그것을 마시고 있을 때 하나로 통합된다고 여겼다.

와인에 대한 반응이 예술 작품에 대한 반응과 비슷한 과정을 포함한다고 여겼던 다수의 제보자들에게 있어서 세 개의 핵심적 이유들이 폭넓게 비슷한 비중으로 제시된다. 그 이유들 중 가장 중요한 것은 미학적 과정에 의해 제공할 만한 즐거움이 있다는 점일 것이다. 개개인의 미학적 경험의 특성과 그리고 특히 인식의 과정 및 평가의 기술을 개발하는 데 있어서의 학습과 교육의 중요성, 그리고 요구되는 초점을 포함하여 채택된 평가 방법의 유사성이 거의 모두에게 중요한 것으로 여겨졌다. 세 번째 핵심적인 유사성은 와인과 예술 작품에 대한 반응에서 개인의 미각에 대한 관련성을 중심으로 다루어졌다. 그 각각의 이유들은 다음에서 더 자세하게 논의된다.

2   와인, 즐거움, 그리고 미학적 경험

와인과 음악 또는 다른 예술 작품의 경험 가운데서, 음주가에 의해 제안되는 주요한 유사성은 와인의 소비와 예술품의 소비 사이의 경험상의 유사성이었다. 비평적으로 살펴볼 때, 반응하는 데서의 즐거움이 그 둘 사이의 공통적 연결 고리로 보였다.

> 수(*Sue*)(소비자): 그 음악을 즐기는 한, 다른 건 상관할 바 없죠. 음악 듣기를 즐기기만 할 거라면 그것을 속속들이 알 필요는 없다고 봐요. 그리고 와인을 즐기는 것도 바로 그것과 똑같은 것 같아요. 그저 즐거움을 찾고자 하면 되는 거죠.

이것은 모든 관련 그룹의 일부 구성원들에 의해 공유되는 관점이었다. 많은 시간 동안 그러한 경험은 일반적인 즐거움의 감각과 일맥상통하는 것으로 보이기도 했다. 그러나 종종 그것은 훨씬 더 깊어질 수 있고, '심오한 경험'으로서 작용할 수 있다. 와인 제조자들로 구성된 여론 조사 포커스 그룹에서 있었던 논쟁은 '몰입' 경험의 개념을 매우 밀접하게 반영하는 용어들을 사용하면서 다음과 같은 관점을 나타냈다.[21]

---

21 칙센트미하이(Csikszentmihalyi)와 로빈슨(Robinson), *The Art of Seeing*.

할(Hal): 어떤 와인을 보면서, 그것이 당신이 마시고자 했던 와인이라고 감정적으로 영향을 받고 있다면, 그 와인이 과거에 마셔 보았던 바로 그 훌륭한 와인이라서 그런 것입니다.

마리아(Maria): 맞아요.

할(Hal): 당신의 몸을 관통해서 흐르는 훌륭한 와인들은 그 밖의 다른 어떤 것과도 같지 않죠. 그것은 당신이 결코 전에는 해 보지 못했던 놀랍고도 흥미진진한 경험입니다. 그래서 당신은 그러한 감정이 모두 바로 잔 속에 들어 있는 그 와인으로부터 나오는 거라고 말하게 되지요. 저는, 그것이 매우 취하게 하고 감칠맛이 나서 당신이 그것을 더 원한다는 뜻으로 생각됩니다.

와인에 대한 경험이 그것의 영향력의 측면에서 볼 때 행복감을 주거나 심오함을 줄 수 있을 것이라는 이러한 생각은 많은 제보자들에 의해 언급이 되었는데, 그들은 감각적이면서도 매우 인식적이고 평가적인 용어로 와인에 반응하는 경향을 지니면서 변함없이 빈번하게 관심을 지니는 애주가들이었다. 보다 덜 몰두하고 덜 관심을 지닌 음주가들은 그들이 일반적인 쾌락적 즐거움을 묘사하는 것을 넘어 또렷하게 표현할 수 있을 만큼의 와인 소비 경험은 없었던 것으로 보였다.

일부 음주가들은 와인과 예술 작품에 대한 미학적 반응을 주로 감각적인 것으로 여긴다. 따라서 한 인터뷰 대상자는 와인과 음악 감상 사이의 유사성에 관해 질문받았을 때 다음과 같이 대답했다.

우르술라(Ursula)(소비자): (그것들은) 민감해요. 음악은 상당히 신경을 곤두서게 할 수 있어요. 어떤 예술은 아주 아프게 느끼게 할 수 있죠. 그것들은 모두, 바로 지적인 반응과는 반대인 감각적 반응을 요구한다고 생각합니다.

다양한 제보자들에게 있어서 와인에 대한 반응과 예술품에 대한 반응 사이에서 핵심적으로 유사한 점은 바로 감정적이라는 것이다. 메리는 와인의 경험과 음악의 경험 사이에서의 유사성에 관해 알고 있었는지를 질문 받고서 바로 다음과 같이 말했다.

> 메리(Mary)(소비자): 예, 저는 알 수 있었어요. … 당신이 행하는 모든 종류의 것들은 그것이 당신을 좋게 느끼게 해 주기 때문에 행하는 거죠. 또한 음악도 당신이 기분 좋게 느끼도록 해 주기 때문에 듣는 거예요. 그런 점에서 와인과 음악은 서로 비슷해요.

메리에게 있어서, 와인과 음악 사이의 핵심적인 연관성은 그것들의 정서적 효과였다. 둘 다 당신을 기분 좋게 만들 수 있다. 그러나 대부분의 제보자들에게서 나타난 반응의 핵심 형태는 인식적이었다. 이것은 차례로 와인과 예술 작품 사이에 제공되는 다음과 같은 유사성으로 이끈다. 이를테면 그것들 둘 다를 대할 때 미학적 평가의 중요성을 지닌다는 유사성을 말한다.

감각적이든 감정적이든 간에, 많은 제보자들에게 있어서 와인의 소비와 예술품의 소비는 둘 다 평가의 과정과 관련이 있다는 점에서 서로 비슷하다.

> 다이애나(Diana)(소비자): 거기엔 유사한 관점이 있어요. 음악 또는 예술, 연극 또는 당신이 원하는 것을 판단하고 결정하는 그러한 모든 종류의 것들이 다 그런 것 같아요.

이러한 평가와 판단의 과정들은, 몇몇 제보자들이 와인과 예술 작품 사이에서의 핵심적 유사성이 인식에 의존한다는 것을 강조한 것이었음을 뜻한다.

마사(*Martha*)(와인 교육자): 예, 나는 와인 감상을 지적인 것으로 생각하기를 좋아해요. … 그리고 예술에 대해서도 마찬가지죠.

결국, 이러한 인식적인 평가의 과정은 세 가지 요소를 구성하는 제보자들에 의해 나타났다. 그 세 가지 요소는 집중에 대한 요구, 교육과 전문성의 중요성, 그리고 탐구와 도전의 영향력이다. 이들 각각에 대해서는 다음에서 논의된다.

많은 제보자들은 와인과 예술 작품 둘 다 집중을 요한다는 점을 제안하기 위해 미학적 평가의 개념을 전개한다. 따라서 와인과 그림을 다음과 같이 비교한다.

티나(*Tina*)(소비자): 당신은 집중할 필요가 있고 그것들에 시간을 들여 몰두할 필요가 있어요. 나는 시간을 들여서 그것을 해요. 다른 사람들이 나에게 영향을 주는 것을 원하지 않기 때문이죠. 시도하고 또 시도하면, 내가 그것에 완전히 집중하는 것이 확실하게 가능해지거든요. … 당신이 그림을 보는 것을 좋아한다면, 와인을 마시는 것도 또한 좋아하게 될 거라 생각해요.

티나에게 있어서, 이러한 집중은 시간과 감정적 에너지의 소비를 필요로 한다. 그것은 다른 이들에 의해 영향받을 어떤 것이 아니라 그녀가 자신의 책임감을 고려한 하나의 습관이다. 그녀는, 만약 예술에 집중적인 관심을 기울일 준비가 되었다면 아마도 와인에 대해 그렇게 하는 것도 또한 즐기게 될 거라고 주장한다. 초점에 맞추어 집중할 필요가 있다는 이러한 요구는 많은 심리학자들과 심미철학자들에 의해 전형적인 미학적 약속으로서 인식되곤 했다.

와인에 대한 반응을 미학적 평가의 일부라고 여기는 제보자에게 있어서는, 지식과 기술의 획득이 종종 중요하다고 인식되었다. 지식과 기술은 그것을 잘 알고 있는 비평가에게 효과적인 평가를 위해 필수적인 뉘앙스를 감지하는 훌륭한 능력을 주는 것이다.

> 할(*Hal*)(와인 제조자): 곡의 절정 부분을 노래하는 두 위대한 테너 가수 사이의 차이를 생각해 보십시오. 매우 잘 교육된 음악가는 미묘한 차이를 잡아낼 수 있을 것이며, "이 사람이 이런 이유 때문에 저 사람보다 상당히 더 나았다."라고 말할 수 있을 것입니다. 반면에 저는 "그들은 둘 다 상당히 멋졌다."라고 말할 수 있을 것입니다. 그 점이 우리가 주목할 부분입니다. 우리의 전문적 기술은 "이 병에 들어 있는 '샤토 마고(Château Martaux)' 레드와인이 저 병 속에 들어 있는 '무통 까데(Mouton Cadet)' 레드와인보다 더 좋다."라는 정도로 말할 수 있게 해 준다고 생각합니다. 그리고 어떤 사람들은 그것을 알 수 없을지도 모릅니다.

감상을 위한 이러한 능력은 두 가지의 관련 요인들에 기초된다. 수년간의 연구에 의해 축적된 세밀한 지식과 그러한 상당한 지식의 응용으로부터 획득된 '미묘한 차이'를 파악하는 데 전문가였던 할은 자신이 선택한 와인이라는 영역에 대한 뉘앙스를 평가하는 능력은 지녔지만 반면에 다른 미학적 소비의 영역에서는 비슷한 기술을 가지고 있지 않다고 강조했던 것을 주목하라.

  많은 제보자들에게 있어서, 와인과 예술 작품을 평가하는 과정의 즐거움은 작품들에 대한 도전과 그것을 탐구할 기회에 근거하는 것 같았다. 그 과정은 그것에 대한 지식과 기술에 관여한다.

  윌리엄(*William*)(소비자): 만약 와인이 예술이라고 본다면 그 안에서도 선택할 수 있는 영역이 광범위하게 존재합니다. 그리고 많은 사람들이 자신이 선호하는 것들을 찾기 위해 모든 것에 대해 경험하기를 좋아하는 것 같습니다.

  윌리엄은 사람들이 자신의 편견을 가지고 애호하는 것을 결정하는 과정을 즐긴다고 시사하면서 미학적 범위에 속하는 경험들에 대해 긍정적으로 바라보았다. 그러한 다양한 탐구만큼이나 그것을 이해하는 데에는 그만큼의 어려운 도전이 있다. 다음의 내용은 와인과 음악 사이에 유사성이 있음을 제기했던 인터뷰 대상으로부터 자연스럽게 나온 것이다.

  게르하르트(*Gerhard*)(소비자): 두 가지 경우에서, 무엇이 그것을 작용하게 만드는지를 알 필요가 있다고 생각합니다. 음악이 어떻게 진화했는지, 그리고 그것의 이면에는 무엇이 있는지를 알 필요가 있습니다. 수학과 음악 사이의 연관성은 명백한 것입니다. 그리고 비록 당신이 좋아하는 것이 아닐지라도, 일단은 음악 감상과 같은 어떤 것들을 행하면서 그것을 이해하고 보는 것입니다. 때로는 와인을 재배하는 일에 돌입해서 와인을 만드는 일로 접어들고 와인을 저장하는 일에 임하게 되기까지의 작업량을 깨닫게

된다면 알게 될 겁니다. 당신이 비록 와인의 스타일을 좋아하지 않을지라도 그것의 양적인 면에서라도 와인의 훌륭함을 감상할 수 있다는 것을 말입니다.

게르하르트에게 있어서의 도전 과제는 무엇이 와인과 음악 둘 다에 반응하게 만드는가를 아는 것이다. 어떤 과정들과 그것에 대한 철학은 그 산물에 대해 미학적 감상을 하는 데 있어서 매우 중요한 것 같다.

많은 제보자들에게 있어서, 미학적 경험의 핵심 요소이며 와인과 예술 작품 둘 다에 대한 반응에서의 또 다른 주요 유사성은 바로 개인적 취향이었다. 후자는 거의 즐거움만큼이나 그리고 와인 소비가 미학적 차원을 지니고 있다는 지표로서의 평가 과정들만큼이나 제보자들에게 중요했다. 그런 고로 다음과 같은 의견도 제시된다.

헤티(Hetty)(소비자): 만약 내가 예술 작품을 보거나 음악을 듣고 있었다면 그것이 나의 개인적 취향이라고 설명될 수 있을 것이라 생각해요. '어떤 것이 와인과 똑같을까'라는 식으로 나는 생각합니다. 그것들이 비슷하다고 여겨지기 때문이죠.

헤티는 예술 작품에 대한 반응이 주관적이고 개인적이라는 것을 분명하게 강조하는데 그녀의 그러한 관점은 다른 제보자에 의해서도 공통으로 반영되었다.

와인과 또 다른 미학적 산물들 사이의 연결로서 개인적 취향의 타당성에 대해 이렇게 강조하는 것과 대비되는 것은, 와인과 다른 미학적 산물에 대한 '반응의 공통성'이 존재한다는 일부 제보자의 관점이었다. 이것

의 결과는 와인과 예술 작품들이 개개인의 개인적 취향에 의존하기 때문
이 아니라, 그것들이 얼마나 좋을 수 있는지에 대한 공통적 인식이 있기
때문에 유사했다는 점을 시사하는 것이었다. 이것은 미학적 판단의 객관
성에 대한 철학적 관점을 상기시킨다.[22] 그런 연유로, 한 와인 제조자 실험
그룹의 로저(Roger)와 마리아(Maria)는 와인과 예술 작품 사이에 유사성이
있다고 여겼다.

> *로저(Roger)*: 종종 좋은 작품의 전형적인 특징은 그것의 전문성의 수준과
> 상관없이 모든 이에게 흥미를 끈다는 것입니다. 어떤 그림은 모든 이에게
> 매력적일지도 모릅니다. "와우, 그것은 정말로 좋군, 분명 누군가의 재능
> 이 발휘되었어, 그들이 그 속에 뭔가를 많이 넣어 두었어, 정말로 인상적으
> 로 보여서 그것을 어찌 말해야 할지 모를 정도군." 하고 그들은 말할 것입
> 니다. 특히나 말재간 좋은 사람들이 그렇게 말합니다. 그리고 어떤 전문가
> 가 나타나서 이렇게 말합니다. "와우, 그건 놀라운걸…. 그들이 그림자와
> 선과 빛과 그런 모든 종류의 것들을 사용했다는 것이…."라고. 와인도 그
> 와 마찬가지입니다.
>
> *마리아(Maria)*: 그리고 만약 당신이 높은 품질로 여겨지는 어떤 것을 구
> 식의 소박한 그룹에 포함시킨다면 사람들도 또한 그것을 품질이 형편없는
> 것으로 인식할 거예요.

로저는, 미학적 산물의 특성은 비록 전문가들이 그림자와 명암의 사용
에 대한 자신들의 반응을 보다 쉽게 설명하거나 합리화할 수 있을지는 몰

---

22 흄(Hume), *Selected Essays*; Railton, "Aesthetic Value, Moral Value and the ambitions of Naturalism."

라도, 잠재적으로 전문가이든 아마추어이든 상관없이 누구에게나 인지될 수 있다고 주장했다. 이것은 미학적 기호를 개인적 선호 이상은 아닌 것으로 일축하는 접근 방식과는 반대이며 몇몇의 제보자들에 의해 주장된 시각이었다.

3 미학적 대상으로서의 와인

문학 비평에서 개괄되듯이, 미학적 경험의 두 번째 핵심적 측면은 경험에 대한 자극으로서 작용하는 미학적 대상에 초점을 둔다. 이 연구에서 제보자들은 와인이 미학적 대상이 될 수 있는 두 가지 핵심 방법을 제안했다. 이를테면, 와인이 발생시키는 미에 대한 인식과 와인이 지니는 다른 예술 작품들과의 유사성이 그 핵심 방법이라는 것이다.

상품으로서의 와인이 그 어휘의 미학적 감각에서 미적 요소를 지닌다는 일부 제보자들의 응답에서 그 의미가 강하게 드러났다. 이것이 직접적으로 언급되는 경우는 드물었는데, 아마도 공통적으로 미적인 어투가 시각적으로 매력을 끄는 것에 대해 가장 일반적으로 사용되는 용어가 되었기 때문일 것이다. 그러나 그것은 그들이 말한 많은 말들 속에 내재되어 있다가 한 제보자에 의해 다음과 같이 명쾌하게 드러났다.

웬디(Wendy)(와인 제조자): (콘서트나 미술 갤러리, 또는 와인 시음에서) 당신은 감명 깊고 아름다운 무언가를 찾을 것입니다. 맞습니다. 아름다움은 모든 것들에서 발견될 수 있다고 생각합니다. 그리고 와인 생산은 어쩌면 아주 상업적인 결과로가 아니라 창의적인 것으로 보아야 할 것입니다. … 특별한 와인들, 분명히 나는 그러한 범주를 아름답다고 여길 것입니다.

웬디가 줄곧 그렇게 생각하는 데에는 팽팽한 내적 갈등이 있다. 대량 생산된 와인의 스타일을 미의 대상으로서 어느 위치에 두어야 할지가 그녀는 확실치 않은 것이다. 그럼에도 불구하고 반드시 매일매일 마시게 되지 않더라도 특별한 와인은 바로 콘서트가 그럴 수 있었던 것처럼 영감을 주는 아름다운 어떤 것으로 간주되어야 한다. 비록 명료하게 표현되지는 않지만 웬디의 관점은 몇몇의 다양한 전문적 제보자들에 의해 공유되었다. 그러나 '총성'이 머리카락을 쭈뼛하게 만드는 것과 같은 몇몇의 와인들이 있다고 와인 제조자 탐(Tom)이 이전에 말한 것처럼 함축적인 관점으로서나마 더욱 명백해졌다.

대부분의 제보자가 와인과 예술 작품의 소비 과정이 유사성을 지니고 있다고 여겼던 반면에, 일부 제보자는 상품으로서의 와인과 다른 미학적 상품들을 직접적으로 연관 지었다. 이러한 관점은 일반적으로 와인 그 자체가 예술 작품이라고 제안함으로써 생겨났다.

엘리(Ellie)(소비자): 만약 당신이 음악이나 미술 작품을 만들고 있거나 또는 와인을 제조하고 있다면 그것은 무언가를 만든다는 점에서 서로 관련이 있어요.

이러한 시각은 다양한 제보자들에 의해 주장되었다. 그러나 보통 그렇게 생각될 수 있듯이, 이러한 관점은 와인 제조에서의 '예술가'라고 할 수 있는 와인 제조자들 스스로에 의해 가장 잘 진술되었다.

다니엘(Danielle)(와인 제조자): 나는 정말로 미술과 와인 사이에 큰 유사성이 있다고 생각합니다. 정말로 그렇습니다. 매우 좋은 품질의 특별한 와인을 찾아내는 사람도 바로 진정한 아티스트라고 나는 생각합니다. … 그렇다면, 내가 와인을 보는 방식은 당신이 팔레트와 캔버스 같은 것을 사용하는 방식과 같다고 할 수 있습니다. 예술 세계에서의 어떤 것에 대한 독특함이 와인 세계에서의 와인의 독특함과 다르지 않습니다.

(추후에 다시 다음과 같이 말함)

다니엘: 음, 나는 호주산 '토브렉(Torbreck)' 레드와인에 대해 생각해 봅니다. 토브렉 와인을 만드는 그는 예술가입니다. 그는 많은 훈련이나 혹은 그 비슷한 무엇도 받지 않았습니다. 그는 많은 고급 와인을 만들었는데 … 분명히 그는 와인과학 학위 같은 어떤 것도 취득하지 않았습니다. 그러나 그의 와인은 그저 내게는 놀라울 따름입니다.

다니엘은, 확실히 훌륭한 와인은 포도라는 재료를 담은 팔레트로부터 만들어진 독특하고 훌륭한 미술 작품과도 같다고 여겼다. 그녀는 예찬받을 만한 위상을 지닌 통용되는 호주산 와인을 구체적인 예로서 사용했다. 그리고는 와인 제조자가 실제로 정식의 와인 제조 교육을 만족스럽게 받지 않았다는 점을 주목했다. 아마도 특정한 방법으로 훈련되는 것의 제약들로부터의 이러한 자유가 와인 제조사의 예술적 측면을 융성하게 만들었을 거라는 함축적인 암시를 내포하고 있다. 그러나 심지어 와인 제조자 가운데에서조차 의견을 달리하는 관점들이 있었다. 그들 모두가 그들의 역할을 예술가의 역할과 동일하다고 보진 않았다.

클라이브(Clive)(와인 제조자): 예술은 감정의 표현 그 이상입니다. 반면에 와인은 과학적, 농업적, 또는 산업적인 것 이상의 것입니다. 그것은 창의

적인 요소들을 그 안에서 얻기도 하지만 또한 결국 예술은 실용적이라는 것 입니다.

클라이브는 실용적으로 정교해야 함을 의미하는 것 같다. 그는 자신이 행하는 것에 창의성의 요소가 있다는 것을 인정한다. 그러나 그는 예술가 보다 더 과학적인 방식으로 작업한다. 자신이 생각하기에, 다루어지고 있는 콘텐츠가 '예술 작품'보다는 덜 감정적이라 할 수 있는 '와인'이라는 작품을 그는 제조하고 있는 것이다. 그러나 또 다른 와인 제조자는 와인과 음악의 유사성에 관해 질문받았을 때 와인과 예술과의 관계에 있어서 해석의 관계보다 창의성의 관계를 보다 구체적인 예로서 명백히 밝혔다.

마크(*Mark*)(와인 제조자): 나는 일전에 어떤 음악을 들으며 이것에 관해 생각하고 있었습니다. … 맞아요, 20명의 각기 다른 음악가들에게 하나의 음악 작품을 해석해 달라고 요청하면, 그들은 모두 그것을 상당히 다르게 해석할 것입니다. 그러나 당신이 정말로 개인적으로 좋아하는 것은 겨우 두세 가지일지도 모릅니다.

마크의 관점은, 와인의 영향력과 음악의 영향력은 각각의 경우에서 예술에 대한 해석에 반응하고 있기 때문에 비슷하다고 여기는 것이다. 와인 제조자들은 그들이 만든 와인에서 음악가들이 음악 작품을 해석하는 것처럼 포도 또는 포도밭에 대해 해석한다. 그러나 소비자는 그러한 해석에 관해서 선택적인 평가 방식의 판단을 내릴지도 모른다. 유사성이 창작이 아니라 해석에 있다는 이러한 생각은 전문가뿐만 아니라 소비자에 의해서도 반복적으로 말하여져 왔다.

논쟁과 결론

제보자들은 일반적으로 와인의 소비와 미학적 상품들, 특히 그중에서도 음악의 소비 사이의 유사성을 알았다. 이것이 반드시 와인에게 미학적 대상으로서의 자격을 주는 것은 아니다. 그러나 와인에 관한 주제에서 제보자들에 의해 제공되는 경험과 반응은 일반적으로 문학 비평에서 서술되는 개요처럼 미학적 소비에 대해 적힌 기준들과 대등한 경향이 있었다.

가장 주목할 만한 것으로서, 제보자들에 의해 관찰되는 유사성들은 세 가지 주요 영역에 이른다. 몇몇 제보자는 와인이 예술 작품의 요소들을 지닌다고 여겼다. 그러나 예술 작품과도 같은 와인이 제품의 아름다움을 인정하는 것에 중점을 두면서도 즐거움의 감각을 연상시킬 수 있다는 것으로 더욱 널리 알려져 있다. 미학적 경험의 강도를 어떤 연속체에 있는 것으로 보는 그러한 관점이 반드시 철학적으로 받아들여지는 것은 아니지만 아마도 사회과학자들에 의해 더욱 일반적으로 인정되는 것 같다.

두 번째로, 적어도 그 세 가지 모두 중에서 상호작용을 제안하고 있는 몇몇 연구와 더불어 미학적 반응에 대한 감각적, 인식적, 감정적 특성에 관한 논쟁이 있다고 알려져 왔다.[23] 이러한 상호작용의 과정은 제보자에 의해 제공되는 정보에서 제시되었다. 그러나 철학적 분석에 대한 무게 중심이 정신적 활동에 맞춰지는 경향이 있었던 것처럼 이 제보자들은 와인과 음악 둘 다에 대한 인식적 평가를 강조했다. 이러한 인식적 주목은 결국 많은 요소들을 포함하는 것 같았다. 결정적으로, 그리고 미학적 소비가 요구하는 보편적인 철학적 관점에 대해 심사숙고함에 있어서 미학적

---

23 칙센트미하이(Csikszentmihalyi)와 로빈슨(Robinson), *The Art of Seeing*.

으로 주목한 것에 집중했고,[24] 많은 이들이 와인을 평가할 때 요구되었던 주안점에 관해 이야기했다.

세 번째 이슈는, 와인의 감상과 마찬가지로 와인에 대한 역설적 반응이 있는 것 같다. 모두가 그것의 특성과 품질 둘 다를 평가할 수 있다는 생각을 반영하면서, 주관적 반응이라 할 수 있는 개인의 미각뿐만 아니라 공유되는 평가에 대한 반응을 반영하는 것을 볼 수 있다. 이것은 결국 고전 철학적인 미학적 판단의 주관성과 객관성에 관한 논쟁을 반영한다.[25]

마지막으로, 비록 거의 얼마 안 되는 제보자들만이 그것을 직접적으로 언급하긴 했지만, 그들에게 와인의 어떤 요소에 대한 인식이 있는 것 같다. 어떤 와인을 감격적이거나 아름답다고 여기는 음주가들에게 그러한 임팩트가 있을지도 모른다. 또 다른 음주가들은 대상에 대한 미적 감각을 연상시키는 개념들 둘 다에 대해서 그렇게 분명하지는 않아도 여전히 특별한 와인으로 언급할 수 있거나 그것에 대해 할 말을 잃을 정도라고 말할 수는 있을 것이다. 이것은 또다시 '감동적이거나 아름다운, 또는 탁월한'이라는 말에 대한 반응에서의 미학적 초점을 반영한다.[26]

와인 소비와, 보다 형식적인 미학적 경험 사이의 유사성을 제보자들이 인식하지 않는 데에는 두 가지 이유가 거론되는 경향이 있었다. 첫 번째 이유는, 와인은 메시지를 전달하지 않지만 반면에 예술 작품은 메시지를 전달한다는 것이다. 이것은 예술 작품이 몇몇 철학자들의 미학에 의해 강

---

24 조지 디키(George Dickie), *Aesthetics: An Introduction*(New York: Pegasus, 1971); Scruton, *The Aesthetics of architecture*; Sibley, *Approach to Aesthetics*.

25 조지 디키, *Introduction to Aesthetics: An analytic Approach*(Oxford: Oxford University Press, 1997).

26 블랙번(Blackburn), *Dictionary of Philosophy*, p. 8.

하게 주장되는 관점인 '어떤 의미를 지닌다'라는 생각에 기초된다.[27] 그럼에도 불구하고 이러한 주장은 심미주의자들에게는 보편적으로 받아들여지지 않는다. 어쩌면 미에 대한 단순한 묘사가 메시지에 대한 요구를 방해할 수도 있고, 예술가의 '직관'이 미학적 경험과 관계가 없을 수도 있을 것이다.[28] 실제로, 비(非)철학적 전통을 따르는 학자들이 어떤 음식이나 와인의 경험에서 상당한 미학적 의미를 발견할 수도 있다.[29] 경험에서 유사성을 무가치한 것으로 치부하는 것에 대해 제보자들이 말해 주는 두 번째 이유는, '순수 예술'에 대한 보다 더 '사적인' 경험을 추측하는 것과 대조되는 것으로서, 와인 소비에 대한 보다 더 사회적인 특성과 관련이 있다. 시를 읽는 대중들에서부터 미술 전시회를 회람하는 단체에 이르기까지 순수 예술에서조차 부수적인 사회적 경험의 범위가 있다는 것을 주목할 수 있는데, 이러한 관점에는 약간의 타당성이 상당히 있을 수도 있다.

이미 주목되었듯이, 소비자들의 범위에 대한 관점은 와인 소비가 미학적 경험이라는 것을 입증하지도 않고 반증하지도 않는다. 그러나 그것은 그러한 경험을 이루는 것에 대한 논쟁을 재조명하며, 결정적으로 그 제보자들의 견해들은 그 둘 사이의 어느 정도 근본적인 유사성을 제시한다. 와인의 특정한 기능이 그것을 보다 명백한 예술 작품의 형태로부터 두드러지게 하는 것인지도 모른다. 그래서 와인을, 음식이나 옷과 더불어,

---

27 넬슨 굿맨(Nelson Goodman), *Languages of Art*(Indianapolis: Hackett, 1968).

28 조지 디키, *Introduction to Aesthetics*.

29 메리 더글러스(Mary Douglas), "A Distinctive Anthropological Perspective," in Mary Douglas(ed.), *Constructive Drinking: Perspectives on Drink from Anthropology*(New York: Cambridge University Press, 1987), pp. 3-15; 유카 그루나우(Jukka Grunow), *The Sociology of Taste*(London: Routledge, 1997); 드와이트 B. 히스(Dwight B. Heath), *Drinking Occasions: Comparative Perspectives on Alcohol and Culture*(Ann arbor: Taylor and Francis, 2000).

준(準)유사의 미학적 대상으로 여기는 것이 하나의 솔루션이 될 수도 있다. 그러한 모든 논쟁에도 불구하고 와인의 감상은 일반적으로 음악이나 미술 작품의 감상과 많은 공통점을 지니고 있는 것은 분명한 것 같다.

V

와인과 형이상학

13

내 포도주에 커피나
블랙베리가 들어 있을까?

케빈 W. 스위니 Kevin W. Sweeney

대중들이 생각하기에 와인 시음이 그 경험에 대해 종종 잘못된 허울을 쓰고 가장한 채 정체를 숨기고 있는 듯해서 매우 주관적이면서도 색다른 경험으로 생각되었다. 우리가 글라스에 담아서 흔들고 있는 '나파밸리(Napa Valley) 카베르네(Cabernet)' 와인이, 실제로 커피나 블랙베리의 맛을 지니고 있다고 누가 장담할 수 있을까? 당신에게 따라 준 '소노마 소비뇽 블랑(Sonoma sauvignon blanc)'이 정말로 부싯돌과 강철 미네랄의 중간 정도의 맛을 지니고 있을까? 그 와인 맛의 윤곽이 실제로 포도의 상큼함으로 시작하는가? 이러한 주장들은 개인적 의견이나 색다른 의미를 담고 있다는 것 이상의 어떤 것일까?

철학자들도 또한 한 잔의 와인이 다른 이들과의 대화를 원활하게 해 줄 수 있다는 것을 알고는 있지만 종종 와인의 미학적 특성에 대해 회의적이었다. 이마누엘 칸트(Immanuel Kant)는 와인을 음미하는 즐거움은 단지 개인적이고 특유한 것이라 생각했다.[1] 만약 누군가가 카나리아 제도산

---

1   이마누엘 칸트(Immanuel Kant), *Anthropology from a Pramatic Point of View*(1798), ed.

(産)의 달콤한 화이트와인이 더없이 훌륭한 맛이라고 생각한다면, 칸트는 그러한 판단은 개인적 기호일 뿐이며 다른 이들이 그러한 관점을 공유할 필요는 없다고 주장한다.[2] 와인이 진정한 심미적 경험을 위해 필요한 것으로서, 섭취하는 데 즐거움이 있는 것이기 때문에 와인 음주가들도 또한 결코 공정할 수 없을 것이라고 그는 생각했다. '파리의 고깃집'을 궁전보다 선호했던 와인 음주가들에게나 혹은 이로쿼이(Iroquois) 족의 추장, 사켐(Sachem)에게나 와인이 주는 즐거움이 먹는 것에서의 욕구를 만족시켰다는 점에서는 흡사했다.[3]

칸트가 음식과 음료에 관한 비평적 판단들이 단지 개인적 기호를 표명한 것일 뿐이라고 주장한 이유 중 하나는 맛과 냄새에 대한 우리의 감각들이 객관적이기보다는 보다 더 주관적이기 때문이라는 것이다. 말하자면, 그것들로부터 얻어진 생각은 외부의 대상에 대한 인식을 표현한 것이기보다는 '즐거움'에 대해서 더 많이 표현한 것이라고 생각했던 것이다.[4] 칸트에 의하면 미각적 기호에 관한 문제들, 이른바 우리가 입을 통해서 섭취하는 것에 대한 우리의 감각적 지식은 개인적 즐거움의 문제였다. 와인과 음식에 관한 판단은 대상에 대한 인식적 평가가 아니라 개인적으로 즐거운 경험 또는 미각 선호도에 대한 지표들이었다. 심지어 최근에는, 미각적으로 맛과 냄새에 대해 그리고 일반적으로 영양적인 경험에 대해 관

---

and trans. Robert B. Louden, introduction by Manfred Kuehn(New York: Cambridge University Press, 2006), pp. 46, 51, 63-4.

2　이마누엘 칸트, *Critique of Judgment*(1790), trans. Werner S. Pluhar(Indianapolis: Hackett, 1987), sect. 7, p. 55.

3　같은 책, sect. 2, p. 45.

4　칸트, *Anthropology*, p. 46.

326　　　　　　　　　　　　　　　　　　와인 심포지엄

심을 갖는 심미주의자들과 더불어, 여전히 와인 시음이 미학적 대상이라기보다는 오히려 시음자 자신의 주관적 향유와 관련이 있다고 믿는 철학자들이 생겨났다.[5] 예들 들어, 로저 스크루턴(Roger Scruton)은 다음과 같이 주장한다.

> 미각이나 후각과는 달리 시각과 청각은 때때로 객관적 관조일수도 있다. 맛을 음미하거나 냄새를 맡는 데에 있어서, 나는 그 대상에서가 아니라 그것으로부터 나오는 경험을 숙고한다. 시음하는 데에 있어서의 한층 두드러지는 특징이 또한 언급될 수도 있는데, 그 와인에 대한 목적과 욕구가 둘 다 꾸준히 소모된다. 그 어떤 것도 미학적 관심과 관련해서는 맞는 말이라고 할 수 없다.[6]

스크루턴의 관점에서 와인 시음은 맹목적인 즐거움을 만들어 내기 때문에 미학적 활동이라고 볼 수 없다. 시각과 청각은 그들 각각의 대상과 인식적·미학적 만남을 이루게 해 준다. 하지만 미각과 후각은 그렇지 않다고 스크루턴은 주장한다.

"와인 시음에는 어떤 대상에 대한 미학적 숙고가 없다."라는 스크루턴의 칸트 철학적 입장의 말에는 매우 반(反)직관적인 무언가가 있다. 와인은 분명히 실재하는 어떤 것이다. 내가 음미하는 와인은 실증적인 대상이다. 아마도 모든 와인이 감상의 대상이라고 말하여질 수는 없을 것이며,

---

5 맛의 미각에 관한 근래의 최초의 작품은 카롤리 코스미어(Caroly Korsmeyer)의 *Making Sense of Taste: Food and Philosophy*(Ithaca: Cornell University Press, 1999)이다.

6 로저 스크루턴(Roger Scruton), *The Aesthetics of Architecture*(Princeton: Princeton University Press, 1979), p. 114.

와인을 한껏 들이키는 자들이라고 해서 모두가 와인 애호가인 것은 아닐 것이다.

그러나 확실히 어떤 와인들은 일부의 사람들에 의해 평가된다. 글라스에 담긴 와인을 우리의 눈으로 직접 보면서 입속의 미각으로는 와인을 감상하지 않는다는 것이 정말로 가능할까? '뿔리니-몽라쉐(Puligny-Montrachet)'의 복잡한 향을 킁킁 냄새를 맡으며 그것이 자아내는 특징을 입속에서 음미할 때 우리는 감식력 있게 어떤 대상과 만나고 있는 것이 아닐까? 나는 그렇다고 생각한다. 하지만, 와인과의 감상적인 만남은 스크루턴이 힌트를 주고 있는지도 모르는 몇 가지 문제를 제기한다고 여겨진다. 우리가 와인글라스를 돌리며 흔들어 보고 입속의 미각으로 와인을 음미하지만 사실상 개개인의 미각적 방식으로 반응하는 이러한 대상의 특성을 나는 탐구하고자 한다.

우리가 마시고 즐기는 와인에 대한 미학적 연구를 검토하기에 앞서 사전 관찰이 시행되어야 할 것이다. 섭취되는 와인의 전체적 특성에 대한 지식을 언급하기 위해, 단지 '달콤한, 신, 짠, 그리고 쓴'과 같이, 혀와 입천장에서 느껴지는 협소한 의미의 감각이 아니라 '미각'이라는 용어를 주로 사용하고자 한다. 우리가 섭취하는 것을 주로 냄새를 맡는 비후각적 능력에 의존하면서 '맛'을 인식하는 것이기 때문에 우리가 음미하는 많은 것이 사실은 후각적이라 할 수 있다. 그래서 나는 우리가 와인을 마실 때, 듣는 것의 중요함은 아예 접어 두고라도, 협의의 의미인 '맛 보기, 냄새 맡기, 만져 보기, 온도 감지' 등의 감각적 특성들을 일반적으로 표현하는 '음미하기'의 특성으로서 언급하려 한다. 와인과의 만남을 다양하게 분리된 각각의 다른 감각 데이터의 범주로 나누는 것을 우려하기 때문에 이러한 일반적인 관점을 지니고자 하는 것이다. 일반적으로 와인 시음이라 일컫

는 와인과의 복잡한 만남에 대해, 세상의 사물들과의 현상학적 조우로 생각하기를 나는 더 좋아한다.[7]

　18세기의 많은 철학자들이, 예술과 자연의 아름다움에 대한 비평적 감상을 종종 '비평적 음미'로 언급하면서, 미각적 음미로서의 섭취 경험에 대해 정형화되었다고 주장했던 것을 고려해 볼 때, 현대의 몇몇 철학자들이 와인을 미학적 대상으로 인정하기를 꺼려하는 모습을 보이기도 한다는 것이 놀랍다. 데이비드 흄(David Hume)은 정련된 감상에 대한 감수성으로서의 비평적 음미가 미각적 음미에 은유적으로 기초를 두고 있다고 주장한다.[8] 미학 이전의 다른 사상가들은 적어도 어떤 면에서는 일반적 음미와 비평적 음미 사이에서 평행선을 유지했다. 근본적인 이유는 비평적 감상과 같은 미각적 음미가 당연히 쾌락적이라고 생각되었다는 것이었다. 우리는 그저 섭취하는 것을 드물게 감지할 뿐이다. 그 대신에, 우리가 섭취해 온 것에 대한 바람직한 또는 유쾌하지 못한 어떤 경험에 도달한다. 미각적 음미는 커피가 달다거나 차 맛이 쓰다고 즉각적으로 감지할 때처럼 사려 깊지 않게 '빠른 식별'을 하는 것과 관련된다고 또한 여겨지기도 했다.[9] 그래서, 볼테르(Voltaire)는 다음을 주목한다.

7　와인에 관한 우리의 감각 지식의 생리학에 대한 훌륭한 개괄은 앤드루 샤프(Andrew Sharp)의 *Winetaster's Secrets*(Toronto: Warwick Publishing, 1995), pp. 14-49, 그리고 메리언 W. 볼디(Marian W. Baldy)의 *The University Wine Course*, 3rd ed.(San Francisco: Wine Appreciation Guild, 1997), pp. 14-43에서 찾을 수 있다.

8　데이비드 흄(David Hume), "Of the Standard of Taste"(1757), in *Essays, Moral, Political, and Literary*, ed. Eugene F. Miller(Indianapolis: Liberty Classics, 1987), p. 235.

9　볼테르(Voltaire), "An Essay on Taste," translated from Voltaire's article on taste in diderot and D'Alembert's *Encyclopédie*(1757), in alexander Gerard, *An Essay on Taste*, 2nd ed.(1764: rpt. New York: Garland, 1970), p. 209.

훌륭한 미각은, 지적인 미각과 감각적 미각 사이의 유사함을 느끼면서 다른 와인과 혼합되었다는 것을 즉시 인식하기 때문에, 그래서 맛을 보는 그 사람은 똑같은 제품에서 다른 스타일의 잡다하게 섞인 혼합물을 빠르게 식별할 것이고, 어떤 사물에서 장점과 결점이 아주 밀접하게 섞이게 될 때 결점으로부터 장점을 항상 구별할 수 있을 것이다.[10]

그러나 미각적 음미와 비평적 음미 사이의 평행적 유사성을 받아들이는 데에는 문제가 있었다. 고유한 비평적 주관성을 일부 수용하고 있는 것 같다고 우려되었기 때문이다. 만약 미각적 음미가 개개인의 선호도를 감안한 것이었다면, 또한 비평적 음미도 단지 개인적 선호도의 문제일 뿐이었을까? 만약 맛을 음미하는 것에 관한 논쟁이 없다면, 특정한 관습적 기준에 부응한 비평적 감수성으로서의 음미는 비(非)인습적인 습관으로 습득될지도 모르지만 그것은 객관적으로 명석한 인식에 기초될 수 없을지도 모른다. 그러나 일부 사상가들은 유사성에 대한 주관적 또는 회의적 측면을 거부했다. 보다 일찍이, 시금치나 '리슬링(riesling)' 화이트와인을 혐오했다면 그것을 좋아하는 누군가를 이성적으로 설득하거나 가르칠 수 없었을 거라는 게 맞을 수도 있다. 그러나 또 다른 것에 의해 대체되는 일련의 선호되는 것들보다 오히려 비평적 음미가 향상될 수 있을 것으로 기대되었다.

'취향의 기준'에 대한 흄의 의도 중 하나는 어떻게 비평적 통찰력을 향상시킬 수 있을지를 보여 주는 것이었다. 만약 그의 짧지만 유명한 개론서, 『강력한 감각』(*Strong Sense*)에서 주장했던 특성들을 모방하고, 섬세한

---

10 같은 책, p. 210.

감정과 통합하거나 연습에 의해 향상시키고, 완벽하게 비교함으로써 모든 편견을 없앤다면, 그러한 특징들은 '보다 순수한 예술에서의 진정한 판단'이라 할 수 있는 비평적 감상의 대상들에 대해 더욱 훌륭한 판단이 될 수 있을 것이며 이러한 가치 있는 특징에 비평가들이 권한을 부여할 수 있다.[11] 예를 들어, 음악 작품을 비평적으로 평가하는 데 있어서, 그 작품의 모든 미묘한 음의 뉘앙스를 잡아내기 위해서는 음악적으로 예민한 귀를 지녀야 한다. 훌륭한 비평가는 '강력한 감각'을 지녀야만 한다. 그러한 감각은 흄에게 있어서, 작품의 장르를 식별하고 그 작품에서 일반적으로 예상되는 것을 볼 수 있는 실제적인 지능과 중요한 배경지식을 지닌다는 것을 의미했다. 또한 연습과 비교에 의해 감상적 기량을 연마할 필요가 있고 그 음악에 접근하는 데 있어 편견이 없어야 한다.

만약 관습과 비교와 선입견으로부터 자유롭고 나머지 모든 것에 의해 예술 작품에 대한 비평적 통찰력을 향상시킬 수 있다면, 그리고 비평적 음미와 미각적 음미 사이에 유사성이 있다면, 와인에 관한 미각적 묘사력과 비평적 판단력을 향상시킬 그와 비슷한 양생법이 있는 걸까? 또는 그것의 특성에 의한 미각적 경험이 감상에서의 보편적 향상을 목표로 하는 인지적 관습을 다소 저해할 정도로 그렇게 뿌리 깊은 주관성을 지닐까? 미각의 경험이 그저 쾌락적인 반사 작용이라고 한 스크루턴의 말은 옳은 것일까? 우리가 와인과 조우하고 그것을 섭취할 때 그것을 비교하고 훈련하며 그것에 관한 우리의 훌륭한 감각을 연마할 목적은 없는 것일까?

다행히도, 이러한 문제들의 언급을 시작하기에 좋은 흄의 예시 중의 하나가 있다. 그것은 바로, 산초 판자(Sancho Panza)의 와인을 시음하던 일가

---

11 흄(Hume), "Of the standard of Taste," p. 241. 이후의 페이지 참조표시는 인용문에 제시됨.

의 남자 친척에 관한 이야기 『돈키호테』(*Don Quixote*)로부터 그가 각색한 와인 시음의 예시이다. 다음에 오는 흄의 목표들 중의 한 예에서 보면, 와인을 객관적으로 평가할 가능성에 대한 회의론에 반대한다는 입장을 수용하고 있다.

산초가 큰 코를 가진 대지주에게 말한다. "내가 와인을 평가하고자 하는데에는 그럴 만한 이유가 있다. 이것은 우리 가문에서의 유전적인 형질이다. 우리 친척 중 두 명이 한때, '혹스헤드(hogshead)' 와인에 대한 의견을 달라고 부름을 받았는데, 그 와인은 탁월했고, 오래 묵은 빈티지였다. 그들 중 한 사람이 그것을 맛보고 심사숙고하고 신중하게 검토한 후, 그 안에서 약간의 가죽 맛이 나는 것을 제외하면 그 와인이 고급 와인일 것이라고 공포한다. 나머지 한 사람도 똑같이 조심스레 살핀 후에, 그러나 쉽게 구별이 되는 쇠 맛이 녹아 있다고 말하면서 또한 그 와인에 대한 자신의 판단을 내린다. 그들의 판단이 둘 다 얼마나 많이 우스꽝스러웠는지 상상도 못 할 것이다. 그러나 그 결과에 대해 그 누가 웃을 수 있을까? 비워진 혹스헤드 통의 바닥에서 가죽끈이 묶여 있는 오래된 열쇠가 발견되었으니 말이다."
(pp. 234-5)

와인 시음과 관련해서, 흄의 예시는 여러 가지 면에서 특이하다고 나는 생각하며 그것에 대해 곧 말하고자 한다. 그럼에도 불구하고, 특이하게도 그것은 우리에게 와인 시음의 근본적인 미학적 특성에 관한 질문을 하도록 부추기며 와인 회의론자에 대하여 보다 더 적절한 대답을 찾도록 자극한다.

그 예시는 여러가지 이유로 이해하기가 까다롭다. 흄은 '상상력의 섬세함'이라고 자신이 언급하는 것으로서, 흠 없는 비평적 판단을 위해 필요한 어떤 것에 대해 설명하려고 그 예시를 제공한다(p. 234). 그러나 그 예시로부터, 또한 흄이 후에 그 예시에 대해 논한 것으로부터, 산초의 친척들이 자신의 상상력을 발휘했는지의 여부를 명확히 알 수는 없다. 분명한 건, 제각기 그 와인에서 극미한 분량의 가죽이나 쇠 맛을 감지한다는 것이다. 하지만 무엇이 그러한 감각을 상상적 행위가 되게 하는 것일까? 더욱이, 흄은 훌륭한 감식력이란 단지 극소량의 성분을 감지하는 것만으로도 음미하는 것에 포함된 다양한 성분을 훌륭하게 식별하는 능력이라고 주장한다. "훌륭한 감식력은, 강렬한 맛에 의해서가 아니라 그것의 미미한 맛, 그리고 나머지와의 혼동에도 불구하고 여전히 각각의 부분에 대해 느낄 수 있는 작은 성분들의 혼합물에 의해 이루어진다."라고 그는 말한다(p. 236). 그러나 흄은 극소량의 성분을 감지하는 것이 와인에 대한 전체적 평가에 어떻게 적합한가는 설명하지는 않는다. 쇠와 가죽을 감지하는 것이, 좋지만 알 수 없는 맛을 지닌 어떤 와인을 판단하는 것과 어떻게 관련이 있을까? 가죽이나 쇠 맛을 감지하는 것이, 이러한 특성들이 잘못된 것이라고 인지하는 것과 혹은 그 와인에 대한 전반적인 평가적 특성을 판단하는 것과 어떻게 관련되어 있을까?

흄의 명백한 대답은 숙련된 기술과, 훌륭한 감각 능력과, 그리고 편견 없는 견해를 지닐 때 와인을 감상할 수 있고 마땅한 심사숙고 후에 객관적인 평가를 통해 진정한 판단이 이루어진다는 것이다. 그러나 그 예시는 또한 그러한 전문 지식에 대한 매우 흔치 않은 증거를 제시한다. 산초의 친척들은 객관성이 획일적 판단을 요구하는 것으로 보이곤 했을 때, 그들은 그 와인에 관해 다양한 평결을 제공하기 때문에 웃은 것이다. 회의론자들은 냉소적으로 말하고 싶겠지만, 그 두 친척들이 서로 다른 평가를 했던 이유는 그들이 와인을 평가하는 것에 대한 전문적 지식이 없었기 때문이다. 단지 개인적 의견일 뿐이지만, 그 친척의 가죽끈 달린 열쇠의 판단을 장담하게 하는 그 증거물이, 오히려 그 와인에 관해 제대로 판단하고 있는 게 확실하다고 오해하게 하는 근거가 되어 주고 있다.

가죽끈 달린 열쇠의 증거가 잘못 이끌고 있는 셈이다. 왜냐하면 그것은, 상상력에 대한 세심함을 연습하는 것이나 또는 어떤 와인에서의 미묘한 특성을 감지하는 것이 그 와인이 그렇게 미묘한 특성을 가진다는 주장을 뒷받침해 줄 객관적인 상호 관련성을 지닐 것이라고 암시하기 때문이다. 그러나 '소비뇽 블랑(sauvignon blanc)'에서 자몽의 특성을 지닌 맛이 난다는 주장이 자몽 성분에 의해 뒷받침될 것이라고 기대할 수 있을까? 혹은 자몽 성분이 그 와인 속에 존재하거나 또는 한 때 존재했었다는 것을 밝힐 수는 있을까? 흄이 말하는, 친척의 판단들을 뒷받침하는 가죽끈 달린 열쇠라는 증거는 와인에 관한 평결에 주로 이용할 만한 것으로서, 그리고 그런 종류의 것을 뒷받침하는 패러다임으로서 매우 특이한 입장을 취하는 것 같다.

예시에서 보이는 그 증거의 형태는 와인 감정가들이 감지하고 확인하는 그 와인에 어떤 물질이 있다는 것일 수도 있다. 만약 독립적으로 와인 속에 또는 와인 용기 속에 있는 물질을 발견한다면 와인 감정가의 주장이나 평결을 확인했을 것이다. 그래서 한 친척이 그 와인 시음을 근거로 와인이 쇠의 맛을 가지고 있다고 주장하는데, 그런 다음 그 판단을 확고히 해 주기라도 하듯 쇳조각이 와인 배럴에서 발견된다. 나머지 다른 친척은 가죽의 맛을 느끼고, 그리고는 역시 그의 판단을 확고히 증명이라도 하듯 가죽의 조각이 발견된다(쇠와 가죽이 와인의 천연 구성물이 아닌, 외래의 성분들이라는 제안도 또한 있다).

　　　　　　　　　와인 심포지엄

비록 흄의 예시가 문제가 있다는 것이 발견되기도 했지만, 어떤 와인에서 우리가 음미하는 것에 관해 주장하고자 할 때, 이러한 종류의 객관적인 관점을 뒷받침하는 초기의 몇몇 그럴듯한 말이 있다. 예를 들어, '샤르도네(chardonnay)'를 음미한다고 상상하고, "이 와인은 오크 맛이 매우 많이 난다. 오크가 와인의 맛을 주도해서, 그 밖의 다른 맛이 많이 느껴지지 않는다."라고 말해 보라. 사실 그 와인은 새로운 오크 통에 저장되었고, 그해의 경작이 열악하여 포도가 완전히 익지 않아서 오크 맛을 중화하는 와인 추출물이 거의 없다는 것을 나중에 알게 된다. 그러한 오크 맛의 특성은 와인 배럴의 오크 통판에서 나온 것이며 그렇기 때문에 그 와인에서 오크 맛을 느낀 것이다. 다른 와인이 그렇듯, 그 와인의 복잡한 특성들을 알 수 있도록 얼마간의 구조를 제공하는 정도의 적당량의 오크가 있기보다는, 이 예시에서의 오크는 구조에 대한 어떤 감각을 제거할 뿐 아니라, 그 와인이 지녔을 어떤 특성도 누를 만큼 압도적으로 존재했던 것이다. 이 샤르도네 시음의 예시에서는, 어쩌면 오크의 맛을 느끼기 위해 그 친척들만큼의 훌륭한 식별 능력이 필요하지는 않을지도 모른다(사람들이 매우 오크 맛이 나는 '샤르도네'를 시음하고는 그 와인을 평가할 때, "판자를 계속 씹고 있는 것" 같았다고 말하는 것을 들어 본 적 있다). 와인이 배럴에서 나온 거라서 그들이 오크 맛을 느꼈던 것이다. 마찬가지로 그 친척들도 와인이 열쇠와 끈을 지니고 있었기 때문에 쇠와 가죽의 맛을 느꼈던 것이다. 두 가지 예시 모두 이물질의 특성을 맛보는 것을 묘사한다. 하지만 또한 예시들이 그 와인에 내재하는 특성을 음미하는 것과 관련되어 있음을 알 수 있다.

예를 들어, 숙성이 덜 된 '카베르네 소비뇽(cabernet sauvignon)'을 음미하고서, "나는 이 와인에서 피망의 맛이 느껴져요."라고 말한다고 가정해 보자. 친척의 예시와 '샤르도네' 속 오크의 예시와는 달리, 이 예시는 와인 속에 있는 외래적 성분을 감지하는 것에 관한 것이 아니다. 그 어느 만큼의 피망도 '카베르네'에 첨가되지 않았다. 그러나 그 '카베르네'에는, 메톡시피라진(methoxypyrazine, 역주: 와인에서 서늘한 기후 때문에 생겨난다고 보이는 지푸라기 향이 나는 화학 물질) 중의 하나인 어떤 화학 물질이 있다. 그것은 피망에서도 발견되며 피망도 그런 식으로 맛이 나게 만든다.[12] 당신이 '카베르네'를 음미하고 '피망'의 맛을 감지할 때, 이 피망의 맛을 내는 화학물의 존재를 상당히 인식하고 있을 가능성이 있다. 고유의 맛을 내는 또 다른 예를 고려해 보라. 당신이 숙성이 덜 된 '샤르도네'를 음미하고서 "이 와인에는 풋사과의 아삭함이 있다."라고 말하게 된다면, 이것은 말산이 젖산으로 변하는 발효를 완전히 겪지 않았을 가능성이 매우 크고, 그 와인에서 사과 같은 아삭아삭한 맛의 특징을 똑같이 느끼게 해 주는 사과산의 맛을 감지하고 있을 가능성이 있다.

이러한 시음의 관점을 '분석적 사실주의'라고 부르기로 하자. 분석적 사실주의에 의하면, 시음회에서 감정가는 어떤 특정 라벨에 대해 인정할 만큼 감지되는 미각적 특성을 경험한다는 근거에서, 자신이 그러한 특성을 만들어 내는 실제의 자극제를 인식하고 있다고 믿으며 그 자극제가 정확히 그 라벨과 동일시될 수 있다고 믿는다. 와인의 성분을 반드시 과학적으로 라벨 붙여 분류할 수 있어야 할 필요도 없고 사과산을 알아야 할 필요도 또한 없지만, 당신이 경험하고 있는 신맛이 와인에 있는 어떤 자극제에 의해 생성된 것이라고 믿고 있다면 그것을 명백히 말할 필요가 있

---

12 그 화학물질은 '2-methoxy-3-isobutylpyrazine'이다. 볼디(Baldy), *The University Wine Coourse*, p.39. & 샤프(Sharp), *Winetaster's Secrets*, p. 88. 참조. 나는 2006년, 5월 6일 캘리포니아 데이비스 대학에서 존 뷔크센슈타인(John Buechsenstein)과, 앤 C. 노블(Ann C. Noble)에 의해 이루어진 와인 시음에 관한 강연에서 도움을 받았다.

와인 심포지엄

다. 게다가 그 자극제가 신맛을 내는 거라고 믿을 땐 더욱 그렇다. 물론, 이러한 식별을 하려면 어느 정도의 감각적 예리함뿐 아니라 감지된 특성들과의 얼마간의 친근함이 필요하다. 따라서 산초의 친척들은 '혹스헤드'를 시음하는 데에서 사실적인 분석적 능력을 실행하고 있는 것이다. 그들은 각자 쇠와 가죽을 감지한다. 그리고 그들이 감지하는 것이 그 와인 속에 실제로 있다. 분석적 사실주의자는 우리의 감각적 느낌이 착각일 수 있다고, 또는 감각의 기록에서 완전히 잘못될 수도 있다고 매우 쉽게 인정할지도 모른다. 그래서 누군가가 "나는 이 '피노 누와'에서 바닐라 맛이 난다."라고 말하면, 그러한 감각의 보고를 근거로 누군가가 바닐라 추출물을 그 와인 속에 넣었다고 주장한다. 이 사람은 오크 배럴이 바닐라 특성을 어느 정도 그 와인에 더해 준다는 것을 깨닫지 못했던 것이다.

분석적 사실주의에서의 문제는 우리가 와인에 전가하는 특성이 모두 그 와인 속의 자극제와 라벨을 공유하는 특성인 것은 아니라는 것이다. 사실, 맛의 특성을 생성하는 자극제를 정확히 묘사하고 있지 않은 라벨이 붙은 어떤 와인에 우리가 감지할 수 있는 특성에 대한 주장이 대단히 많다. 다음에 제시하는 꽤 다르기는 하지만 산초의 친척의 예시와 닮은, 그리고 흔히 있는 와인 시음의 예시를 생각해 보라. 누군가는 "이 와인을 음미할 때는, 가죽 맛이 나기도 하고 금속성의 맛도 또한 느껴진다."라고 말하곤 한다. 요즘은 때때로 어떤 와인에는 구리나 철이 들어 있는데, 분석적 사실주의의 시음회인 경우에 우리는 그것의 맛을 느끼게 될지도 모른다. 그러나 와인이 금속성의 맛을 지니고 있다고 주장할 때조차도, 실제로는 와인 속에 어떤 뚜렷한 금속이 들어 있는 게 아닌 경우가 많다. 그러므로 그 와인이나 와인이 저장되었던 배럴 속에 반드시 금속이나 가죽이 있었던 것은 아니라고 생각하도록 하자.

우리는 이러한 보고를 객관성의 부족으로서 단박에 무시해야만 할까? 나는 그렇지 않다고 여긴다. 비록 그 와인 속에 금속이나 가죽이 없을지라도 이러한 주장을 증명할 수 있는 것이 있을지도 모른다. 무엇보다도, 덜 익은 포도에서 수확되어 알코올이 낮게 함유된 와인들이 종종 '금속성'의 맛을 가질 것이라고 받아들여지는 관점이 있다. 우리가 금속의 맛으로 느끼는 것은 바로 이렇게 덜 익은 포도에서 나온 타닌 때문이다. '깡통 쇠 맛'은 와인 감정가들이 주로 이러한 타닌 맛의 특성을 설명하기 위해 따로 분류해 두는 맛의 종류이다.[13] 두 번째로, '가죽 맛'은 레드와인, 특히 론(Rhône)의 포도 품종으로 만들어진 몇몇 와인과 이탈리아 피드먼트(Piedmont) 고원 지대의 일부 '네비올로(nebbiolo)' 와인에서는 그렇게 특별한 맛의 특성이 아니다. 가죽의 맛은 그러한 품종의 포도로 만들어진 와인 추출물에 의해 생성된다. 감지된 '가죽'과 '금속'의 특성 둘 다는 가죽이나 금속에 의해 야기되는 것이 아니라 우리가 가죽 또는 금속으로 라벨 붙이지 않게 될 다른 물질에 의한 것이다.

이것은 와인 시음에서 드문 예시가 아니다. 그렇게 똑같이 질적인 라벨로 정확하게 묘사할 수 있는 실제의 자극제가 있는 것은 아니기 때문에, 와인 감정가는 정기적으로 모든 종류의 맛을 보고한다. 그들은 화이트 또는 블랙 후추, 감초, 민트, 멜론, 무화과 열매, 체리, 딸기, 블루베리, '리치(여지)' 견과류 열매, 커피, 히말라야 삼목, 타르, 바이올렛, 그리고 다른 많은 것들을 맛본다. 추출물이 많이 함유된 숙성이 덜 된 '리슬링'은 종종

---

13 "덜 익은 포도에서 나와서 타닌이 생생히 존재하거나, 적절히 숙성되지 않은 와인 상태로서 활동적 단계에 있을 때, 그리고 그 와인이 산성의 묽은 와인일 때 금속성의 맛이 쉽게 생성될 수 있다. 그 어떤 금속도 포함되어 있지는 않지만 그 와인은 정말로 주석의 맛이 느껴질 수 있다." 샤프(Sharp), *Winetaster's Secrets*, p. 100; 또한 p. 187 참조.

'휘발유' 특성을 지닌다고 주장된다. 그러나 감정가에게 그러한 특성을 인식하도록 하는 실제의 석유 화학적 물질은 없다. 감정가는 풀과 부싯돌 그리고 종종 루아르(Loire) 와인 '소비뇽 블랑'에서 '고양이 오줌'이라고 확인되는 '야생의' 특성을 지닌 맛을 정기적으로 감지하고 있다고 보고한다.[14] 또 다른 감정가들은 완곡하게 '농가의 앞마당'의 특성으로 언급된 어떤 것을 보고한다. 그것의 대표적 프랑스 라벨은 '*merde de cheval*(역주: 말똥)'이다.

이렇게 라벨에 분류되는 감지된 특성들 중에서 정확히 그 와인 속에 있는 자극제가 무엇인지 확인시켜 줄 수 있는 것은 아무것도 없다. 그리고 그러한 특성들이 그 와인 속의 어떤 물질을 정확히 밝혀 준다고 와인 감정가가 믿는 일은 드물다. 어떤 와인이 '고양이 오줌'의 특성을 지니고 있다고 밝히기도 했던 감정가들이 "새끼 고양이들을 와인 배럴을 저장하는 술 창고에 들어가지 못하게 할 필요가 있다."라고 하는 말이나, 또는 숙성이 덜 된 어떤 버건디에서 '농가의 앞마당'의 특성을 주목하고 나서 "이 포도원은 유기농 비료 프로그램으로 포도를 재배한다고 잔뜩 들떠 있는 것 같다."라고 하는 말을 사람들은 들으려 하지 않는다. 따라서 이러한 감정에 대한 보고들이 각각의 와인에 대해 부정적인 평가에 이를 정도의 결론으로 뛰어넘지는 말아야 한다.

---

14 재클린 프리드리히(Jacqueline Friedrich)는 루아르(Loire) 와인에 대한 자신의 책에서 다음과 같이 적고 있다. "진정으로 와인 시음을 시작한 이래로, 나는 많은 소비뇽 블랑 (Sauvignon Blancs)이 고양이 오줌 냄새를 지녔다고 느꼈다. 이것은 불쾌감을 일으키는 것처럼 들리겠지만, 와인에서는 나쁘지 않은 향이다. 그 향은 약간의 야생적인 어떤 것이 들어 있는 식물성의 날카로운 향기이다. 당신이 고양이와 밀접한 관계가 있었던 적이 있다면, 아마도 그 이미지가 적절하다고 여길 것이다." *A Wine and Food Guide to the Loire*(New York: Henry Holt, 1996), p. 62.

와인 시음에서 분석적 사실주의 관점의 영역 밖으로 벗어나는 이러한 예시들이 보여 주는 것을 가지고서, 그러한 보고들에 토대를 둔 감각적 보고와 평가들에 대한 인지적 토대가 없다고 결론짓지는 말아야 한다. 많은 경우에 근거 없는 주장은 없다. 이러한 특별한 감각적 보고들에 대한 약간의 인지적 기반들이 있기는 하다. 그럼에도 불구하고 이와 같은 예시와 더불어 그것을 수용할 준비가 되어야 한다. 그것은 단독의 감각적 효과에 제한된다기보다 오히려 어떤 자극제에 의해 생기는 유사한 감각적 특성의 범위에서 일어나기 때문이다. 예를 들면, 혹자는 와인에서 블랙베리 특성을 감지하고 있다고 보고할지도 모르는데, 그것은 어쩌면 그 와인의 과일 맛의 특성에 반응하고 있는 것일지 모른다. 또 어떤 이들은 건포도 '까시스(까막까치밥)', 또는 심지어 산딸기에 이르기까지 일반적으로 비슷한 맛이 나는 과일의 범위에 들어가는 모든 특성을 보고할지도 모른다. 비슷한 맛을 특별한 범주로 함께 그룹 짓는 여러 가지의 다양한 제안들이 있어 왔다. 예를 들어, 어떤 스키마(schema, 역주: 기억 속에 저장된 지식)가 와인에서 꽃, 목재, 초목, 향신료, 그리고 다양한 종류의 과일(예를 들면, 딸기류, 감귤류, 열대 과일, 건조한 과일) 등의 맛의 다양한 특성들을 구별하게 해 준다.[15]

나는 이 두 번째 그룹의 예시들을 '분석적 사실주의'의 예로서가 아니라, '분석적 해석주의'의 예로서 분류하려고 한다. 분석적 해석주의하에

---

15 맛의 특성의 범위를 확인하는 데에 인기 있고 사용하기 편한 도식적 도움이 되는 것은 '와인 아로마 휠(the Wine Aroma Wheel)'이다. 그것은 앤 C. 노블(Ann C. Noble)과 그 밖의 다른 사람들에 의해 개척되었다. 볼디(Baldy), *The University Wine Course*, p. 33, 그리고 존 W. 벤 더(John W. Bender), "What the Wine Critic Tells Us," 이 책의 8장 참조. 전형적인 10개 범주의 도해는 에밀 뻬노(Emile Peynaud)에 의해 제안된 것으로서, *The Taste of Wine: the Art and Science of Wine Appreciation*, 마이클 슈스터(Michael Schuster) 번역(San Francisco wine Appreciation Guild, 1987), p. 48 참조.

서, 감정가는 감지된 어떤 특성을 와인 탓으로 돌릴지도 모른다. 그러나 그러한 특성은 그 와인의 실제의 특성이 아닐지도 모른다. 말하자면, 라벨로 분류된 특성은 또한 정확히 그 자극제를 와인에서 분류하지 않을 것이다. 이렇게 말할지도 모른다. "이 '소비뇽 블랑'에서는 리치나 자몽 맛이 나던데."라고. 그러나 그 와인은 리치와 자몽 둘 다에 해당하는 공통의 자극제가 없는지도 모른다. 나는 이러한 예시들을 분석적 해석주의의 사례라고 일컫는다. 그 예시들은 감정가의 역할에 있어서의 상상적 행동을 요구하기 때문이다. 감정가는 정확한 감각의 범주 안에 적절하게 잘 맞는, 그러나 해석의 여지가 있는 범주 안에서 상상력 있는 해석을 떠올려야 한다. 예를 들면 어떤 '샤르도네' 와인이 발효 과정을 겪을 때 새콤한 맛의 사과산은 보다 부드러운 젖산으로 바뀐다. 말산이 젖산으로 바뀌는 발효 과정의 부산물 중의 하나는 '디아세틸(diacetyl)'이라고 불리는 화학 물질이다. 그것은 감정가들이 종종 버터의 맛으로 인식하는 물질이다. 디아세틸은 버터가 아니다. 그러나 버터가 산패하기 시작할 때 디아세틸이 생산된다. 디아세틸은 종종 인공적인 버터 맛을 내기 위해 사용된다. 그래서 와인의 또 다른 맛과 특성이라는 맥락에서, 어떤 감정가는 디아세틸이 들어있는 와인을 버터 맛이 난다고 해석한다. 그러나 그 화학물의 농도에 따라 일부 감정가는 그 와인에서 버터 맛을 느끼는 대신에 그 맛을 캐러멜 또는 스카치캔디 또는 심지어 벌꿀로 분류할 수도 있다.[16] 그러나 만약 어떤 감정가가 디아세틸을 주로 디아세틸과 관련된 맛의 범주와는 충분히 떨어지는 맛인, 박하 맛으로 확인하는 것처럼 보인다면 그 감정가의 민감

---

16 "와인에서 작은 상상만으로도 넓은 범위의 풍부하고 복잡하며 친근한 향을 발견할 수 있다." 에밀 뻬노(Emile Peynaud), *The Taste of Wine*, p. 28.

성이나 통찰력에 의문이 생길 것이다.

비록 흄이 '상상력의 섬세함'을 설명하기 위해 산초의 친척의 예시를 소개하긴 했지만, 그 예시는 친척들을 어떤 상상력을 발휘하는 것으로서 보여 주는 게 아니라, 바로 훌륭한 '사실주의적인 분석'의 예리함을 보여 주고 있을 뿐이다. 그러나 만약 사실주의적 분석들이 감상을 즐기는 활동으로서 와인 시음에 대한 단독의 주요한 모델이 아니라면, 그렇다면 흄의 예시는 와인에 관한 비평적 판단에 있어서는 그다지 유익하지 않다. 그러나 흄의 예시는 와인을 비평적으로 음미할 때 평가의 목적이 정확히 무엇인가에 관한 문제를 제기한다. 와인은 사실주의적 분석의 예리함에 의해 비난받는 대상인가? 아니면 와인은 상상적이거나 또는 해석적인 대상인가? 혹은 그 두 가지의 어느 정도의 결합인가? 나는 두 가지 중에서 후자를 고르고 싶다. 아마도 와인 감상에 관해 회의적인 사람들은 와인 감상의 상상적 측면에만 오로지 집중함으로써 이러한 해석적인 노력들이 개인에게 특유한 맛의 특성을 보여 준다고 결론 내릴지도 모른다. 게다가 회의주의자들은 와인 감상이 개인적 해석을 포함하고 있다고 믿으며 공공의 감상의 대상이 없고 따라서 와인 감상은 목적 없는 즐거움이라고 결론 내릴지도 모른다.

그럼에도 불구하고 우리의 감상적 시음은 제한 없고 자유로운 연합적 해석이 아니다. 감정가들이 내리는 현실적인 식별의 기준이 있으며, 어떤 감정가의 해석은 그러한 현실적 보고에 있어서 둘 다 한결같아야 해서 특정한 범위에 속해 있다. 그러나 나는, 우리가 음미하는 것을 해석할 때 그런 해석적 활동이 그 와인과 미학적으로 만나는 것을 불리하게 한다고 생각지는 않는다. 대부분의 예술 장르를 경험할 때, 우리가 경험하는 예술 작품을 해석하는 것이 적절하다고 믿는다. 우리는 소설, 시, 연극 대본, 영화, 그림, 조각 등을 해석한다. 이러한 장르의 작품과 미디어는 우리가 해석을 만들어 내는 것에 부합되는 현실적 기반을 지닌다. 그리고 와인도 그러하다.

적절한 와인 음미에 대한 모델로서 흄이 예시한 것의 전체적 문제는 와인 시음에 있어서의 배타적인 분석적 사실주의 관점이다. 우리가 음미하는 특성의 구별을 목표로 하는 '분석적 태도'가 전체 시음 경험의 중요한 역할을 한다는 것은 의심할 여지가 없다. 그러나 그것이 감상적 섭취의 유일한 주요 활동은 아니다. 분석적이고 창의적인 시음도 또한 해야할 중요한 역할이 있다. 감상적 시음은, 양이 많든 적든 혹은 잘못된 요소이든 긍정적인 요소이든, 와인에서 하나 이상의 성분들을 찾는 것에 국한되지 않는다. 어떤 와인에 대한 우리의 즐거운 경험은 그 와인이 지닌 특별한 인식 가능한 성분들에서 기인하지 않는다. 또한, 그 와인의 전체적 평가의 특성도 단순히 그러한 성분에서 기인하는 게 아니다. 어떤 와인 속에 휘발성의 식초와 같은 산성의 존재가 있다고 생각해 보라. 이것이 와인에서 주로 발생하는 오류이긴 하지만 그러나 항상 그렇지는 않다. 이탈리아 피드먼트(piedmont)의 랑게(Langhe) 지역에서 장인 정신을 가지고 공들여 만들어진 전통적 옛 방식의 '바를로(Barolos)' 레드와인은 바이올렛, 가죽, 타르, 그리고 다양한 붉고 짙은 과일의 중간 범위에서 때때로 약간의 휘발성 산(acid)을 지닌다. 휘발성 산의 존재는 와인의 복잡함을 가중시킨다.

와인 음미는 섭취하는 것에 대한 통합적인 입장을 취할 것을 요구하는 시간적 활동이다. 다른 단계의 미각적 경험에서 인식되는 다양한 맛을 합성하거나 함께 가져오는 방식으로 음미할 필요가 있다. 이러한 섭취 과정의 다양한 단계는 와인의 미학적 목적이 형성되도록 서로 함께 연결된다.

와인 시음의 과정은 단독 양식의 특징을 보여 주는 하나의 특별한 자취를 따르지 않는다.[17] 그럼에도 불구하고, 우리가 섭취하는 것을 음미하고 삼키는 전반적 과정들은 어떤 와인과의 보편적이고 연속적인 특정한 만남을 좌우한다. 와인이 입속으로 들어가기 전에, 글라스에 들어 있는 와인을 볼 때는 그것의 컬러에 몰두하고, 입술 쪽으로 글라스를 들어 올릴 때에는 그것의 향기에 몰두한다. 와인을 조금씩 마시면서 맛을 음미하는 경험의 세 가지 주요한 단계가 있다. 즉, 주로 입의 앞쪽에서 이루어지는 최초의 와인과의 만남의 단계, 와인의 쓴맛이나 페놀 맛의 특성들이 입의 뒤쪽에서 나는 중간 단계, 그리고 마지막으로 삼킨 후 여운이 남아 있을 때 와인의 맛이 종종 변하고 발전하는 마지막 단계이다.[18] 섭취와 음미의 일정한 시퀀스에도 불구하고, 모든 와인이 따라야 하는 단 하나의 시음 견본이 있는 건 아니며, 모든 와인을 판단하는 단일한 기준이 있는 것도 아니다. 와인의 맛을 음미하는 경험에 있어서 그리고 그것에 대한 평가에서 인식되어야 하는 양식적 차이들이 있다. 다양한 스타일의 와인이 입맛에 따라 다양한 방식으로 소비되고 경험된다.

---

17 와인 시음의 종합적 특징에 대한 보다 자세히 기술된 설명을 위해, 케빈 W. 스위니(Kevin W. Sweeney), "Alice's Discriminating Palate," *Philosophy and Literature* 23.1(April 1999): pp. 17-31 참조.

18 내가 미각 경험의 '미각 지도(tasting map)' 이론을 역설하고 있는 게 아니라는 점을 분명히 할 필요가 있다. 말하자면, 우리 미각의 특정 부위에서만 특정한 성질을 맛보게 된다고 주장하고 있는 것이 아니다. '미각 지도'라는 묘사는 예를 들자면 우리가 혀의 끝 쪽에서는 단맛의 특성을, 그리고 혀의 뒤쪽에서는 쓴맛의 특성을 느낀다고 주장하곤 한다. 이것은 과학적으로는 확실치 않은 이론이다. 우리는 전체의 구개(palate)에서 기본적 범위의 미각의 특성을 경험한다. 우리는 혀의 끝에서 단지 단맛의 특성만을 감지하는 것이 아니다. 아스피린의 쓴맛의 특성도 느낄 수 있다. 볼디(Baldy), *The University Wine Course*, p. 24 참조. 그럼에도 불구하고, 우리는 다양한 시간적 정도에서 기본적 미각을 새긴다. 말하자면, 우리는 쓴맛의 특성보다 단맛의 특성을 더 이르게 감지한다. 쓴맛은 우리의 구개에서 감지되는 데에 약간의 시간이 걸린다. 샤프(Sharp), *Winetaster's Secrets*, p. 47 참조.

와인 심포지엄

    와인의 미학적 소비는 어떤 그림을 바라보는 것보다는 음악에 주의를 기울이는 것과 더욱 비슷하다. 특별한 종류의 와인을 음미할 때, 우리가 어떤 맛에 접하는 순서와 우리가 섭취한 것의 다른 미학적 특성들에 관해서는 우리의 생리학적 규정을 따른다. 그림 감상에서의 경우, 어떤 그림을 바라보는 데 있어서의 경험에 대한 구조적 구성과는 독립적인 어떤 형태나 구조적 구성을 지닐 수 있다. 그러나 우리가 음미를 하지만 시각적으로 와닿는 그 와인은 우리의 영양 기관의 생리적 특징에 의존하는 어떤 특별한 일시적 시퀀스에서 미각에 나타난다. 와인에 대한 우리의 경험은 빠른 쾌락적 반응이기보다는, 특정한 유형의 와인에 따라 기간의 차이는 다소 있지만 오히려 연장된 만남을 요한다. 입술로 와인을 가져오자마자 질서 정연한 섭취의 시퀀스를 통해 그 과정이 진행된다. 예를 들면, 갈라시아(Galicia) 지역의 와인 '스페니쉬 알바리노(Spanish albariñô)'는 일련의 꽃의 느낌으로 시작된다. 중간에는 미네랄의 영역이 느껴진다. 그리고 드라이한 맛으로 끝난다.

    섭취하는 단계들을 통해 진행될 때, 특정한 유형의 어떤 와인이 미각에 인식되는 방식 때문에 어떻게 그 와인을 음미해야 하는지를 규정할 수 있다. 예를 들어, 프랑스 서부 루아르(Loire)산(産) '뮈스까데(Muscadet)'와 같은 화이트와인은 그 자체가 처음에는 가볍고 상큼한 맛이 나고 그런 다음 중간 단계에서는 미네랄 특성들이 뒤따라 이어지는 맛이 나타난다. 그것은 조개류 맛이 나는 훌륭한 와인이다. 그것은 해산물의 미묘한 맛을 없애지 않으면서도 입천장을 씻어 내기 때문이다. 음식과 와인은 서로 보완적이다. 복합적이면서도 오래 남아 서서히 퍼지는 끝 맛을 많이 기대하면서 와인을 시음하는 것은 그 와인의 기능적 특성을 오인하는 것일 것이다.

    이러한 다양한 양식의 특성과 두드러진 기능상의 특성은 와인의 경험과 평가에서 인정될 필요가 있다. 우리가 와인에서 얻는 즐거움이 별난 선호이거나 목적이 없는 반사적 경험이라고 생각하는 회의론자는, 마시고 있는 그 와인의 양식 요소와 기능적인 성질을 인정하지 않는다. 회의론자는 우리가 음미할 때 특별한 시간적 제약을 받는 대상에게 우리의 상상적 투자를 하는 데 있어서, 타당하지만 신중한 특성을 인식하는 것에도 실패한다. 실질적으로 분석되고, 상상적으로 해석된, 그리고 합성적으로 조합된 특성임에도 그러하다. 그러므로 와인 감정은 목적 없는 즐거움이 아니다. 그것은 미각의 대상과의 실제적이고도 상상적인 만남인 것이다.

14

와인의 영혼

와인에 담긴 의미 파고들기

랜들 그램 Randall Grahm

이 주제는 당신에게 조금 생소하게 느껴질지도 모른다. 우리는 보통 와인의 영혼에 관해서는 이야기하지 않는다. 대신에, 음용 가능성, 품종의 '티픽이티'(typicity, 역주: 포도의 품종이나 만들어진 지역에 따라 가지게 되는 와인의 고유한 특징을 말함), 또는 이런저런 희귀한 샘플과 그런 정도의 것을 찾아내는 데 우리가 얼마나 기발했는지 등의 덜 신비로운 문제들을 언급하는 경향이 있다. 특히 와인에 대한 고루한 생각으로 따분해하는 사람들이라면, *Monsieur Parcaire*나 *Expectorator*가 그 와인의 등급을 어떻게 매겼는지에 관해서 이야기하거나, 또는 오랫동안의 성공적인 와인 감정 경력을 통해, 그리고 어떤 와인 환경인가, 어떤 식당인가, 혹은 어떤 요리가 수반되는가와 연결 지으며 와인을 감식하는 방식이 적절했든 아니든 그렇게 끝도 없이 그동안 소비해 온 다양한 빈티지의 모든 와인에 관해서 이야기할 것이다. 이러한 경우에 우리는 실제로 그 와인 자체에 주목하고 있는 것이 아니다. 말하자면 그것은 다른 모든 사람에게 어떤 물건을 과시하고자 하는 허세일 뿐이다.

그러나 나는 와인에 관해서 매우 다른 방식으로 이야기하고 싶다. 즉 우리가 와인이 영혼을 지니고 있다고 말할 때 그게 무엇을 의미하는가를 탐구하고자 한다. 나는 오랫동안 이러한 주제에 관해 곰곰이 생각해 왔고 다양한 방식으로 스스로에게 질문을 해 왔다.

그것은 일전에 어떤 와인을 시음할 기회를 가졌던 때의 일이었다. 그 와인은 내 친구 앙드레 오즈테르타그(André Ostertag)가 제조한 뮌흐베르크(Münchberg) 포도원의 최근 빈티지 리슬링 화이트와인으로서, 상대 적수가 되는 와인의 존엄함이 어떻든 상관없이 캘리포니아의 많은 신생 와인 회사들의 마음을 빼앗았던 와인이었다. 나 자신도 소유하고 있었던 바로 그 와인을 마시며, "아하!" 하고 느낀 순간이 있었다. 그것은, 스콜라 철학자들이 이러한 것에 대해 말하곤 했던 '근접 원인'(proximal cause, 역주: 사물의 내적 본질로부터 직접적으로 그것의 원인을 표현하여 정의하는 방식)이라고 일컬을 만한, 그야말로 느닷없는 사건이었다. 그 "아하!" 사건에서 보면, 다른 와인들과 상대하고 있는 '앙드레(André)' 와인에 확실히 매우 색다른 무언가가 있었던 게 분명했다. 그것은 캘리포니아 와인들에 비해서, 단순히 한 가지 정도의 특성만을 지녔던 게 아니라 아예 매우 다른 질서를 지니고 있는 것 같았고, 마치 다른 행성에서 왔을 것만 같았다(그리고 그것이 어떻게 느껴지는지를 나는 알고 있다). 다양한 질서를 지니고 있는 여러 사물 중에서도 그것은 존재 자체가 달랐다. 캘리포니아 와인들이 일종의 즐거움은 주지만 마치 널리 퍼진 안개 속에 휩싸이게 하는 것 같았다면, 반면에 그 리슬링은 지나치게 의인화하지 않더라도 그것의 바로 중심에 일종의 암석과도 같은 의연함을 지니고 있었다. 때로는 특히 의도적으로 거칠고 억센 손과 악수할 때의 느낌이 드는데, 누군가는 산처럼 거대한 손과 악수하는 느낌이 들 수도 있을 것이다.

캘리포니아 와인은 모두 매력이 느껴질 만큼 풍부한 맛을 지녔다. 그 와인들은 이를테면 좋다고 매달리는 안달이 난 강아지 같은 성질을 지녔다. 앙드레의 와인은 정말로 매우 만족스러웠지만, 마음을 기쁘게 할 만한 것이 거기엔 딱히 없었다. 만약 앙드레가 그 차이를 특징지으라고 강요당한다면, 아마도 자신의 와인은 '테루아르(terroir)'와 그 밖의 어떤 것들을 나타내고 있었을 것이라고, 그리고 그 어떤 악의도 없었다고 온화하고 정중하게 의견을 말할 거라 확신한다(앙드레는 매우 온화한 사람이다). 그 밖의 것들은 굉장히 매력적이었으며 매우 유용한 특성을 지녔다. 국내에서의 상황을 이해하는 우리들 몇몇에게 있어서, '테루아르'는 프랑스인들이 그들의 특별한 와인의 속성으로 대부분 생각하는 거의 신비에 가까운 특성이다. 그것은 매트 크레이머(Matt Kramer)가 그 와인 양조업자를 개인적으로 인정한 것을 넘어, 포도가 재배된 곳에서 나온 와인의 독특한 특성인, 'somewhereness'(역주: 신조어로서, 포도주의 원산지를 알 수 있는 지역 고유의 특성을 말함)[1]로서 대단히 시적으로 묘사했던 특성이다. 어딘가에서 생산된다는 일종의 소속감이라는 개념은 어떤 와인에 혼이 담겨 있다는 개념과 매우 많은 관련이 있다고 생각한다.

그러나 우리가 와인의 영혼에 관해서 좀 더 이야기하기 전에 '기공(qi gong)'에 관해서 말해 주고 싶은데, 기공은 우리가 명명하는 모든 존재들과 나누는 생명력인 이른바 '기(氣)'의 숙련된 움직임에 대한 도교의 수행방법이며, 생물이나 또는 무생물에 대해 좀처럼 논쟁하려 들지 않는 도교 신자들이 다소 그들의 방식대로 주장하고 있는 어떤 것일지도 모른다.

---

1   매트 크레이머(Matt Kramer), 이 책의 15장, '테루아르의 개념' 참조.

나는 와인 시음회가 있기 얼마 전에 궁금함을 가지고 기공 수업에 참석 했었는데, 수업 중에 연습 과정의 하나로서 매우 고요하게 그 자리에 선 채로 우리 주변의 모든 나무들의 기에 집중하라는 요청을 받았다. 단지 폐를 통해서만이 아니라 모든 집중력을 가지고 그것을 호흡함으로써 그것의 특성을 흡수하라는 요청이었다. 만약 충분히 느긋하게 되어서 주의력을 기울이며 기꺼이 들으려고만 한다면 동물, 나무, 그리고 심지어 돌들을 포함한 많은 존재의 체계들이 우리에게 말을 하는 것을 들을 수 있다는 것이 그들의 발상이다.

얼마나 내가 그 나무들과 잘 호흡했는지는 확실치 않지만, 후에 앙드레의 와인을 시음하고 있었을 때 그 와인 잔에서 전해진 느낌은 귀가 먹먹할 정도로 어떤 소리가 분명히 울리는 것 같다는 것이었다. 그것은 마치, "나는 뮌흐베르크(Münchberg) 와인이다! 나는 뮌흐베르크 와인이다! 나는 뮌흐베르크 와인이다!"라고 말하는 것 같았고, 포도주가 대중에게 연설이나 발표를 하는 것과도 같은 일종의 신호를, 또렷한 메시지로 전해 들을 수 있는 누군가에게 보내고 있기라도 한 것 같았다. 나에게 있어서 그것은 가슴이 뭉클한 순간이었다. 그것은 황무지에 홀로 서 있는 것 같은, 그리고 멀리서 신비롭고 숭고한 목소리를 듣는 것 같은 느낌이었다. 아주 미묘한지 또는 반대로 매우 명확한지는 잘 모르겠지만, 내가 주장하고자 하는 바는 이토록 매우 세련되고 섬세한 언어에 대해 우리가 하나의 문화로서 이해하기는커녕 그와 같은 속삭임에 거의 귀머거리처럼 되었다는 것이다. 따라서 그러한 점이 심히 우려되기도 한다.

와인 애호가뿐 아니라 와인 제조자를 위한 명상으로서(우리가 사실로 여기든 아니든), 와인에 '테루아르'가 있다는 것을 발견하고 그것이 그 와인의 영혼의 계시로 다가가는 가장 확실한 통로일 수 있다고 여기는 프랑스인들은, 이 특별한 영역에서 적어도 우리 미국인을 훨씬 초월하는 정신적인 진화를 일정 정도 이루어 온 것으로 보인다. 어쩌면 프랑스인들은 인간의 약함과 약점에 대해 좀 더 많은 정도의 지식을 가지고 있는지도 모른다. 때때로 다만 와인에 관한 것을 빼고 나면 그들은 그저 보잘것없게 보일 수도 있다. 그러나 나는 그들이 오히려 노련한 마음을 지니고 있다고 생각한다. '테루아르'를 묘사를 하려는 데 있어서 그들의 언어는 정신적인 언어를 상당히 연상시킨다. 정신적 통로로 들어선다는 것은 금욕을 포용하는 것이고 '테루아르'를 진정으로 추구하는 것이다. 와인 제조자로서, 자아를 낮추며 라벨 양식에서 자신의 서명을 가장 중앙 쪽보다는 오히려 와인 그림의 코너에 두는 자세를 배워야 한다. '테루아르'를 표현하는 와인을 생산하기 위해 '나와 너'라는 와인과의 관계를 채택해야 하고 그 와인이 자신의 목소리로 말하도록 해야 한다. (나는 이러한 훈련이 신세계 와인 제조자들에게 얼마나 어려운지를 설명하고자 하고 있는 것인지도 모른다. 만약 우리가 의견을 진술하는 데에 열성을 다하는 상태에 있지 않다면, 우리를 유혹하는 마케터들은 "와인의 양식이 차별성을 지니게 해야 한다"라고 계속해서 우리의 귀에 대고 속삭일 것이다.)

어쨌든 와인에 있어서의 '영혼'은 무엇일까? 왜 그런지는 모르지만, 우리는 영혼에 대해 생각할 때, 표면 뒤에 숨겨진 부분을 결코 바꾸지 않은 채로 유지하면서 우리의 가장 진실한 자아를 표현하고 공적인 의미 부여를 초월하는 부분으로서 이를테면 그것을 우리 자신의 일부로 생각한다. 주로 신세계 와인의 경우에서, 특히 즙을 짜는 압축기 속에 있는 와인에 관해 이야기할 때 우리는 와인의 속성과 영혼을 혼동하는 경향이 있다는 생각이 든다. 우리가 유명 인사에게서 인식하는 속성과 많이 비슷하게, 와인에서 인식하는 명백한 속성들은 오늘날 표면적인 또는 피상적인 변화에 대해 더욱 그러한 경향이 있다. 문화적 현상으로서, 우리는 점차적으로 내면의 본질에 대해서보다도 그것을 드러내는 것 못지않게 자주 은 폐하거나 위장할 수 있는 '사물의 외형'에 훨씬 더 많은 관심을 두게 되었 다. 우리는 겉모습이 아름다운 '뽀므롤(Pomerol)' 와인의 현란함과 화려함 에 너무 쉽게 매료되어서 세련되지 않은 예시들로는 그것을 설명하기도 어렵다고 여긴다.

우리는 와인이 담고 있는 주제를 다룸에 있어서 계속해서 와인을 분석 하는 경향이 있으며 와인을 하나의 개별적인 전체로서보다는 오히려 각 각의 요소들이 모여서 이루어진 집합체로서 간주하는 경향이 있다. 이것 은 내가 크게 이의를 제기하는 미국의 와인 압축에 특히 깊이 배어든 습 관이다. 어떤 와인에 100점을 수여하는 것이 '보 데릭(Bo Derek)'에 10점을 주는 것과 별반 다를 바 없다. 그러한 분석은 평이하고, 나태하게 이루어 지는 것이어서 완전히 핵심에서 벗어나게 된다. 이러한 해체론적 비평은, 말하자면 궁극적으로 그 와인의 본질인 고결함에 대한 위배이며, UC 데 이비스 대학의 학생이었을 때 '포도주 양조학' 수업에서 보았던, 기계 조 작에 능숙한 추수꾼들에 관한 내용의 몇몇 영화들만큼이나 도발적이다. 이 영화들은 본질적으로는 포도나무 과(科)에 속하는 것이면서도, 악마가 포도 덩굴에서 나오는 것 같은 그야말로 '찌꺼기'처럼 하찮은 영화들이었 다. 어떤 와인의 영혼을 바라보고자 할 때 절대적인 최상의 방법은 그나 마 그것을 부분들로 쪼개어 보는 것일 것이다. 그러나 성분들이 적힌 긴 목록 그 어디에서도 '영혼'은 나타나지 않을 것이다. 맞다. 우리는 포화 상 태의 짙은 컬러, 풍부한 농도, 강한 타닌 성분의 윤곽, 새로운 나무의 강한 향이 있는 와인들에 잘 반응한다. 그러나 이러한 성분들이 독특하고 시 (詩)적인 목소리로 뚜렷하게 우리에게 말해 주는 필수적인 요소를 형성해 줄까?

와인에서뿐만 아니라 실제적으로 다른 모든 영역에서 우리는 성급한 판단을 내리거나 명백한 과거인데도 노골적으로 그것을 돌아보지 않는 경향이 있다. 우리는 본질보다 외형적 양식에 가치를 두고, 심오한 내면보다 표면에 가치를 둔다. '키아누 리브스(Keanu Reeves)'나 캘리포니아 '메를로'의 현상을 어떻게 달리 설명할까? 현대적인 신세계 스타일의 와인들과 고전적인 구세계 스타일의 와인의 관계는 '키아누 리브스'와 '로렌스 올리비에(Laurence Olivier)', 또는 TV를 시청하는 것과 책을 읽는 것의 관계와 같다. 그런데 나의 가장 깊은 우려는 신세계가 표면적인 것에 가치를 두는 경향이 구세계의 와인에 이미 영향을 미치기 시작했다는 것이다. 우리가 그들의 세계관을 배우고 있는 것보다 훨씬 더 빠르게 구세계가 그것을 간파하고 있다는 것과, 많은 위대한 구세계 와인들이 변화무쌍한 특이함과 독특함과 '테루아르' 그리고 영혼을 잃어버릴 위험에 처해 있다는 것이 나는 걱정스럽다. 우리는 겁이 나거나 염려될 때, 또는 분심이 들 때 익숙한 것에 매달리는 경향이 있다. 우리는 빅맥(Big Mac) 햄버거에 이끌리거나 한 잔의 '메를로'를 주문할 것이다. 안전 대책을 강구하고 싶어 하거나 그럴 필요가 있기 때문이다. 그러나 우리는 비밀스럽게 마음속으로 신비로운 '론 스트레인저(Rhône Stranger)' 와인에 의해 전율 받기를 갈망한다. 늘 문제가 있게 마련인 우리 가정의 일상에서 겪는 자신의 문제를 경험할 때와 똑같은 방식으로 새로운 오크에 길들여지고 익숙해진다. 우리의 습관과 강박이 우리로 하여금 똑같은 패턴을 자꾸자꾸 반복하도록 지시하지만 우리는 비밀스럽게 또 다른 세상으로 잠입하기를 동경한다. 예를 들면, 세상 사람들이 우리를 이상하고 부적절하게 여기게 될지도 모르지만 우리는 '샤르도네'가 명백히 별로 중요하지 않은 품종이라고 여겨지는 다른 어떤 세상을 거의 상상할 수 없다. 고객을 위해 대안적인 세상을 만들어 주는 것, 그리고 그 안에 담긴 와인으로 그들의 영혼을 감동시키는 것이 와인 제조자로서의 우리의 역할이다.

'와인의 영혼'을 닮은 것 같지만 실제로는 그렇지 않은 많은 부수적 현상을 나는 언급해 왔고, 어떤 와인의 숭고함은 '테루아르'에 대한 표현과 다소 관계가 있음을 말해 왔다. 그러나 와인 생산은 근본적으로 인간의 사업이며, 따라서 '와인의 영혼'은 그 와인의 생산자의 영혼과 연결되어 있어야 한다. 그러나 '테루아르'에 대한 특별한 지식이 없는 신세계에서 어떻게 영혼을 지닌 와인 만들기를 시작할 수 있을까? 신세계에서 '테루아르'을 찾는다는 것은, 찾기 힘든 소설가, 제롬 데이비드 샐린저(J. D. Salinger)를 추적하려고 시도하는 것만큼이나 까다롭고 좌절감을 주는 일이다. 계속해서 환상을 갖고 있는 것은 아닌지 의문이 든다. 소크라테스식(式)의 질문을 받을지도 모른다. '테루아르'를 찾는 와인 제조자로서 그 와인이 어떻게 보이는지, 어떻게 느껴지는지, 그리고 어떤 맛이 나는지를 제대로 알지 못한다면 그것을 찾는 법을 어떻게 알겠는가?

궁극적으로 혼이 담긴 와인의 생산은 와인 제조자의 의도에 관한 것이라고 생각한다. 그는 항상 잘 알려지지 않은 것들에 대한 가능성을 수용할 준비가 되어 있어야 한다. 그래서 바로 그 낯선 어떤 것이 그가 와인을 제조하는 삶에 녹아들 수 있도록 해야 한다. 만약 그가 항상 땅에 익숙한 상태라면, 어떤 신비로움이 튀어나와 그에게 감명을 주는 일은 결코 없을 것이다. 그는 직관력을 연마해야 하며, 그가 상당히 이해되지 않는 것에 대해서조차 관심을 기울이는 것을 배워야 한다. 그는 자기 자신의 영혼 속으로 자주 들어가야 하며 여운의 조화로움에 대해서 귀를 기울여야 한다. 또한 매우 중요한 것으로서, 그는 부여받은 지혜를 무시해야 하고 자기 기호를 거스를 준비도 되어 있어야 한다. 와인 사업에 관한 바로 그 이상한 것들 중의 하나는 특정한 '불변의' 패러다임이 존재한다는 것이다. '샤토네프 드 빠쁘(Châteauneuf-du-Pape)'에 있는 훌륭한 포도원은 돌이 어느 정도 섞여 있어야 하며 다양한 '쎄빠쥐(cépage)'로부터 거의 당연히 만들어져야 한다고 그렇게 믿어진다. 그런데 '샤토네프 드 빠쁘'의 '샤토 라야(Château Rayas)'라는 최고의 포도원은 단 하나의 돌도 포함되지 않은 곳으로 알려져 있는데, 실제로 생산품의 100%가 '그르나슈(grenache)' 레드와인으로 구성되어 있다. 모두가 알고 있듯이, '그르나슈'는 고급스럽지 않은 '쎄빠쥐' 와인이며 이해하기 어려운 특정 범위의 상황에서 말고는, 선천적으로 진정으로 고급스럽고 최고 수준인 와인을 생산할 능력이 없는 곳의 와인이다.

성공하든 실패하든, 영혼을 가진 와인을 만들려는 의도가 우리 자신의 영혼을 고결하게 하며 우리는 그 귀중한 기회를 감사히 여겨야 한다.

15

'테루아르'의 개념

매트 크레이머 Matt Kramer

> "아름다운 사람들은 언제나 보다 더 아름다운
> 질문을 하는 사람에게 대답을 한다."
>
> E. E. 커밍스(E. E. Cummings)[1]

와인에 대해 '더욱 아름다운 질문'은 '테루아르(*terroir*)'이다. 영어를 사용하는 사람에게 '테루아르'는 발음하기도 어려운 생소한 말이다. 그러나 더욱 좌절감이 드는 것은 그것이 외래의 사상이라는 점이다. 통상적으로 그것은 장소 또는 포도원의 작은 토지 구역이라고 정의된다. 보다 심도 있는 관점에서 그것은 윌리엄 블레이크(William Blake)의 우주관을 내포하고 있으며 모래 알갱이와도 같은 와인과 토양에 관한 생각의 진화를 담고 있다. 따라서 '테루아르'에 대한 개념을 조사하지 않고는 '버건디(Burgundy)'에 관해 이해할 수 없다.

흙이나 땅(*terre*)에서 나온 말이기는 하지만, '테루아르'가 단지 토양과 심토에 대한 연구를 뜻하는 것만은 아니다. 그것은 포도원의 토양을 구별하는 데 기여하는 모든 것이다. 예를 들면, 그것은 특정한 국소 지역의 강

---

1   *Collected Poems*: 1922-1938(New York: Book of the Mobth Club, 1977), p. 462.

수량, 공기, 물의 배수, 고도, 그리고 일조량이나 기온 같은 것들을 또한 포괄하는 개념이다.

그러나 '테루아르'는 또 다른 차원을 지닌다. 말하자면, 그것은 측정될 수는 없지만 여전히 어딘가에 존재하며 맛이 느껴지게 하는 어떤 것을 확인하게 해 준다. '테루아르'는 변화를 전망하게 한다. 여기서 말하는 '테루아르'는, 현저하게 독특한 증거보다 오히려 반복 실험에 의한 증거를 더욱 요하는 이른바 '과학'과는 서로 상충되는 개념이다.

'테루아르'를 이해하려면 현대적 마인드로 재정비할 필요가 있다. 원래의 동기는 상업과 과학에 대한 경멸에 의해 묻혀서 오래전에 사라졌다. 그것은 프랑스 역사가인 마르크 블로크(Marc Bloch)가 그의 획기적 작품 『봉건 사회』(*Feudal Society*)에서 재현한 것을 보면, 오늘날엔 거의 이해할 수 없을 정도로 자연 세계에 대한 감성을 요하는 것을 알 수 있다.

> 두 명의 봉건 시대의 남성이 우리보다 훨씬 더 자연에 근접해 있었다. 그런데 오늘날 우리가 알고 있는 자연보다 그들이 알았던 자연은 훨씬 길들이기 어려웠고 다루기가 만만치 않았다. … 인류의 초기 시대에서처럼 사람들은 계속 야생 과일을 땄고 벌꿀을 채집했다. 도구와 연장으로는 나무가 주된 역할을 했다. 형편없는 조명 때문에 밤은 더욱 어두웠다. 성안의 구역에서 사는데도 추위는 보다 극심했다. 요컨대, 모든 사회적 삶의 이면에는 변함없이 계속되는 물리적 대립에 대한 통제 불능의 힘에 굴복하던 원시 사회적 배경이 존재하고 있었다.[2]

---

2 마르크 블로크(Marc Bloch), *Feudal Society*, trans. L. A. Manyon(Chicago: University of Chicago Press, 1964), p. 72.

유럽의 지방에서의 삶이 이후 수 세기 동안 거의 변하지 않았고 이러한 세상은 봉건 시대 이후까지도 계속 연장되었다. 그저 벌거숭이와도 같은 모습의 자취를 지니고는 원초적이면서도 초자연적인 감성이 깨끗이 지워진 채로 오늘날에도 남아 있다. 수천 가지의 포도원의 이름이 붙은 '버건디(Burgundy, 역주: 현 프랑스 동남부 지방), 꼬르드(Côte d'Or)' 지방의 한 땀 한 땀 수놓은 자수와도 같은 포도 재배는 스톤헨지만큼의 지난날의 문명적 유물이라고 할 수 있다. 그들이 왜, 그리고 어떻게 그것을 행했는지를 파악할 수는 있지만 그 마음의 충동과 열정은 우리의 상상을 초월한다.

버건디의 영예는, "이곳에 관해 무엇을 말해야 하는가? 주변의 장소와는 어떻게 다른가?" 등의 질문과 같이, 장소에 대한 절묘한 묘사, 즉 '테루아르'의 관여에 달려 있다. '테루아르'는 버건디의 위대함의 근원이며 유익한 구성 요소이다. 현재 유행하는 허튼소리 같기는 한데, 우수한 와인을 생산하는 영광을 얻으려면 '피노 누와'와 '샤르도네'에 심어진 고대의 버건디만을 상상해 보면 된다고 여기는 경우가 있다. 그러나 그러한 생각의 가치는 하락하고 있고, '몽라셰(Montrachet)' 또는 '라 따슈(La Tâche)'와 같은 일부 훌륭한 버건디 와인에서만큼의 자연의 경이로움이 발견되는 것도 아니기에, 수 세대의 와인 애호가들의 열정에 거의 감명을 줄 수 없는 그야말로 맥 빠지는 견해이다. 그럼에도, '테루아르'는 '피노 누와' 또는 '샤르도네'와 같은 일부 버건디 와인들만큼이나 많은 의미를 지닌다고 할 수 있다. 왜냐하면 포도는 목소리만큼이나 많은 매개체 역할을 수행하기 때문이다.

'테루아르'의 성향이 비록 버건디에서 가장 완전하게 표현될지라도 특별하게 버건디 사람만의 특징인 것은 아니다. 완전히 그렇다고 할 수는 없겠지만, 그것은 정말로 더욱 현저하게 프랑스인의 것으로 간주될 수 있다. 특히 독일과 이탈리아와 같은 다른 나라들 또한 그것에 대한 비슷한 통찰력을 지녔음을 시사하고는 있지만, 다른 어떤 나라보다도 프랑스가 더욱 많이 '테루아르'에 대한 관점으로 풍경을 바라보았다. 프랑스는 종종 '끄뤼'(*cru*, 역주: 프랑스의 포도 농장) 또는 '그로스(growth)'라고 불리는 포도원의 차이점들을 마치 서예를 하듯 세심하고 주의 깊게 기록했다. 정말로, 서예와 '끄뤼'는 서로 통하는 데가 있는데, 둘 다 세밀함에 대해 감성적으로 관심을 기울인 결과라 할 수 있다. 또한 그 두 가지는 모두 수도자의 금욕적인 환경에서 번성한 것이다.

고대의 모든 와인 재배 전통에 있어서 이탈리아는 프랑스만큼 똑같이 또는 비슷한 정도로조차 '테루아르'의 정신을 결코 발전시키지 않았다. 이탈리아는 아이러니하게도 베네딕트 수도회나 시토 수도회와 같은 수도원의 토대가 부족했다. 수도원이 프랑스와 독일에서는 훨씬 많이 있었다. 중세 시대 동안 서부 유럽의 기독교회 상(像)을 나타내는 지도에서는 프랑스와 독일에서 수백 개의 주요한 수도원들이 존재했음을 알 수 있다. 거의 모두가 베네딕트 수도회와 시토 수도회이다.[3] 그에 비해 이탈리아는 수도원이 십여 개도 안 된다.

"테루아르'의 정신"이라는 문구는 타당하다. 버건디 지역의 풍경에 대한 표현은 봉건 사회의 쇠락 이후에도 오랫동안 꾸준히 증가했다. 1789년의 혁명으로 교회령이 몰수되고 정부에 의해 경매되기 전까지, 언제나 더 좋은 장소의 탁월함을 찾고자 하는 마음이 '꼬르드(Côte d'Or)' 지방을 따라 생겨났다. 수도회의 수사와 수녀들은 그들의 와인과 포도원을 거의

3 　윌리엄 R. 셰퍼드(William R. Shepherd), *Historical Atlas*, 9th ed.(New York: Barnes and Noble, 1964), pp. 94-5.

천 년 동안 표준 상태 그대로 남아 있도록 지켰으며 '테루아르'에 대한 그들의 열정은 결코 흔들리지 않았다. 땅에 대한 그들의 시각은 오직 순전히 오래 지속될 때에만 그 밖의 다른 모든 것의 시각이 되었다. 교회가 포도 재배의 경관을 그 어느 곳에 빚어 놓았든 간에 '테루아르'는 그들이 세상을 이해하는 수단이었다.

그러나 프랑스에는, 이러한 교회의 유산에 의해서만으로는 설명되지 않는 '테루아르'에 대해 헌신하는 마음이 오늘날까지 존재한다. 대신에 그것은 프랑스인의 삶에서 차이점들에 대한 '즐거움'과 '모호함'이라는 두 가지 영향력을 다년간 수용함으로써 더욱 부추겨진다.

일반적으로 프랑스 와인(그리고 특히 버건디)이 위대할 수 있는 이유는, 프랑스의 어떤 한 지역이 다른 지역의 특성들을 복제한다고 해도 그것에 대해 묻지 않는다는 데에 있다. 그들은 독특함을 귀하게 여긴다. 이러한 독특함은 마케팅 심리에 의해 이끌리게 되는, 다른 어떤 나라에서나 있을 법한 불일치로 이끄는 것이 아니라, 프랑스인이 소위 '골수 프랑스인들(la France profonde)' 또는 근원적 프랑스라고 부르는 어떤 것과의 합의로 귀결되게 한다.

이것이 프랑스의 영예이다. 프랑스가 지구상에서 주목할 만한 토양을 지닌 유일한 곳이라거나 그곳의 기후가 와인을 기르는 데 있어서 다른 모든 곳보다 뛰어나다는 것은 아니다. 그것은 그 나라에 적용되는 가치의 문제이다. 여기에서, '테루아르'와 그것의 발견은 중국의 침술을 떠올리게 한다. 수백 년 전, 중국의 의사들은 서양 의학의 해부학적 접근과는 전혀 다른 인식으로 신체를 바라보고자 했다. 이러한 색다른 인식 때문에 그들은 신체에 관해 서양의 의사들이 오늘날까지 스스로는 독립적으로 알 수 없던 어떤 것을 발견했다. 즉, 중국인들이 최근에 '경락'이라고 부르는 것

와인 심포지엄

이 바로 그것이다. 그 용어는 중요하지 않다. 중요한 것은 이러한 '경락'이 신체 해부에 의해서는 발견될 수 없다는 것이다. 그러나 그것은 분명 존재한다. 따라서 침술은 효과가 있다. 그것의 근원을 밝히는 것은 어려워도 그것의 효과는 입증할 수 있는 것이다.

마찬가지로, 그곳의 기후와 포도 그리고 토양의 복잡성을 분석함으로써만 그리고 와인 제조를 함으로써만 버건디의 탁월함을 직감적으로 알아 내려고 하는 것은, 스웨터의 실을 풀어 보고 나서야 어떻게 뜨개질을 하는 지를 배우는 것만큼이나 덜 계몽적인 일이다. 훌륭한 와인은 발견되기보다는 오히려 만들어진다고 믿고 있는 사람들이, 연금술사가 힘들게 공을 들이며 내내 금을 함유한 물질과 함께 작업해 온 덕분에 간단히 금을 만들어 내는 것과 많이 흡사하게, 훌륭한 와인을 그러한 노력 끝에 어렵지 않게 얻게 되기도 할 것이다.

오늘날, 적어도 미국에서는 놀랄 만큼 많은 와인용 포도 재배 농장주들과 와인 음주가들이 '테루아르'의 존재를 단호하게 부인하고 있다. 폴리네시아인(人)들이 단지 태양, 별, 바람, 냄새, 그리고 맛에 의해서만으로 항해를 하면서 태평양을 횡단할 수 있다는 것을 터무니없다며 부정하는 주말에 가끔씩 배를 타러 나온 항해사들처럼 말이다. 그들은 '테루아르'가 포도 재배에 아무런 영향력도 없다며 그야말로 터무니없는 것이라고 주장한다.

높은 이성을 지닌 '테루아르'를 용납하기 어려운 것은 모호성 때문이다. '테루아르'는 표현될 수는 있지만, 그것은 감각들에 의해서 말고는 입증될 수가 없다. 폴리네시아인의 항해처럼, 그것은 너무 주관적이어서 복제할 수 없고 따라서 신뢰할 만하지 않다. 그러나 상당히 경험 있는 어떤 와인 애호가는 '꼬똥-샤를마뉴(Corton-Charlemagne)' 또는 '샤블리(Chablis)'

지방의 '보데지로(Vaudesir)' 와인, 또는 '볼네(Volnay)' 지방의 '까이에레(Caillerets)' 와인과 같이 와인 만드는 기술에 의해 설명될 수 없는 무언가가 존재하는 고급의 숙성된 버건디 맛의 상태를 알고 있다. 와인 속에 스며 있는 것은 *a goût de terroir*, 즉, '영혼의 맛'이다. 그 똑같은 포도로부터, 똑같은 방식으로 만들어진 와인들이 각각의 다른 와인이 되는 이유가 특정한 어떤 것이 부족하기 때문일 뿐이라면 굳이 '포도'로까지 귀착될 것도 없다. 제거 과정만을 놓고 볼 때 그 근원은 '테루아르' 특성 때문으로 생각되어야 한다. 그러나 이것을 알기 위해서는 모호한 것들, 즉 입증할 수 없는 것들과 측정할 수 없는 것들이 현실적일 수 있다는 믿음이 요구된다. 회의론자들은 과학과 현실적으로 제한된 정의 속에서 그들 스스로의 고지식함에 의해 그러한 믿음을 갖지 못한다.

버건디에 대한 최고의 관심사는 '테루아르'를 명백히 드러나 보이게 만드는 것이다. 개략적으로, 이것은 쉽게 성취된다. 말하자면, 열매가 작게 맺어지는 일이 반복되고 소출이 저조하거나 포도를 선별해야 할 때, 그리고 모든 것 중에 가장 까다로운 것으로서 포도의 모양이 너무 잘 자라서 우거질 때에, 정신을 흩트리지 않고 '테루아르'가 번성을 이루도록 해주는 그 스타일 그대로의 방식으로 행해지는 와인 발효와 저장에 의해서 원하는 바가 성취된다. 이러한 지점이 바로, 자기표현에 대한 현대적인 요구인 '개인적 지각'에 맞서 기필코 '테루아르'가 맛을 발생시키는 지점이다. 그러한 성취는 너무나 자주 '테루아르'라는 것의 대가로 이루어져 왔다.

욕심과 서투른 와인 제조 때문에 생기는 버건디 와인의 오랜 호적수를 보는 것은 더욱 쉬운 일이다. 지나치게 다작하여 땅이 메마른 포도 덩굴에서 묽고 희석된 와인의 결과를 만들며 드러나는 탐욕의 문제는 그것에 관한 불평들을 통해 알 수 있듯이 버건디에서 장기적으로 만연해 왔다.

그러나 '개인적 지각'과 '테루아르'의 문제는 우리의 시대에는 새롭고 특이하다. 그것은 두 가지 근원으로부터 기인하는데, 바로 현대적 와인 제조 기술과 그것을 사용하는 심리학이다. 와인 제조에서 기술적 컨트롤이 이루어지게 된 것은 불과 최근의 일이며, 단지 1960년대 후반으로 그 연대를 추정해 볼 수 있을 뿐이다. 전에는 결코 오늘날 이용할 수 있는 정도만큼 와인을 컨트롤할 수 있었던 것은 아니었다. 비록 온도가 제어되는 스테인리스 탱크, 컴퓨터로 제어되는 와인 압축기, 열 교환기, 불활성 기체, 원심분리기, 온갖 종류의 필터, 다양한 숲의 목재로 만들어진 오크통 등을 사용하기는 해도, 현대의 와인 제조자는 전에는 결코 성취할 수 없었던 정도로 '테루아르'와 그곳에서 만들어지는 와인에 스스로 몰입하고 있다.

그것을 사용하는 심리는 보다 더 의미 있는 특징을 보인다. 자기표현은 이제 우리 시대의 침해할 수 없는 권리로 여겨진다. 따라서 자기표현에 대한 욕구 그 자체가 와인 제조에서도 느껴지도록 해야 한다는 것이 이상할 것도 없다. 와인 제조자들이 항상 그들의 와인에서 그들 스스로를 표현하기를 추구해 왔음은 반론의 여지가 없다. 차이가 있다면 오늘날의 기술이 그들의 조부모들은 상상도 못 할 정도로 실제로 그들로 하여금 그렇게 하도록 한다는 것이다.

깊이 살펴보면, 아무리 추상적일지라도 이것은 20세기 사고의 많은 부분을 바꾸어 온 힘이었다. 즉, 사실적인 것을 우리가 어떻게 인식하는가에 있어서 기본적인 것들로부터 주관적인 것들로 변천하게 한 힘인 것이다. 최근에까지, 축음기 레코드에 파인 홈이나 화병의 꽃을 그린 실물과도 같은 그림처럼 '사실적인 것'으로 여겨지는 것은 무엇이나 간단한 기계적 또는 선적인 연결들로 표현되었다. 있는 그대로의 까다로운 표현을 통해 정확성이 분명하게 나타났다.

그러나 우리는 그 주제가 '구상적'이기보다는 더욱 '사실적'일 수 있다고 믿게 되었다. 이것의 가장 초기의, 그리고 가장 유명한 예시 중의 하나는 미술에서의 표현주의였다. 20세기 초, 표현주의가 출현하기 이전에는 캔버스에서의 사실적 묘사는 가장 실물 같은 형태를 창조함으로써 성취되었다. 표현주의자들은 이와는 다르게 말했다. 그들은 화병의 꽃에 대한 리얼리티는 그것의 형태와 색을 보다 더 상징적 표현들로 나누어지게 함으로써 직선적 묘사에 의해서보다도 오히려 더욱 잘 표현될 수 있다고 주장했다.

이것이 와인과 얼마나 관련이 있는지는 '테루아르'와 '개인적 지각'의 쟁점에서 발견된다. 수백 년 전 '테루아르'를 발견했던 버건디인(人)의 세계에서는 그들이 발견해서 '샹베르땡(Chambertin)'이라 불렀던 그랑 끄뤼(grand cru) 포도원과 샹베르땡의 상징적 개념 사이에서의 차이를 이끌어내지 않았다. 이전에는 단지 두 가지의 관련 사항들만 있었다. 즉, 그 두 가지는 바로 샹베르땡 자체와 그것의 겸손한 발견자인 포도 재배자이다. 자연 세계에 대한 이러한 겸허한 관점에서는, 그곳과 이웃해 있는 '라트리시에르(Latricières)' 포도원과 지속적으로 같은 맛이 나지 않는 것만으로도 샹베르땡은 그저 샹베르땡 자체인 것이었다. 어떤 것은 보다 더 과육의 질감이 반영되어 풍미가 있는 반면에, 다른 어떤 것은 비슷한 풍미를 제공하지만 항상 질감에서 다소 묽은 느낌이 들고 덜 완전하다. 그것은 부엉이 울음소리에서 꾀꼬리의 노래가 들린다고 할 때 당연히 의심되는 것만큼이나 분명한 사실이었다. 그들이 들은 것에 대해 알았던 것처럼 그들이 맛본 것을 알았던 것일 뿐이다. 이러한 것들은 자연스런 힘이었고, 단지 건너야 할 강에 지나지 않는 변화나 도전 대상일 뿐이었다.

이 모든 것은 우리에게 버건디인의 와인 제조를 되돌아보게 해 준다. 주관적인 것이 구상적인 것이기보다는 오히려 더욱 '실제적인 것'으로 받아들여져 왔던 시대에는, '테루아르'에 대한 불변의 개념은 문제가 된다. 그것은 자아로부터 나오는 개인주의, 즉 개인적 견해를 표현하고자 하는 욕구를 복잡하게 만든다. 자기표현이 상대적으로 권리가 되는 시대에는, '테루아르'로서의 샹베르땡이 '상표'로서의 샹베르땡으로 대체되었다. 절대자로서의 '테루아르'의 개념은 거부된다. 그러므로 모든 샹베르땡은 동등하게 합당하다. 우리는 제조자를 가리키는 샹베르땡의 의미가 사실은 샹베르땡 와인에 대한 그들의 생각을 반영할 뿐이라고 받아들이게 되었다. 라벨에서의 포도원 명칭은 단지 의도하는 바에 대한 일반적인 암시인 것이다.

그렇다면 그 땅의 진정한 목소리가 무엇인지를 어떻게 아는 걸까? 와인 제조자가 '테루아르'와 최종 와인 사이에 자기 자신을 개입시킨 때를 어떻게 알까? 특별한 '테루아르'의 진정한 목소리를 발견하는 것에 대해 연구할 필요가 있다. 유일한 방법은 특별한 구획의 토지에서 나온 다수의 와인 샘플들을 모으고 그것들을 모조리 시음하는 것이다. 이렇게 하는 것이 적어도 산만한 변수들을 어느 정도 제거해 준다.

'테루아르'의 목소리를 확립하고자 하는 데에 있어서, 적어도 그 순간 동안 어떤 와인이 최고인지를 결정하기보다는 그 와인을 통해 흐르는 탁월함의 가닥을 찾는 데에 집중해야 한다. 그것은 구조의 문제일 수 있다. 섬세함이나 남성다움, 또는 지속적인 과육의 야윔이나 풍성함 등을 예로 들 수 있다. 그것은 광물이나 돌 같은, 혹은 석회질이나 흙 성분의 어떤 것으로서 독특한 '영혼의 맛(goût de terroir)'일 수도 있을 것이다. 거의 항상, 처음에 결정짓기는 어려울 것이다. 그 와인들 내에서의 스타일의 범위가 주위를 흐트러지게 할 것이기 때문이다. 그래서 주로 '테루아르'가 와인 제조에 지나치게 이용되고 너무 많이 포도 덩굴을 다작하여 와인으로 만들기에 포도가 썩 훌륭하지 못한 상태라면, 그런 일은 좌절감을 줄 것이고 어떤 보상도 없을 것이다. '테루아르'는 주로 빈티지에 따라 많은 반복적 시도가 있은 후에만 발견이 된다. 이러한 점이 바로, 그런 통찰이 주로 버건디인과 그러한 생각에 사로잡힌 몇몇의 외지인들에게만 있는 이유이다.

그럼에도 불구하고, 그 땅의 목소리를 듣는 것이 달콤해서 그것을 쉽게 잊지 못할 것이다. 때로는 그것은 단지 대조를 할 때만 명백해진다. 예를 들어, '뫼르소(Meursault)'의 '피리에르(Perrières)'와 같은 와인을 마셔 보라. 그러면, 좋은 와인들에서 보통 나타나는 것으로서 기운을 돋게 할 정도의 강한 과일 맛을 내 주는 뚜렷한 광물 성분을 발견하게 될 것이다. 요컨대, '피리에르'를 근접한 포도밭의 '샤르므(Charmes)' 와인과 비교하기 전까지는 당신은 돌 맛이나 과일 맛이 얼마나 나는지 또는 얼마나 강력한지를 깨닫지 못한다. 비교하고 난 다음에야 '피리에르'에 대한 차이가 당신의 마음에서 잘 이해가 될 것이다. 다양한 '뫼르소' 화이트와인을 '프리미에 크뤼(premiers crus)'의 블라인드 시음회에서 만나게 되었을 때, 그 와인은 결코 정확하거나 뚜렷하지가 않아서 그것을 딱 알아맞히기가 어렵다. 그러나 그것이 핵심은 아니다. 핵심은 '피리에르'가 존재한다는 것이며, 그것이 그 자체에 대한 다른 어떤 구성과 별개의 존재라는 점에 의심의 여지가 없다는 것이다.

그러한 연구는 기대 이상으로 더욱 보람 있는 잘 짜인 계획안을 지닌다. 와인의 목록과 마주할 때 그 즉각적인 임팩트는 양식의 차이, 말하자면 떠들썩한 제조자의 목소리에 대한 것이다. 그러한 것들이 일단 차단되면 명확히 맛에 집중하고 확인하는 데에 부족감을 주는 보다 덜 중요한 견해들은 쉽게 제거된다. 어떤 와인들은 법률 관련의 세부 항목을 제외한 모든 면에서 사기를 당한 느낌이 들 만큼 맛이 없다. 그런 와인을 경험하고 나서, 당신은 말할 만한 뭔가를 지닌 와인들과 마주하게 될 수도 있다. 바로 그러한 순간에 '개인적 지각'의 문제와 직면하게 되는 것이다.

이상적 목표는 '테루아르'를 왜곡하지 않고 더욱 상세히 다루는 것이다. '테루아르'는 스타일 또는 맛과 관련 없는 요소들에 대해 가능한 한 자유롭게 전해져야 한다. 이상적으로는, 와인 제조자의 손길을 발견할 수 없어야 한다. 그렇긴 하지만, '도멘 쉐비롱 뉘 생 조르쥬(Domaine Chevillon in Nuits-Saint- Georges)', '도멘 마퀴스 당제르빌 볼네(Domaine Marquis d'Angerville in Volnay)', 또는 '도멘 빈센트 도비싸 샤블리(Domaine Vincent Dauvissat in Chablis)'와 같은 수준의 생산자들에 의해 제조된 와인들이 정말로 매우 희미하게나마 어떤 특징이 항상 감지될 수 있다는 것은 인정될 만한 사실이다. 생산자들이 그들의 와인에서 이렇게 자신을 드러내지 않으려는 태도는 거의 'Zen(禪)' 사상과 매우 같다. 다시 말하자면 'Zen' 사상에서처럼 특징 자체가 존재하지 않는다는 것이 그 와인들의 '특징'이라는 것이다.

그들이 귀감이 된다는 것은 차치하고라도, '테루아르'의 비용 면에서 너무 비싸게 들지 않는 한, 특성이 존재한다는 것이 본질적으로는 나쁘지 않다. 이것의 좋은 예시는 '도멘 드 라 로마네-콩티(Domaine de la Romane'e-conti)'의 와인 양조이다. '에셰조(Eche'zeaux)', '그랑-에셰조(Grands-Eche'zeaux)', '로마네-생-비방(Romane'e-Saint-Vivant)', '리쉬부르(Richebourg)', '라 따슈(La Tâche)', 그리고 '로마네 콩티(Romane'e-Conti)' 등과 같은 전설적인 특성을 지닌 레드와인은 그 와인들이 모두 똑같은 포도밭에서 나온 다른 포도주와 비교할 때 그 특성들 중 두 가지만을 오로지 지니거나, 즉시 명백해지는 양식적 특성을 공통으로 소유한다. 또는 '모노폴(monopoles)', '라

따슈', 그리고 '로마네 콩티'의 와인들은 모두가 뚜렷한 오크의 향기뿐 아니라 실크와 같은 독특한 부드러움과 거의 '유분감'이 감도는 어떤 느낌을 나타낸다.

그럼에도 불구하고, '도멘 드 라 로마네-콩티'가 그들의 특별한 '테루아르'가 충분히 측정되었음을 나타내기 위해 행하는 이러한 양식적 특성은 정말로 압도적이다. 이것은 다른 좋은 '리쉬부르(Richebourg)'나 '그랑 에셰조' 또는 다른 특성들을 맛볼 때 확실히 확인된다. 그 이유는 포도송이가 감탄할 만큼 낮게 맺어지고, 영양가 있는 포도의 선별도 빈틈없이 잘 이루어졌으며, 부패되었거나 건강하지 못한 포도를 버리고 꼼꼼히 살펴서 수확하고, 그리고 양식적 특성은 제쳐 두고라도, 다양한 '테루아르'를 가장 완전한 수준으로 표현할 수 있도록 와인이 제조되었다는 것이다. 그 와인은 아름다운 드레스가 디자이너의 이니셜이 제거된다면 오히려 더욱 빛날 수 있는 것과 마찬가지로 그 와인의 특성이 덜 언명된다면 오히려 더욱 크게 느껴질 것이다.

이러한 특성의 문제는 똑같은 '테루아르'의 다양한 와인을 맛볼 때에만 명백해진다. '신호(sign)'가 어떤 착색도 없이 증폭기를 거치는, 이른바 스테레오 마니아들이 일컫는 '스트레이트 와이어'를 이상적인 영역이라고 말할 수 있는지는 몰라도, 포도와 재배자 둘 다를 놓고 생각해 볼 때 둘의 관계를 이런 식으로 정의를 내리는 것은 정말로 불가능한 일이다. 이와 같이 버건디 와인 제조는 그야말로 일종의 번역 작업과도 같다. 시인 'W. S. Merwin'은 그러한 도전을 다음과 같이 구상해 본다.

그 본래의 것을 나타내기 위해 전달되는 특성은 다양한 번역가들 간에 의견이 갈리기 마련인데, 그것은 위험이기도 하고 기회이기도 하다. 그 본래의 것만을 원하는 게 이상적이라는 관점에서는, 사람들은 번역가가 전혀 존재하지 않기를 원한다. 그러나 번역의 특성을 고려할 필요가 있는 실제적인 관점에서는, 그들이 보통 말하듯이 번역가의 재능이 불가피하다.[4]

이것의 좋은 예는 '도멘 데 콩트 라퐁(Domaine des Comtes Lafon)'의 다양한 '뫼르소(Meursaults)'와 '장 프랑수아 코슈 뒤리(Jan-Francois Coche-Dury)'의 '뫼르소'일 것이다. 양식적으로 맛에 대해 정의하고 선별하는 데 있어서, 라퐁 와인은 숙성은 덜 되었지만 결점이 없을 때 보다 더 관능적이고 보다 더 또렷하게 오크 향이 존재한다. 그들의 와인을 음미할 때 하나의 '테루아르'가 또 다른 '테루아르'와 거의 다르지 않다. 그 스타일이 더욱 엄격하고 다소 의존적이라는 것을 제외하고는, 거의 평이할 정도로 정확한 '테루아르'의 차이들이 있는 '코슈 뒤리(Coche-Dury)'에 대해서 말할 때도 마찬가지이다. 깊이와 농도는 라퐁과 동일하다. 그러나 전달되는 것은 약간 다르다. 둘 다의 경우에서 장소의 차이가 분명히 존재한다. 'W. S. 머윈(Merwin)'이 누군가의 시를 번역할 때 "나는, 가장 중요한 독창성이라는 어떤 명분에 대해 그 본래의 의미를 왜곡시키는 번역을 하려고 의견을 피력했던 게 아니다."라고 하듯이 두 와인 모두가 그러하다.[5]

'테루아르'의 비용 면에서 양식에 현혹되는 것이 쉽기 때문일 뿐이라면, 어떤 버건디에서 어떤 특징이 존재한다는 것을 인식하는 것이 중요하다. 놀랄 만큼 많은 버건디, 특히 화이트 버건디들이 바로 그러하다. 화이트와인의 포도가 주로 레드와인의 포도보다 덜 고유한 맛을 지니기 때문

---

4   *Selected Translations*: 1968-1978(New York: Atheneum, 1979), p. xi.

5   같은 책

에 그렇긴 하겠지만, 화이트와인에서의 특징이 레드와인에서보다 훨씬 더 힘들게 얻어진다. 이것은 '피노 누와'와 비교되는 '샤르도네'의 경우에서 매우 많이 그러하다.

게다가, 어떤 와인에 들어 있는 맛의 많은 부분이 발효 과정 동안 껍질로부터 추출된다. 많은 레드와인, 그리고 특히 '피노 누와'는 껍질이 광범위하게 접촉하면서 만들어지는 반면, 대부분의 화이트와인은 껍질이 접촉되는 게 거의 보이지 않는다. 비록 예외는 있을지라도 '샤르도네'가 버건디로 생산될 때는 특히 그러하다. 기껏해야, 화이트 버건디는 '샤르도네'의 발효 또는 단순히 껍질과 닿아서 분해되는 현상을 24시간 이상을 보이지는 않을 것이다. 대부분의 '피노 누와'는 껍질 상태로, 7일에서 3주까지의 어느 시간쯤에서 만들어진다.

이러한 이유로, 와인 제조자는 포도밭에서 풍미를 획득하는 대신에 다양한 와인 제조 기술을 써서 그것을 화이트와인 속에 불어넣고자 하는 유혹을 강하게 받는다. 가장 흔한 예로서 즉각적으로 인식 가능한 바닐라와 토스트 같은 향기를 제공하는 완전히 새롭게 만들어진 오크 배럴을 사용하는 것이다. 또 다른 접근 방식은, 덜 숙성되었지만 완전히 발효된 와인을 배럴 안에서 숙성시킬 동안 찌꺼기나 앙금 상태로 남겨 놓고 이 침전물을 가끔씩 저어 주는 것이다. 여기에서 와인 제조자는 이스트의 '자가 분해'나 부패할 때의 미묘한 맛을 활용하려 한다. 그러나 때로는 그 결과가 미생물의 오염으로부터 생겨난 변질된 맛을 지닌 와인을 만들기도 한다.

충분한 맛이 나지 않을 때 특징이 될 만한 어떤 것으로 그것을 대체하는 것은 흔한 일이다. 새로운 오크 배럴과 와인 제조 기술로 조작하는 것이, 오래된 포도 덩굴을 보살피고 낮게 열매 맺도록 유지하기 위해 엄격하게 가지치기를 하며 포도밭에서 애써 일하는 것보다 더욱 쉽다. 그리고

자존감을 더욱 만족시킨다. 심지어 장소에 대해 매우 요란한 목소리를 낼지라도, 화이트 버건디에서의 특징이 자동적으로 나타나는 것은 아니다. '샤르도네'에 의해 전달될 때, 그 땅이 속삭여 주는 목소리가 얼마나 연약한지를 깨닫기 위해서는, 다작이 이루어져 너무나 흔한 '몽라셰(Montrachet)'를 그저 맛보기만이라도 할 필요가 있다. 포도는 그 맛에 있어서 놀랍도록 중립적인데 그런 점이 그 와인을 '테루아르'에 대한 또는 그 어떤 특징에 대한 이상적인 매개체로 만들어 준다.

레드 버건디에서의 특징은 바로 화이트와인에서만큼 어렵게 얻어지기도 하는데, '피노 누와'의 더욱 훌륭한 자체의 고유한 맛 때문에 그러한 특징이 없다 해도 즉시 인식할 만큼 드러나지는 않는다. 그렇더라도, 맛이라는 특징이 목 캔디를 실제의 야생 체리와 비교하는 것 이상의 특징은 아니라는 것을 유념해야 한다.

'샤르도네'는 농도의 깊이와 풍미에 대한 환상을 제공하기 위해 묘하게 처리되는 반면에 '피노 누와'가 추구하는 바는 와인을 보다 즉각적으로 목구멍에 접근이 용이하도록 만드는 것이다. 점점 많은 레드 버건디가 이제는 빈티지에서 나온 후 단지 2년의 개봉 상태에서만 실제로 매혹적으로 마실 만하다. 그런 와인은 오해의 소지가 있다. 그 와인의 선명하고 감동적인 과일 맛은 세월이 묵을수록 향상되기보다는 식어 버리는 열정처럼 오히려 곧 사라진다. 와인 음주가는 개성보다는 허울만 번드르르한 와인에 의해 꼼짝달싹 못하고 서 있게 되고 만다.

이 모든 것은 왜 이렇게 '테루아르'가 와인에 대한 '보다 아름다운 질문'인지를 강조해서 보여 준다. 그 목적이 '테루아르'의 명료성과 울림성을 드러내 주고 그것을 더 자세히 진술하며 전달하는 것이라는 점에서, '버건디' 이상의 더 아름다운 대답은 없다. 그것이 무시된다면 와인은 수

경 재배 되는 게 낫다. 우리가 '리쉬브르(Richebourg)' 또는 '코르통(Corton)' 이라고 부르는 와인에서처럼, 번득이는 통찰력을 지닐 것을 제안하는 헤아리기 어려운 흙에 뿌리를 두는 게 아니라, 조작된 물과 양분의 배양액을 정맥 주입하는 것 말고는 그 이상의 아무런 의미도 없는 것에 뿌리를 둔 채로 말이다. 다행히도 재배자와 음주가 모두에게서 새롭게 바뀐 더욱 훌륭한 질문을 긴급으로 받게 될 것이다. 그리고는 결국, '테루아르'가 없다면, 어째서 버건디인가? 하는 것에 대한 새로운 관심이 생겨날 것이다.

와인 심포지엄

VI

와인의 정치학과 경제학

16

와인 시음회에 관한 고찰

〈캘리포니아 vs. 프랑스〉 와인 시음회(1976) 분석

오를리 아센펠터, 리처드 E. 크반트, 조지 M. 테이버

Orley Ashenfelter, Richard E. Quandt, and George M. Taber

서론

1976년 5월 24일의 파리 시음회는 20세기의 가장 많이 논의된 와인 행사로뿐 아니라 역사상 가장 유명한 체계적인 와인 시음회로 불려 왔다. 파리 중심에 와인 숍과 와인 스쿨 둘 다를 소유한 영국인, 스티븐 스퍼리어(Steven Spurrier)가 당시에는 거의 알려지지 않은 캘리포니아 와인과 몇몇 프랑스의 가장 잘 알려진 와인을 겨루는 행사를 주관했다. 프랑스의 레드와인으로는 '보르도-블렌드(Bordeaux-blend)'의 레드와인 가운데 '샤토 오 브리옹(Château Haut-Brio)'과 '샤토 무통 로췰드(Château Mouton Rothschild)', 그리고 화이트 버건디 중에서 '바따르-몽라쉐 라모네-프뤼동(Bâtard-Montrachet Ramonet-Prudhon)'과 '뿔런느-몽라쉐 레 쀠셀 도멘 르플레이브(Puligny-Montrachet Les Pucelles Domaine Leflaive)' 같은 아이콘들이 있었다. 한편, 캘리포니아는 '마야까마스(Mayacamas)' 포도원과, '리지(Ridge)'

포도원에서 레드와인들로 참여했고, '비더크레스트(Veedercrest)' 포도원과 '칼론(Chalone)' 포도원에서 화이트와인들로 참여했다. 그러나 결국 그날의 행사에서는, 캘리포니아 와인들이 '카베르네 소비뇽(Cabernet Sauvignon)'과 '샤르도네' 카테고리 둘 다에서 승리했다. 승자가 된 와인은 바로 '스택스 립 와인 셀라(Stag's Leap Wine Cellars)' 레드와인과, '샤토 몬텔레나(Château Montelena)' 화이트와인이었다.

지난 30년 동안, 파리 시음회가 무언가를 제공했든지 또는 심지어 실패했든지 간에, 대서양을 사이에 두고 양쪽 진영에서 과열된 논쟁이 있어 왔다. 그러나 역사상 캘리포니아 와인의 영향력에 관한 어떤 논쟁도 결코 없었다. 그런데 바로 스퍼리어의 그 행사가 그야말로 지도상에 캘리포니아가 드러나도록 해 준 것이다. 5월의 그날이 있기 전에는, 캘리포니아는 와인의 세계에서는 낙오자였다. 1976년 당시에는, 나파 밸리(Napa Valley)에 겨우 약 40개의 와이너리만 있었을 뿐이었다. 몇몇 신출내기 제조자들이 훌륭한 프랑스 와인들을 '탁월함'의 모델로 삼아 고품격 와인을 만들기 위해 고군분투하고 있었다. 그러나 그 누구도 그들에게 많은 관심을 주지 못했다. 캘리포니아 와인에 대한 세계의 이미지는 갈로(Gallo) 형제에 의해 확립되었는데, 그것은 대량 생산된 저가(低價) 상품의 와인들을 의미했기 때문이다.

파리 시음회 이후, 즉시 미국과 세계의 모든 곳에서 와인에 열광적인 팬들이 캘리포니아 와인을 재고했고, 그들은 캘리포니아 와인을 더욱 빈번하게 마시기 시작했다. 캘리포니아 와인 사업이 곧 번창하게 되었고 와인 제조자들은 프랑스 최고의 와이너리에 의해 요구되는 금액과 상응하는 가격을 매기기 시작했다. 많은 캘리포니아인이 그로 인해 새롭게 얻게된 이윤을 새로운 장비와 새로운 포도나무 심기에 재투자했다. 오늘날엔 캘리포니아에 400개 이상의 와이너리가 있으며 그것은 파리 행사에서 어느 정도 기인한 것이었다.

역사적 맥락

지역적 소비가 줄어들고 세계의 경쟁이 증가되면서 위기 상태에 놓인 현재의 프랑스 와인 산업에서는, 1976년 당시의 와인 세계가 어땠는지를 기억하기가 어렵다. 그 당시에 프랑스는 그야말로 세계를 지배했다. 물론 수 세기 동안 그래 왔듯이 다른 나라들에서도 와인이 만들어졌지만 그 어느 나라보다도 프랑스가 우세했고 독보적이었다. 전반적으로 그러한 우세함은 최상의 포도 품종, 이상적인 토양, 완벽한 기후, 숙련된 솜씨, 오래된 전통 등과 같이 고급 와인을 만드는 모든 것들이 함께 공존하던 프랑스에서만 가능할거라고 전 세계의 소비자들이 믿고 있었다.

만약 그렇게 널리 퍼져 있던 믿음이 바뀌어야 한다 치더라도, 그것을 이끄는 자극과 동기는 프랑스 자체로부터 나와야만 할 것이었다. 시음회가 파리에서 열렸다는 사실과, 시음된 와인들이 프랑스 포도주 양조 연구의 걸출한 샘플들이었다는 사실, 그리고 심사위원들이 프랑스인이었다는 사실들은 모두 그때의 인습적인 지식을 바꾸는 데 절대적으로 중요한 요인이었다. 그날 모든 것이 프랑스에 유리했지만, 캘리포니아 와인이 프랑스가 내놓았던 최고의 와인과 맞서서 이긴 것이다. 아이러니하게도, 프랑스 와인에 맞선 혁명이 바로 그 나라의 수도 파리에서 신뢰를 얻기 시작한 게 틀림없었다.

파리의 시음회는 또한 와인 세계가 극적인 변화의 시대로 접어들게 했다. 프랑스, 이탈리아, 그리고 스페인과 같은 전통적인 와인 소비 국가들에서의 와인의 소비는 시간이 흘러가며 서서히 쇠락의 길을 겪고 있었고 그것은 오늘날까지 계속되고 있다. 프랑스의 연간 1인당 와인 소비는, 예를 들면 1926년에 35.9갤런까지 도달하며 정점을 이루었지만, 그러나 이제는 그 수준의 절반 이하이다.[1] 다른 한편으로, 전에는 조금만 마셨던 영국, USA, 그리고 호주 같은 곳에서의 와인 소비는 상승 기세에 있었다. 그러한 국가의 소비자들은 전통에 덜 묶여 있었고 다른 나라들에서 온 새로운 와인에 대해 보다 더 개방적이었다. 특히 그들 자신의 지역 제품에는 더욱 그러했다. 게다가, 신세계 와이너리들은 그들의 제품을 새로운 와인 애호가들의 기호에 맞추는 데에 열성적이었다.

시음회 개최

세계적 와인 평론가 스티븐 스퍼리어(Steven Spurrier)는, 세상이 30년 후에도 여전히 자신의 약식의 소규모 와인 시음회를 세계가 시험하고 비평할 거라는 걸 알 수 있게 된다면 그는 더 많은 것들을 다양하게 행하게 될 거라고 종종 말해 왔다. 그러나 그 누구도 그의 생각이 편파적이라며 심각하게 비난한 적은 없었다. 그는 종종, 캘리포니아 와인을 능가할 것으로 확신했던 프랑스 레드와인과 화이트와인을 선택했다고 말했다. 마침내 그는 와인 숍과 와인 학교를 파리에서 소유하게 된다. 그가 미국인들에게 패배함으로써 자신의 주최자들을 모욕하거나 그들을 어리석게 보이게 만들 필요는 없었다.

---

1   조지 M. 테이버(George M. Taber), *Judgment of Paris: California vs. France and the Historic 1976 Paris Tasting that Revolutionized Wine*(New York: Scribner, 2005), p. 280.

스퍼리어는 실제로 그의 행사 동안 공평한 경쟁의 장을 마련하기 위해 매우 주도면밀했다. 예를 들어, 그는 박식한 프랑스 심사위원들이 프랑스 용기와 캘리포니아 용기 사이의 미세한 차이를 발견하고는, 프랑스 와인은 높게 점수를 주고 미국 와인은 낮게 점수를 줄 것이 염려되었기 때문에 그 와인들을 똑같은 와인병에 모두 옮겨 담았다. 그는 또한 와인의 이름이 무작위로 뽑히게 함으로써 시음의 순서가 정해지도록 했다.

그러나 여섯 개의 캘리포니아 와인과 네 개의 프랑스 와인으로 정한 그의 결정은 확실히 실수였다. 왜냐하면 그것은 미국 와인에게 통계학적인 이점을 주었기 때문이다. 즉, 5:5로 섞어 놓았어야 적절했다. 그는 자신의 주요한 목적이 프랑스와 미국 간의 대치에 있는 게 아니라 흥미로운 캘리포니아 와인 컬렉션을 저명한 프랑스 심사위원들에게 노출시키는 것이었다고 말함으로써 보다 많은 캘리포니아 와인들을 마시는 선택을 하게 했다고 설명한다.[2] 그는 여분의 캘리포니아 와인을 가지고 있었기 때문에 심사위원들이 좀 더 시도해 볼 수 있도록 더 많은 와인을 시음회에 놓아두었고, 그렇게 하는 것이 당시에는 아주 당연한 것으로 여겨졌다.

그는 또한 그 결과들이 통계적으로 더욱 정확할 수 있도록, 심사위원들의 점수에 영향을 미치는 그 어떤 시도도 하지 않았다. 오히려, 스퍼리어는 단순히 그가 참여했던 많은 프랑스의 와인 시음회에서 경험했었던 절차를 따랐다. 그는 심사위원들에게 시각, 후각, 미각, 그리고 조화로움이라는 네 가지 기준을 토대로 와인의 등급을 매기면서, 20점 평점에 근거하여 점수를 주라고 요청했다. 그런 다음 그는 개인적인 점수들을 합산했다.

---

2 같은 책, p.185

다시 말하지만 그러한 것들은 그 당시에 프랑스 시음회에서 사용된 표준적 절차들이었다.

그러나 스퍼리어의 시음회는 그것이 정말로 통계적으로 정확했었는지, 그리고 더 많은 엄격한 평가가 어떤 다양한 결과를 만들었는지를 밝히기 위해 수년 동안 주의 깊게 연구되어 왔다.

결과 분석

선구적인 책,『와인에서의 관능검사』(*Wines: Their Sensory Evaluation*)에서, 메이나드 에머린(Maynard Amerine)과 에드워드 뢰슬러(Edward Roessler)는 어떻게 와인 시음회의 결과들을 요약해야 하는지에 대한 세부 사항을 다루고 그것으로부터 결론을 도출한다.[3] 그들은 인간의 행동이 완벽하게 예측이 가능한 것이 아니라는 기본적인 과학적 추정으로부터 출발한다. 와인 시음회에 상당한 경험을 지닌 사람들 가운데서 이것은 거의 논쟁할 만한 추측도 아니다. 그 행사 후에 스퍼리어가 언급했듯이, 블라인드 시음회의 결과들은 예측될 수 없고 심지어 그 다음날 똑같은 와인들을 시음하는 똑같은 심사위원단에 의해서조차도 그대로 재현되지 않을 것이다. 와인 시음회의 분석에서 주요한 목적은 도출된 결론이 또 다른 경우에서 재현될 가능성의 정도를 결정하는 것이다. 에머린과 뢰슬러가 와인 시음회의 내적 타당성을 밝히기 위해 핵심적으로 요구한 사항은 간단한 규칙들로 요약될 수 있다. 즉, 그 와인들의 시음은 블라인드 테스트로 되어야 하며, 심

---

3   메이너드 A. 에머린(Maynard A. Amerine)과 에드워드 B. 뢰슬러(Edward B. Roessler), *Wines: Their Sensory Evaluation*(New York: W. H. Freeman, 1976).

사위원들은 그들의 관점에 독립적으로 도달해야 하고, 그 결과들은 통계적으로 분석되어야 한다.

첫째, 와인을 블라인드 테스트로 시음하라

숙련된 감정가도 시인하는 바로서, 블라인드(blind: 맹검법)로 와인을 밝히는 것은 엄청나게 어려운 일이다. 어찌 됐든 결과적으로, 와인 블라인드 시음이 겸허한 마음이 들게 하는 경험이라는 것에는 의심의 여지가 없다. 아마도 이러한 점 때문에 그것이 무시되는 것일지 모른다. 그러나 와인 블라인드 시음에서의 실패는 엄청난 편견으로 이끈다. 실제로, 독립적인 와인 시음의 주요한 목적들 중의 하나는 일반적 인식들이 과연 정확한지를 테스트하는 것이다. 이것을 행할 때에는, 다른 이들의 의견을 반영하는 외래의 정보가 감정가들로 하여금 편견을 갖게 하는 것을 막을 필요가 있다. 그렇지 않다면, 와인 시음회를 하는 것의 핵심 포인트가 무엇이겠는가? 너무나도 자주 발생해서 경험상 알 수 있듯이, 당신은 어떤 와인이 와인 출판물에서 받은 점수를 읽고는 와인에 관해 무언가를 듣게 될 모든 이에게 그것을 앵무새처럼 말할지도 모른다.

둘째, 시음자의 의견을 독립적으로 유지하라

와인 시음은 매우 주관적인 경험이다. 그 결과, 블라인드로 와인이 제공된다고 할지라도 의견 일치를 위해 종종 다른 이들의 의견에 초점을 맞출 때가 있다. 예를 들어, 많은 대규모 와인 시음회에서의 매우 두드러진 특징은 '테이블 효과'가 존재한다는 점이다. 한두 사람의 개인이 한 테이블에서 강력한 의견을 지닐 가능성이 있는데, 이것이 다른 이들의 의견을 확고하게 만들기도 한다. 그러나 그 똑같은 사람들을 다른 테이블로 이동하게 해 보라, 그러면 그들은 완전히 다른 의견을 가질 것이다!

실제로 1976년의 행사 동안에 심사위원들 사이에서 상당히 많은 토론이 있었는데 아마도 그들이 신경이 과민했기 때문일 것이다. 캘리포니아 와인을 프랑스 와인과 가르는 것은 예상보다 훨씬 더 어려운 것으로 판명되었다. 테이블 한쪽 끝에 있던 심사위원들은 그 순간 시음되고 있는 와인이 프랑스 산(産)이었다고 말하곤 했다. 반면에 다른 쪽 끝에 있던 심사위원들은 그것이 분명히 캘리포니아 산이었다고 말하곤 했다. 그 행사의 가장 인상적인 결과로서, 캘리포니아 와인들이 값싼 와인의 시절을 지나 훌륭한 진보를 이루었던 가장 명확한 징조는 그날의 심사위원들이 미국의 와인과 프랑스 와인 가운데서 명확히 구별하지 못했다는 것이다. 그러나 이러한 강한 의지를 가진 자신감 있고 독립적인 심사위원 그룹이 높은 수준의 테이블 좌담에 의해 그들의 투표에서 많이 동요되었을지는 의문이다.

감정가들의 의존성 문제를 방지하기 위해, 몇몇의 매우 전문적인 그룹은 어떤 와인에 대해서 그들이 점수 매긴 것을 기록이 끝날 때까지 누군가가 말하는 것을 허용하지 않는다. 또 다른 그룹의 감정가들 중에서는, 우리 중 두 사람이 정기적으로 참여하는 시음회를 포함시키면서 독립성을 그렇게 극단적으로까지 요구하는 것 같지는 않다. 아마도 이것은 우리의 그룹에 속하는 감정가들이 의견 충돌에 한껏 열을 올리기 때문이기도 하겠지만, 예를 들어 누군가는 이렇게 말할지도 모른다. "와인 'C'가 약간 산화되어 있다."라기보다는 오히려 "그 와인 중의 하나가 약간 산화되어 있다고 나는 생각한다."라고. 때로는 우리가 말하는 것에서조차도 어느 정도 재량을 행사하게 된다.

와인 심포지엄

셋째, 와인 시음의 결과를 체계적으로 분석하라

위에서 언급되었듯이, 이 주제는 다음에 기술하게 될 에머린과 뢰슬러의 의미 있는 연구에서 상당히 자세하게 논의된다. 다시 한 번 말하건대, 그들이 와인 분석에서 요구하는 핵심 목적은 분석의 재현 가능성이다.

평가 '카베르네 소비뇽(cabernet sauvignon)' 시음에 관한 충분한 세부 사항들은 각각의 와인에 대한 개별적 평가를 통해 파악된 점수들을 포함해서 이 에세이 부록의 표에 담겨 있다. (우리는 원자료를 1976년 7월, 캘리포니아 와인에 대한 전문가의 안내서, *Connoisseurs' Guide to California Wine* 매거진으로부터 옮겨 적었다.) 그 와인들은 최대 20점의 점수를 낙점받았다. 심사위원들은 유명한 그룹이었다. 스퍼리어와 그 행사를 후원했던 '아카데미 두 뱅(Académie du Vin)'의 '패트리샤 갤러거(Patricia Gallagher)' 외에도, 『라 르뷔 뒤 뱅 드 프랑스』(*Revue du Vin de France*) 매거진의 편집장인 '오데트 브리나 칸(Odette Kahn)', 레스토랑 '따이유방(Taillevent)'으로 유명한 '장 클로드(Jean-Claude Vrinat)', 레스토랑 '르 그랑 베푸(Le Grand Vefour)'의 '레이먼드 올리버(Raymond Oliver)', '라 투르 다르장(La Tour d'Argent)'의 소믈리에 '크리스티앙 바네께(Christian Vannequé)', '도멘 드 라 로마네 콩티(Domaine de la Romanée-Conti)'의 '오베르 드 빌렌느(Aubert de Villaine)', '샤토 지스꾸르(Château Giscours)'의 '삐에르 타리(Pierre Tari)', '아펠라시옹 오브 오리진(Appellations of Origin)' 아카데미의 '삐에르 브레주(Pierre Bréjoux)', '아카데미 두 뱅'의 '미셸 도바즈(Michel Dovaz)', 그리고 작품명과 동일한 이름의 레스토랑 가이드 '클로드 뒤부아 미요(Claude Dubois-Millau)'가 포함되었다.

결과 이 행사에 관해 첫 번째로 주목할 만한 것은 스퍼리어와 갤러거(Gallagher) 둘 다의 점수가 그 테이블에서 기록이 되지만, 이 점수들은 사실상 결과에 이르는 데에는 가산되지 않았다. 이 주최자들 둘 다 그 행사의 블라인드 와인 시음을 했기 때문에 분석에서 그들을 배제할 이유가 사실상 없고 그 테이블에서 우리는 그들의 점수를 그 그룹에 포함시키기로 했다. 이것은 그 결과들에 대해 매우 적은 영향력을 지닌다고 판명되지만 정말로 그들의 점수가 프랑스 심사위원의 점수와 달랐는지를 우리로 하여금 체계적으로 조사할 수 있게 해 준다.

두 번째로 주목할 것은, 그 점수가 단순한 평균치의 숫자로 나타낸 점수에 기초한다는 것이다. 1996년 8월에 *Decanter* 매거진에서 스퍼리어가 인정했듯이 그는 심사위원들의 점수를 보탬으로써, 그리고 이것을 아홉 (나중에 들어 보니 통계적으로 의미 있는 것은 아니었다고 함) 등급으로 나눔으로써 우승자들의 점수를 집계했다. 물론 이러한 접근 방식의 문제는, 그것이 그들의 숫자적 점수에 의해 산발적 점수를 주는 많은 심사위원들에게 더 많은 비중을 주게 되고 따라서 숫자적 차이에 의해 강력한 선호도를 표현할 수도 있다는 점이다. 다수의 심사위원들에 의해 전형적으로 시행되는 시합에서 우승자들의 득점이 기록되기 전에 심사위원들의 숫자로 매긴 점수에 따라 등급이 변환되는 것은 바로 이러한 이유 때문이다. 평점을 등급으로 전환하는 것은 각각의 평가가 결과에 똑같은 영향력을 지니도록 보장한다. 말하자면, 1에서 20까지의 와인을 분류하는 심사위원이, 단지 19점과 20점만을 사용한 같은 규모의 와인을 분류하는 심사위원보다 결과에 훨씬 더 많은 영향력을 지닐 것이다.

그 문제를 살펴보기 위해, 두 명의 감정가에 의해 점수가 매겨진 A와 B라는 두 개의 와인이 있었다고 가정해 보라. 첫 번째 감정가는 A는 1점을, 그리고 B는 20점을 주었지만 두 번째 감정가는 A는 20점을, 그리고 B는 19점을 주었다고 가정하자. 첫 번째 와인의 평균 점수는 10.5일 것이고 두 번째 와인의 평균 점수는 19.5일 것이다. 그러나 사실, A 와인은 두 번째 감정가에게 선호되었고, 반면에 B 와인은 첫 번째 감정가에게 선호되어서 명확한 그룹 선호도가 없다.

표에서 우리는 그 심사위원들이 등급에 따라 점수를 변환한 것을 보여 주고, 또한 그룹의 순위를 제시한다. 그룹의 순위를 계산하기 위해 에머린과 뢰슬러에게 권해진 방법은 '점수의 차(差)'를 계산하는 것이다. 이것은 단지 각 와인에 대한 순위의 총계를 합산함으로써 행해진다. 11명의 심사위원의 점수를 사용했기 때문에, 그러면 가장 잘 얻을 수 있는 점수는 11명 모두가 1등으로 투표하거나 11이라는 '점수의 차'일 것이다. 전부 10개의 와인이 있었기 때문에, 최악으로 얻을 수 있는 점수는 11명이 10등으로 투표하거나 또는 110이라는 '점수의 차'일 것이다. 표에서 가리키듯이, 1973년산 '스택스 립 와인 셀라 S. L. V(Stag's Leap Wine Cellars S. L. V.)' 카베르네 소비뇽이 받을 수 있는 최고 점수는 사실상 41점이다. 그래서 스티븐 스퍼리어가 캘리포니아 카베르네를 승자로 선언하는 것은 잘못이 아니었다. (휴!) 그러나 79.5 '점수의 차'라는 최악의 점수를 받은 와인은 1972년산 '끌로 뒤 발(Clos du Val)' 캘리포니아 카베르네 소비뇽이었는데, 이 와인은 심사위원들의 수치상의 평균 성적을 사용하여 마지막 순위로 매겨진 와인이 아니다. 표에서 말해 주듯, 평균 성적을 사용하는 와인들의 순위와 심사위원에 의해 판정된 평균의 등급 사이에 일정 정도의 일치를 이루지만, 그러나 그것은 완전히 일치하지는 않는다.

가장 많이 선호되는 와인이 가장 낮은 '점수의 차'를 획득하지 않았다는 사실은 개개의 심사위원들에 의한 와인의 등급 매기기에서 상당히 일치하지 않았다는 사실의 결과이다. 이것은 사실상 주의 깊게 수행된 모든 와인 시음회에서의 공통적 현상이다. 사실, 가장 많은 경험이 있는 와인 감정가에게 있어서의 완전한 일치란 공모의 의심스런 징후이다!

심사위원 가운데서의 명백한 불일치에도 불구하고 상당히 일치했던 증거도 또한 있다. 공통의 통계적 스키마를 사용할 때, 그 결과로 나온 순위가 감정가들 가운데서의 우연한 가능성의 소산인 것만은 아니라 믿는 것이 합당하다고 보며, 그것에 대해 충분히 동의할 만한 점이 있다는 것을 밝히는 것도 어려운 일이 아니다. 이러한 통계적 기준에 의해 와인들을 대략적으로 나누어 보면 세 개의 범주로 그룹 지어질 수 있다고 제안한다. 그 정상에 1973년산 '스택스 립(Stag's Leap)' 카베르네 쇼비뇽과 1970년산 '샤토 몽라세(Château Montrose)'가 있다. 두 번째 그룹은 대부분의 남은 와인들을 포함한다. 통계적 분석이 '스택스 립'과 '몽라세'를 함께 '최고의' 범주로 묶지만, 미흡하나마, '샤토 무통(Château Mouton)'을 이 선두 그룹에서 제외한다는 것이 특히 주목할 만하다. 이것은 특별한 통계적 테스트를 통한 결과이며 '무통(Mouton)'이 선두 그룹에 속한다고 누군가가 주장한다면 우리도 역시 결론에 대해 유보할 여지가 있다.

평가 판단하기 심사위원들이 와인을 평가하는 데에서 얼마나 성공적이었는지를 고려해 보는 것이 또한 유용하다. 어떤 판단에 대한 성공의 한 가지 척도는, 개개의 심사 순위가 질문에 대한 특별한 평가를 제외시키는 그 그룹 순위의 좋은 예측변수가 될 수도 있는 것이다. 이 척도에 의해 최고에서 최악의 예측변수에 이르기까지 심사위원들은 다음의 순서로 나열될 것이다. 즉, '오베르 드 빌렌느(상관관계 .70)', '장 클로드 브리나(.65)', '클로드 뒤부아 미요(.61)', '스티븐 스퍼리어(.47)', '뻬에르 브레주(.46)', '크리스티앙 바네께(.42)', '오데트 칸(.29)', 그리고 '레이먼드 올리버(.25)'의 순서이다. 아이러니하게도, 남아 있는 심사위원들은 '미셸'과 '갤러거', 그리고 '타리'이며(그들 중 두명은 프랑스인), 그들이 선호하는 와인은 그룹이 선호하는 와인들과는 연관성이 없다.

재심사의 역사

파리 시음회는 여러 해 동안 수차례 반복되어 왔고, 스퍼리어는 유명한 행사를 재연하면서 전 세계로 나아가는 것을 거의 제2의 직업으로 삼아왔다. 프랑스 와인은 숙성하는 데 보다 오래 걸린다고 알려져 있었던 바대로, 그만큼 너무 숙성이 덜 된 맛이 날 수밖에 없었기 때문에 시음의 평가가 다소 불공평했다고 시음 테스트 후에 모든 심사위원들이 말했다. 스퍼리어는 와인을 선택할 때 그 당시에 시중에 출시되어 있었던 대략 비슷한 빈티지의 와인들을 골랐다고 말함으로써 그 시음회의 결과를 옹호했다. 그는 캘리포니아 와인을 1976년 봄에 캘리포니아 여행 중에 와이너리에서 직접 구입했다. 그리고 그는 자신이 경영했던 파리의 와인 숍에서 당시에 판매되고 있던 와인들로부터 출품할 프랑스 와인을 선택했다.

그러나 "내년까지 기다리자"라는 심사위원들의 요구는 구현되지 않은 것으로 판명되었다. 우승한 다양한 와인들이 있기도 했지만 캘리포니아 와인은 반복적으로 프랑스 와인을 능가했다. 재심사에 가장 가까운 행사는 1978년 1월 11일과 12일에 원래의 행사가 있은 지 거의 2년 만에 샌프란시스코 '빈트너 클럽'(Vintners Club: 포도주 상인 · 양조업자 클럽)에서 열렸다. 스퍼리어는 그 시음회를 진행하기 위해 파리에서 비행기로 날아왔고 행사는 이틀하고도 그날 저녁이 되도록 계속 열렸다. 첫날 밤엔 화이트와인을, 둘째 날엔 레드와인을 시음했다. '샤르도네' 경합에서는, 파리에서는 3위였던 캘리포니아의 '칼론(Chalone)'이 원래 1위였던 '샤토 몬텔레나(Château Montelena)'를 단지 1/10의 점수로 물리쳤다. 카베르네 소비뇽 시음회에서는, 파리에서 9위였던 '하이츠 마사(Heitz Martha)' 포도원 와인을 1/2 앞서며 '스택스 립'이 다시 1등을 차지했다.

스퍼리어는 10주년 기념의 해인 1986년에 뉴욕 시티에 있는 프랑스

요리 협회(French Culinary Institute)에서 재(再)시음회를 주관했다. 이때엔, 레드 와인만 시음되었다. 왜냐하면 대부분의 화이트와인은 유행이 지났다고 느껴졌기 때문이다. '끌로 뒤 발(Clos du Val)'이라는 캘리포니아 와인이 다시 우승했다. 그것은 10년 전에 파리에서, 일찍이 8위를 했었던 와인이다.

또한 10주년 기념 해에, *Wine Spectator* 매거진의 주관으로 원래의 레드 와인들을 다시 시음했다. 그 시합에서 '하이츠 마사(Heitz Martha)' 포도원의 와인이 이겼는데, 반면에 프랑스 와인들은 상당히 낮게 점수를 받았다. *Wine Spectator*의 제임스 로브는 행사 후에, "추가로 10년을 더 와인병 속에서 세월을 보낸 '보르도'에 대해서보다도 '캘리포니아 캡(Cabs)'에 대해서 더욱 점수가 후했다."[4]라고 썼다.

2006년 5월에 있었던 30주년 기념행사에서는 어쩌면 파리 시음회의 마지막일지 모르는 재시음회가 열렸다. 그때의 시음회는 원래의 빈티지 와인들과 더불어 보다 최근의 빈티지 와인들은 물론 몇몇의 다른 와인들 모두에게 있어 복잡한 시음회였다. 스퍼리어와 갤러거가 이 시음회를 다시 개최했는데 나파밸리(Napa Valley)와 런던에서 동시에 열렸다. 심사위원은 미국과 영국 그리고 프랑스의 와인 전문가들의 혼합으로 구성되었다. 역사적으로 유서 깊은 그 행사지에서, 레드와인들만이 다시 시음되었다.

유럽인과 미국인 심사위원 양쪽 모두로부터의 평가 결과는 압도적으로 캘리포니아 와인들에서 우세했다. '스택스 립'을 앞서서 1위를 차지한 '릿지 몬테 벨로(Ridge Monte Bello)'와 함께 상위 5위의 와인들이 캘리포니아 산 와인이었다. 캘리포니아 와인들 다음으로 네 개의 프랑스 와인들이 뒤를 이었고, 캘리포니아의 '프리마크 아비(Freemark Abbey)'가 10위를 차

---

4   *Wine Spectator*, April 1-15, 1986.

지했다.

30년 이상의 무수한 재시음 후에야, 비로소 파리 심사위원들의 원래의 결론들이 오랜 시간에 걸친 테스트를 겨우 통과하게 된 것이다.

추가 도서 목록

1976년 시음회에 대한 완벽한 역사는 조지 테이버(George M. Taber)의 *Judgment of Paris*(파리의 심판): *California vs. France and the Historic* 1976 *Paris Tasting that Revolutionized Wine*(New York: Scribner, 2005)에 실려 있다. 와인에 대한 감각적 평가에서, 없어서는 안 될 만큼 대단히 흥미로운 분석적 책은 메이너드 에머린(Maynard A. Amerine)과 에드워드 뢰슬러(Edward B. Roessler)의 *Wines: Their Sensory Evaluation*(와인 관능검사)(New York: W. H. Freeman, 1976)이다. 비록 이 책이 엄격하게 다루어지고는 있지만, 그것은 가장 중요한 많은 와인 시음 평가에서 떠오른 이슈들에 대해 지극히 가치 있는 논의를 한 책이다. 1976년 프랑스 시음회 자료에 완전한 '베이지안(Bayesian) 통계 이론'을 적용하여 분석한 매력적인 논문은 베이지안 통계적 방안을 마련한 런던 임페리얼 대학의 '데니스 린들리(Dennis Lindley)' 명예교수의 "The Analysis of a Wine Tasting(와인 시음회 분석)"이다. 그의 동료이자, 빈도학파 접근법으로 "Measurement and Inference in Wine Tasting(와인 시음회에서의 측정 및 추론)"을 저술한 저명한 계량경제학자 '리처드 콴트(Richard Quandt)'는 1998년 10월 2-3일에 '코르시카(Corsica)의 아작시오(Ajaccio)'에서 열린 〈the Meetings of the Vineyard Data Quantification Society〉에서의 발표를 준비했다. 미국의 와인 경제 전문가 협회에 의해 간행된 *Journal of Wine Economics*, Vol. 1, No. 1(2006)에 있는 두 개의 논문

이 모두 이용 가능하다.

*Wine Spectator*와 *Wine Advocate*, 두 개의 가장 인기 있고 영향력 있는 와인 출판물은, *Wine Advocate*가 내부적 타당성의 문제가 없도록 평가된 각각의 그룹에 대해 단지 한 사람의 감정가에게만 의존하고 있지만 그들의 시음 결과의 유효성을 결정하기 위해 분석적인 방법들을 사용하지는 않는다. 와인 시음회의 결과를 보고하는 데에 훌륭한 분석적 관례를 사용하는 뉴스 레터는 28년의 전통을 지닌 *the California Grapevine* 이다. http://www.calgrapevine.com 참조. (이 에세이의 저자들은 직/간접적으로 이 출판에 금전적 이해관계를 가지고 있지 않다.)

[유명한 1976년 시음회: 캘리포니아 카베르네 소비뇽 & 보르도]

심사위원 11명
와인 10종

와인 Identification: 심사위원 평균 점수(20점 만점)

와인 A: 스택스 립 클라레(Stag's Leap Clr) 73년산(캘리포니아) 14.14
와인 B: 무통(Mouton) 70년산(프랑스) 14.09
와인 C: 몬트로스(Montrose) 70년산(프랑스) 13.64
와인 D: 오 브리옹(Haut-Brion) 70년산(프랑스) 13.23
와인 E: 리지 마운트 벨로(Ridge Mt. Bello) 71년산(캘리포니아) 12.14
와인 F: 레오빌 라스 까즈(Leoville-Las Cases) 71년산(프랑스)11.18
와인 G: 하이츠 마르타스(Heitz Martha's) 70년산(캘리포니아) 10.36
와인 H: 끌로 뒤 발(Clos du Val) 72년산(캘리포니아) 10.14
와인 I: 마야까마스(Mayacamas) 71년산(캘리포니아) 9.77
와인 J: 프리마크 애비(Freemark Abbey) 69년산(캘리포니아) 9.64

[심사위원 점수표]

심사위원	wine									
	A	B	C	D	E	F	G	H	I	J
삐에르 브레주	14.0	16.0	12.0	17.0	13.0	10.0	12.0	14.0	5.0	7.0
오베르 드 빌렌느	15.0	14.0	16.0	15.0	9.0	10.0	7.0	5.0	12.0	7.0
미셸 도바즈	10.0	15.0	11.0	12.0	12.0	10.0	11.0	11.0	8.0	15.0
패트리샤 갤러거	14.0	15.0	14.0	12.0	16.0	14.0	17.0	13.0	9.0	15.0
오데트 칸	15.0	12.0	12.0	12.0	7.0	2.0	2.0	2.0	13.0	5.0
클로드 뒤부아 미요	16.0	16.0	17.0	13.5	7.0	11.0	8.0	9.0	9.5	9.0
레이먼드 올리버	14.0	12.0	14.0	10.0	12.0	12.0	10.0	10.0	14.0	8.0
스티븐 스퍼리어	14.0	14.0	14.0	8.0	14.0	12.0	13.0	11.0	9.0	13.0
삐에르 타리	13.0	11.0	14.0	14.0	17.0	12.0	15.0	13.0	12.0	14.0
크리스티앙 바네께	16.5	16.0	11.0	17.0	15.5	8.0	10.0	16.5	3.0	6.0
장 클로드 브리나	14.0	14.0	15.0	15.0	11.0	12.0	9.0	7.0	13.0	7.0
평균 점수	14.14	14.09	13.6	13.2	12.1	11.2	10.4	10.1	9.8	9.6

17

구세계와 신세계를
따로 구분해야 할까?

워렌 위니아스키 | Warren Winiarski

구세계와 신세계의 와인 사이에서 최근의 몇몇 상당히 중요한 시음회 들이 아주 다양한 기원들로부터 부상하고 있는 이러한 와인들이 똑같은 수준으로 탁월하다고 판단될 수 있다는 가정을 한 것에 대해 이의가 제기 되었다. 실제로, 포도 품종의 식물학적 유사성에도 불구하고 똑같은 기준 의 탁월함이 양쪽 세계의 와인에 적용될 수 있는지, 아니면 양쪽의 세계 가 너무 달라서 그들의 와인이 다른 기준들에 의해 판단되어야 하는지에 관하여 의문이 제기되어 왔다.

그렇다면 이 질문에 대한 열쇠는, 때때로 일부 와인을 다른 와인들로부 터 두드러지게 하는 '탁월함'이라는 신비로운 측면의 주제 쪽으로 축소될 수 있을 것으로 보인다. 우리는 스스로에게 묻는다. 그것이 무엇이냐고. 국제적으로 경쟁하는 모든 시음회에서는 많은 나라의 와인을 평가하는 것과 그 심사위원들의 의견에서 어느 정도의 차이가 나는 '탁월함'을 지 닌 와인을 밝혀내는 것이 가능하며 그것이 바람직할 것으로 기대한다. 심사위원은, 자신들의 평가에는, 특별하고 전국적이면서도 지역적인 것에 기원을 두는 특성을 초월하여 와인 비교가 가능하도록 해 주는, 말하자면 와인의 우수함을 평가하는 기준들이 있을 것으로 추정한다. 마땅히 우리는 그러한 추정에 대해 깊이 생각할 필요가 있다.

이 에세이의 제목은 접근 방식의 양극성을 암시하고 있다. 그것이 정말로 양극의 대비를 이루는 걸까? 구세계와 신세계 사이의 차이는 오히려 집중 또는 강조의 차이인 것일까? 이 토론에서 나는 공통적으로 일치하는 게 있다는 입장을 취하고 있다. 그에 따라서 와인이 그 기원에 대해 독립적으로 이해될 수 있고 감상될 수 있다는 관점과, 구세계와 신세계 사이의 차이는 출신이 어디이든지 간에 '지방(local)의 와인'과 '일류의 명품 와인' 사이의 차이만큼 중요하지는 않다고 나는 생각한다.

나는 '지방의'라는 단어를 오늘날 와인 무역에서의 전형적인 사용과는 어느 정도 약간 다르게, 그러나 전혀 관계없지는 않게 사용하고 있다. 그 단어는 등급이 정해진 포도 재배자 또는 해당 와인 재배 지역으로부터 생산된 와인 중에서 가장 잘 팔리는 와인을 묘사하기보다는, 하위 등급의 와인을 묘사하기 위해 사용된다. 독자들도 각자가 적절한 상황에서 그 차이를 발견할 것이다.

와인의 역사 자체는 어떤 공통의 기원과 공통의 전통적 공들임이 있었음을 시사해 준다. 그것은 서로 배타적인 것이 아니라 밀접하게 연관된 관계이다. 우리의 와인 역사는 어디에서 시작되었을까? 동방의 어느 지역이라고 전해진다. 얼마나 먼 동쪽인지는 명확하지 않다. 이집트는 확실히 포함될 것이고, 어쩌면 그 너머까지일지도 모른다. 우리에게 아주 중요한, '비티스 비니페라'(Vitis vinifera: 유럽종의 포도)의 조상들이 동양으로까지 거슬러 올라감을 시사해 주는 포도 재배의 증거가 있다.[1] 우리가 인식하고 있는 서양에서의 와인의 역사는 지중해 유역 전체를 아우르고 유럽을 거쳐 북쪽으로, 심지어 '셉터드 아일(scepter'd isle)'에 이르는 지역에 걸쳐 있으며 그리스 · 로마와 함께 시작된 것 같다. 그리고 그곳에서부터 제국주의가 뱃머리를 향했던 곳은 신세계의 거대한 식민지였던 미국, 오스트레일리아, 뉴질랜드, 남아프리카와 그 밖에 여러 곳에 이른다. 내가 식민지를 언급하긴 했지만 이것이 특별히 정치적인 면에서 의미되는 것은 아니다. 오히려, 식민지 개척자들은 포도 덩굴과 와인 제조 기술의 운반꾼들이다.[2] 그들은 심지어 오늘날에도 구세계의 포도 덩굴을 돌보기 위해 되돌아가기도 하지만 한편으로는 이전의 식민지였던 나라들과 함께 계속해서 포도 재배를 해 나아가고 있다. 그리고 물론, 매우 최근에는 구세계의 유럽인들이 포도밭을 발굴하고 그들의 포도 덩굴을 심고 또 다른 신호를 지닌 토양에서 또 다른 맛을 지니는 와인을 만들기 위해 신세계로 다시 오기도 한다. 그들은 방랑의 신이라고 불려 왔던 바커스(Bacchus)를 섬기고 있다. 포도에서의 당분은 꽃에서의 향기와 일맥상통하는 게 분명하다. 그것은 포도 덩굴의 생명 확산을 촉진하기 위해 가능한 곳 어디서든 유인제로서 작용한다. 그렇다면, 포도의 변형된 당분이 대양 저편으로까지 확산해서 얼마나 훨씬 더 효과적인지도 알 수 있다는 것이 된다. 큰 바다를 건너 와인의 즐거움을 전파하는 데 있어서, 더할 나위 없이 만족스러운 인간과

---

1   예시로서, 패트릭 E. 맥거번(Patrick E. McGovern), 스튜어트 J. 플레밍(Stuart J. Fleming), 그리고 솔로몬 H. 카츠(Solomon H. Katz), *The Origins and Ancient History of Wine*(New York: Routledge, 2000); 패트릭 E. 맥거번, *Ancient Wine: The Search for the Origins of Viniculture*(Princeton: Princeton University Press, 2003) 참조.

2   조지 M. 테이버(George M. Taber), *Judgment of Paris: California vs. France and the Historic* 1976 *Paris Tasting that Revolutionized Wine*(New York: Scribner, 2005).

과일의 관련성이 생기는 것이다. 그러면서 나는 포도 덩굴이 뻗어 있는 곳은 어디에서나 공통으로 흐르는 그 어떤 것에 변이와 괴리가 없음을 인식하게 된다.

우리가 상상해 볼 만한 최초의 와인 제조자들을 생각해 보면, 그러한 것이 맞는 것처럼 보인다. 최초의 와인 제조자는 바로 벌들과 새들이었을 것으로 추측된다. 벌과 새는 둘 다 매우 세심하고 작은 존재임을 단언할 수 있다. 그 작은 존재들은 포도밭에서 익어 가는 포도에 관련해서 가장 미세한 변화들도 관찰을 한다. 훌륭한 와인 제조자도 바로 그러하다. 그래서 어떤 열매에서 특정한 당도를 발견할 때, 그들은 그 과정에 똑같이 관심 있는 다른 이들에게 어떤 일이 일어나고 있는지 그 과정을 확실히 전해 줄 수 있는 것 같다. 매료되어 넋이 빠진 수많은 와인 애호가들이 와인을 시음하려고, 그리고 필시 그것에 대해 이야기하려고 곧 모여들 것이다. 나는 그들의 몇몇 와인들을 시음해 보았었다. 그 와인들은 전혀 나쁘지 않았다. 하지만 숙성이 덜 되어 있었다.

새와 벌이 와인을 만들 때 관찰되는 또 다른 점은, 그들이 만드는 와인들은 저장이 되지 않는다는 것이고 원래의 장소로부터 옮겨지지 않는다는 것이다. 그들은 둘 다, 완벽한 그릇에 담긴 것과도 같은, 그야말로 방수가 되는 껍질 그대로의 포도 상태로 바로 그 자리에서 만들고 섭취했다. 그리고 마지막으로, 그들의 와인은 극히 전통적이라고 일컬어질 수 있는 어떤 방식으로 만들어진다는 것을 관찰할 수 있을 것이다. 관찰을 해 보면, 매년 와인들이 정확히 똑같은 방식으로 만들어지며, 상황이나 조건 그리고 포도의 특징을 수용하는 절차에도 변화가 없다.

그러므로 이러한 다소 역설적인 경험적 지식을 모아서 살펴볼 때, 인간의 와인 제조가 새들과 벌들의 와인 제조와 어떻게 다른 것일까? 첫째, 인간이 만드는 와인은 보통 한 계절 이상 동안 지속된다. 말하자면, 인간에게는 보존 기술의 측면이 있다는 것이다. 둘째로, 인간은 수집가이며 채집가이다. 이를테면, 인간은 포도를 밭에서 가져온 후 그것을 모두 와인으로 만들기 위해 더욱 큰 방수 용기에 모은다(예를 들면, 인간은 1회분의 규모를 증가시킨다). 또한 이러한 두 번째 차이 중에서도 특히 단순한 수집 이상의 훨씬 더 중요한 행위로서, 와인으로 이용할 만한 포도를 매우 주의 깊게 골라낸다는 것이다(예를 들면, 그들은 목적에 따라 선택을 한다). 마지막으로, 인간은 항상 장소와 시간 그리고 포도 재료의 변화하는 상황들에 따라 자신들의 행동 방식을 바꾸고 있다. 다시 말하면 인간은 목적, 시각, 그리고 주어진 것을 수정하는 영감에 의해 이끌린다는 것이다. 인간은 항상 목적을 이루는 수단들을 심사숙고해서 맞추고 있다. 이러한 특성들은 적어도 어느 정도까지는 인간이 와인을 만드는 어느 곳에서나 적용된다.

서양의 전통에서 글로 표현된 가장 초기의 와인에 대한 설명은 성서(Bible)에 나오는 것으로 알려져 있다. 구약에서는 홍수가 물러난 직후에 노아가 포도밭을 가꾸었다고 말한다.[3] 물론 이것이 성서에서 언급된 최초의 농업의 형태는 아니었다. 그러나 어떤 형태로든 사용하기 위해 열매를 단순히 채집하는 것과는 반대로, 포도 재배(viticulture)의 수련 과정은 특히나 장기적인 농업의 형태라고 할 수 있다. 게다가 그것은 장기간의 안정된 상태를 요구한다. 온 세상에 홍수가 재발하지 않을 것이라는 의미인 '무지개 계약(Covenant of the Rainbow)'에서, 안정과 보호를 요구했던 계약이 이루어졌다. 성서는, 이제 노아가 포도밭을 경작했고 와인을 마셨다고 말해 주고 있는 것이다. 그런데 성서에 그가 와인을 만들었다는 말은 나오

---

3   창세기(Genesis) 9:20-1.

지 않는다. 나는 그 기이한 누락을 한동안 골똘히 생각했다. 이러한 것을 헤아린 몇몇 친구들은 이 타당한 설명을 이해하도록 한 가지 원칙을 내게 제안했다. 예컨대, 구약이 중요한 주제에 관해서 침묵할 때 그 침묵은 분명하게 말하여지는 것만큼이나 중요하다는 것이다. 성서에서의 그러한 침묵은, 와인이 노아에 의해 처음 만들어진 것이 아니라 바로 신의 선물이었음을 나타내기 위한 것을 의미한다고 그들은 추측했다.

만약 최초의 와인이 인간의 깊은 사고에 의해 생겨난 게 아니라면, 그렇다면 최초의 포도밭이 와인 때문에 경작된 게 아니라는 것이 된다. 그렇지 않다면 이것은, 노아가 와인이 무엇인지는 알았지만 와인을 만드는 일을 행하지는 않았다는 것을 의미하게 될 것이다. 그러나 나중에 와인의 특성을 알게 된 후 포도 열매 그 자체로부터 자양분을 얻을 수 있기 때문에, 그리고 또 다른 종류의 자양분이었던 와인의 제조를 위해 인간들이 포도밭을 돌보게 되었을 것이다. 이것에 뒤따르는 또 다른 질문이 있다. 지식이나, 숙련, 또는 기술이 초기에 포도 열매로부터 노아가 완벽한 형태로 소유했던 이른바 와인으로 변형시키는 것을 가능하게 했을까? 이 질문의 이면에는 구세계와 신세계 사이의 많은 차이가 있다. 그것에 대해서는 나중에 다시 언급하고자 한다.

우리는 또한 성서 구절의 서술 과정에서 와인이 에덴의 동산에서는 나오지 않았다는 것을 알아채야 한다. 와인은 인간다운 인간에게 속하는 것이 아니라 동산에서 추방되었던 인간에게 속하는 것이다. 와인은, 욕망을 지닌 채 에덴의 동산이 아닌 모든 곳에서 땀 흘리며 힘들게 일해야만 하는 타락한 인간에 속해 있다. 우리 중 몇몇은 그러한 장소를 포도원이라고 부른다.

모든 식용 가능한 식물 중에서도 포도는 지역과 성장 환경에 몹시 민감한 것 같다. 재배되는 곳 어디에서나 상당히 똑같이 많이 존재하는 당근과는 달리, 포도와 그들이 생산하는 와인은 그 기원과 그들의 관심을 매우 많이 반영한다. 따라서 포도가 재배되는 모든 장소에서 포도 덩굴은 토양과 기후 그리고 다양한 자연 현상들의 지역적 특성을 표현할 것이다. 포도 덩굴은 또한 재배자의 의도와 방식을 통하여 와인 재배를 한 그 노고에 배반을 하기도 할 것이다. 게다가 어떤 곳에서는 토양이나 기후와 같은 자연환경의 특별한 성향 때문에 촉진되어, 와인들이 지역적 특성을 표현하는 것을 넘어 또 다른 가능성을 지니는 것 같다. 이러한 와인들은 단순히 지역적인 것을 초월할 가능성을 스스로에게 부여하는 것 같고 전형적 차원이라 할 수 있는 어떤 것에 도달하는 것 같다.

이러한 향상 가능성은 아마도 와인 제조의 두 가지 통용되는 서로 다른 관점들 가운데서 팽팽하게 맞서는 근원이 될지도 모른다. 첫째로, 젤리와 치즈 만들기에서처럼 보존된다는 점에 한해서는 그것은 유용한 기술이다. 왜냐하면 그것은 1년 전의 햇빛과 생기를 또 다른 한 해를 위해 보존하기 때문이다. 그렇게 해서 그것은 차후에 그 보존된 생기를 자양분으로서 이용 가능하게 만든다. 두 번째, 그것은 또한 어떤 순수 예술 작품과도 같은 그 무엇이다. 왜냐하면 음악처럼 그것의 산물은 특히 좋은 생각을 떠올려 주기 때문이다. 이것은, 그것이 어떤 욕구에 대한 만족을 통해서 즐거움을 주기 때문이 아니라 조화, 균형, 복잡성, 그리고 완성도 때문에 그러한 것이다. 음식의 즐거움이 배고픔의 고통을 제거함으로써 생기듯이 음식을 다시 채움으로써 생기는 그러한 종류의 즐거움을, 굶주림 같은 어떤 명백한 고통이 선행되는 게 아닌 또 다른 종류의 즐거움과 구분하자는 견해가 오래전부터 있어 왔다. 음악에서 기인하는 즐거움처럼,

그러한 즐거움들은 순수한 즐거움으로 여겨졌다.[4]

그리하여, 와인 제조 기술의 이러한 이중적 근원으로부터, '고급 품질' 또는 '탁월함'에 관한 두 개의 양자택일의 개념이 생기는 것 같다.

그 지역의 토양이나 기후의 특성을 잘 나타내 주기에 '고급 품질'의 속성을 지니게 된 와인이 있다. 정말로, 주목할 만한 강력한 연관성을 통해 이러한 와인은 그들이 원래 기원한 독특한 장소에 관해 많은 것을 나타낼 수 있는 것 같다. 그 와인이 독창성을 드러내 주기 때문에 우리는 그것에 매료되는 것이다. 우리는 '우리 자신인 어떤 것'을 좋아한다. 지방의 와인들은 '우리 자신인 어떤 것'을 따르기 때문에 '편안함'이 있다. 또한 현시점에서는 지방의 와인들이 딱 좋은 것이라 할 수 있다. 왜냐하면 그 와인들은 현시점을 반영하기 때문이다. 토양과 기후뿐 아니라 심지어 교회 첨탑, 교회 종, 나무, 마을 그리고 역사처럼 매력적이고 친근한 그 지역 상황들과의 제휴가 있기 때문이다.

다른 한편으로, 포도가 재배되는 일부 장소에서는 와인이 또 다른 성향을 취할 가능성이 존재한다. 왜냐하면 우리 자신인 어떤 것을 좋아하는 것과 더불어 우리는 최고의 것에 이끌리기도 하기 때문이다. 나는 이것을 '일류 상품에 대한 매혹'이라고 부른다. 이 경우에는, 단지 지역적 연관성을 피하기 위해 심지어 와인의 지역적 특성들에 대한 약간의 부정 또는 중용적 절충이 있다. 이러한 와인들은 조화, 균형, 비율, 규모, 중요도, 그리고 부분적인 음운 변화상의 관계성과 같은 고려 사항들에 의해 그들의

---

4   아리스토텔레스, *Nichomachean Ethics*, trans. Roger Crip(Cambridge: Cambridge University Press, 2000), Book X, Chs. 1-5: 플라톤, *Philebus*, 번역본, 벤자민 조엣(Benjamin Jowett), available at http://classics.mit.edu/plato/philebus.html(accessed June 20, 2007): John 4:7-16, 6:35.

입장을 취하기 때문에 고급 품질의 특성을 지닌다. 품질 특성의 일람표를 보면, 이러한 와인의 등급에서는 지역적 특성들에 중점을 두거나 스스로 가치를 높이려 애쓰지 않는 것이 확실하다.

다루어져야만 하는 관련된 주제가 있는데, 그것은 와인 제조에서의 '전통적 방식'과 '혁신적 방식' 사이에서 인지되는 갈등이다. 그 주제는 관련은 있지만 '지방의 와인'과 '최고급 와인'을 말하는 것과는 동일하지 않다. 이 토론을 위해 각각의 양측은 각각 다른 측에서는 단점으로 여기는 장점들을 제시한다. 그리고 다른 측의 단점들은 서로 따를 만한 가치가 있다는 것을 발견하는 양상을 보인다. 그 두 측면에 대한 다음의 서술에서 나는 각각에 대한 옹호자로서 진술을 할 것이다.

그렇다면 전통적인 방식의 장점들은 무엇인가? 전통의 순수주의적 형태에서 보면 그것은 안정성과 지속성을 제공한다. 더욱이 그것은 내적이고 뿌리가 깊다. '오래된 것'은 좋고 '새로운 것'은 나쁘다고 말한다. 따라서 전통은 변화하는 데 한계로 작용하며 변화에 저항하는 것을 선호할 것이다. 전통은 그것의 이면을 돌아보고 예견한다. 만약 오래된 것이 좋은 것이라면, 그렇다면 가장 오래된 것이 그냥 오래된 것보다 더욱 오래된 것이므로 가장 오래된 것이 가장 좋은 것이라고 말한다. 이것에 대한 간단한 증거는 다음과 같다. 예를 들어, "왜 그것을 그렇게 하는가?"라는 질문에 대한 전통주의자의 의례적인 대답은 "내 아버지가 그렇게 했고, 만약 그것이 충분히 괜찮았다면, 그것은 우리에게도 충분히 좋은 것이다."라는 것이다. 훨씬 더 전형적인 대답은 "우리는 항상 그것을 그렇게 해 왔기 때문이다."라는 것이다. '항상' 그렇다는 것보다 더 오래된 것은 아무것

도 없을 것이다. 즉, '항상'이란 '영원히'이다.[5]

이제, 정치와 도덕 그리고 관습들에서의 전통에 의해 입장을 취하는 것이 아무리 유익하고 바람직할 수 있을지라도, 어떤 점에서는 순수한 형태에서의 전통주의자의 견해는 기술(특히 유용한 기술들에서)[6]에서의 권위가 미심쩍다는 것을 반영하기도 할 것이다. 관습에 의해 개선되지 않는 일부 기술들이 있다. 사실상, 유용한 기술들은 본질적으로 진보적인 것 같다. 말하자면 그러한 기술들은 배우고 수정하기를 거듭하며 다음 세대들이 계승하여 돌볼 필요가 있다는 것이다. 와인을 제조하는 것에서가 아니더라도, 우리는 그 기술을 '콜루멜라(Columella)'의 기록으로부터도 배울 수 있을 것이다. 콜루멜라의 와인과 포도밭에 대한 2,000년이나 된 글들이 놀라운 식견을 제공한다. 그러나 관습이 아니라 원리에 주로 유용하다.[7] 과도한 결함이 없이(그리고 약간의 결함이 있다고 말해지기도 한다) 그들의 목적을 완벽하게 완수한 그러한 기술들만이 마지막까지 존재한다고 말할 수 있다. 그런 다음, 전통을 유지하고자 하는 바람이 어떤 기술에 관한 진실과 최종적인 답을 제공한다고 생각한다.

최근에, 구세계의 저명한 와인 제조 기술 전문가가, "우리는 그런 전통을 따르지 않으며 나쁜 습관도 따르지 않는다. 또한 전통적이어야 한다는 압박 때문에 전통을 따르지는 않는다. 그러나 그 전통이 옳은지 그른지를 알기 위해 실험을 한다. 그리고 우리는 그것이 옳았다는 것을 알았다."

---

5   셰익스피어(Shakespeare), *King Lear*, Ⅱ. 2장. pp. 278-381를 참고.

6   아리스토텔레스, *Politics*, trans. Trevor J. Saunders and T. A. Sinclair(New York: Penguin, 1981), Book Ⅱ, Ch. 8.

7   콜루멜라(Columella), *On Agriculture*, 3 vols.(Cambridge, MA: Loeb Classical Library, 1941-55).

라고 말했다.[8] 내가 그를 제대로 이해한 거라면, '옳은' 또는 '그른'이라는 것은 전통보다 높은 수준이라고 말하는 것으로 보인다. 기술이 관련되는 한, 전통적인 것들은 보다 높은 수준의 관점에서 판단되거나 사용되거나 수정되어야 한다고 그는 제안하고 있는 것이다. 그래서 어쨌든 이 유용한 기술에서는 우리가 추구하고 있는 것이 '훌륭한' 것이며 그렇게 '낡은' 것은 아니라고 그는 결론 내린 것 같다.

나는 그의 말에 대한 이러한 해석이 그를 놀라게 할 수도 있다고 생각한다. 그러나 그것이 또한 흥미롭고 유익할 수도 있다고 믿는다. 과거에 의해 어떤 태도를 취한다는 것은 단지 과거의 것이 관습이나 훈련 또는 기술에 관한 훌륭하고 중요한 모든 것을 발견한 게 틀림없음을 의미하기 때문이다. 그것은 또한 현재나 미래에 발견되는 것에 중요성이 없음을 의미할 것이다. 말하자면 그것은 과거가 그 어떤 것도 보태질 수 없는 풍부함과 완벽함을 지니고 있다고 가정하는 것이다. 이를테면 이제 다 완성이 되었다는 것이다. 그러한 가정이나 결론이 최고급 와인을 만들고 싶은 충동을 제공하는 것 같아 보이지는 않을 것이다.

위의 결론은 우리를 혁신가의 관점으로 이끈다. 혁신가는 전통주의자와는 정반대의 입장을 취하는 것 같다. 즉, '좋은 것'은 과거에 있는 게 아니라 오히려 미래에 있다는 관점이다. 현재란 미래의 완벽함을 향해 옮겨가기 위한 디딤돌에 불과하다. 그들은, "만약 좀 더 알거나 또는 보다 많은 실험과 데이터의 결과를 모은다면, 미래의 언젠가는 와인을 더 좋게 만들 수 있다."라고 말하고 있는 것 같다. 그들은 과거와 전통을, 변화를

---

8   로버트 D. 드루앙(Robert D. Drouhin), "Directions in French Winemaking Symposium," American Institute of Wine and Food, 1986(unpublished).

통해 바뀔 수 있는 완전함에 대한 속박과 족쇄로 여긴다. 그들은 변화를 환영한다. 기술에서의 완전함은 자유롭게 사색하고, 궁금해하고, 새로운 것들을 시도함으로써 생긴다. 과학은 본질적으로 진보적인 것이라 말하면서 그들은 개선을 위한 방식으로서 과학을 사용한다. 더욱이, "본질적으로 전통이란 무엇인가?"라는 질문에 대해, 그들 스스로 답한다. "전통이란 본질적으로 시행착오의 축적이 아니겠는가? 마음속에 간직된 새로운 것일 수도 있지 않을까? 그것은 구체화되지 않았거나 때로는 심지어 시대에 뒤진 혁신이 아니겠는가?"[9]라고 반문함으로써 그들은 답을 하고자 한다.

이러한 혁신주의적인 관점은 문화에 의해 인도된다는 것과는 정반대의 입장인 것으로서, 기술적인 향상을 집요하게 추구하게 하는 것 같다. 그것은 확실히 신세계에서 강력하다. 그러나 그것이 구세계에서도 없지는 않다. 가장 지대한 영향을 가져올 몇몇 연구와 발견들이 구세계의 산업 연구소와 대학들의 연구를 통해 이루어지고 있다. 나는 다만 포도 덩굴과, 꺾꽂이용 대목 생리학, 포도 덩굴 캐노피 관리, 영양학적 선별, 질병 없는 세포의 증식, 유전자 접합 등에 대한 더 잘 알려진 연구만을 언급하고 있는 것이다.[10] 효모 발효의 메커니즘을 최초로 발견한 사람이 구세계의 연구원, '루이스 파스퇴르(Louis Pasteur)'였음을 기억하라.[11] 이러한 모든

---

9   로버트 몬다비(Robert Mondavi with Paul Chutkow), *Harvests of Joy: How the Good Life Became a Great Business*(New York: Harcourt Brace, 1998), pp. 197-8. (로버트 몬다비 (Robert Mondavi)와 앙드레 첼리체프(Andre Tchelistcheff)의 접근방식을 서로 비교해보라.)

10 드루앙(Drouhin), "Directions in French Winemaking Symposium."

11 루이스 파스퇴르(Louis Pasteur), *Studies on Fermentation*(1879), trans. F. Faulkner and D. C.

근본적인 연구는 아마도 구세계의 기술을 향상시키기 위해 있는 것 같다. 즉, 그것은 기술을 제공해 주는 과학이다. 그러나 이러한 지식이 적용될 때 특정 기술의 빈약함과 획일성의 위험이 있는 것 같다. 숫자들이 그러하듯 과학은 보편적이다. 그래서 현지의 그리고 현시점에서의 매력적 사항들에 대해서는 인정하지 않는다. 보통 말하는 그런 과학에 의해 생산되는 와인들에는, 사랑스럽다고 알려진 그야말로 사람의 마음을 끄는 와인 특성들이 없는 것 같다. 어쩌면 그것이, 예를 들면 골수의 전통주의자들이 스스로에게 익숙하여 자신의 것들로 여겨지는, 이른바 그들의 작품에 남아 있는 '결점들'을 보기를 더 선호하곤 했던 이유일 것이다. 그들은 '목표가 더 이상 없는 완벽함'으로 묘사되어 왔던 와인을 성공적으로 만들어야 한다는 생각에 두려움을 갖는다.

결론적으로, 독자인 여러분이 이것에 관해 생각했으면 한다. 말하자면 와인 제조 기술의 현시대의 관행은 양쪽의 관점의 요소들을 결합하는 혼합 방식인 것 같다. 구세계는 전통을 강조하는 것 같고, 신세계는 혁신을 강조하는 것 같다.

그러나 구세계의 일부 전통주의자들은 말로는 전통을 역설하지만 포도주 통과 거미줄 이면에 숨어있는 가장 정밀한 과학적 원리와 기술을 적용한다. 다른 한편으로, 신세계에서의 가장 집요한 혁신주의자들은 오히려 조상의 성지를 순례 여행 한다. 그리고 그들은 양쪽 모두 서로에게서 탐색된 신비로운 특성에 따른 그 무엇을 행하고자 한다.

구세계 와인과 신세계의 와인에 대한 이러한 양쪽의 관점이 미래에는 어떻게 될까? 그들은 틀림없이 서로 더욱 가깝게 끌어당길 것으로 짐작된다. 혁신주의자들은 그들이 간과하거나 잊은 것은 없는지를 알기 위해 전통을 바라볼 것이다. 그러나 예전의 전통주의자처럼 과거를 권위적으로 바라보지는 않을 것이다. 엄밀히 말해서 과거를 권위적인 것으로 여기고 그래서 현재나 미래에는 능가할 수 없는 지혜를 품고 있다고 여겨야하는 전통주의자들은, 그럼에도 불구하고 연구에 의해 드러나게 되는 사항을 피할 수 없겠지만 아마도 조심성 있게 의식하면서 까다롭게 바라볼 것이다. 그러나 그들은 이미 획득된 완전함에 대해 자부심을 지니는 관점에서 그것을 행할 것이다.

18

이것이 얼마나 비싼 와인인가를 음미하라

와인과 합리성에 관한 문제

저스틴 와인버그 Justin Weinberg

　캘리포니아, 나파밸리(Napa Valley)의 카베르네 소비뇽에 기초한 와인인, 1997년산(產) '스크리밍 이글(Screaming Eagle)' 한 병을 지금 25,000달러[1]에 살 수 있다고 하자. 그것은 큰 병의 와인이 아니라 대부분의 와인에서 발견되는 표준형의 750㎖ 용량이다. 근처에 계량 스푼이 좀 있다면 가장 작은 1/4 티스푼을 택해서 준비해 보라. 그리고는 이제 스푼을 얼마 채울 수도 없을 것 같은 1㎖ 분량의 와인을 이 스푼에 떨어뜨려 놓고 그것에 대해 3.33달러를 요구하고 있는 누군가가 있다고 상상해 보라.

---

*　프리츠 알호프(Fritz Allhoff), 매튜 매커덤(Matthew McAdam), 데니엘 오코넬(Daniel O' Connell), 사라 와인버그(Sara Weinberg)에게, 이 작품의 원고에 대한 코멘트를 해 준 것에 대해 감사하고 싶다. 또한 조셉 클루친스키(Joseph Kluchinsky), 휴고 리나레스(Hugo Linares), 마틴 레이예스(Martin Reyes)에게 와인 사업에 관한 유익한 담화를 나누어 준 것에 대해 감사의 마음을 전하고 싶다.

1　이 가격과 이 장(chapter) 전체에 걸쳐서 언급되는 가격들은 주로, 실제의 가격이거나 http://wine-searcher.com에서 750ml 분량의 와인에 해당하는 가격의 평균치를 대략적으로 명시한 것이다.

아마도 당신이라면 마땅히 거절할 것이다. 세계에서 가장 유명한 와인 비평가 로버트 파커(Robert Parker)는 1997년산 '스크리밍 이글'을 "완벽한 와인"이라고 불렀다. 그 와인에 100점이라는 가장 높은 점수를 주면서 그는 다음과 같이 덧붙여 말했다.

> 블랙베리, 미네랄, 감초, 그리고 토스트와 혼합된 카시스(cassis)주(酒)의 진수(眞髓)를 나타내면서, 거의 1분 동안이나 지속되는 비범한 순도와 균형감, 그리고 뒷맛을 가진 이 감칠맛 나는 다차원의 고급 와인은 그야말로 굉장하다. 그것은 거의 20년 동안 진화해 온 종합적인 균형감을 지니고 있으며 개봉 후에는 그것에 저항하기가 어려울 것이다.
> * 예상되는 숙성기: 현재에서-2020까지.[2]

당신은 빈약한 1/4 스푼의 와인으로는 파커가 묘사하는 다차원적인 다양한 맛들을 감지할 수도 없으며, 그 와인의 균형미는 고사하고 끝맛을 느끼기도 어렵다는 것을 깨달을 것이다. 그렇게 얼마 안 되는 양의 액체는 그것의 비범한 순수성과 다차원성을 느끼기에는 턱없이 부족하며 당신의 많은 미뢰를 건드려 주지도 못할 것이다. 당신은 그 와인이 한 잔 필요하다고 결론 내리게 되겠지만, 그것의 가격은 500달러나 된다. 그야말로 엄청난 가격이다.

당신은 난색을 표할 것이다. 그렇다면 혹시, 토스트에 들어 있는 약간의 블랙베리 잼, 담배, 감초 휩, 그리고 센트룸(Centrum) 영양제의 가격은 어떨까? 심지어 2020년이 되어도 이것은 500달러보다는 비용이 훨씬 덜

---

2   로버트 파커(Robert Parker), *The Wine Advocate*(126), January 1, 2000.

들 것이다. 당신이 '스크리밍 이글'에 2,500달러를 기꺼이 지불하지는 않을지도 모르지만, 반면에 많은 다른 와인에는 기꺼이 지불할 것이다. 그리고 이것은 단지 많은 사람들이 기꺼이 거액의 돈을 쓰게 하는 여러 와인들 중의 한 예일 뿐이다. 어쩌면 '스크리밍 이글'은 당신이 구매할 수 있는 가격의 범위를 넘어설지도 모르지만 당신은 구매할 형편보다 상위의 또는 훨씬 초월하는 값에 해당하는 와인에 유혹을 받을 것이다.

이 에세이에서는, 값비싼 와인에 대한 이러한 매력적 요소를 검토하며 와인들이 종종 '베블런 상품(Veblen goods)'으로서 작용을 한다고 주장하고자 한다. 우리는 가격이 올라갈 때 더욱 강하게 그것을 바란다. 나는 더 나아가서, 그러한 종류의 욕구는 비(非)이성적이라고 주장한다. 베블런 상품으로 기능하는 와인들에 기여하는 이른바 '와인 열광자 문화(wine enthusiast culture)'의 어떤 양상들이 있다. 에세이의 끝에, 불합리성을 조성하는 능력을 지녔다는 관점에서 와인 열광자 문화를 우리가 어떻게 생각하는지를 묻고자 한다.

베블런 상품

경제학은 우리에게 일반적으로 어떤 상품의 가격이 증가할 때 그 상품에 대한 수요는 감소한다고 가르쳐 준다. 버터의 가격이 올라갈 때, 나는 보다 적은 수의 '문(moon) 와플'[3]을 소비하거나 또는 '*아마도 그게 실제로*

---

3 문(moon) 와플은 캐러멜과 '훈연액(iquid smoke)'이 혼합된 반죽으로 만들어진 와플이며, 버터 막대를 완전히 감싸고 있고 이쑤시개의 역할을 했다. 그것은 심슨 가(家)의 호머 심슨(Homer Simpson)에 의해 발명되었다.

는 *버터가 아니니까 가격이 그토록 비싼 걸 거야.*'라는 입장으로 바뀔 것이다. 어떤 상품에 대한 수요는 단지 소비자의 실제적 행위에 대해 말할 뿐이다. 그러나 어떤 상품의 가격의 변화는 소비자의 태도에 또한 영향을 미칠 것이다. 우리는 어떤 상품에 대해 더 많은 돈을 쓰기보다는 오히려 덜 쓰기를 선호한다. 그래서 두 개의 비슷한 상품들 중 하나의 가격이 올라갈 때 두 번째 가격의 제품을 선호하게 된다. 만약 '플라스틱 검'의 가격이 내려가면, 비록 내가 궁극적으로는 철학자처럼 근사하게 차려입는 쪽을 선택할지라도, 속으로는 그 검에 대한 열망 때문에 해적처럼 의복을 차려입는 쪽에 더욱 유혹을 받을 것이다.

가격과 선호도 사이에서 보통의 상호작용의 패턴을 따르지 않는 상품들이 있다. 몇몇 상품에 있어서는, 가격이 올라갈 때 그것에 대한 소비자의 선호도가 또한 증가한다. 즉, 어떤 상품의 가격이 비싸면 그 상품을 더욱 바라게 만든다는 것이다. 이러한 것들은 베블런 상품으로 알려져 있다.

베블런 상품은 『유한 계급론』(*The Theory of the Leisure Class*)의 저자, 소스타인 베블런(Thorstein Veblen)의 이름을 딴 것이다.[4] 이 작품에서 베블런은 '과시적 소비'의 개념을 만들었는데 그것은 높은 사회적 지위를 과시하기 위해 의도된 소비자 활동을 묘사한다. 어떤 사람은 매우 빠른 속도에서 놀랄 만한 퍼포먼스를 하는 것으로 알려진 비싸고 화려한 스포츠카를 구매할지도 모른다. 그러나 그런 자동차를 구매하는 사람을 포함해서 대부분의 사람들은 그들의 거의 모든 운전 시간을, 보통의 속도로 이동하고 정규의 교통 신호에서 멈추는 평범한 운전자로 가득한 보통의 길에서 보낸

---

4 소스타인 베블런(Thorstein Veblen), *The Theory of the Leisure Class*(New Brunswick, NJ: Transaction Publishers, 1992; orig. 1899).

다. 그러나 그들 자신의 자동차가 멋지게 튜닝된 우수함이 잘 돋보일 수 있는 가장 가까운 곳의 경주 트랙에 도달하려면 적어도 '나스카'(NASCAR, 역주: 미국의 개조 자동차 경기 연맹 또는 자동차 경주 대회)에 있는 주차장까지는 가야 할 것이다. 그리고 비록 그들이 트랙에서 운전하기로 했더라도, 대부분의 사람들은 퍼포먼스로 유명한 그 자동차가 수행하는 미묘한 차이들을 알아챌 만큼 그것에 관해 많은 경험을 한 것도 아니다. 사람들도 자신들 스스로가 그러한 점에 대해 알고 있으며, 따라서 차량의 퍼포먼스 자체가 그것의 구매를 일으키는 이유일 것 같지는 않다. 그럼에도 불구하고 그 자동차를 소유하는 것은 그것을 살 형편이 된다는 것을 다른 사람들에게 나타내고자 하기 때문이다. 즉, 베블런의 과시적 소비에 대한 개념에 따르면 그것은 자신의 경제적 상태에 대한 증거를 제공하고 다른 이들에게 깊은 인상을 주려고 하는 것이다.

상품의 가격이 높으면 높을수록, 그것이 소비자의 높은 지위에 대해 보내는 신호가 더욱 강하다. 따라서 과시적 소비는 적어도 몇몇 베블런 상품의 존재에 대한 설명으로서 작용한다. 높은 지위를 추구하는 사람들 가운데 상품의 가격이 올라갈 때 그러한 상품에 대한 욕구가 증가하는 경향이 있다. 그러나 과시적 소비가 어떤 베블런 상품에 대한 설명을 해 주기도 하지만, 어떤 상품이 베블런 상품이 되는 데에 있어서, 단지 그것의 가격이 올라갈 때에 오히려 더욱 바라게 되는 마음이 작용한다는 점을 주목해 보라. 그런 면에서 볼 때, '높은 지위 추구'라는 것 외에도 베블런 상품에 대한 다른 가능한 설명들이 있을 것이다.[5]

---

5 주디스 리히텐베르크(Judith Lichtenberg), "Consuming Because Others Consume," *Social Theory and Practice* 22(Fall 1996), 273-97 참조.

베블런 상품으로서의 와인

와인은 종종 베블런 상품으로서 기능한다. 이에 대한 첫 번째 증거는 이 에세이의 처음 문장 "오, 어찌나 그 와인이 갖고 싶던지."에 대한 반응일 것 같다. 그 문장에서 언급되는 와인에 관한 독특하게 주목할만한 점은 그것의 범상치 않게 높은 가격이다. 그러나 그토록 높은 가격은 그 와인을 소비하도록 강하게 흥미를 자극하기에 충분하다.

이것은 때때로 와인이 단순히 베블런 상품으로서 기능한다는 것에 동의할 만한 결정적 증거가 되지는 않는다. 어쩌면 오히려 불확실한 증거라 할 수 있다. 왜냐하면 가격은 품질을 대신하는 것으로 간주될 수 있기 때문이다. 만약 가격과 품질이 서로 관련이 있다고 생각한다면 그것의 높은 가격 때문에 갖게 되는 '스크리밍 이글'에 대한 선호는, 높은 가격이 높은 품질을 가리킨다고 가정하는 것이 가능하다는 것을 알게 해 준다. 그렇다면, 어떤 와인에 대한 열망이 생기는 이유는 그것의 가격 때문이 아니라 그 와인의 높은 품질 때문일 것으로 추정된다. 또한 그게 사실이라면 그것은 베블런 상품이 아닐 것이다. 만약 와인의 높은 품질이 그것에 대한 열망을 자극하고 있다면 가격을 감소시킨다고 해서 그 와인에 대한 바람이 줄어들지는 않을 것이다. 그 와인에 대한 열망이 줄지 않는다면, 이것은 그 와인이 베블런 상품이 아니라는 것을 나타내는 것이다. 베블런 상품에 대한 욕구는 그것의 가격과 함께 감소하기 때문이다.

'스크리밍 이글'의 가격을 줄인다면 '1차 시장(primary market)'에서 그것은 계속해서 매진될 것이라는 점을 주목할 수 있을 것이다. 그러한 사실이, 그 와인이 베블런 상품이 아니라는 증거를 제공해 줄까? 그렇지 않다. 여기서는 두 가지 포인트가 중요하다. 첫째, 베블런 상품의 정의는 어떤 상품에 대한 총체적인 요구가 아니라 그것에 대한 소비자의 선호도를 나타낸다. 우리는 어떤 상품과 관련한 사람들의 욕구를 구매된 그 상품의 양으로 추측할 수는 없다. 어떤 상품에 대한 욕구가 변했든 변하지 않았든, 그 어느 것도 근본적으로 측정할 문제가 아니다. 한 상품에 대한 욕구는 측정하기가 쉽지 않다. 쇼핑객들을 지켜보면, 그들이 가격표를 보고는 눈이 돌아가고, 군침이 돌고, 더 오래 시선이 머물며, 어쩌면 마치 전기가 오는 듯한 피부 반응 등을 보이는 것을 발견할 수도 있을 것이다. 이것이 터무니없는 말처럼 여겨질지 몰라도, 그 상품이 여전히 우리에게 그들이 생각하고 있는 것을 추측하게 해 주는 자료를 제공한다는 것만은 분명하다. 그리고 어떤 상품이 베블런 상품인지 아닌지를 알기 위해서 우리가 알아야 될 것은, '사람들이 생각하고 있는 어떤 것'이지, 단순히 '사람들이 사려고 하는 어떤 것'이 아니다.

둘째, 어떤 상품의 가격이 증가하는 정도가 그 상품의 '만족도 함수'에서의 증가를 야기한다는 이른바 '베블런 효과'는 주관적이다. 그것은 사람마다 다양하다. 어떤 이들에게는 스포츠카의 높은 가격이 그 차를 더욱 매력적으로 보이게 만들 것이다. 반면에 다른 어떤 이들에게는 높은 가격이 영향을 미치지 않거나 그 차를 덜 매력적이게 만들 수도 있다. 일부 사람들이 그 자동차의 베블런 효과에 따르지 않을 것이라 해서 그 자동차가 베블런 상품이 아니라는 것을 의미하지는 않는다. 또한 어떤 상품이 베블런 상품이라고 해서 그것이 모든 고객들에게 베블런 효과를 지닐 필요는 없다. 마찬가지로 와인도 그러하다. 일부 사람들이 '스크리밍 이글'의 높은 가격 때문에 그것을 거부한다고 해서, '스크리밍 이글'이 어떤 이들에게 베블런 상품이 아니라는 것을 뜻하는 것은 아니다.

종합해서 생각해 보면 이러한 관점들은 우리에게 비록 '스크리밍 이글'이 반값에 팔리게 될지라도 그 와인이 왜 여전히 베블런 상품일 수 있는

지에 대한 그럴듯한 설명을 제공한다. 수요가 갈망과 동등한 것은 아니기 때문에, 어떤 상품에 대한 수요가 그 상품에 대한 갈망이 변하는 동안에도 달라지지 않은 채로 남아 있게 됨을 알 수 있다. 그런데 베블런 효과의 주관성을 고려해볼 때, 우리는 이러한 경우에 수요와 갈망 사이에 실제로는 연관성이 부족하다는 것에 대해 적절한 설명을 전개할 수 있다. 그 와인의 가격이 낮아질 때, 처음엔 값이 비싸기 때문에 그것에 가치를 두었던 사람들이 더 이상은 그러지 않게 될 것이다. 그들은 '스크리밍 이글'을 구매하는 것을 멈추고 대신에 아마도 2000년산 '르 팽(Le Pin)' 레드와인($3,000)과 같은 다른 와인을 구매할 것이다. 그러나 와인의 베블런 효과가 강하게 남아 있기는 하지만 그 와인 대신 좀 더 저렴한 가격의 새로운 와인을 살 형편밖에 안 될 정도로 보다 더 적은 돈을 가진 사람들이 있다. 요컨대, 새로 발견된 구매력에 의해 이전의 와인들에 대한 구매욕을 자제할 수 있게 되는 것이다. 따라서, 어떤 베블런 상품은 가격이 감소할지라도 그것의 총수요에서는 아무 변화도 경험할 수 없을 것이다. 사실상, 앞서 말한 와인의 종류가 나중에 말한 와인의 종류보다 수가 더 적다면(우리의 삶에서도 대단히 부유한 사람들이 어느 정도만 부유한 사람들보다 수적으로는 밀리는 것처럼), 어떤 상품에 대한 총수요는 그것의 가격이 낮을 때 감소될지도 모르는데, 그렇다 하더라도 이것이 베블런 상품에 불리하게 작용하지는 않을 것이다.

이것이 우리와 무슨 관련이 있는 것일까? 결국, 이 책의 대부분의 독자들은 한 병의 와인 값으로 결코 수천 달러를 쓰지 않을 터인데, 그렇다면 우리는 왜 베블런 효과에 관심을 가지는가? 이러한 문제는 베블런 효과의 주관성을 간과하는 것이다. 베블런 효과에 영향받기 쉽거나 비싼 와인 구매를 행동으로 옮길 수 있는 사람이라고 해서 그렇게 부유한 사람들인 것만은 아니다. 그럼에도 불구하고 특별히 부유하지 않은 많은 와인 음주가들이, 예컨대, 1990년산 '페트루스'(Petrus: $3,000) 또는 1937년산 '로마네 콩티'(Romanée-Conti: $9,000)를 그 와인의 가격 때문에 더욱 갈망할 것이다. 비록 그들이 이러한 갈망에 따라 구매를 행동으로 옮길 형편이 못 될지라도 마찬가지이다. 그러나 그들은 또한 자신에게 비싼 와인에 열망할 것이다. 다음과 같은 상황을 생각해 보자. 한 병에 12달러 이상을 써 본 적이 없던 와인 초보자가 이를테면 32달러의 '리지 리톤 스프링즈 진판델(Ridge Lytton Springs Zinfandel)'이 그가 좋아하게 된 '레이븐스우드 빈트너스 블렌드 진판델(the Ravenswood Vintner's Blend Zinfandel)' 미국 레드와인과 어떻게 비교되는지 알고 싶어 한다고 하자. 또는 신상품이라 전에는 들어본 적도 없는, 75달러 스티커가 병에 붙은 2001년산 '글레처 아몬-라 쉬라즈(Glaetzer Amon-Ra shiraz)' 호주 레드와인 때문에 감정이 상하게 된, 요컨대 와인에는 검소한 편인 호주인 와인 애호가가 있다고 하자. 그리고 디너파티에 가져갈 만한 와인 한 병을 찾고 있던 한 손님이 '팔레스꼬 비티아노'(Falesco Vitiano: $10)가 너무 싸기 때문에 점원의 추천에 거절을 하고는, 점원이 잘 나간다고 소개한 와인들 중에서 한 병에 25달러의 값이 나가는 '바롤로(Barolo)' 이탈리아 레드와인을 고른다고 하자. 이러한 상황들에서는 소비자의 예산이나 소비자에 의해 고려되는 다른 와인들에 비해서 상대적으로 높은 가격 때문에 이러한 와인들을 원하게 될 정도로 그 와인들이 베블런 상품으로서 작용했다. 만약 '스크리밍 이글'이 베블런 상품이라면, 그렇다면 훨씬 덜 비싼 와인들과 다른 많은 것도 베블런 상품일 것이며, 따라서 부유하지 않은 많은 평범한 사람들이 베블런 효과에 의해 흔들릴 것이다.

그러나 그것이 이러한 결정을 하게 되는 기능으로서 작용하는 베블런 효과라는 것을 실제로 우리가 얼마나 알고 있을까?

내가 위에서 언급했듯이 증거를 얻기가 쉽지는 않다. 사람들이 생각하고 있는 것을 확실하게 추론할 수는 없다. 대신에, 와인이 종종 베블런 상품으로서 작용하는 경우는 귀추법적 논의나 또는 가장 훌륭한 설명에 대한 추론에 의해 제일 잘 이루어진다. 만약 어떤 주장이 사실이라면, 우리는 그러한 주장을 가장 잘 뒷받침하는 것이 무엇이든 믿을 만한 훌륭한 근거를 가지고 있다. 예를 들어, 만약 당신이 젖은 우산을 들고 나의 문간에 나타난다면, 나는 당신이 젖은 우산을 들고 있다는 사실을 통해 비가 오고 있다는 것을 가장 잘 설명할 수 있는 믿을 만한 근거를 지니게 되는 것이다.

어떤 사람들은 '스크리밍 이글'을 사기 위해 수천 달러를 사용한다는 것을 나는 알고 있다. 이것은 무엇을 설명하는가? 하나의 그럴듯한 대답은, '스크리밍 이글'이 과시적 소비의 한 예이고 따라서 베블런 상품이라는 것이다. 그 근거로서, 한 병에 2,500달러짜리 와인을 누군가가 그것을 뽐내기 위해서 구매하게 될 때, '와인에 얼마나 많은 돈을 쓰는가?'를 자랑하고자 하는 것이기 때문에, 확실히 가격이 줄게 되면 그 상품을 사고자 하는 목적이 감소할 것이고 따라서 그 와인은 덜 바라는 상품이 될 것이다. 그러나 내가 보다 앞서 언급했듯이, 상대적으로 높은 가격임을 자랑하고자 하는 것이 어떤 상품을 바라게 되는 유일한 동기는 아닐 것이다. 또 다른 형태의 '드러내기'는 뽐내기, 예를 들면, 시대에 발맞추기나 부끄러움 모면하기와 같은 것의 역할을 할지도 모른다.[6] 어쩌면 '바롤로'와 관련한 디너파티용 와인 구매 손님은 비싼 상품을 획득하는 능력을 과

---

6 리히텐 베르크(Lichtenberg), "Consuming Because Others Consume."

시하려는 것이 아닐지도 모른다. 즉, 그녀의 친구들에게 비싸지 않은 물품인데도 불구하고 획득할 능력이 없음을 드러내지 않는 정도를 원한 것일지도 모른다. 때로는 드러내기와 전혀 관련이 없을지도 모르지만, 그것의 높은 가격 때문에 여전히 그 상품을 열망하게 되기도 할 것이다. 만약 '리지 진판델(Ridge zinfandel)'이 평소의 구매력보다 20달러 더 비싸다면 그 초보 와인 구매자는 그것을 덜 바랄 것이다. 그러나 호주인 와인 애호가는 '아몬 라(Amon-Ra)' 레드와인이 그토록 요란하게 비싸지 않다면 오히려 그것을 원하지 않을 것이다. 소매점 와인 거래를 하는 사람들이 이러한 특성들 때문에 와인 숍에 정기적으로 방문을 한다고 나에게 알려준다.[7]

품질, 가격, 그리고 즐거움

높은 가격대의 와인에 이끌리는 것에 대한 한 가지 선택 가능한 설명은 소비자들이 높은 가격의 와인을 품질에 대한 기대감으로 택하고 있다는 것이다. 우리가 앞서 살펴보았듯이, 그것의 가격이 높아서가 아니라 그 상품이 높은 품질일 것으로 예상되기 때문에 그 와인을 바라는 것이다. 이것은 높은 가격대의 와인이 베블런 상품으로서만 기능하는 게 아니라는 것을 의미하는 것이기도 하다. 품질을 기대하며 와인을 구매하는 데에 있어서 정작 소비자들은 베블런 효과를 회피하는데, 와인의 품질과 관련된 문제를 판단할 때 실수하는 대가를 치르게 될 수 있다. 내가 이제 설명하려는 것처럼 말이다.

---

7   사업상의 이미지를 고려해서, 소매상들은 이러한 주장과 연관이 있는 명칭을 갖게 되는 것을 꺼렸다.

품질 가격을 품질의 척도로서 간주하는 것의 첫 번째 문제는 우리가 어떤 와인의 품질에 관해서 말할 때 그 와인이 얼마나 훌륭한지에 대해서는 매우 적게 말할 가능성이 있다는 것이다. 감칠맛에 대한 몇몇 최소한의 기준들이 있는 것 같다. 발사믹(balsamic) 식초의 '기미'를 지닌 어떤 와인이, 마치 식초 맛이 나는 것 같은 많은 와인과 다르게 감칠날지도 모르고, 어느 정도 최소한의 감칠맛의 기준들이 있을지도 모른다. 그러나 그렇게 최소한도를 넘는 방대한 범위의 가능성들에는 공인된 기준들이 있거나 아예 없을 수도 없다. 이것은 다양한 와인이 다양한 용도를 제공하고 각기 다른 사람들의 미각에 따라 다르게 관여하기 때문이다. '바로사 쉬라즈(Barossa shiraz)'의 강렬한 맛은 어떤 음식에는 완벽한 동반자로, 그리고 어떤 이들에게는 몹시 불쾌한 것으로 여겨지게도 할 것이다. 반투명의 붉은 벽돌의 색조를 띤다는 어떤 와인의 특성은 보다 오래된 버건디에서 발견하는 것일 수 있지만, 정확히 덜 숙성한 '쁘띠 시라(petite sirah)'에서는 피해야 할 어떤 것이다. 어떤 이는 '소테른 글로리어스(Sauternes glorious)'에서 단맛을 발견할 수도 있지만, 그러나 또 다른 이들은 그것이 물리는 맛이라고 여길지도 모른다. 지리학 또는 품종에 기초를 둔 와인의 등급과 같이(심지어 협소한 범위 내에서조차) 품질에 대해서도 똑같은 기준들을 적용하는 것은 부적당하다. '생떼밀리옹(St. Emilion)'의 메를로(merlot) 와인들은 그 품질에 관련한 일반적 평가가 무색할 정도로 그 특성들에 있어서의 구별이 잘 될 것이다. 게다가, 강력한 맛인 '빠비(Pavie)' 또는 보다 온건한 맛인 '끌로 드 로라트와(Clos de l'Oratoire)' 레드와인은 어떠한가? 또한 이렇게 물을 수도 있을 것이다. 어떤 게 더 좋은 개(dog)인가, '마스티프(mastiff)'인가, 아니면 '미니어처 그레이하운드'인가? 이 질문 둘 다에 대한 대답은 여지를 둘 필요가 있는 그 밖의 다른 어떤 것에 따라 바뀔 것이다.

만약 내가 정장 재킷과 스키 재킷을 입고 "어떤 게 더 좋아?" 하고 당신에게 묻는다면, 당신은 정확히 내가 잘못된 질문을 하고 있구나 하고 생각할 것이다. 무엇보다도, 그 재킷은 용도 자체가 다르다. 그리고 또한 그런 질문을 할 경우들에 있어서조차도, 더 나은 재킷이란 다양한 옷의 기호를 지닌 각각의 다른 사람들에게 있어서마다 제각기 다를 것이다.[8] 마찬가지로, 우리의 미각에서의 차이뿐 아니라 우리가 와인에 대해 가지는 다양한 목적에서 볼 때 와인의 품질에 관해 묻는다는 것이 거의 합당하지 않다는 것을 시사한다. 일반적으로 와인은 서로 달라서 비교할 수가 없다. 이른바 우리는 그것들을 하나의 잣대로 더 좋다거나 더 나쁘다고 나타낼 수 없다. 그러나 낮은 가격에서 높은 가격까지의 가격들은 모두 하나의 잣대에 있으며, 따라서 와인 가격이 와인의 품질을 뒷받침할 수 없다.[9]

---

8 마틴 레이예스(Martin Reyes) 덕분에 이러한 유추가 가능하다.

9 여담으로, 이것은 왜 입자가 부드러운 와인의 등급(*Wine Advocate*에서 파커에 의해 시작된, 그리고 *Wine Enthusiast* 매거진과 다른 사람들에 의해 강화된 관행임)이 불확실할 수도 있다는 것을 보여 준다. 100점(point) 척도로 와인의 점수를 매기는 것은 와인이 계량 가능한 것으로 잘못 여겨지게 한다. 그러한 등급 매기기의 옹호자는 등급 매기기가 와인을 비교하도록 의도되지 않는다는 것과, 92점짜리 샤토뇌프 뒤 파프(Châteauneuf-du-Pape)가 88점의 뉴질랜드 산 소비뇽 블랑(Sauvignon blanc)보다 월등하다는 것을 내포하고 있는 것은 아니라는 것을 주장할지도 모른다. 오히려, 그러한 등급 매기기에 대한 모형은 도그 쇼(dog show)에서의 그것과 같다고 제시될 수 있을지 모른다. 도그 쇼에서는 개개의 표본들이 그 품종의 이상적인 부분과 얼마나 잘 접근되는지에 관해 알 수 있다. 그러므로 '샤토뇌프 뒤 파프'에 92점을 매기는 것은 단지 얼마나 이상적인 '샤토뇌프 뒤 파프'에 가까운가를 설명해 주는 것이다. 말하자면, 그것은 모든 더 낮은 점수의 와인들보다 우수하다는 것이 아니라 더 낮은 점수를 받은 '샤토뇌프 뒤 파프'보다 우수한 것이다. 또한, 모든 더 높은 점수의 와인들보다 품질이 떨어지는 것이 아니라, 더 높은 점수의 '샤토뇌프 뒤 파프'보다 열등하다는 것이다. 그러나 이것이 그 문제를 해결해 주지는 않는다. 위에서 예로 든 '생떼밀리옹'이 설명하듯이, 비교 불가능성은 예를 들어 와인을 협소한 종류의 표본으로 범주화하기 위해 사용되는 장소나 품종과 같은 분류 내에서조차도 극복되지 않는다. 이상적인 '샤토뇌프 뒤 파프'는 없다. 그러므로 이렇게 세밀한 차이를 지니는 와인을 등급으로 매긴다는 것은 다소 불합리해 보일 수도 있다.

가격 어떤 와인의 가격으로부터 그 와인에 관해서 우리가 무엇을 알 수 있을까? 사실은, 다양한 요인들이 한 와인의 가격에 영향을 미친다. 이러한 요인들 중의 몇 가지는 품질과는 완전히 무관하다. 그러한 요인들로는, 날씨에 의해 포도가 손상되어 발생한 비용의 회복 필요성, 노동 비용, 양조업자가 진 빚, 달러 강세, 양조업자의 자존심, 휘발유 가격, 희귀성 등이 있다. 그렇더라도 어떤 와인들이 왜 그토록 높은 가격으로 책정되는가는 여전히 미스터리이다.[10]

와인 가격을 책정하는 한 가지 요인은 베블런 효과 그 자체일 것이다. 어떤 사람들이 특정 와인의 가격 때문에 그것에 매료되는 것을 알고 나서 와인 제조자는 자신들의 와인을 오히려 높게 책정함으로써 더욱 큰 이익과 관심을 얻고자 할 것이다. 이러한 동기가 작용하고 있을 때 가격책정이 어렵기도 하겠지만, 그것은 몇몇 와인들, 특별히 더욱 새로운 일부 호주 부띠끄 와인의 마케팅과 보르도의 일부 와인 제조자가 만든 와인의 높은 개시 가격에 대해 설명이 가능하도록 해 준다.

즐거움 전체 와인의 품질에 관해서 이야기한다는 것이 합당할지라도 문제는 여전히 남아 있게 되는데, 만약 그렇다면 그것에 주목하는 것이 합당하다고 여겨진다. 와인 소비에 있어서 와인의 품질보다는 오히려 그 와인이 당신에게 주는 즐거움을 쫓는 것이 더욱 중요할지도 모른다. 품질과

---

10 한 소매업자가 많은 와인 중의 한 예로, '데리우시(Darioush)' 와인을 제공하는데, 그것은 1997년에 생겨난 것이다. 처음부터 그 와이너리는 레드와인을 한 병에 약 60달러로 가격을 책정했다. 스크리밍 이글처럼 터무니없지는 않았지만, 그래도 여전히 값이 비싸다. 새로운 와인이었기 때문에 품질에 맞는 가격을 제대로 판단할 관례의 기록이 없었다. 그 와인은 약간의 좋지만 특별하지는 않은 비평적 칭송을 쌓아 갔다. 그러나 "그 와인은 뚜렷한 이유가 없기 때문에 오히려 인기가 있었던 것이다."라고 그 소매업자는 말한다.

즐거움은 갈릴 수 있기 때문이다. 전문적인 와인 감정가들의 코멘트와 점수들은 우리가 추측 가능한 무언가가 어떤 와인의 품질이 된다는 것과 밀접한 연관성이 있다. 전문적인 감정가들이 많은 것을 언급하는데, 그 중에는 "묘사"와 "균형", 아카시아 꽃에서 나는 냄새, 또는 서양자두와 검은 자두 사이의 맛의 차이 등과 같은 평범한 와인 음주가가 회상하기 어려운 특성과 현상들이 있다. 특정한 방식으로 그것들의 존재가 보다 높은 품질의 와인을 나타낼지라도, 만약 이러한 특성들이 미각의 통제를 초월한다면 어째서 그것에 값을 지불해야 할까? 비록 대부분의 소비자가 그것의 정체를 알 수는 없겠지만, 실제로 어떤 와인의 즐거움에 기여하는 그러한 측면을 내가 언급하고 있는 게 아니라는 것을 주목하라. 이를테면, 내가 아카시아꽃의 향을 느끼지 못한다고 해서 그것이 내가 후각적 감각을 즐길 수 없다는 것을 의미하지는 않는다. 그러나 만약 내가 아마도 인내심, 집중력, 그것을 감지하는 후각 능력 등의 감각을 가지고 있지 않다면 분명히 나는 그것에 대해 더 많이 관심을 두지도 않을 것이다.

어쩌면 이쯤에서 누군가 불쑥 말할지도 모른다. 내가 주로 전문가 평가를 위해 보유되는 그러한 종류의 특성을 밝히고 감상할 능력을 개발해야 한다고. 하지만 우선, 첫째로 그렇게 하는 것이 나의 관심 영역인지가 명확하지 않다. 만약 우리가 잠시 생각해 볼 수 있듯이 가격과 품질이 상호 연관되어 있고 내가 대단히 부유한 게 아니라면, 품질에 별 상관이 없는 와인에 관심이 갈지도 모른다. 반면에, 나는 와인 잔이나 지갑 속에 들어 있는 내용물에 자주 실망할지도 모른다. 둘째, 전문적인 와인 시음 기술을 개발하는 것이 나에게 정말로 고급 와인을 구별하는 능력을 보증할 것이라는 게 확실하지 않다. 심지어 전문가들이 동의하지 않는 것에 대해

와인 심포지엄

서조차도 그러하다. 와인 언론을 추종하는 사람들은 '브루넬로 디 몬탈치노(Brunello di Montalcino)' 와인의 1997년 빈티지에 대해, 로버트 파커가 *Wine Spectator*에서는 혹평을(대부분의 와인들이 90점 또는 그 이하의 점수를 받았던) 했지만, *Wine Advocate*에서는 상당히 미온적인 비평을 했던 것을 상기할 수 있을 것이다. 보다 최근에, 유명한 와인 권위자, 잰시스 로빈슨(Jancis Robinson)과 로버트 파커가 2003년산 '빠비'에 대한 평가를 했는데, 파커는 그것을 98점의 가치가 있는 "빛나는 노력의 성과"라고 칭찬하고, 로빈슨은 그것이 20점도 안 되는 "완전히 시시한 와인"이라고 혹평하면서 파커의 의견에 격렬하게 반대했다.[11]

품질과 즐거움은 감정가의 지식이나 기술의 부족에 따라서 달라지는 게 아니다. 균형감 측면에서 볼 때, 달갑지 않게 여겨지는 공연에서 그들이 상연하는 쇼를 즐기고 있지 않을지라도, 댄서들의 민첩함과 안무의 독창성 같은 감탄할 만한 특성들을 인식할 수는 있다. 마찬가지로, 우리는 그 와인에서 전혀 아무런 기쁨을 못 느낀다고 해도, 복합적인 오묘함 또는 오랜 여운의 뒷맛과 같은 높은 품질의 징조로서 주로 취해지는 어떤 와인의 양상들이 지각되는 것을 상상해 볼 수는 있다. 나는 저녁 식사를 기다릴 때 나의 식탐을 누그러뜨릴 균형을 잃은 '폭탄주'를 마실 기분이 될지도 모르고, 또는 어쩌면 해변에서 찔끔거리며 마실 만한 매우 간단하고 가벼운 무엇인가를 원할지도 모른다. 만약 우리가 사실과 반대로 가격과 품질이 상관있다고 가정해 볼 때, 어째서 그것이 우리에게 더욱 비싼 구매를 하도록 자극할 수밖에 없는지는 분명하지가 않다. 왜냐하면 품질

---

11 이 논쟁에 대한 요약을 살펴보기 위해, 로저 보스(Roger Voss), "Robinson, Parker, Have a Row Over Bordeaux," *San Francisco Chronicle, May* 27, 2004, p. F2 참조.

과 즐거움은 상관이 없기 때문이다.

만약 우리가 와인 구매에서 품질보다는 오히려 즐거움을 추구해야 한다면, 어떤 이들은 높은 가격대의 와인에 대한 매력에 대해서, 이른바 보다 높은 가격대의 와인을 소비하는 것이 더욱더 즐거운 경험이 될 것이라는, 다시 말해 베블런 이론이 아닌 또 다른 가설을 제시하라는 유혹을 받을지도 모른다. 이것은 다른 방식으로 해석될 수도 있을 것이다. 만약 "보다 더 즐겁다"라는 이유로, 소비자가 생각하기에 보다 값비싼 와인이 더 좋은 품질의 와인일 것이라고 말한다면, 이러한 '타당성'이 부족하기 때문에 설명에 실패할 것이다. 가격과 개인적 취향이 일정하게 관련 있을 거라고 생각할 이유는 없다. 때로는 한 병에 40달러짜리보다 더 즐거울 수 있는 25달러짜리 와인을 찾거나, 25달러짜리 와인보다 더욱 즐길 만한 2달러짜리 '투 벅 척(Two Buck Chuck)'을 찾는 사람들도 많이 있다. 대신에 만약 "보다 더 즐겁다"라는 의미가, 경험에 대해 즐기려는 것이 주로 그 와인의 맛이 아니라 '비싼 와인' 맛보기라는 뜻을 지닌 거라면, 그렇다면 우리는 베블런 효과를 피하게 해 주는 설명을 제공한 게 아니라 오히려 그것을 확고하게 해 주는 설명을 제공한 셈이다.

합리성과 베블런 효과

우리가 살펴보았듯이, 와인이 때로는 베블런 상품으로서 작용한다. 어떤 와인의 가격이 증가할 때 특정한 사람들은 그것에 더욱 열망을 갖게 되고, 따라서 그 와인이 비싸다는 것 말고는 그렇게 바람직한 구매가 아닐지라도 그러한 와인을 찾을 것이다. 단지 보다 더 비싸다는 이유로 어떤 상품에 대해 보다 더 바라게 된다는 것이 타당한 것일까? 그렇지 않다고 답하고 싶다. 나는 믿는다. 나의 견해에도 상식이 존재한다는 것을 알지만 종종 그렇듯이 왜 상식이 옳은지를 설명하기란 쉽지 않다. 그것은 이 "No"라는 대답 자체가 보다 비싼 와인을 갈망하기에 합당하다는 상식과 양립할 수 있다는 것을 유념하도록 해 줄지도 모른다. 왜냐하면 그것이 2차 시장에서 더욱 큰 이윤을 창출하거나 또는 당신의 사장에게 깊은 인상을 주거나 승진을 할 수 있게 해 주기 때문이다. 우리는 이러한 욕구에 대한 합리적인 감각을 지니게 할 수 있을지도 모른다. 왜냐하면 다른 상품에서라면 이런 점들에 의해 상쇄되는 것을 초월하는, 말하자면 값비싼 비용이 드는 이른바 '와인'이라는 상품에 대한 것이기 때문이다. 와인의 가격은 그것의 재판매 또는 당신의 사장이 상품에 지니는 기호에 따라 만들어지는 이윤보다 덜 가치가 있다. 그러나 서로 상쇄시키는 이러한 종류의 고려 사항들이 부재할 때, 그리고 우리가 그것의 높은 가격의 장점으로 인해 단순히 그 상품을 원할 때 그것은 비이성적인 게 되는 것이다. 우리는 그러한 관점에 대해 이렇게 말할 수 있을 것이다. "어떤 비용을 감당하기 위해 또 다른 어떤 비용을 부담하기를 바라는 것은 어리석은 일이다."라고.

단지 그것이 더욱 비싸기 때문에 생기는 어떤 상품에 대한 욕구를 '베블런 욕구'라고 하자. 이러한 관점에서 당신은 베블런 욕구의 특별한 비합리성을 설명하는 이론인 '합리성의 이론'을 기대할지도 모른다. 나는 그 경로를 따라 나의 견해를 펼치기를 꺼린다. 베블런 욕구가 합리성에 대한 어떤 일반적인 이론에 있기보다는 비합리적인 데에 있다고 주장하는 것에 보다 더 자신이 있기 때문이다. 그러나 나는 합리성에 관해서 간단히 두 가지의 견해를 말할 것이다. 그리고 이러한 견해들은 둘 다 우리에게 베블런 욕구가 비합리적이라고 생각할 근거들을 줄 것이다.

합리성에 대한 욕구를 기반으로 하는 관점들은 에이전트가 행하기에 합리적인 어떤 것이(그것이 무엇이든 간에) 자신의 욕구를 가장 잘 충족시킬 것이라고 주장한다. 욕구를 기반으로 하는 관점에서 베블런 욕구를 갖는 것이 합리적인지 아닌지를 묻는다면, 그것은 우리의 욕구가 가장 잘 충족될지의 여부를 묻고 있는 것이다. 만약 단지 더욱 비싸기 때문에 우리의 욕구들 가운데 그 상품에 대해 얼마간의 욕구를 갖는 거라면 말이다. 여기에 '우리의 욕구가 가장 잘 충족될지의 여부'와 관련된 모호성이 있다. 한 가지 해석의 관점으로서, 우리가 단지 어떤 상품들이 더 비싸다고 해서 그것을 갈망하는 욕구를 가지는지를 묻게 될 수 있을 것인데, 만약 그렇다면, 그것은 정말로 베블런 욕구를 가짐으로써 만족될 수 있을 것이다. 그러나 "(나도 그렇길 바라지만) 그러한 종류의 사람은 더욱 비싼 와인의 장점에서 단순히 그 이상의 무언가를 바라는 사람이다."라고 누가 스스로에게 말하겠는가? 우리가 베블런 효과에 의해 자극받게 된다는 것을 인식할 정도로 우리는 그것을 바람직하지 않은 특성으로 여긴다. 또 다른 해석의 관점으로서, 우리는 어느 정도의 베블런 욕구를 포함하는 일련의 욕구를 만족시키는 능력에 관해 물을 수 있을 것이다. 그러나 만약 어떤 사람이 덜 비싼 것보다 더 비싼 상품을 구매하기를 바란다면 그 사람의 일련의 욕구를 만족시키며 가격이 상승할 것이다. 그리고 실제로 그러한 욕구들을 만족시키는 능력은 감소할 것이다. 따라서 어느 해석의 관점으로는, 합리성에 대한 욕구에 근거한 관점은 매우 피상적으로 생각하는 사람들 또는 매우 부유한 사람들만 빼고는 베블런 욕구가 이성적이라고 우리에게 말해 줄 것이다.

합리성에 대한 보다 폭넓은 다른 관점에서 보면, 대부분의 사람은 해야 할 근거를 지닌다고 당당히 믿는 것을 행할 때 이성적으로 행동한다. 단

와인 심포지엄

지 비용이 더 나간다는 이유로 그 상품을 선호하는 대부분의 근거를 지니고 있다고 온당히 믿을 수 있을까? 나는 어떤지 모르겠다. 그래서 이렇게 이성적으로 이해를 해야 하는 상황에서 베블런 효과에 의해 좌우되는 것은 비이성적이다.

그러나 '값비싼'이라는 것에 대한 개념이 금전적으로 따질 수 없는 비용들을 고려하고 있는 것이라면 어떨까? 아마도, 그것이 이러한 보다 광범위한 감각에서 더욱 값지기 때문에 무언가를 행하는 대부분의 근거를 지님을 온당히 믿을 수 있다고 우리는 주장할 것이다. 예를 들어, 어떤 사람은 더욱 높고 더욱 도전할 만한 산이라는 이유로 두 개의 산 중의 보다 높은 산 하나를 오르고 싶을지도 모른다. 이 산을 오른다는 것은 시간과 자원에 더 많은 투자를 한다는 의미이고 부상의 위험도 더 크다는 것일 수 있다. 보다 도전적인 산을 오르는 것이 보다 값지다고 말하는 것을 터무니없다고 하려는 건 아니다. 이런 식으로 더욱 값지기 때문에 더욱 도전적인 산을 오르는 경험을 원하는 것은 비이성적인 걸까? 우리는 이러한 종류의 욕구는 합리적이지 않다고 말하고 싶은가? 베블런 상품에 대한 우리의 불평을 상기해 보라. 단지 더욱 값이 나가기 때문에 어떤 상품을 바라는 것은 비합리적이다. 와인이 더욱 비싸기 때문에 더욱 바라는 것을 비합리적이라고 비난하고 싶어 하면서도, 반면에 도전할 만하거나 위험하기 때문에 다른 산보다 오르기를 더욱 바라는 것을 합당하다고 여기는 사람은, 우리가 '비용'이라는 것을 절대적으로 금전적인 용어로 이해해야 한다고, 또는 그 사례들 사이에는 약간의 다른 차이가 있다고 틀림없이 주장할 것이다. 금전적 지출에 있어서 '비용'을 제한하기에 좋은 근거들은 없다. '피아노 옮기기'를 달러 이야기 대신으로 해 보자면, 어떤 상품을 획득하기 위해 무거운 피아노를 보다 많이 옮겨야 한다고 할 때, 단지 그것이 도전적이라는 이유로 그 상품을 원하게 되는 것을 그만큼 덜 비합리적이라고 생각하지는 않을 것이다. 실제로는, 그것이 심지어 더욱 비합리적일 수도 있다. 그렇다면 두 번째 항목을 보도록 하자.

그 사례들 사이의 중요한 차이는, 더욱 도전할 만한 산을 오르는 것은 '성취'인 반면에 그것의 높은 가격 때문에 바라던 와인을 소비했다는 것은 그 자체가 '성취'는 아니라는 점이다(그것이 때로는 '성취'를 나타낼 수도 있지만 그 자체가 '성취'는 아니다). 보다 도전적인 무언가를 행한다는 것은 도전에 대한 더욱 큰 정도의 비용을 보람이 있는 것으로 만드는 그 자체의 성과를 지닌다. 반면에 더욱 비싸다는 이유로 무언가를 소비할 경우 비슷한 성과를 가질 필요는 없다. '성취'란 비싸기 때문이 아니어도 상품 자체를 소비하는 방식에서 느끼는 행복한 삶의 일부라고 우리 중 많은 이들이 믿는다. 이러한 믿음이 사실이라면 '성취'를 바라는 것은 합당하다. 그러나 보다 더 큰 비용이 들기를 바라는 것은 합리적이지 않다. 비록 그것이 둘 다 한 마리 독수리와 우연히 만나기를 바라는 것과 비슷할지도 모르지만, 그렇게 외치거나 말거나, 도전할 만한 산을 오르고자 하는 바람은 비싸다는 이유로 고급의 와인을 마시고자 하는 바람과는 상당히 다르다.

이제, 와인 가격과 품질이 연관성이 있고 품질과 즐거움이 연관성이 있다면, 더욱 비싸다는 사실에도 불구하고 그 와인을 마시고자 하는 바람은 보다 이성적일지도 모른다. 비싼 와인을 마시는 것이 매우 쾌락적인 부작용을 가질 수도 있을 것이고 쾌락도 삶의 일부이기 때문이다. 그러나 우리는 이러한 상관관계가 일반적으로 무시되는 것을 보아 왔다. 결국 우리는, 적어도 제한된 양의 돈을 가진 사람들이 매우 값비싼 와인을 마시는 것의 합리성에 관한 약간의 보다 심층적인 결론들을 도출할 수 있다.

당신이 와인에 관해 거의 모른다면 매우 비싼 와인을 바라지 말아야

와인 심포지엄

한다. 왜냐하면, 당신이 즐거울 때에는, 때때로 그 와인들의 높은 가격에 대한 정당화의 일환으로서, 사용되는 와인들에 관해 어느 정도 세밀하게 확인하고 감상하는 입장에 있지 않을 것이기 때문이다. 다른 한편으로, 와인에 관해서 많이 알고 있다면 그리고 돈을 낭비하고 싶지 않다면 어떤 와인에 돈을 많이 쓰고자 하는 것 이상으로 더 잘 알아야 한다. 왜냐하면 당신은 매우 비싼 와인만큼이나, 주로 즐기게 될 보다 저렴한 와인들이 있다는 것을 알 것이기 때문이다. 만일 당신이 초보자와 전문가의 중간쯤 이라면, 매우 비싼 와인을 바라는 것은 가장 덜 합당할지도 모른다. 당신 이 와인들 사이의 미묘한 차이를 구별할 능력은 부족하지만 가격과 품질 이 관련 없다는 것을 충분히 알고 있다면 비싼 와인 소비를 피할 두 가지 이유가 있다. 말하자면, 당신의 행동으로 다른 이들에게 감명을 줄 작정 이 아닌 한 말이다.

앞서 살펴보았듯이, 과시적 소비는 베블런 상품에 대한 설명을 가능하 게 한다. 베블런 상품을 소비하는 일부 소비자들은 다른 이들에게 자신의 우월한 경제적 상태를 뽐내고자 한다. 사실상, 그들은 실제로 획득하는 데에 합리적일 수 있는 무언가로서 다른 이들의 호의적인 평가를 얻고자 하는 것이다. 그래서 더 많이 소비함으로써 더 많은 존경심이 얻어질 수 있다고 여기는 정도 이내에서, 이러한 소비자들은 정말로 보다 값이 비싼 상품을 이성적으로 선호할 것이다. 그렇다면 베블런 욕구는 실제로 어느 정도 이성적일지도 모른다.

이에 대응하여, 다른 이들의 호의적 평가를 얻는 데에 비싼 와인을 구 매하는 것이 얼마나 효과적인지를 묻는 것이 공평하다. 결국, 고급 차와 럭셔리한 홈 또는 고급의 맞춤 정장 옷에 비해서, 와인은 상대적으로 이 목을 끌지 못하는 소비의 대상인 것이다. 주로 스스로에게 또는 가족과 친구들에게 제공될 때까지 와인은 어두운 지하 벽장 속 깊숙한 곳에서 보관된다. 아마도 어떤 이웃들은 당신의 재활용 쓰레기통에서 와인병을 보게 되기도 할 것이다. 그러나 이러한 가족과 친구들, 그리고 이웃들 대다수가 라벨에 인상 깊게 새겨진 와인에 관한 설명을 충분히 알지 못한다. 그리고 만약 와인 열광자가 아니라면, 당신이 1/4의 가격으로 블랙 체리 바닐라 코크(coke)의 두 배 이상만큼 많이 얻을 수 있다는 이유로 한 병의 포도 발효 주스에 10달러를 쓰는 것조차도 그들은 무책임한 일이라고 생각할 수도 있다. 당신은 그들의 존경심이 아니라 경멸을 사고 있는지도 모른다. 비록 당신이 비싼 와인 구매를 통해서 그들의 눈에 비치는 당신의 지위를 향상시키고 있다고 판명될지라도, 당신이 그렇게 행하는 최고의 이유를 지니고 있다고 그들이 느낄지는 분명하지 않다. 더욱 효과적으로 지위를 나타내 주는 사물에 대해 보다 비용이 덜 드는 소비가 있다. 또 하나의 값비싼 '게뷔르츠트라미너'(gewürztraminer: 독일 알자스 산 백포도주)를 구매하기보다는 눈부실 정도로 멋진 자동차를 사는 것이 더욱 합리적일지도 모른다. 요컨대, 만약 당신이 베블런 상품을 사려고 마켓에 있다면 매우 특별한 상황에서만 와인 구매가 합리적인 것이 될 것이다. 그래서 과시적 소비가 이성적이라는 가정하에서조차 아마도 와인의 과시적 소비는 합리적이지 않을 것이다. 따라서 일반적으로, 가격이 더욱 비싸다고 해서 어떤 와인에 대해 보다 더 원하게 되는 것은 비합리적이라 할 수 있다.

와인 열광자 문화

가격이 품질을 나타내 준다는 가정하에서, 보다 비싼 와인들을 갈망하는 것은 잘못이며 베블런 효과 때문에 그런 와인을 구매하는 것은 일반적으로 비합리적이라고 나는 주장해 왔다. 내가 보다 앞서 주목했듯이, 모든 가격 차에서 와인은 베블런 효과를 발생시킬 수 있다. 보다 합리적인 이성을 지니고자 한다면, 우리는 베블런 욕구를 갖지 말아야 한다. 그러나 우리의 욕구가 우리에게 달려 있다는 것과, 그리고 그에 따라서 우리가 비합리적인 것들의 기억을 지울 수 있을 정도라는 게 무슨 말인지 궁금할지도 모른다. 확실한건, 우리의 욕구는 외부의 영향들에 지배를 받는다는 것이다. 이러한 영향들 중의 일부는 이 책의 많은 독자들이 구성원으로 되어 있는 와인 열광자 문화로부터 생겨난다. 와인 열광자 문화는 정확히 정의하기는 어렵지만, 그것의 구성원들은 와인을 지향하며 공유되는 관심과, 관습, 그리고 와인 협회의 덕목이 일치하는 일련의 사람들이다.

와인 열광자 문화는 상당히 과장된 광고의 문화이다. "1997년산 '브루넬로(Brunello)'가 탁월했다고 생각했는가? 글쎄, 1999년산이 훨씬 좋다! 2000년산 '보르도(Bordeaus)'가 세기의 빈티지이다! 잠시 기다려 봐, 이제는 2003년산이 그렇다! '가야(Gaja)'의 '바르바레스코(Barbaresco)'를 마셔보았나? '기갈(Guigal)'의 '라라즈(LaLa's)'는? '드레이퍼(Draper)'의 '몬테 벨로(Monte Bello)'는? 새로운 먹빛의, 짙은 자주의, 송로-감초-까시스 향의, 니콜 키드먼 향이 나는, 치아를 물들이는, 혀를 코팅하는, 입안 가득의, 아즈텍 바베큐 향료의, 에스프레소 기미가 있는, 살짝 덜 익은 시계꽃 열매의 향이 강한, 집안의 보물 같은 체리 맛이 가득한, 흑연의 촉감이 있는, 그리고 초콜릿 풍미가 듬뿍 담긴, 블록버스터 급의 향이 풍부하게 조합된, 명품 와인으로 뚜렷이 묘사된, 아주 매끄러운 조화로움, 다차원적 정교함, 그리고 엘비스처럼 살살 녹이는 목소리에 관해서 확인해 보았나? 그것이 처음에 당신에게 사랑의 감정을 불러일으킬까? 그리고 끝내주는 뒷맛을 가지고 있나?" 등이 모두 와인 광고의 문구들이다.

감정가들은 침을 흘리며 설득하는 듯이 묘사를 해 준다. 어떤 감정가들은 그럴듯한 와인 소비의 유혹적인 이미지를 그리는 잡지들에서 그렇게 한다. 또 다른 감정가들은 우리의 열정적인 취미를 설명하고 정당화하는 와인 평가에 대한 정밀과학이 현란함과 매력 이면에 있다는 관념을(의도적 또는 비의도적으로) 전하는 진지한 텍스트만 있는 회보에서 그렇게 한다. 비록 카시스에 대해 결코 들어 본 적 없거나, 감초를 매우 싫어하거나, 와인이 잘 묘사된 것이 무엇을 의미하는지 또는 누군가가 '살살 녹이는 맛'의 와인이라고 생각할 때 어째서 마땅히 그래야 하는지는 모를지라도, 당신은 이 말을 찬사의 언어로 인식하고 그것을 원하게 된다. 와인 사이의 미묘한 차이를 밝히고 즐길 수 있게 하는 와인 감상은 와인 제조자들이 우리에게 말해 주는 어떤 기술에 대한 세련됨과 고급스러움을 알게 해 주기도 하는데, 누군들 세련되거나 고급스러워 보이고 싶지 않겠는가? 바로 인생의 다른 많은 분야들(예를 들면, 패션, 음식, 예술)에서도 그렇듯이, 와인 감상에서도 세련된 정교함이 그저 단순히 마분지 상자 안에 주워 담듯이 손쉽게 얻어지는 것은 아니다. 오히려 그것은 지출 경비와 더불어 가능하다는 것이 일상적으로 확인된다. 그래서 와인 감상에서 정교해지는 방법은 일반적으로 와인에 많은 돈을 쓰는 것과 관련된다. 소비에 따라 와인이 단순히 흥미로운 가치일 뿐만 아니라 음료 이상이라는, 와인에 관한 특정한 태도가 다르게 펼쳐진다. 어떤 와인이 이런 식으로 여겨지게 되는 데에 '정도'의 차이는 있지만, 한 통의 참치 캔을 따는 것과는 달리 한 병의 와인을 따는 것에는 어떤 특별함이 있을 수 있다는 의식이 있다. 이러한 태도들은 점점 더 큰 지출도 더욱 심리적으로 받아들일 만하게 만든다. 그리고 그러한 지출은 정말로 문화에 의해 고무된다. 와인의 구매

뿐만 아니라, 적절한 굽이 달린 유리잔, 그리고 디캔터와 같은 와인 관련 용기들의 물품 구입 비용 때문이다. 때로는 와인의 구매가 와인의 수집으로 연결된다. 아마도 어떤 목적을 위해 특별히 만들어진 비싼 냉장고, 또는 고객 맞춤의 포도주 저장실에서 와인들이 분류되고 정리되며 진열이 되어, 종종 시선이 가고 애지중지되는데, 이렇게 해서 와인이 보관되는 것이다.

　와인 애호가가 된다는 것은 비용이 드는 일이기 때문에 그것은 또한 그만큼 배타적이기도 하다. 그것의 매력의 일부는 다른 이들이 하지 않는 무언가를 한다는 데 있다. 와인 열광의 즐거움 중의 하나가 좋은 와인을 다른 사람들과 나누는 것이기 때문에 이것은 합당하지 않아 보이기도 한다. 그러나 이 사람들은 그 클럽의 일원이거나, 또는 맥주와 콜라를 꿀꺽꿀꺽 들이키는 다수의 대중들과 맞서며 드물게 같은 처지에 놓인 예술 애호가로서의 잠정적 입회자들이다. 베블런 상품으로서의 와인에 관해서 쓰는 대신에, 나는 희귀성과 더불어 상품의 구매 욕구가 증가한다는 '스놉 상품(*snob goods*)'으로서의 와인의 기능에 관해서 쓸 수도 있었다. 와인 열광자 문화의 특권층만이 누릴 수 있는 고급스러움은 와인 소비의 상류 계층에서 명백하며 상류층은 100달러는 물론이고 1,000달러 가격의 와인 구매도 일상적이다. 그러나 가장 낮은 가격의 와인에서도 역시 돈을 쓰게 된다는 점은 이에 못지않게 일상적이다. 한 병에 겨우 약 8달러 하는 아주 저렴한 와인을 구매하는 사람들조차도 그들이 주마다 몇 병의 와인을 마신다면 매달 100달러 이상을 소비하는 게 될 것이다. 많은 사람들에게 있어 이것은 적은 양의 돈이 아니다. 그래서 월수입이 보통 수준인 와인 열광자들조차도 사회에서 만나는 그들의 동료를 위해, 엄두를 못 낼 만큼 비용이 많이 드는 활동에 참여하는 셈이 되고 마는 것이다.

와인 열광자 문화 일원의 정체성은, 와인에 관심을 가지고 다른 사람들이 많이 또는 같은 식으로 즐기지 않는 어떤 것을 즐기는 것과 관계가 있으며, 특권을 위해 많은 비용을 치르는 것과도 밀접한 관계가 있다. 희귀성과 고급스러움에 대한 욕구는, 동료에게 비용 때문에 덜 접근 가능한 더욱 비싼 와인들을 사라고 자극한다. 새로 발견하는 흥분감, 그것에 관해 다른 이들에게 말함으로써 생기는 자부심, 취미가 어찌 됐든 비용이 많이 들 거라는 예상, 소비하는 능력을 연습하는 데 몰입되는 즐거움, 높은 순위에 해당하는 와인의 권장 등의 모든 것이 아주 적거나 아주 많게 와인을 소비하는 성향에 기여한다. 와인 열광자 문화는 우리에게 돈을 쓰도록 준비시킨다. 그리하여 우리는 베블런 효과에 영향받기 쉽게 되고 우리 중 많은 이들이 결국 적어도 어느 정도의 베블런 욕구를 갖게 되고 만다.

합리성이냐, 아니면 우수함이냐

와인 열광자 문화의 양상들이 베블런 욕구와 같은 합리성의 형태를 권장한다면, 우리가 그것에 대해 어떻게 생각해야 할까? 비합리성은 어떤 면에서 어쩌면 비이성적이지 않을 수 있을 만큼의 부유하지 않은 사람들과 관련이 있다. 그리하여, 사람들의 삶이 어떻게 진행되는가에 관심 있는 정도에서 어쩌면 우리는 이러한 비합리성으로 곤혹스러울지도 모른다. 우리는 또한 비합리성 그 자체를 우려할지도 모른다. 우리 중 많은 이들이 명확하게 생각하는 것 자체가 중요하다고 믿는데, 와인 열광자 문화에서의 문제는 적어도 어떤 면에서 그것이 명확한 사고를 방해한다는 것이다. 그러나 또 다른 이들은 자율성과 관련지을지도 모르며, 와인 열광자 문화의 구성원들이 그 문화에 의해 높은 지출의 양상으로 휘말리게 되는 방식에 대해 걱정한다.

물론, 그것에 대해 우리가 평가하는 데 있어서 와인 열광자 문화의 비합리성을 만드는 부분만을 살필 수는 없다. 우리는 전체의 그림을 보아야 하며, 일단 그렇게 해 보면 와인 열광자 문화는 많은 사람에게 접근 가능한 방식에서 다양한 가격대로 전 세계적으로 다양하고 흥미롭고 즐길만한 와인의 생산을 하도록 자극하면서, 와인 열광자들에게 매우 중요한 어떤 것에서 꽤 훌륭한 일을 행사하는 것처럼 보이는 것을 알 수 있을 것이다. 와인 애호가로서, 역사상 지금보다 더 좋았던 시기를 상상하기가 어렵다. 게다가, 베블런 상품으로서의 와인의 현실에 맞서는 상대는 특매품으로서의 일부 와인의 현실이다. 따라서 상대적으로 적은 돈으로도 엄청난 즐거움을 전해 주는 몇몇 와인들이 있으며 이러한 가치들을 찾아내는 와인 열광자 문화의 일원들도 있다. 와인 소비의 맥락에서 이것은 모범적이고 합리적인 행위이다.

나쁜 것 없이 좋은 것을 얻을 수 있는 방법이 있을까? 이것이 어떻게 행해질 수 있을지를 상상하는 것의 일부 어려움은 나쁜 것이 좋은 것을 불러온다는 문화적 특성들에 내재할 수 있을 가능성으로부터 기인한다. 즉, 베블런 욕구는 와인을 애호하는 것의 자연적 결과이다. 만약 사람들이 와인을 그렇게 많이 좋아하지 않는다면, 그리고 와인 열광자 문화의 관행과 태도에 휘말리지 않는다면, 보다 적은 사람들만이 와인에 대한 베블런 욕구를 가질 것이 분명하다. 그러나 그러한 사랑과 열정이 약해진다면 문화적 관행들은 덜 왕성할 것이고 와인에 대한 수요가 전반적으로 감소할 것이며, 그 결과 와인에 대해 점점 흥미를 덜 갖게 될 것이다. 그것은 좋은 결과가 아닌 것 같다.

그래서 와인보다 이성에 더욱 관심 있는 사람들은 와인 열광자 문화를 당당하게 비난할 수도 있을 것이고, 반면에 이성보다 와인에 더욱 관심 있는 사람들은 그 문화를 칭찬하며 노래할지도 모른다. 우리는 누구의 말을 들어야 할까? 이러한 흥미로운 질문에 대한 적절한 대답은 불행하게도 이 에세이의 범위 너머에 있다. 현재로서는 와인 열광자 문화에 대한 연구는 많은 철학과 마찬가지로 우리에게 대답보다는 더욱 많은 질문을 남긴다. 우리는 때때로 '무엇이 합리적인가'와 '무엇이 좋은가' 사이에서의 선택의 기로에 놓이는데 어떤 것이 이길지 혹은 왜 그런지는 명확히 알 수 없다.

19

주(州) 경계 너머의
와인 배송과 법률

드류 매시 Drew Massey

알코올, 특히 와인은 항상 문화적 영역에서 특별한 지위를 차지해 왔다. 와인은 과거와 현재 모두의 많은 사회에서 특정한 종교적 의미를 지녔다. 와인의 신(神)인 바커스에서부터 '최후의 만찬(Christ at the Last Supper)'에서 특별히 사용된 와인에 이르기까지, 와인은 종종 일반적인 음료들에는 부족한 보다 많은 중요한 의미를 부여받는다. 그렇다면 인간의 세속적인 그리고 법률적인 세상에서 알코올이 이례적인 위치를 유지해 왔다는 것도 그리 놀랄 일이 아닐 것이다.

알코올은 미국 역사에서 축복과 저주를 번갈아 받았다. 그러나 일찍이 알코올은 교역에서 평범한 물품 이상의 특별한 대우를 받았다. 일반적으로 법은 교역에서의 물품을 구분하지 않는다. 의복, 장난감, 도구, 그리고 기계들이 일단 박스에 담겨서 트럭, 기차, 배, 또는 비행기에 선적되면 법률하에서 모두 똑같은 취급을 받는다. 그러나 그와는 다르게 알코올은 우여곡절도 많고 복잡한 법률적 역사를 지니고 있다.

와인의 독특한 지위는 최근 '와인 전쟁'의 발단과 함께 논쟁의 도화선이 되어 왔다. 이 '와인 전쟁'이라는 용어는, 하나의 주(州)에 있는 어떤 와이너리(와인 양조장)에서 또 다른 주의 소비자에게로 직접 와인을 배송하기를 바라는 사람들과, 특정한 주가 그러한 직접적인 배송을 막을 권한을 가질 것을 주장하는 사람들 간의 싸움을 뜻한다. 와인과 관련한 논쟁이 존재할 수밖에 없었던 주된 이유는, 와인의 문화적 중요성 때문이기도 하고 특별한 규칙들이 법적 다툼을 하도록 양측에 충분한 여지를 주기 때문이기도 하다.

의회가 알코올에 대해 제정한 특별한 규칙들(좋든 나쁘든)을 완전히 이해하려면 연방의 시스템과 함께 일반적으로 다른 상품에 적용할 만한 규칙에 대해 간략하게라도 그 배경을 알 필요가 있다.

연방제와 통상 권한

미국의 헌법은, 열거된 권한들에 대해 제한적인 연방정부와, 일반적인 권한들에 대한 많은 주 정부들 모두에게 해당되어 있다. 권리장전에서 마지막 수정 조항인, 제10 수정 조항은 "헌법에 의해 미국에 위임되며 또한 헌법에 의해 주에 금지되는 것이 아닌 그러한 권한들은 각각의 주에, 또는 그 주의 사람들에게 주어진다."라고 명시하고 있다. 그러므로 연방정부만이 헌법에 구체적으로 열거되어있는 그러한 것들을 이행할 수 있는 것은 아니다. 다시 말해서 각 주는 그들에게 금지되지 않은 것은 어느 것

---

1 미국 헌법. 수정조항 10.

이나 할 수 있다는 것이다.

연방정부는 예를 들어 돈을 주조하는 권한을 부여받는데, 주들은 그 똑같은 것을 행하는 것에 제한을 받는다. 그 대신에, 이를테면 그러한 어떤 권한도 연방정부에게 주어지지 않기 때문에 계약의 성립과, 해석, 그리고 시행을 다루는 법을 제정하는 것은 일반적으로 주에게 맡겨진다. 그러나 주와 연방정부 둘 다 동시에 병행하여 지니는 권한들이 있다. 그 예로서 세금 징수 권한과 파산법을 만드는 권한을 들 수 있다. 이러한 권한들은 연방정부에게 주어지지만 주정부들도 이를 거부하지 않기 때문에 주와 연방정부에 의해 공유된다.

이러한 공존의 권한들에서는 주와 연방법 사이의 충돌이 있게 되는데, 헌법은 연방의 법들이 주의 법에 대해 우위라고 구술한다. 어떤 지역에서 연방정부가 법률 제정을 시행하지 않았을 때 주가 그것을 행할 수도 있다는 것이 일반적으로 합당하다고 여겨지지만, 주 사이의 무역 통상이라는 점에서는 매우 특별한 예외가 있다.

연방정부는 외국 국가들과의 통상과, 그리고 몇몇 주 가운데서의 통상을 규제하는 권한을 받는다.[2] 이 권한은 주와 관련한 연방정부에게 거부 없이 주어진다. 그와 같이, 헌법은 일반적으로 연방정부와 주 정부에게 주 간(間)의 통상에 대한 공통된 권한을 주게 되어 있다. 그러나 아주 일찍부터 대법원은 주 간의 통상에 대한 존중과 더불어 주들의 권한을 제한했다.

1824년, 결국 〈휴면통상조항〉이라 불리는 용어가 처음으로 등장했다. '기번스(*Gibbons*)'라 불리는 사건에서 그때 대법원의 수석재판관인 존 마셜(John Marshall)이 다음과 같이 선고했다.

---

2 같은 조항. at art. I, § 8, cl. 3.

'규제하는 것'이라는 어휘의 의미가 그것의 본질상 규제되는 것에 대한 완전한 권한을 포함할 때 그것은 필수적으로 똑같은 것에 대해 똑같은 작업을 수행할 때의 다른 모든 것들의 조치를 배제한다고 사료되어 왔다. … 이러한 주장에는 커다란 효력이 있으며 따라서 법원은 그것에 대한 반박에 유감을 표명한다.[3]

근본적으로, 미국헌법이 연방 정부에게 '규제'하라는 권한을 주었을 때 그것은 통제하는 권한만을 의미했다. 따라서 그러한 통제권은 주들에게는 거부되는 게 당연했다. 후에 있었던 사건들이 이러한 추론의 과정에 따라 상술되었다. 마침내 1875년에 법원은 휴면통상조항을 수용했으며, "(의회의) 어떤 주제에 대해 아무런 표명을 하지 않는다는 것은 … 주 간의 통상이 자유로울 것이고 제약을 받지 않을 것이라고 선언하는 것과 동일하다."[4]라고 공표했다.

이런 이유로, 의회가 통상에 대한 권한을 행사하지 않았을 때마다 의회가 그것을 자유롭고 제약받지 않는 것으로 의미한 것이기 때문에 주들은 어떠한 통상의 권한을 사용하는 것에 방해를 받게 된다. 하지만 만약 의회가 그 주제에 대해 거론했다면, 그 주의 법이 효력을 발휘하기 시작하는 것을 막기 위해 '우월조항'이 가동된다.

이러한 원리에 대해 비평가들은 침묵을 통해 의회의 의도를 해독하는 데에 내재하는 어려움을 지적해 왔다. 더 중요한 것은, 헌법에 의해 요구되는 대로 의회의 상하 양원에 의한 법안 통과와 대통령의 서명 또는 거

---

3   기번스(*Gibbons*) *vs*. 옥덴(*Ogden*), 22 US(9 Wheat) 1, 209(1824).

4   웰턴(*Welton*) *vs*. 미주리(*Missouri*), 91 US 275, 282(1875).

부를 통한 의사 표시가 없다면, 이것은 주들이 통상을 규제하는 것을 막는 법을 제정하는 것 같아 보일 것이다. 이러한 비평들에도 불구하고, 휴면통상조항은 100년 이상 동안, 그리고 무력하게나마 완전히 사법적으로 구성된 생각으로서 존재해 왔고 쉽게 가늠할 수 없는 미래에 있어서의 실행 가능한 법률적 신조로서도 계속 존재할 것이다.

앞에서 논의되었듯이 미국 헌법은 연방정부에게 헌법에 열거된 권한들에 대해 제한적이다. 통상과 관련된 권한들은 의회가 여러 주 가운데서의 통상을 규제하는 권한을 지닌다는 것을 말한다. 연방의 법들이 권한에 대한 타당한 시행이었는지 아니었는지를 결정하기 위해 문구 그 자체에 대해 많은 소송이 발생했다. 일반적으로, '여러 주 가운데'라는 말은 의회에게는 주간(州間) 통상 이상의 권한을 준다는 의미로 받아들여진다. 그렇다면 아마도 주들은 전적으로 주 간에 발생하는 통상을 규제할 수 있을 것이다. 그러나 사법적 해석에 의하면, 완전히 어떤 주 안에서 발생하는 활동들조차도 휴면통상조항의 목적에 있어서는 주와 주 사이에 있는 것으로 여겨질 수 있다. 법원은 국민의 무역 활동이 행해질 때 그것이 대체로 국내 시장에서 효과가 있을지를 묻는다. 만약 그 답이 예스(yes)이면, 그것은 '주간의' 통상으로 여겨진다. 따라서 단지 자신의 부동산 토지에서, 그리고 자신이 소비하기 위한 밀(Wheat)만을 생산하는 밀 농부조차도 연방의 통상 권한에 예속될 것이다.

휴면통상조약의 옹호

위에서 보여 주었듯이, 휴면통상조항은 헌법 텍스트에서의 기반이 매우 약하다. 더 나아가 그것은 법률 제정(침묵과는 반대 입장인 법률 제정)이 의

회의 상하 양원에 의해 이루어지고 그다음엔 대통령에 의해 법으로 결정되어야 한다는 필요 요건과는 완전히 정반대인 것 같아 보일 것이다. 그러나 휴면통상조항이 미국 법에서 존재해 온 이유 중의 하나는 그것의 필요성이 인지되었다는 사실 때문이다.

조항의 옹호자들은 그것의 보호 무역 경제 정책을 제거하는 능력을 들먹였다. 휴면통상조약은 예를 들어 어떤 주가 주 내부의 생산자에게는 단일 가격으로, 그리고 다른 주의 생산자에게는 더 높은 가격으로 허가 면허를 제정하는 것을 막는다.

다시 말해서, 휴면통상조약은 국가의 자유 시장 경제 체제를 보장하고 그것을 온전히 유지한다. 그에 관해 한 시사 해설가는 다음처럼 말한다.

> 통상 조약에 의해 조성되는 시스템이 모든 농부와 장인으로 하여금 국내의 모든 시장에 자유로운 접근성을 지니고, 국내의 그 어떤 통상 금지령도 수출을 억누르지 않으며, 그 어떤 다른 주도 관세나 규제에 의해 차단하지 않을 것이라는 확실한 보장하에 생산을 하도록 장려할 것이다. 마찬가지로, 모든 소비자는 어떤 착취로부터 자신을 보호하기 위해 그 국가의 모든 생산지에서 자유로운 경쟁을 하려고 할 것이다. 그러한 것은 설립자들의 비전이었다. 반면에 그것은 현실성을 부여해 온 이러한 법원의 신조가 되어 왔다.[5]

이것은 특히 현대 사회에서 유용한 목적을 제공한다. 오늘날, 상업 물

---

5 짐 로시(Jim Rossi), "Transmission Siting in Deregulated Wholesale Power Markets: Re-Imagining the Role of Courts in Resolving Federal-State Siting Impasses," *Duke Environmental Law and Policy Forum* 15(2005): pp. 315, 323.

품들은 즉시 인터넷을 통해 주문될 수 있고 뉴욕, 캘리포니아, 또는 그 밖의 다른 곳으로부터 익일 우편으로 빠르게 배송될 수 있다. 만약 각각의 주가 자신의 상업적 범주의 법률을 채택한다면 그로 인해 상호 간에 일어날 수 있는 불만들이 충격적일 것이다. 각 주는 상업적으로 비(非)우호적으로 여겨졌던 주들에 반하는 보복적인 상업적 법안을 제정할지도 모른다. 상호주의 법안들은 세금, 의무, 그리고 심지어 소비자가 거주하는 주에 따라서 배송하는 능력까지도 한층 더 복잡하게 할 것이다.

미국에 있는 모든 소비자에게 모든 시장에서 구매할 기회를 주기 위해, 휴면통상조항이 효력을 지닐 수 있게 되기 전에 이러한 차별적인 법률을 정지시키게 되는데, 그것은 그 소비자가 단지 그곳에 살고 있다는 이유로 또는 그 상품의 제조자가 그곳에서 사업을 한다는 이유로 더 많은 비용을 지불하는 것을 막아 준다. 이것은 와인 산업에서 특히 중요하다. 부티크(소규모) 와이너리들이 점점 흔해지고 있다. 이런 작은 와이너리들은 연간 특별한 와인 500병만 생산할지도 모른다. 그들은 많은 양을 생산하지 않기 때문에 각각의 주에서 발생하는 다양한 합법적 장애물을 처리하기 위한 경제적 수단을 가지지 않는다. 실제로, 그것이 알코올 유통의 전통적인 3단계 시스템, 다시 말해 제조자가 도매업자에게로, 도매업자가 소매업자에게로, 그리고 소매업자가 소비자에게로 유통되는 시스템을 겪어야 한다면, 와인을 다른 주로 수송하는 것은 비경제적인 것이 된다. 그렇게 해서, 휴면통상조약은 다양한 주 관료들의 불필요한 요식을 잘라 내고 부티크 와인을 소비자에게 직접 도달하게 하는 방법을 제공한다.

불행하게도, 휴면통상조약이 와인과 와인 운송에 적용될 때 완전한 효력이 있는 것은 아니지만, 알코올과 관련될 때의 특별히 고려되는 사항들이 있기도 하다.

알코올의 특례

19세기 말, 금주 운동이 명성을 얻기 시작했다. 그것의 중심적 교의는, 모든 방식의 사회적 병폐를 개선하고자 했던 사람들에게 비난받는 음료인 알코올의 범죄적 소비를 금지하고자 하는 바람에서 비롯되었다. 주들은 저마다 알코올의 생산과 판매를 제한하는 법안을 제정하기 시작했다.

이 시기엔, '와인 생산'과 '광업' 같은 특정한 산업 활동들이 본래 지역적이었고 그러므로 해당 주에 의해 규제될 수 있었다고 종종 주장되었다. 따라서 캔자스(Kansas) 주는 국내적 사용을 위한 알코올 생산을 전적으로 금지하는 법을 통과시켰다. 대법원이 캔자스 법을 확인했다. 이러한 결정 하에, 주들은 주 경계 내에서의 알코올 생산을 금지할 수 있었다. 그러나 주들은 여전히 서로 간의 통상에 영향을 미치기에는 무력했다. 금지하지 않는 주에서 와인은 여전히 생산될 수 있었고, 생산을 금지했던 주에서 기다리고 있는 고객들에게 운송될 수 있었다.

알코올이 금지되는 주로도 배송될 수가 있었는데, 휴면통상조약이 주로 하여금 알코올에 관련하여 주 간의 상업 활동을 규제하는 것을 막았기 때문이다. 의회는 여전히 주 사이의 알코올 수입 문제에 대하여 말해야 했고 그 지역은 '자유롭고 속박받지 않는' 것으로 의미되었다. 금주 운동이 활력을 얻었을 때, 의회는 유권자의 요구에 반응했고 마침내 윌슨 법안(Wilson Act)을 통과시킴으로써 그 논제에 대해 언급했다.

1890년에 통과된 윌슨 법안은, 주들로 하여금 그 주에서 알코올이 금지되는 방식과 똑같이 수입된 알코올을 다루도록 했다. 다시 말해서, 그 주에서 생산된 알코올의 판매를 금했던 주는 또한 외부에서 생산된 알코올의 판매도 금지할 수 있었다. 그러므로 이것이 알코올에 관한 각 주간(州間)의 특성을 없앴고 결국 휴면통상조항의 유효성을 없애 버린 게 되었다.

　'주류가 허용되는' 주의 알코올 생산자들과 '주류가 허용되지 않는' 주의 소비자들은 곧 새로운 법에 맞는 방식을 찾았다. 그들은 간단히 알코올을 직접 소비자에게 운송할 수 있었다. 그들이 그렇게 행할 경우, 주류가 금지되는 주에서는 '판매'라는 게 이루어지지 않았다. 그러한 방식은 결코 주 당국의 법에 저촉되지 않았다. 대법원은 이러한 이성적이고 직접적인 와인 운송을 성공적이라고 단호히 주장했다.

　금주 운동이 더욱 강해지고, 주류 판매 반대 연맹(Anti-Saloon League)이 두각을 나타내게 되었을 때, 의회는 이러한 직접적인 운송이라는 법의 허점을 고치기로 결정했다. 그렇게 하기 위해 그들은 웨브-케니언(Webb-Kenyon) 법안을 통과시켰다. 그 법안은 그 주의 어떤 법의 위반하에서 수용되고, 소유되고, 판매되거나, 어떤 방식으로든 사용이 되는 어떤 알코올 음료가 하나의 주에서 다른 주로의 배송 또는 운송이 되는 것을 금지했다. 그러므로 만약 소비자에게 직접 알코올을 배송하는 것이 수취하는 주의 법을 위반했다면, 그것은 또한 의회의 법을 위반한 것이 된다. 따라서 의회가 그 문제에 관해 말했던 적이 없기 때문에 휴면통상조항에는 주류 수입에 관련된 주 법률에 대한 영향력이 없었다.

　이전의 윌슨 법안과 같이, 이 법은 웨스트버지니아 법이 소비자에게 직접적인 모든 운송을 금지했을 때 대법원에서 빠르게 테스트되었다. 다른 주의 와인 생산자는 이전에 행해졌던 것처럼 두려움 없이 버지니아 소비자에게 직접 운송했다. 대법원은 웨브-케니언 법안이 웨스트버지니아 주로 하여금 그것이 주 사이의 통상에 기울였던 노력에도 불구하고 알코올을 규제하게 만든다고 주장했다. 그러한 경우에 그 법은 주 안의 생산자들과 다른 주의 생산자들 가운데서 두드러지게 구분을 하지 않았다. 예컨대 웨스트버지니아 양조장뿐만 아니라 메릴랜드의 양조장도 알코올을 소비자에게 직접 배송하는 것이 금지되었다.

알코올에 대해 신중해짐

불행히도, 웨브-케니언 법안은 미국의 법정에서 심층적 테스트를 받지 않았다. 그것이 통과한 지 불과 2년 후 국가는 제18 수정안을 헌법에 비준 했고 고귀한 실험과도 같은 금주법을 제정했다. 금주법이 힘을 얻었고 점점 많은 수의 주에서 주류가 허용되지 않게 되었을 때, 미국 시민은 의회가 음료 용도로서의 알코올의 모든 판매와 제조, 또는 운송을 불법적인 것이 되게 수정한 것을 바꾸기로 결심하기도 했다.

그러나 금주법은 궁극적으로는 실패를 했다. '음료 용도'로서의 알코올성 음료를 마실 자유는 제18 수정안의 철회와 함께 제21 수정안의 비준에 의해 다시 환원되었다. 제21 수정안은 단순히 금주법을 폐지하기만 한게 아니라, "자유롭고 속박받지 않는" 경제적 시스템에게로 알코올을 돌려보내지도 않았다. 대신에 그 법안은 또한 그 이후 많은 논쟁과 소송의 주제였던 언어를 포함했다. 제21 수정안은, "그것의 법률을 위반하면서, 알코올에 취하게 만드는 이러한 주류를 전달하거나 사용하기 위해 미국의 어떤 주, 영토, 또는 소유지로 운송 또는 수입하는 것이 이로써 금지된다."[6]라고 선언한다.

제21 수정조항의 흥망성쇠

제21 수정안[7]을 읽어 보면, 그것은 휴면통상조항을 완전히 폐지하는

---

6   미국 헌법. 수정조항 XXI § 2.

7   제21 수정안의 역사와 검토했던 많은 사법적 판례에 대한 심층 분석을 위해, 드류 D. 매시(Drew D. Massey), "Dueling Provisions: The 21st Amendment's Subjugation to the

것 같다. 바로 웨브-케니언 법안이 주 법의 위반을 또한 연방 법의 위반으로도 만드는 것처럼, 제21 수정안은 주 법의 위반을 헌법의 위반으로 만든다. 더욱이 제21 수정안의 매우 구체적인 언어는 휴면통상조항의 더욱 오래되고 더욱 보편적인 효과를 무시하는 것 같은 생각이 들게 한다.

처음에 이것은 그 수정안이 통과한 지 불과 3년 만에 대법원에 의해 정확하게 접근되어 다루어졌다. 〈영 마켓(*Young' Market*)〉 사건에서, 캘리포니아는 맥주의 모든 도매업자에게 면허를 받을 것을 요구했다. 게다가 그들은 만약 도매업자가 다른 주로부터 맥주를 수입하고 있었다면 추가 요금을 부과했다. 법원은 제21 수정안의 명백한 법률 언어를 인정했고 차별적인 법이 타당했다고 주장했다. 비록 이것이 휴면통상조항이 주장했던 정확한 유형의 경제적 보호주의일지라도 법원은 제21 수정안이 통상 조항의 권한을 폐지했다고 주장했다.

그러나 초창기인데도 법원은 제21 수정안에 대한 몇 가지의 한계를 인정했다. 그 수정안은 주의 법을 보호했다는 것 말고는 그 이상의 아무것도 아니었다. 캘리포니아가 요세미티(Yosemite) 국립공원에서 판매한 주류에 대한 통제를 시행할 어떤 새로운 법을 정당화하기 위해 그 수정안을 사용하려고 시도했을 때 대법원은 캘리포니아 법률을 폐지했다. 주의 법이 연방의 지역들로 유효하게 확장될 수 없기 때문에, 제21 수정안은 주의 경계 너머에 도달하는 그러한 법을 보호할 수 없었다.

제21 수정안은 경제적 보호주의를 허용했다. 그것은, 다른 주의 알코올 생산자에게 부과되는 관세나 또는 다른 라이센스 수수료 때문에 주들

Dormant Commerce Clause Doctrine," *Transactions: The Tennessee Journal of Business Law* 7(2005): pp. 71-121. 참조.

로 하여금 판매 의사자가 구매 의사자를 만나는 것을 못 하게 하는 것이었다. 점점 많은 주가 보호주의적 법규를 세우고 와인이 그 표준적 3단계 시스템을 거칠 것을 지시함에 따라, 소규모 양조장들이 매우 지역적인 규모에서 말고는 어디서나 이윤을 내는 것이 대단히 어렵게 되었다. 국가 경제가 보다 활력 있게 됨에 따라, 그리고 생산자들과 소비자들이 먼 거리에서조차도 더욱 잘 교역할 수 있게 됨에 따라 법원은 제21 수정안에 점점 더 반대하게 되었다.

1964년, 대법원은 〈호스테터(the Hostetter)〉 사건의 판결을 내렸다. 이 사건에 관해서 가장 중요한 것은, 제21 수정안이 휴면통상조항을 지배했다고 언명한 법이 정착된 20년 이상 후에 대법원이 그것에 대한 논쟁을 활성화했다는 것이다. 대법원은 제21 수정안에 맞서 즉시 공세를 취했다. 호스테터 사건에서, 그들은 그 안건을 만들 때 너무 일방적으로 틀을 구성했기에 수정안의 언어를 명백하게 하기보다는 오히려 제한할 수 있었다. 법원은, "소비자들이 해외 무역에서 자신들에게 배송하기 위해 … 뉴욕으로 하여금 뉴욕 땅을 거쳐 주류를 통과시키는 것을 절대로 금지하도록 권한을 부여할 정도로 통상 조항을 폐지하는 건 아닌지"를 물었다.[8] 그 수정안의 언어 표현에 대해 살펴보거나 또는 그 이전에 있었던 윌슨이나 웨브-케니언 법률과 관련된 수정안의 목적을 분석하기보다, 오히려 법원은 휴면통상조항을 제21 수정안에 대한 상대 적수로서 되살아나도록 그 논제를 표명했다. 거기에서 멈추지 않고 법원은 제21 수정안이 휴면통상 조항을 폐지하도록 작용했다는 주장은 "터무니없이 지나친 단순화"였다고 계속해서 말했다. 법원은 휴면통상조항이 뉴욕으로 하여금 그 주의 규

---

8   호스테터(*Hostetter*) *vs. Idlewild Bon Voyage Liquor Corp* ., 377 US 324, 329(1964).

제를 강화하는 것을 막았다고 여겼다.

알코올과 와인을 주의 규제로부터 계속해서 자유롭게 하면서, 대법원은 〈바커스 수입(Bacchus Imports)〉 사건을 판결했다. 그 사건에서, 하와이 주는 세금을 모든 주류에 부과했다. 토종 알코올 음료인 '오코레하오(Okolehao)'와 '파인애플' 와인 두 가지만 예외였다. 이 세금에 대해 언급이 된 목적은 지역에서 생산된 알코올 음료를 권장하고자 함이었다. 다른 와인 수입자들이 세금 부과의 불평등한 특성 때문에 그 법에 이의를 제기하는 소송을 걸었다. 그 법은 틀림없이 차별적이었다. 왜냐하면 하와이 지역에서 생산된 음료들만이 면제되었기 때문이다. 따라서 이것은 정확히 휴면통상조항이 예방할 경제적 보호무역주의의 일종인 것이다. 이것을 인식하고서, 법원은 하와이 법을 폐지했고 그러한 경제적 보호무역주의가 휴면통상조항보다 하위에 놓일 수 없다는 점을 주목했다.

〈바커스 수입〉 사건은 법원의 우선 사항들에 대한 기본적 입장변화를 보여 준다. 대법원은 〈영 마켓(Young' Market)〉 사건에서 이미 차별적인 세금 문제에 직면했었다. 요금과 관련된 노골적인 그 사건은 다른 주의 법률 출원자들에 대한 도매업 면허에 대해 요금을 인상했고 게다가 법원은 그 법을 옹호했다. 이러한 변화는 다른 무엇보다도 국가 전체의 경제에 전념하겠다는 것을 상징한다. 와인을 통해 국가 경제를 성장하게 하는 것이 거의 반세기 전에 제정되었던 수정안의 텍스트를 붙잡고 있는 것보다 더욱 중요해졌다.

성공적인 사건들에서, 대법원은 제21 수정안에 의해 승인된 권한을 계속 줄여 갔다. 그것이 궁극적으로 무관할 것 같은 징후를 보였을 때 스칼리아(Scalia) 판사는, 법이 차별적이라면 제21 수정안에 의해 제공되는 '면

책 특권'이 차츰 사라질 거라는 하나의 관점에서 언급을 하기도 했다.[9] 흥미롭게도, 비록 단지 한 명의 판사에 의해서 주장된 것일지라도 그 의견은 제21 수정안을 사실상 무효 법률이 되게 했다. 그 수정안은 주들이 차별하는 것을 허용한다는 것으로 의미되었다. 그러나 스칼리아의 법 심리에 의할 때, 만약 법이 차별적이라면 그리고 따라서 제21 수정안이 그러하다면 그것이 보장되기는 어려울 것이다. 그러한 논리로 보면, 제21 수정안의 효력은 기껏해야 하루살이 목숨처럼 수명이 짧다는 것이다.

거듭 말해서, 제21 수정안에 대한 이러한 판독은 와인에서 전체 국가의 경제를 가로막는 수정안의 권한을 완전히 없앤다는 것을 의미한다. 각각의 주는 그 주의 소비자들뿐만 아니라 다른 주의 소비자들도 똑같이 대해야 할 것이다. 직접적인 배송의 '법적인 맹점'은 근본적으로 한시름 놓기 시작하고 있었다. 그러나 수정안에 대한 최종적인 타격이 2005년 〈그랜홈(Granholm) vs. 힐드(Heald)〉 사건에서 가해졌다.

미시건 주는 미시건 와인 생산자가 그 주 안에서 어떤 소비자에게 그 와인을 직접 배송하는 것을 허락하는 일련의 법을 제정했다. 그러나 그 법은 어떤 다른 주의 생산자가 미시건 소비자에게 와인을 직접 배송하는 것을 금지했다. 이것은 국내, 특히 주 내의 와이너리들에게 더욱 큰 이득을 주는 결과가 되었다. 어떤 양조장은 도매업자와 소매업자를 먼저 반드시 거치지 않고도 소비자에게 와인을 판매할 수 있었다. 그들은 중간자를 건너뛸 수 있었기 때문에 그들의 와인이 소비자에게 싸게 팔릴 수 있었다. 그에 반해, 다른 주의 와인은 도매업자와 소매업자를 거쳐야만 했다. 그러다 보니, 그것은 훨씬 덜 경쟁적이어서 가격 면에서 미시건 와인들에

---

9 힐리(Healy) vs. 맥주협회(The Beer Institute), 491 US 324(1989)(Scalia, J., concurring).

게 결정적인 위기를 주었다.

다른 주, 특히 캘리포니아의 와이너리들은 이러한 차별적인 관행을 불쾌하게 여겼다. 그들은 제21 수정안 제정에도 불구하고 휴면통상조항이 이러한 종류의 법안을 막았다고 주장하는 소송을 제기했다. 그 사건은 항소재심의 길을 걸었고 마침내 대법원으로 오게 되었다. 많은 정론들이 양측에서 만들어졌고, 판사들은 와이너리의 변호인단에 의해 그들의 캘리포니아 지역을 공짜로 관광하라고 농담조로 초대되기도 했다. 그 소송은 차별적인 미시건 법에 대해 5대 4로 판결이 났다.

케네디(Kennedy) 판사는 금주 법률의 원리들을 다시 말함으로써보다는 그 판결의 경제적 영향에 관해 말하면서 의견을 폭넓게 피력하기 시작했다. 그는 "소규모의 와이너리는 충분한 와인을 생산하지 않거나, 소비자로 하여금 그들의 와인을 도매업자가 나르는 것을 경제적으로 요구하도록 허용하지 않는다."[10]라고 지적했다. 이러한 경제적 현실을 염두에 두고, 케네디 판사는 제21 수정안이라는 안건을 제기했고 다른 주의 와이너리들에게 우호적으로 판결했다. 그러한 차별이 세금의 징수를 보장할 필요가 있었다는 주의 주장을 그는 거부했다. 토머스(Thomas) 판사는 격렬하게 이의의 의견을 표명했지만, 단지 세 명의 판사들만이 추가적으로 더 지지했을 뿐, 제21 수정안은 경제적 필요성에 의해 무너졌다.

비록 이러한 전개가 처음엔 와인 산업에 요긴한 것 같을지라도, 그것은 양의 탈을 쓴 늑대인지도 모른다. 처음에, 그랜홈(Granholm) 사건의 법 심리는 상호 간의 배송하는 주에 대해 완전히 동등하게 적용된다. 캘리포니아와 같은 주들은 주 내에서 소비자에게 직접 배송하는 것을 허용하지만 캘

---

10 그랜홈(Granholm) vs. 힐드(Heald), 544 US 460, 467(2005).

리포니아 와이너리에서 소비자들에게 직접 배송하는 것을 허용하는 주에서 나올 때만 그렇다. 그러한 법들은 미시건 법이 그랬던 것만큼 확실히 바로 그 와인에 기초하여 구별하기 때문에 그 법들도 또한 폐지될 것이다.

이 사건의 예상치 못한 전환은 각각의 주에게 단 두 가지의 관점만을 남긴다. 그들은 모든 주로부터의 직접 배송을 허락할 수 있거나, 아니면 와이너리 밖에서부터는 물론이고 안에서도 직접 배송을 전적으로 금지할 수 있다. 양자택일한다고 볼 때, 그 두 번째가 도매업자들로부터 오히려 직접 배송의 요금징수를 보장하는 어떤 주에게는 더욱 매력적일 수 있다는 것을 입증할지도 모른다. 이것은 그 주가 활발한 와인 산업을 펼치고 있지 않다면 특히 맞을 것이다. 따라서 이것은 주 상호 간의, 적어도 어느 정도 직접적인 배송에 한때 개방적이었던 주들에게 그러한 배송을 완전히 금지하도록 이끌 수 있을 것이다. 그럼으로써 전체적으로 볼 때 와인 산업뿐만 아니라 소비자들에게도 손해를 주게 될 수도 있다.

새로운 트렌드와 발전 현황

그랜홈 사건의 충격은 이미 워싱턴 주에서도 감지되었다. 워싱턴 주에서는 근본적으로 미시건 주에서 존재했던, 말하자면 주 내의 생산자들은 도매업자를 건너뛰고 소매업자에게 직접적으로 팔 수 있었지만 다른 주의 와이너리들은 소매업자에게 판매할 수 있는 도매업자에게 먼저 판매해야만 했던 것과 똑같은 '직접 배송'에 관한 규제가 있었다. 창고형의 대형 소매점인 코스트코(Costco)는 법적 소송을 제기했다. 그들은 이러한 시스템이 와인을 대량으로 구매하지 못하게 했고 가격 할인 협상을 막았다고 주장했다. 그들은 주 내에서 와인을 구매했을 때처럼 중간 도매상인을 건너뛰어 가격 책정이 가능했던 것과 똑같은 능력을 갖기를 원했다.

처음에, 워싱턴 주의 몇몇 소규모 와이너리는 그 소송에 대해 걱정했다. 그들은 워싱턴 주가, 생산자가 도매업자를 건너뛰지 못하게 함으로써 차별성을 잃게 될 것을, 그리고 모든 소규모 와이너리들에게 경제적으로 불안정한 3단계 시스템을 무겁게 걸어가도록 강요할 것을 염려했다. 2005년 10월 21일, 연방지구의 법정은 워싱턴 법이 그랜홈 사건 이후에 위헌적이었다고 판결을 내렸다. 그러나 법원은 입법부가 그 질문에 답하는 존재가 되어야 한다고 여겼고 그들에게 2006년 4월 14일까지 그렇게 하게 했다. 입법부는 다른 주의 규제를 없애고 워싱턴의 모든 소매업자들이 도매업자를 건너뛰도록 하는 법을 빠르게 통과시켰다. 워싱턴 주의 맥주와 와인 도매업 협회뿐만 아니라 워싱턴 주의 법무장관이 항소를 제기했다.

워싱턴 와이너리들의 초기의 우려는 충분히 근거가 있었다. 인디애나에서는 '알코올과 담배 위원회(The Alcohol and Tobacco Commission)'가 모든 국내의 와이너리에 직접 배송이 경범죄였다고 지시하는 경고를 보냈다. 이 경고는 그랜홈 사건 후 며칠 만에 일어났다. 근본적으로, 그 주는 안에서 밖으로 혹은 밖에서 안으로의 직접적인 배송을 막음으로써 미시건 법에서와 같은 불평등한 측면을 피하기를 희망했다.

그 규정은 주 내의 아홉 개의 와인 양조장에 의해 이의가 제기되었다. 그들의 주장은 그 규정이 만들어졌던 방식에, 그리고 그것이 그랜홈 사건 하에서의 주장들보다 오히려 대중들로부터의 개입 없이 어떻게 돌연 그것이 정책을 바꾸었는가에 상당히 중점을 두었다. 이것은 차별이 없다면 그랜홈이 그 법의 폐지를 지지하지 않을 것이기 때문이다.

다행히도, 그 주의 입법부는 절충적 입장에 도달했다. 만약 인디애나 주민 한 사람이 실제로 와이너리를 방문해서 신원이 확인되기만 한다면 그 와이너리로부터 어느 정도 직접 배송을 받도록 허락될 것이다. 이 법은 주 내부와 다른 주의 와이너리 둘 다에 적용된다. 그러므로 만약 인디애나의 어떤 주민이 길 아래쪽의 와이너리로부터 직접적인 배송을 원한다면 그는 그곳을 먼저 방문해야 한다. 그리고 만약 그가 나파밸리에서 생산된 빈티지를 원한다면 그는 캘리포니아로 가는 비행기를 예약해서 그 장소를 방문해야 한다. 이것은 소비자에게 직접 배송하는 것에 대해 어느 정도 접근을 허용하지만, 그것은 거의 이상적인 것이 되지는 못했다. 소비자들은 추가의 연결 고리를 통해 점프해야 하고, 그래서 전문가가 가장 좋아하는 와인의 포도가 전 세계의 다른 많은 지역에서 재배되는 경우에, 소비자들이 그랜홈 사건과 유사한 차별적 경우들에서 큰 승리를 할지라도 그러한 와인들을 적어도 초기에는 매우 비싸게 만든다. 많은 주가 그렇듯 모든 직접적인 배송을 완전히 제한하는 것이 더욱 호의적인 과정이라고 그 주가 결정 내리지 않도록 그들은 자신들에게 힘든 도전이 될 수 있는 그러한 상황을 경계해야 한다.

와인 특례에 대한 반응

이미 진술했듯이 일반적으로 알코올은 그리고 특히 와인은 많은 미국인들의 문화적 정체성에 있어서 특별한 입지를 차지한다. 그렇게 정부가 수정안과 같은 법령이나 사법적 결정을 통해 와인을 규제할 때 특별한 법규들이 채택되는 것은 놀랄 일도 아니다. 그러나 흥미로운 것은 정부의 다양한 부처가 알코올과 관련된 질문에 어떻게 반응하는가이다.

의회는 휴면통상조항에 대한 관심으로부터 알코올 면제를 의도하는 법률을 통과시키게 되었다. 그것은 알코올에 대한 독특한 예외를 만들기 위해 그렇게 했다. 30년 정도 후에, 사법부는 알코올에 관한 다양한 정책을 제시했다. 사법부는 의회 활동을 '철회'하려는 목적으로 서서히 그러나 확실하게 새로운 일련의 법규를 만들었다. 의회는 금주 운동에 의해 동기 부여가 되었고, 법원은 부티크 와이너리들과 국가 경제의 어려움에 의해 자극되었다. 그러나 각각의 것들이 알코올을 둘러싼 현행법의 문제라고 인식했던 것을 다루기 위해 새로운 접근법을 채택했다.

데이터에 대한 대부분의 법적 소송은 와인과 와이너리들에 중점을 두어 왔지만, 그 법은 일반적으로 모든 알코올에 적용된다. 오늘날엔 맥주와 다른 양주의 생산자들과 소비자들 가운데서 직접적인 배송을 개시하자는 움직임과 더불어 유사한 움직임들이 일고 있다. 부티크 와이너리 때문에 와인을 사기가 어려움에도 불구하고 와인의 수요가 높아져서, 결국 국가의 경제를 활성화하고 보호무역주의의 법률을 폐지하도록 이끌었던 것은 바로 와인이었다. 그러나 그 법은 다른 알코올성 음료들의 배송에 있어서도 역시 동등한 힘을 적용한다.

알코올을 둘러싼 법률이 계속 진보할 때 유일하게 확실히 말할 수 있는 것은, 점점 더욱 오래된 신념의 구조에 바탕을 둔 관련 없는 법률적 패러다임들이 알코올에 대해 보다 통용되는 입장에 기반을 둔 더욱 새로운 모형의 방법을 제공할 것이라는 점이다.

역자후기

———

참으로 오랜 인고의 시간을 보낸 끝에 마침내 *Wine & Philosophy*의 번역서를 출간하게 되어 기쁨이 마음 가득 차오릅니다. 맨 처음 원서를 접했을 당시에, 책이 주는 풍성한 지식과 흥미로운 전개 방식에 몰입되어 환희에 젖은 마음으로 무척 흥미롭게 읽어 낼 수 있었습니다. 무엇보다도 단어 자체만으로도 구미가 돋는 '와인'을 매개체로 하여, 다소 어렵게 여겨질 수도 있는 석학 및 전문가의 논문들을 즐겁게 읽어 나갈 수 있게 했다는 점이 이 책이 주는 가장 큰 매력으로 다가왔습니다. 또한 편저자 프리츠 알호프(Fritz Allhoff)는 어떻게 이토록 기발한 생각을 했을까 하고 경탄하기까지 했습니다.

알호프의 서문(소개의 글)에서도 그가 밝혔듯이, 와인에 관해 시간적, 학문적, 역사적으로 많은 것을 집대성한 것으로서 이 책이 주는 가장 큰 가치는 와인을 통해 철학적인 사유와 통찰을 시도했다는 것이며, 그러한 가치 추구의 결과로, 철학이라는 큰 범주 속에서도 개별적인 철학의 분파로서 각각 나름의 중요한 몫을 차지하고 있는 미학, 언어 철학, 예술과 형이상학, 정치 철학, 사회/경제 철학, 동서양의 사상, 의학 철학, 인식 철학, 윤리학, 비평, 역사학 등의 다양한 관점에서의 철학적 조망이 구현되었습니다. 이것은 현시대에 새롭게 부상하고 있는 창의적 콘텐츠 표현 방식이자

와인 심포지엄

융합 마인드의 학문적 사유 방식으로서 그것을 발현하고자 하는 매우 모범적인 시도 중의 하나라고 감히 단언합니다.

서점가에 이미 상당량 출판된 그동안의 와인 관련 서적들은 대부분 와인 입문서이거나 와인과 와인 제조법에 관한 설명서의 특색을 갖추고 있는 경향이 컸습니다. 따라서 그러한 서적들은 열렬한 와인 애호가 또는 와인 관련 사업을 하는 사람에게 보다 더 유용한 책일 것이라 여겨졌습니다. 그런 연유로, 와인에 대해 문외한에 가까웠던 본 역자에게 그와 같은 서적들이 크게 와닿기가 어려웠던 것도 사실입니다. 그러나 거꾸로, 각각의 논문 저자들이 모두 와인과 깊은 관련이 있으며 와인에 관해 해박한 지식을 쏟아 내고 있는 이 책을 통해서, 본 역자 또한 내용 속에서 다루고 있는 다양한 종류의 와인에 관해 오히려 많은 공부가 될 수 있었습니다.

그러한 관점에서, 이 책은 와인에 일가견이 있는 사람들에게는 와인과 더불어 가질 수 있는 철학적 사유의 즐거움을 얻게 해 주고, 반대로 와인을 모르던 인문학적 지식인들에게는 와인에 대해 흥미로운 방식으로 지평을 넓히는 특별한 경험을 하게 해 줄 책이 될 거라고 크게 확신합니다.

알 호프가 이 책의 소개의 글을 통해 책의 구조와 내용에 관해 상세하게 설명을 해 주었기에, 역자로서는 그보다 더 구체적으로 해설을 덧붙일 필요가 없다는 판단과 함께 후기에 대한 부담을 줄일 수 있었습니다. 또한 각 장을 풍성하게 채워준 기고자들에 관한 상세 설명이나 소개를 별도로 해야 한다는 의무감으로부터도 자유로울 수 있었습니다. 따라서 그보다는 책을 먼저 읽은 독자로서의 소감을 밝히는 것이 보다 유효하다는 생각이 듭니다.

19개의 장으로 구성된 이 책의 논문들은 내용에 대한 접근과 전개 방식이 주로 학술적인 성격을 지니고 있음에도 불구하고, 의미 있는 비유가 적절히 사용되어 이해를 돕고 있으며 흡인력 있는 예시적 설명이 곁들여져 있어서 학문적 식견이 매우 많지 않은 일반 독자들조차도 흥미로운 관심을 가지고 몰입하여 읽을 수 있도록 했습니다. 알 호프는 책을 구성하고 있는 각각의 논문을 그것의 중요성에 대한 확신을 가지고 개괄적으로 소개해 줍니다. 그가 설명해 놓은 다양한 학문적 논제들은 마치 잘 차려진 향연의 음식과 술을 마주하는 것처럼 느껴지게 해서, 많은 와인 속에서 특별히 고귀한 와인 하나를 고를 때처럼 설렘과 기대감마저 생겨나게 합니다.

고대 그리스의 플라톤과 아리스토텔레스를 비롯한 많은 철학자들이 심포지엄(symposium: 향연) 속에서 언제나 와인을 곁에 두고 철학을 논했던 모습을 피력하며 철학을 논하는 데에서 빠질 수 없는 것이 바로 와인이라고 알호프가 기술했듯이, 이 책의 모든 기고자들 또한 그 학술적 심포지엄의 토론 주제로서 혹은 매개체로서 와인 또는 와인 관련 이야기들을 적극적으로 기술했습니다. 그럼으로써, 결국 와인과 철학이라는 주제의 토론이 마음껏 펼쳐질 수 있도록 '와인 심포지엄'이라는 하나의 학술적 논의의 장(場)을 마련한 것이라 할 수 있을 것입니다. 그러한 와인 심포지엄에서 다루고 있는 「와인의 예술과 문화」, 「와인에 관한 감상과 담론」, 「와인과 와인 비평가들」, 「와인의 미(美)」, 「와인과 형이상학」, 그리고 「와인의 정치학과 경제학」이라는 여섯 가지 범주의 논제들은 그 제목만으로도 각각 하나의 책으로 엮어질 수 있을 만큼 의미 있고 훌륭한 표제들이라고 생각합니다.

한편으로는 그러한 표제들이 다소 무겁게 느껴질 수도 있지만 그럼에도 불구하고 그 안에서 정작 다루어지는 각 장의 제목들은 보다 맛깔스럽고 정감이 있어서 그 글만의 독특한 향기가 담겨 있는 것 같습니다. 그러한 점이 독자들에게 그 안에 담긴 알맹이에 대한 호기심과 참신한 독서의 의욕을 불러일으켜 줄 것으로 기대됩니다.

　인문학적 콘텐츠 개발 및 콘텐츠의 융합적인 응용에 커다란 관심을 가지고 있으며 그것의 효용가치를 알리는 데에 주력하고 있던 본 역자에게, 이 책의 논제들과 글의 소재들에 대한 강력한 이끌림이 있었던 것은 당연지사였습니다. 그러나 그러한 이끌림으로 시작된 번역이었음에도 불구하고 오랜 시간이 소요되었습니다. 번역의 속성이 늘 그러하듯, 스스로 즐겨 원서를 탐독할 때와는 달리 독자들에게 전할 때에는 그 어떤 용어 하나도 허투루 다룰 수가 없기 때문입니다. 따라서 모든 용어와 어휘를 일일이 다시 찾아 가며 한국말 표기 방식을 정립해야 했습니다. 또한 적지 않은 분량의 논문을 번역해야 하는 데서 오는 기본적 어려움은 차치하고라도, 논문 기고자들의 글을 쓰는 패턴이 모두 다르다 보니 저자의 개성 있는 필력의 묘미는 살리되 글의 스타일의 상이함에서 오는 차이가 너무 크게 부각되지 않도록 세심히 신경을 써야 했습니다. 맥락을 파악하기가 수월치 않게 저술된 글에서는 저자의 의도를 파악하고 표현의 뉘앙스를 정확히 잡아 가며 묘사하기 위해 보다 많은 시간이 요구되었습니다.

　그러한 과정에 의해서뿐 아니라 개인적인 사정에 의해서도 상당한 시간의 경과가 발생하다 보니, 애초에 저를 전적으로 믿어 주시고 온전히 번역을 맡겨 주신 북코리아 출판사 이찬규 사장님께는 이루 말할 수 없이 송구한 마음이 듭니다. 그리고 그 오랜 기다림 끝에 제가 많은 애정을 간직한 채 작업에 임했던 이 책이 마침내 출간될 수 있게 해 주신 것에 진심으로 감사를 드립니다. 더불어, 계약을 위해 애써 주신 BC 에이전시의 미하이 님과 원서를 출간한 Black Well 출판사, 그리고 세밀하고 꼼꼼하게 교정 편집을 위해 애써 주신 선생님들께도 감사를 드립니다. 또한 곁에서 항상 응원과 지지를 해 준 저의 가족에게도 무한한 감사의 마음을 전합니다.

이 책이 인문학에 관심을 지닌 한국의 많은 와인 애호가 및 와인 전문가들에게도, 다양한 분야에서 학문의 지평을 넓히고자 애쓰는 많은 교양인들에게도, 그리고 와인 음미와 철학적 사유라는 색다르면서도 묘하게 잘 어우러지는 두 개의 가치를 통해 새로운 관점의 창의적 발상을 꾀하는 모든 이들에게도 좋은 독서의 경험이 될 수 있기를 바라며 아울러 많은 이에게 유익하고 뜻깊은 서적의 하나로 자리매김하기를 소망해 봅니다.

2017년 가을을 보내며
김나영

기고자 주(註)

프리츠 알호프 Fritz Allhoff

웨스턴 미시간 대학교(Western Michigan University)의 철학과 조교수이다. 미국 의학 협회 (American Medical Association)의 윤리학 학회, 오스트레일리아 국립대학(Australian National University)의 응용철학학과 공공 윤리 센터(Public Ethics Center), 피츠버그 대학의 '과학 철학 센터'에서 학회를 개최했다. 연구 분야는 윤리학 이론, 응용윤리학, 그리고 생물 학 및 과학철학이다. 이 책을 편집함과 더불어, *Food & Philosophy*(Blackwell, 2008)를 데 이브 먼로(Dave Monroe)와 공동 편집하였다. 특히 '나파(Napa)'와 '러시안 리버(Russian River)' 와인을 즐길 뿐 아니라 전 세계로의 와인 여행을 즐긴다.

조나단 앨솝 Jonathon Alsop

와인, 음식 그리고 여행에 관해 1989년부터 계속 써 오고 있다. In Vino Verita(술에 진 실이 있다) 와인 칼럼뿐만 아니라 *Frequent Flyer, La Vie Claire, Cultured Living, Beverage Maganine, The Associated Press*(연합통신사), 그리고 많은 다른 논문들의 저자이다. 2000 년에 조나단은 보스턴 와인 학교(Boston Wine School)를 설립했다. 저술과 더불어 와인 에 대한 강연을 하고 와인 시음 클래스를 수행함은 물론이고 전국에서 와인 행사를 주최한다.

오를리 아셴펠터 Orley Ashenfelter

와인에 관해서 집필하는 것 외에도, 프린스턴 대학의 경제학 교수로 있었다. 와인 세계에서, 논쟁적인 뉴스레터이자 저널인 *Liquid Assets: The International Guide to Fine Wines*로 알려져 있고 그것을 1985년부터 집필하기 시작했다. 지금은 또한 새롭게 결성된 '미국 와인 경제인 협회(the American Association of Wine Economists)'의 *Journal of Wine Economics* 저널의 공동 편집자이자 그 저널을 간행한 최초의 수장이다.

켄트 바흐 Kent Bach

샌프란시스코 주립대학에서 철학과의 명예교수이다. 버클리의 캘리포니아 대학(the University of California)에서 철학박사 학위를 받았다. 언어철학, 지식이론, 심리철학 분야에서의 광범위한 저술을 남겼다. 저서로는, 로버트 M. 과 함께 쓴 *Thought and Reference*와 *Linguistin Communication and Speech Acts*가 있다. *Linguistics and Philosophy*의 부(副)주필이다. 1996년, 그는 와인에 대해 이교도에서 광신자로 바뀌었다. 사실, 와인을 마시는 것보다 더욱 빠른 속도로 와인을 축적하지는 않도록 배워 왔다. 2004년 12월 런던에서 열린, 사상 첫 와인과 철학 컨퍼런스에서 발표했다.

존 W. 벤더 John W. Bender

하버드 대학에서 철학박사 학위를 받았고 오하이오 대학의 철학 교수이다. 이전에는 다트머스(Dartmouth) 대학에서 가르쳤으며, *Quarterly Review of Wines*를 썼다. 미학과 인식론 분야에서 무수한 논문을 발표했고, 특히 이 두 영역의 절충(cross)에 관심이 있다. 많은 와인 시음 대회에서 심사위원을 역임했고, 와인에 대한 사랑은 1970년대 초로 거슬러 올라간다. 그는 또한 전문적인 추상적 표현주의 화가이다.

더글러스 버넘 Douglas Burnham

영국 스태퍼드셔(Staffordshire) 대학에서 연구하고 있는 철학자이다. 칸트에 관한 두 권의 책, *An Introduction to Kant's Critique of Judgment*와 *Kant's Philosophies of Judgment*, 그리고 그 이전의 니체에 관한 책 *Reading Nietzsche*의 저자이다. 관심있는 또 다른 연구 분야는 철학과 문학 사이의 관계성이다. 그는 *the Universal Nose: Wine and Aesthetics with Ole Martin Skilleås*를 공동 저술하고 있다. 또한 다양한 영역에서 전문가 같은 특성들을 보이는데, 그렇다고 와인 전문가는 아니다. 단지 그는 사려 깊게 술을 즐긴다.

스티브 차터즈 Steve Charters

원래 영국에서 변호사로서의 자격을 지니고 있었지만 와인의 매력에 의해 현혹되었다. 소매와 와인 교육 분야를 공부하기 위해 런던과 시드니에서 와인석사가 되었다. 그런 다음 거의 10년 동안 오스트레일리아 퍼스의 '에디스 코완(Edith Cowan)' 대학에서 공부했다. 그 후 샴페인 운영 의장이 되기 위해 프랑스에 있는 '랭스 매니지먼트' 스쿨로 간다. 관심 영역은 와인에 대한 소비자의 참여에 초점을 두는 것이다. 거기에는 품종 특성, 와인 관광, 와인의 사회적·문화적 맥락뿐 아니라 생산자의 운영 방식이 포함된다.

존 딜워스 John Dilworth

와인을 마시며, 와인 의식에 관해 사색하기를 즐기는 그는 웨스턴 미시간 대학의 철학 교수이다. 그곳에서 미술철학, 심리철학, 그리고 인지과학을 전문으로 하고 있다. 저서로는, *The Double Content of Art*가 있다. 현재 연구에는 이 책에 있는 그의 와인 에세이에서 개괄된 와인 의식에 대한 '자가-유도' 이론의 심층적 전개가 포함된다.

커스틴 디터리치-쉴라크스 Kirsten Ditterich-Shilakes

미술역사가, 멀티미디어 프로듀서, 작가, 그리고 미술홍보대사를 겸직하고 있다. 샌프란시스코의 아시아 미술 박물관(Asian Art Museum)과 미술관(Fine Arts Museum)에서, 10년 이상 동안 미술역사 부문에서의 집중적 훈련에 대해 지지를 받았다. 중국인, 유럽인, 그리고 아프리카인에서부터 현대의 미국인에 이르기까지의 미술 분야를 수학한다. 버클리, 캘리포니아 대학에서 산업화된 사회의 정치·경제에 관해서 학위를 받았고, *Service: Exports of the 21st Century*와 *Pop Mandarin: A Postmodern Phrasebook from Fengshui to Wall Street*를 저술했다. 그녀는 자신이 가장 좋아하는 두 곳, 나파밸리(Napa Valley)와 샌프란시스코의 미술관 사이의 중심에 있는 캘리포니아의 밀밸리(Mill Valley)의 레드우드 삼나무 아래에서 살고 있다.

조지 게일 George Gale

미국 캘리포니아 데이비스 대학교 최초의 철학박사이다. 미주리 캔자스시티(Missouri-Kansas City) 대학 철학과 물리과학 교수이며, 과학철학협회(the Philosophy of Science Association)의 사무국장이다. 1970년대부터 1980년대까지, 캔자스시티 외곽의 자가 양조 와이너리의 동업자이며 와인 제조자였다. 최근에 프랑스에서의 필록쎄라(phylloxera) 재해에 대해서 여러 논문을 쓰기도 했지만, 그의 연구는 주로 물리철학과 관련된다. 그의 작은 포도밭에서는 매년 약 25갤런의 상당히 품질 좋은 레드와인이 생산된다.

제이미 구드 Jamie Good

런던 대학(the University of London)에서 생물과학을 공부했고, 식물생물학을 전공했다. 10년 동안 과학 편집자로 일한 후에, 와인 쪽으로 전향했다. www.wineanorak.com을 설립했을 뿐 아니라 여러 와인 잡지에 정기적으로 기고했다. 그리고 UK 타블로이드 신문, the *Sunday Express*의 주간 칼럼니스트이다. 저서인 *Wine Science*는 최고의 음료 관련 책으로서 2006년 글렌피딕 어워드(Glenfiddich Award)를 수상했다. 현재의 집중적 관심 분야는 포도재배학과 향미 지각에 관한 것이다.

랜들 그램 Randall Grahm

산타크루즈에 있는 캘리포니아 대학에 다녔는데, 그곳에서 불변의 인문학을 전공했다. 얼마 후 비버리 힐즈(Beverly Hills)의 와인 머천트(Wine Merchant)에서 바닥을 쓸며 일하고 있는 자신을 발견하게 된다. 특별한 행운으로 상당히 많은 훌륭한 프랑스 와인들을 맛볼 기회를 얻었다. 이러한 단 한 번의 경험이 그를 완전한, 그리고 못 말리는 와인 열광자로 바꾸었다. 포도재배학에서 학위를 완수하기 위해 캘리포니아 데이비스 대학교로 돌아갔다. 그런 다음, 보니 둔(Bonny Doon) 포도원을 계속 찾아다녔다. 산타크루즈에서 아내 췬슈(Chinshu)와 딸 아멜리아(Amelie), 그리고 그의 유의어 사전과 함께 살았다.

매트 크레이머 Matt Kramer

40년 동안 독립적인 전업 와인 작가로 지냈다. 호평받는 와인 책 *Making Sense* 시리즈의 저자이다. 그 책들은 *Making Sense of wine*, *Mking Sense of Burgundy*, *Making Sense of California Wine*, *Matt Kramer's New California Wine*, 그리고 *Matt Kramer's Making Sense of Italian Wine*뿐만 아니라, *A Oassion for Piedmoun: Italy's Most Glorious Regional Table*로 열거된다. 크레이머는 *Wine Spectator* 매거진의 오랜 칼럼니스트이며, 그곳에서 모든 발행 호에 등장한다. 또한 *The Oregonian*과 *New York Sun* 신문의 와인 비평가이다.

에이드리언 레러 Adrienne Lehrer

로체스터 대학(the University of Rochester)과 애리조나 대학(the Univer-sity of Arizona)에서 1974년부터 1998년 은퇴할 때까지 언어학을 가르쳤다. 저서로는, *Semantic Fields and Lexical Structure*와 *Wine and Conversation*을 썼다. 보다 최근에, '어원 형태소 의미론'과 신조어 특히 혼합어와 형태 결합에 대한 연구를 발표했다. 현재 새로운, 그리고 대단히 업그레이드된 개정판, *Wine and Conversation*을 위해 연구하고 있다.

키스 레러 Keith Lehrer

인식론, 자유 의지, 합리적인 합의, 영국 철학자 토머스 리드(Thomas Reid), 그리고 보다 최근에는, 미학의 영역에서 연구하고 있다. 오스트리아, 그라츠(Graz)의 칼-프란젠스 (Karl-Franzens) 대학으로부터 철학박사 학위를 포함하여 많은 특별 연구 장학금과 상을 받았고, '미국 예술과 과학 아카데미(the American Academy of Arts and Sciences)' 협회의 회원이다. 일곱 권의 책을 쓴 저자이며 학술지에 다수의 논문을 실었을 뿐만 아니라 10개의 다른 저널의 편집인이다. 애리조나 대학과 마이애미 대학 그리고 그라츠 대학에서 정규적으로 가르치고 있다. 그의 예술품의 주요한 전시회들이 플로리다의 마이애미, 캘리포니아의 산타클라라, 그리고 오스트리아의 그라츠에서 있었다.

드류 매시 Drew Massey

2006년에 페퍼다인(Pepperdine) 로스쿨에서 우등생으로 졸업했다. 현재 남부 캘리포니아에서 특별 교육법을 수행하면서, 학생들과 가족들을 대변해 주는 일을 하고 있다. "Dueling Provisions: ⟨The 21st Amendment's Subjugation to the Dormant Commerce Clause Doctrine⟩"이라는 제목으로, *The Tennessee Journal of Business Law* 라는 저널지에, 제21 수정조항의 주제에 대한 학술 논문을 썼다.

프레드릭 아돌프 파올라 Frederick Adolf Paola

스토니 브룩(Stony Brook) 대학, 예일 대학의 의과대학, 그리고 뉴욕 대학교 법학대학원의 졸업생이다. '노바 사우스이스턴 대학교 의료 보조원 프로그램(Nova Southeastern University Physician Assistant Program)'의 나폴리(Naples) 지사 의료 감독이며, 노바 사우스이스턴 대학의 보건의료 전문의(專門醫) 분과의 조교수이다. 탬파에 있는 사우스 플로리다 주립대학의 의과대학 의료 조교수이며, 의료윤리학과 인문학 분과(Division of Medical Ethics and Humanities)의 회원이다. 내과의학 전문의 면허가 있으며, 플로리다의 나폴리에서 내과의학과 의료 침술을 실행한다. 저서로는 *The Wine Doctor*를 썼다. 아버지로부터 기술을 배운 열렬한 '홈 와인 제조자'인데, '외노트리아'(Oenotria, 역주: 와인의 땅이라는 뜻의 희랍어로 포도가 많은 이탈리아를 가리켜 고대 그리스인이 일컬은 데에서 비롯된 말)의 와인들에 대해서는 또한 약점을 가지고 있다.

리처드 E. 크반트 Richard E. Quandt

경제학자이며 지금은 프린스턴 대학에서 은퇴했다. 그의 기고들은 대부분 경제학과 미시경제학 이론을 포괄했다. 은퇴 이후, 〈the East European Program of the Andrew W. Mellon Foundation〉을 감독했고 동부 유럽을 다루는 두 권의 책, *The Changing Landscape in Eastern Europe*과 *Union Catalogs at the Crossroad*를 제작했다. 항상 와인을 즐겼으며, 심사위원들이 블라인드 시음회에서 우연하게 발견하기보다는 의미를 두어 와인을 더 잘 확인할 수 있는가를 파악하기 위해 테스트를 창안하는 것에 관심을 가졌다.

오울 마틴 스킬리스 Ole Martin Skilleås

노르웨이의 베르겐 대학(Bergen University)에서 철학을 가르친다. 그곳에서 또한 영어도 가르쳤다. 그는 *Literature and the Value of Interpretation*과 *Philosophy and Literature* 뿐만 아니라, *the British Journal of Aesthetics*, *English Studies, and Metaphilosophy*와 같은 저널에 여러 편의 논문을 기고한 저자이다. 주로 관심을 지녔던 연구 분야로는 철학, 문학, 미학, 그리고 도덕철학이 포함된다. *The Universal Nose: Wine and Aesthetics*를 더글라스 버넘(Douglas Burnham)과 공동으로 저술하고 있다. 자격을 갖춘 와인 애호가이며 슬하에 아이가 둘 있다.

케빈 W. 스위니 Kevin W. Sweeney

매디슨(Madison)의 위스콘신(Wisconsin) 대학에서 철학박사 학위를 받았다. 현재 탬파(Tampa) 대학에서 철학을 가르친다. 관심 연구 영역은 근대철학, 윤리학, 그리고 미학에 관한 주제들이다. 최근에 철학, 문학, 영화 이론, 공포 영화의 특성과 코미디 영화의 특성, 특히 버스터 키튼(Buster Keaton)의 무성 영화들에 관해서 썼다. 그는 프랑스의 중부 루아르(Loire) 산 카베르네 프랑(franc) 와인과, 캘리포니아의 센트럴 코스트(Central Coast)와 북부 이탈리아 산(産) 장인의 와인을 좋아한다.

조지 M. 테이버 George M. Taber

와인에 관해서 쓴 가장 최근의 책은 *Judgment of Paris: California vs. France and the Historic 1976 Paris Tasting that Revolutionized Wine*이다. 현재의 와인병 폐쇄에 관해 미래에 있을 큰 논쟁을 다루는 새로운 책을 작업하고 있다. 여러 해 동안 유럽에서 일하면서 21년 동안 *Time* 매거진의 리포터이며 편집자였다. 위클리 비즈니스 신문인 *NJBIZ*를 1988년에 설립했다. 그런데 와인 책들을 쓰는 직업을 추구하며 2005년에 신문사를 팔았다. 조지타운(Georgetown) 대학의 졸업생이며 벨기에 브루제(Bruges)의 '유럽 대학'에서 받은 석사 학위가 있다.

헤럴드 타런트 Harold Tarrant

영국의 케임브리지와 더럼(Durham) 대학에서 공부했고, 더럼 대학에서 서양고전학으로 박사 학위를 받았다. 주로 호주에서 가르쳤는데, 처음에는 시드니 대학에서, 다음은 뉴캐슬(Newcastle) 대학에서였다. 그곳에서 고전학 교수이다. 국제 플라톤 협회의 위원회에서 근무했으며, 세 개의 저널의 사설에서 철학의 역사에 관해 쓰는 데에 전념했다. '호주 인문학 협회(the Australian Academy of the Humanities)' 회원이며, 고대의 플라톤 학파에 대한 여러 권의 책을 출간했다.

저스틴 와인버그 Justin Weinberg

여러 해 동안 그의 성(姓)에 부응할 와인병을 컬렉션으로 모으려고 했으며, 성은 독일어로 '포도원'이라는 뜻이다. 이제는 그저 '와인의 언덕'으로도 만족하지만, 그렇다고 이름을 '저스틴 바인마울부르프쉬겔(Weinmaulwurfshügel)'로 바꾸는 것은 거부한다. 조지타운(Georgetown) 대학과 윌리엄 메리(the College of William and Mary) 대학에서 철학을 가르쳤고 지금은 사우스캐롤라이나 대학의 철학과 조교수이다. 정치철학과 윤리학의 주제들에 관해 집필하고 있다.

기고자 주

워렌 위니아스키 Warren Winiarski

'스택스 립 와인 셀러(Stag's Leap Wine Cellars)'의 소유주이고 대표 이사이며 설립 양조자이다. 세인트 존스(St. John's) 칼리지에서 학사 학위 취득 후 석사 학위는 시카고 대학에서 취득했는데, 그곳에서 또한 인문학 강연자로서의 역할을 수행했다. 그 뒤 아내 바바라와 아이들을 데리고 캘리포니아로 이사했다. 거기서 '수버랭 셀러즈(Souverain Cellars)'의 저장실 관리인으로 일했다. 이 와이너리들에서 두 사람의 멘토에게서 배운 경험과, 고급 와인을 공들여 만들려는 그의 열정이 그로 하여금 '스택스 립 와인 셀러'를 설립하도록 이끌었다. 또한 *Decanter*와 *Wines and Vines*에 여러 편의 논문을 게재했다.

역자 김나영

고려대학교 영어번역통역학 석사 과정을 거쳤으며, 동 대학교에서 응용언어학 박사 학위를 받았다. 현재 엘앤씨 랩(L&C Lab) 대표로서, 언어 · 문화 · 디지털 · 영어교육의 콘텐츠 융합 및 응용 프로그램 개발과 인문학 콘텐츠 활성화 강연에 주력하고 있다. 지은 책으로는 『콘텐츠 개발의 현장』(공저, 푸른사상사, 2011)이 있다.

http://www.lnclab.com (Language & Contents Lab)

와인 심포지엄
와인에서의 철학, 미학 그리고 언어학적 사색

2017년 10월 26일 초판 인쇄
2017년 10월 31일 초판 발행

지은이 프리츠 알호프 | **옮긴이** 김나영 | **펴낸이** 이찬규 | **펴낸곳** 북코리아
등록번호 제03-01240호 | **전화** 02-704-7840 | **팩스** 02-704-7848
이메일 sunhaksa@korea.com | **홈페이지** www.북코리아.kr
주소 13209 경기도 성남시 중원구 사기막골로 45번길 14
　　　 우림라이온스밸리2차 A동 1007호
ISBN 978-89-6324-572-0(93100)

값 23,000원